KB059776

헌법의 이름으로

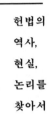

헌법의
역사,
현실,
논리를
찾아서

헌법의 이름으로

양건 지음

사Ⅲ계절

차례

제2부 한국 87년 헌법, 어떻게 자리매김할 것인가

제3부 헌법의 이해와 오해

2015년 늦여름, 책 한 권을 출간하였다. '법철학·법사회학 산책'
이라는 부제가 붙은 그 책 서문에서 나는 경솔하게도 "이제 법에
관한 더 이상의 관심은 별로 남아 있지 않다"고 썼다.

사실 당시로서는 그랬다. 50년 가까이 함께 해왔던 주제인
'법'을 떠나고 싶었고, 작별의 의례가 필요하다는 생각으로 그 책
『법 앞에 불평등한가? 왜?』를 집필하였다. 다시 (헌)법이라는 주제
를 붙잡게 된 것은 그 책 출간 후의 미진한 느낌 때문만은 아니다.

돌아보니 지금의 한국 사회는 너무 달라져 있었다. 나와 더불
어 길을 걸었던 '헌법' 역시 그러했다. 한마디로 줄이면 이제 한국
은 선진적인 '헌법화憲法化' 사회가 되었다. 50년 전과 비교하면 격
세지감이라는 상투어 정도로는 미흡하다. 헌법 공부를 시작하던
무렵, '헌법도 법인가?'라는 물음이 결코 과장이 아니던 시대는 먼
옛날이야기가 되어버렸다. 저 빛나는 6월의 시민혁명이 탄생시킨
'87년 헌법'은 '살아 있는 헌법'이 되었고, 헌법재판 결과에 따라

시민의 작은 일상에서부터 국가적 대사에 이르기까지 그 향방이 바뀌었다.

헌법이 권력자가 아닌 일반 시민의 것이 된 오늘에, 이제 나름의 깊이를 갖추면서 헌법의 여러 면모를 두루 보여주는, 일반 독자를 위한 헌법 책이 필요하지 않은가, 이런 생각이 떠나지 않았다. 그 소산이 이 책이다.

집필 시작 후, '촛불항쟁'이 일어났다. 국민주권 등 '헌법의 이름으로' 시위가 이어지고 급기야 '헌법의 이름으로' 국가원수가 쫓겨나는 경천동지할 광경이 벌어졌다. 본래 차분한 해설서를 염두에 두었지만 목전의 역사적 사건을 외면할 수 없었고, 오랜만에 가슴 뛰는 경험을 책에 반영하지 않을 수 없었다.

이 책은 크게 세 부분의 본체를 중심으로, 그 앞뒤의 프롤로그 및 에필로그로 구성된다. 프롤로그에서는 '헌법이란 무엇인가'라는 물음에 대해 기본적으로 생각해보아야 할 몇 가지 점들을 정리하였다.

본체의 1부는 헌법의 역사를 다루고 있다. 한국 헌법을 비롯해 각국 헌법에 영향을 미쳐온 주요 외국의 헌법사를 흥미 있게 그려보려 하였다. 이 부분은 책 전체에서 상당히 많은 분량을 차지한다. 헌법사에 관한 기존 연구에 의존하되, 저자의 시각에서 의미 있다고 보는 주요 대목들을 선별해 다루면서 나름의 해석을 첨가하였다. 대략의 줄기만 간추려서는 역사를 읽는 맛이 사라진다고 보았기 때문에 불가피하게 장문의 서술이 필요했다.

나아가 세계 헌법의 미래 모습도 가늠해보았다. 다만, 이것은 저자의 역량을 넘는 주제이기에, 주목할 만한 한 외국 학자의 연구 결과에 의존할 수밖에 없었다. 그 연구가 지닌 독보적 위상과 가치가 만만치 않을 뿐 아니라 우리에게 별로 알려지지 않았으므로 적지 않은 의미가 있을 것으로 생각했다.

2부는 한국의 1987년 헌법을 다룬다. 30년 넘게 지속되고 있는 현행 헌법의 운용에 관하여 그 핵심 측면을 분석하고 평가해보았다. 근래 '87년 헌법'이 수명을 다했다고 외치는 소리가 넘치지만 정작 87년 헌법의 현실에 대한 면밀한 검토는 찾아보기 힘든 형편이다. 저자로서는 특히 두 키워드, 즉 대통령 5년 단임제와 헌법재판의 활성화에 초점을 맞추고, 현행 헌법에 대한 통념적 평가의 진위를 따져보았다.

3부에서는 헌법이론적 측면을 다룬다. 우선 '촛불항쟁'의 헌법론을 시도한 뒤, 헌법학의 수다한 쟁점들 가운데 시민적 시각에서 관심이 가는, 또는 관심을 가져야 할 주제들을 선택하였다. 대부분 논쟁적 주제들이며, 그중에는 일반 시민들만이 아니라 법률가, 특히 헌법 전문가들까지도 종래 깊게 살피지 않았던 주제도 포함되어 있다. '헌법재판, 정답은 있는가'라는 헌법철학적 주제가 그것이며, 이 난제를 꽤 심층적으로 논구하였다. 그 밖에 '대통령의 통치행위', '집회시위 허가제'에 관한 문제들은 새로운 주제는 아니지만, 기존의 견해들과는 전혀 상이한 관점이나 내용이 펼쳐져 있다. 전문가 차원의 논의라고 하겠지만, 헌법에 관심 있는 일반 시민들도 일람하면 좋겠다는 바람이다.

에필로그는 근래의 현실적 쟁점인 개헌 문제에 관한 것이다.

수년 이래 지금껏 개헌론을 주도해온 입장과는 다른 관점에서, 그리고 이 주장과 대립하는 입장과도 여러 면에서 다른 소견을 밝혔다.

탈고 후 인쇄를 앞둔 시점에서 대통령의 개헌안 발의가 있었다. 개헌 문제를 다룬 에필로그를 다시 쓸 것인지 숙고했으나 굳이 그럴 필요까지 없다고 판단했다. 개헌안 평가의 기준이 이미 담겨 있기 때문이다.

앞에서 비쳤지만, 이 책은 법학자나 실무 법률가가 아닌 일반 독자들을 염두에 두고 집필했다. 그렇지만 헌법 전문가들도 참조하기 바라는 내용들이 적지 않다. 그런 만큼 일반 독자로서는 쉽게 읽히지 않을 수 있겠지만, 그럼에도 불구하고 독자의 주의 집중이 필요한 이런 내용들까지 포함시키고 싶었다.

아울러 염려하는 점을 굳이 언급해둔다. 오늘의 한국 사회는 이념적으로 심하게 갈라져 있다. 헌법은 어느 법 분야보다도 가치 개념으로 가득 차 있으므로 헌법을 보는 시각 또한 차이가 드러나기 마련이다. 저자 나름으로는 어느 한쪽으로 편향되지 않는 자세를 스스로 다짐하고 있다.

이 책을 펴내면서 여러 분들로부터 도움을 받았다. 특히 상당한 분량의 초고를 읽고 상세한 논평을 해준 노기호 교수와 김래영 교수에게 고마운 마음을 전한다. 자료 수집 등을 도와준 정문식 교수와 강승식 교수에게도 감사한다.

아울러 딱딱한 법 서적의 출판을 선뜻 맡아주신 사계절출판사의 강맑실 대표님, 세심하면서도 따뜻한 편집 작업으로 좋은 책 만들기에 수고하신 이진 선생과 이창연 선생께 감사의 뜻을 표한다.

고즈넉한 호시절에 책을 내게 되어 더욱 기쁘다. 흐드러지게
핀 봄꽃들이 새삼 경이롭다.

2018년 어느 봄날

양건梁建

헌법이란 무엇인가

청아한 목소리가 법정에 울렸다. 2017년 3월 10일 오전 11시 21분, 대한민국 헌정사에 처음 보는 일이 일어났다. "피청구인 대통령 박근혜를 파면한다." 헌법재판소 이정미 재판관의 탄핵결정 주문主文 낭독이 끝나는 순간, 대통령이 그 직을 잃었다. 헌법의 이름으로 재판소가 국가원수를 쫓아낸 것이다. 재판소 주변은 소란스러웠지만 법정 안은 나름 조용했다. 어떻게 종잇장 위에 쓰인 헌법의 힘이 이토록 강해졌는가? 과연 헌법이란 무엇인가?

데자뷔: 2016-2017 서울, 1792-1793 파리

1792년 12월 11일, 프랑스 파리 국민공회의사당. 루이 16세가 의사당에 끌려 나왔다. 이미 8월 10일의 민중봉기 후 의회는 왕권의 정지를 의결한 터였다. 왕은 모든 범죄혐의 사실을 부인했다. 대신들에게 책임을 떠넘기거나 기억이 없다고 말했다.

해를 넘겨 1793년 1월 14일, 국민공회에서 국왕 재판의 표결이 행하여졌다. 모두 세 차례 표결을 거쳤다. 첫 번째 표결에서 왕의 유죄가 확정됐다. 일부 기권을 제외하고 전원일치였다. 이어서 국민에게 상소할 권리가 있느냐를 두고 표결을 했지만 3분의 2가량의 반대로 부결됐다. 세 번째 표결은 양형量刑 문제였다. 1월 18일에 끝난 표결 결과 387대 334로 사형이 확정됐다. 1월 20일, 왕은 사형선고 통지를 받은 후 가족들을 만났다. 마지막 대면이었다. 다음 날인 1월 21일, 지금의 콩코르드광장에서 벌어진 일은 잘 알려진 대로다.

장면을 돌린다. 서울, 2017년 3월 31일 오전 3시경. 전직 대통령 박근혜에게 구속영장이 발부됐다. 탄핵당한 지 21일 만이었다. 서울중앙지방법원 강 모某 판사는 구속 이유를 이렇게 밝혔다. "주요 혐의가 소명되고 증거인멸의 염려가 있어 구속의 사유와 필요성, 상당성이 인정된다."

캄캄한 밤길, 피의자 박근혜를 태운 검찰 차량이 경기도 의왕시 서울구치소로 향했다. 승용차 뒷좌석에 앉은 피의자 얼굴이 카메라에 잡혔다. 좌우로 여성 수사관 2명 사이에 끼어 앉은 전직 대통령의 모습. 그 피의자의 그런 얼굴은 처음이었다. 어떤 필설로도 그 모습을 형언할 길은 없다. 느닷없이 닥친 엄청난 영욕의 낙차가 던져준 그 충격의 깊이를 어떻게 가늠할 수 있겠는가.

피의자는 전날 오전 10시 30분부터 8시간 41분간 진행된 영장심사 뒤, 옆 건물 검찰청사에서 밤새 길고 긴 기다림에 지쳐 있었다. 오전 4시 45분쯤, 피의자를 실은 차량이 구치소에 도착했다. 구치소 정문 앞 보도에서 100여 명의 지지자들이 태극기를 흔들며 피의자 이름을 연호했다. 잠시 후 피의자는 왼쪽 가슴에 수용자 번호 '503'이 적힌 연두색 수의로 갈아입었다. 보통 수인의 1.9평 독방과 달리 3.2평 감방에 갇혔다. 후일 보도에 따르면, 구치소 입소 후 처음 이틀은 감방 도배를 위해 교도관 사무실에 묵었다고 했다.

이에 앞서 2016년 11월 4일, 대통령 박근혜는 '국정농단' 사건이 불거진 이후 2차 대국민 담화에서 이렇게 말했다. "검찰 조사에 성실하게 임할 각오이며 특별검사에 의한 수사까지도 수용하겠다." 그러나 곧 특검 수사 방안에 불응했고 일반 검찰의 수사는 탄핵결정 후에야 이루어졌다.

여기에서 헌법해석에 관해 한 가지 되짚어볼 문제가 있다. 탄핵심판이 진행되던 중, 박 대통령을 지지하는 '태극기 군중'의 피켓에는 이런 문구가 쓰여 있었다. "헌법 84조. 대통령은 내란 또는 외환의 죄를 범한 경우를 제외하고는 재직 중 형사상의 소추를 받지 아니한다."

이 헌법조항에도 불구하고 현직 대통령에 대해 내란·외환죄가 아닌 혐의로 수사할 수 있는가? 소추만 안 될 뿐, 수사는 가능한 것인가(소추訴追는 수사의 결과 범죄혐의가 인정된다고 판단해 검찰이 법원에 기소起訴하는 절차다). 이것은 얼마든 논란이 될 수 있는 문제였다. 그러나 실제로는 잠시 거론되는 데 그쳤다. 수사 가능하다는 헌법 전문가들 몇 사람의 의견이 실린 기사가 한 차례 지나간 후, 더 이상 반론은 보기 힘들었다. 대통령 자신부터 수사를 받을 것처럼 공언한 후 이 문제는 더 이상 거론되지 않았다.

헌법 제84조의 취지는 무엇인가? 이 사안을 다루었던 과거 헌법재판소 결정은 이렇게 설명한다.

대통령의 불소추특권에 관한 헌법의 규정이, 대통령이라는 특수한 신분에 따라 일반 국민과는 달리 대통령 개인에게 특권을 부여한 것으로 볼 것이 아니라, 단지 국가의 원수로서 외국에 대하여 국가를 대표하는 지위에 있는 대통령이라는 특수한 직책의 원활한 수행을 보장하고, 그 권위를 확보하여 국가의 체면과 권위를 유지하여야 할 실제상의 필요 때문에 대통령으로 재직 중인 동안만 형사상 특권을 부여하고 있음에 지나지 않는 것으로 보아야 할 것이다.[1]

요컨대 대통령의 권위와 원활한 직무수행을 위해 형사상 특권이 필요하다는 것이다(위 사건은 1979년 박정희 대통령 사망 후 이른바 12·12사건에 관한 결정이다. 형사소추가 면제되는 기간에는 공소시효가 정지된다고 판시했다). 그렇다면 현직 대통령에 대한 '수사'는 그의 권위와 직무수행에 아무 영향이 없다는 말인가? 헌법에 '소추'라고 되어 있으니 소추 단계 이전의 '수사'는 허용된다는 단순한 반대해석이 당연히 타당한가? 형사소추를 면제한다는 취지는 수사에도 해당하지 않는가? 수사에서 더 나아가 소추까지 허용한다면 대통령 권위는 더 손상되고 직무수행은 더 어려워질 것이므로, 소추는 안 되지만 수사는 가능하다는 말인가? 그렇다면 수사 허용에서 오는 직무수행 장애는 감내해야 마땅한가? 그런 판단의 근거는 무엇인가?

모름지기 이 문제의 판단에서, 그 배후에는 다음과 같은 질문에 대한 나름의 고려가 깔려 있을 것이다. 평등한 사법司法정의의 실현인가, 대통령 직무의 원활한 수행인가, 어느 것이 우선하는가. 그런데 생각해보자. 과연 이같이 상충하는 두 공익을 저울질할 객관적 척도는 존재하는 것인가?

결코 현직 대통령에 대한 수사가 전적으로 헌법위반이라고 단언하려는 것이 아니다. 과연 '헌법이란 무엇인가'를 생각해보려는 것뿐이다. 헌법은 조문을 해석하기 나름이고, 그 해석 기준은 반드시 명백하지 않으며, 실제의 결정에는 헌법전憲法典 밖의 힘, 이를테면 '촛불' 같은 넓은 뜻의 정치적 힘이 작용하는 것인가?(헌법해석의 본질이 무엇이고 그 옳은 방법은 무엇인지에 관해서는 '14장. 헌법재판, 정답은 있는가?'에서 다룬다.)

앞의 쟁점에 대한 사견을 붙인다. 수사의 방법에는 강제수사와 임의수사가 있다. 상대방의 동의에 따른 임의수사가 원칙이며, 체포·구속·압수·수색 등 강제수사에는 법원의 영장이 필요하다. 결론부터 말하면, 현직 대통령에 대해서 임의수사는 인정되지만 강제수사는 불가능하다고 본다. 임의수사도 불가하다는 견해는 원활한 대통령 직무수행만 고려하고 사법정의 실현은 도외시하는 것이다. 반면 강제수사까지 허용된다고 보는 견해는 사법정의 실현만 고려한 입장이다. 사법정의 실현 및 대통령의 원활한 직무수행이라는 두 공익을 모두 고려한 중간적 입장, 즉 임의수사만 허용된다는 견해가 타당하다고 본다.

다시 장면을 옮긴다. 1792년 11월, 프랑스 파리 국민공회의사당. 루이 16세가 의사당에 끌려 나오기 이전 장면이다. 루이 16세

처리 문제를 두고 온건 지롱드파와 강경 산악파가 격론을 벌인다. 지롱드파는 국왕 재판에 반대한다. 그들은 헌법조항을 내세웠다. 1789년 혁명 발발 후 최초로 제정된 1791년 헌법에는 이런 조항이 있다. "국왕은 불가침이다."

지롱드파 주장을 반박하는 산악파의 국왕 처벌 주장에는 다양한 헌법이론이 동원되었다. 헌법제정 후 처음 벌어진 헌법해석 논쟁이다. 다소 진기해 보이는 이론도 없지 않다. 몇 대목을 그대로 옮긴다.

(헌법이라는) 계약이 구속력을 가지려면 그 당사자가 자신을 구속할 권리를 갖고 있어야 한다. 국민은 자신의 주권을 양도할 수 없으므로 국민은 그 자신을 구속할 수 없다. 따라서 국민은 루이 16세 처벌에 관해 스스로 자신을 구속할 수 없고 아무 제약을 당하지 않는다.

(설령 국민 자신을 구속하는) 계약이 가능하더라도, 그것은 상호적이어야 한다. 그런데 루이 16세는 전혀 그렇지 않았다. 그는 헌법을 좋아하지 않았고, 이에 저항했으며, 국내의 음모와 외적의 칼로 이를 파괴하려 계속 노력했다. 그런 그가 어떻게 헌법을 내세울 수 있는가?

모든 권력은 주권자인 국민에게 있다. 법률을 제정하고 집행하며, 전쟁과 평화를 결정하는 모든 권력이 국민 속에 있다. 국민은 전권을 가지며 전능하다. 국민을 대표하는 것이 국민공회이며, 국민을 대신하여 모든 것을 할 권한이 있다. 공회는 국민을 대신해 복수하고 구원할 권한이 있다. 그러므로 공회는 루이 16세를 재판할 수 있다. 국민이 행하는 모든 것은 불법하지 않으며, 국민의 대표자들도 그 불가침성과 권력을 공유한다.

(왕권이 정지된) 8월 10일 이후 왕은 한 시민일 뿐이다. 다만 그는 일반 재판소가 아닌 국민공회에서 재판받아야 한다. 그의 헌법상 불가침권은 국민 전체에 대한 권리였으므로 그 소멸도 국민 전체에 대한 것이고, 따라서 국민 전체만이 루이 16세를 재판할 수 있다.[2]

국민공회가 공포의 의사당인 것만은 아니었다. '국왕은 불가침'이라는 헌법조항을 둘러싸고 법리 논쟁이 벌어지고 있다. 국왕을 재판할 수 있는지 없는지, 만일 재판한다면 어디서 해야 하는지, 국민공회인지 일반 법원인지 등 실체법實體法과 절차법에 걸쳐 헌법논쟁이 벌어진다. 온건파는 헌법조문을 내세워 국왕을 옹호한다. 강경파는 헌법제정의 바탕이 된 이념을 앞세워 국민주권이론과 사회계약이론을 펼친다.

강경파인 산악파 지도자 로베스피에르Maximilien de Robespierre (1758-1794) 가까이에서 그를 도운 청년 생쥐스트Louis Antoine de Saint-Just(1767-1794)는 이렇게 내뱉었다. "이 문제는 법이 아니라 전쟁의 문제다. 왕은 시민이 아니라 시민과 싸운 전쟁 포로다."[3] 이를테면 초헌법적 논리이다.

국민공회에서 헌법논쟁이 벌어진 후, 1792년 11월 20일, 튈르리왕궁의 철제 금고 속에서 국왕의 비밀문서들이 발견되면서 민심은 악화됐다. 루이 16세가 반혁명세력과 내통한 서류들이었다. 국외 망명자들과 반혁명 신문들에 대한 자금 지원 사실이 드러났다. 온건 지롱드파가 명분을 잃고 이와 함께 권력도 잃어갔다. 혁명의 한 축으로 부상한 파리의 소상공업자·직공들인 상퀼로트 sans-culotte*는 지롱드파를 불신하고 산악파에 기울었다. 각 지역에서 모인 군대도 마찬가지였다.

12월에 들어 파리 민중들이 재판 지연에 항의하자, 공회는 그들을 따라갔다. 그들의 요구대로 공회는 개별 의원마다 지명점호** 표결 방식에 따라 재판할 것을 결의했다. 지롱드파가 재판 방해를 시도했지만 허사였다. 그들은 국민투표에 부치자거나, 만일 왕을 처벌하면 이웃 유럽 국가들의 개입으로 혁명이 좌절될 것이라고 경고했지만 통하지 않았다. 결국 루이 16세는 단두대를 피하지 못했다.

다시 2017년 한국으로 돌아가자. 4월 17일, 검찰은 전직 대통령 박근혜를 구속기소했다. 피고인 박근혜에 대한 주요 공소사실은 다음과 같았다. '특정범죄가중처벌 등에 관한 법률상 뇌물수수·제3자 뇌물수수·뇌물요구, 직권남용·권리행사 방해·강요, 공무상 기밀누설.'

---

* 귀족들이 입는 짧은 퀼로트 바지를 입지 않은 사람들이란 뜻. 소규모 자영상공업자와 직공들 및 일부 임금노동자들로 구성됐다. 선거권을 가진 능동적 시민과 그렇지 못한 수동적 시민이 혼재했다. '민중populaire'은 상퀼로트 외에 기층서민을 포함하는 더 넓은 의미로 해석되기도 한다.

** 지명점호제는 의원의 행동을 국민에게 숨겨서는 안 된다는 주권재민의 원리에 충실한 투표제로, 이에 따라 모든 의원은 자기 이름이 호명되면 왕이 유죄냐 무죄냐를 구두로 밝히고 그 이유를 상세히 설명해야 했다.

10월 13일, 재판부는 피고인에 대한 추가 구속영장을 발부했고, 이에 따라 최장 6개월 동안 구속 기간이 연장됐다. 5월 23일 첫 재판 시작 이래 줄곧 침묵을 지키던 피고인은 10월 16일에 처음으로 입을 열었다. "법치의 이름으로 한 정치적 보복은 저로 끝났으면 좋겠다. 멍에는 제가 지고 가겠다. 모든 책임은 제가 지고 모든 공직자와 기업인들에는 관용이 있기를 바란다." 피고인이 법정진술을 마치자 변호인단이 모두 사임했다. 사실상 재판 거부라는 해석이 뒤따랐다.

대통령 박근혜의 비극은 '권력의 사유화'를 사유화로 인식하지 못했다는 점에 연유한다. 거기에는 그의 정치의식이 아버지 시대를 벗어나지 못한 점, 그리고 그의 측근 최 씨와의 기연奇緣이 배경을 이룬다.

1792-1793년 프랑스 파리, 2016-2017년 대한민국 서울. 시공을 달리한 2편의 파노라마가 모두 헌법의 이름으로 펼쳐졌다. 거리를 덮은 군중-의사당의 표결-헌법논쟁-법정에 선 피고인 국가원수의 혐의 부인. 다만 원작과 번안 같은 이 한 쌍의 역사극에는 결정적인 차이점이 있다. 한국판은 어디까지나 평화를 깨지 않고 진행되었다는 점이다.

'명목적 헌법'을 넘어

1987년은 한국 헌법사의 분수령이다. '87년 헌법' 이후 헌법의 성격이 근본적으로 바뀐다. 87년 이전, 곧 1948년 제헌 이래 1987년 헌법에 이르기까지 우리 헌법은 반신불수 상태를 면치 못했다.

민법, 형법 또는 도로교통법처럼 생활 속의 '살아 있는 법'이라고 말하기 어려웠다. 특히 국민의 기본권 조항들이 심했다. 신체의 자유에 관해 상세한 규정을 두었지만 불법 구금 등 위헌적 침해가 드물지 않았다. 언론출판의 자유가 명시되어 있었지만, 자기검열까지는 그만두고라도 눈에 드러나거나 드러나지 않은 언론통제가 만연해 있었다. 기본권만이 아니라 권력구조 조항들도 그런 예가 적지 않았다. 특히 사법권 독립 같은 규정이 그랬다. 세칭 시국時局 사건에서 범죄자가 만들어지기 일쑤였다.

한마디로 현실에서 작동하는 헌법의 힘, 헌법이 지닌 법규범으로서의 규범력規範力이 극히 약했다. 헌법이 과연 법인가라는 의문이 생기는 것도 무리가 아니었다. 그 당시 보통 사람들에게 헌법은 일상의 관심사가 아니었고, 저 멀리 정치권력의 세계에서 개헌 문제가 거론될 때 간혹 눈길을 끌 뿐이었다.

1987년 이후 서서히 상황은 변해갔다. 시민들의 일상에 헌법이 직접 영향을 미치는 일이 잦아졌다. 어느 순간 영화검열이 사라졌고, 공무원시험에서 제대군인을 우대하는 여성차별이 없어졌으며, 말 많던 간통죄가 폐지되기에 이르렀다. 그뿐 아니다. 오랜 유교전통의 나라에서 동성동본 금혼제禁婚制 폐지에 이어 호주제까지 사라졌다. 이런 모든 일들이 헌법재판소 결정에 따라 헌법의 힘으로 생겨났다.

보통 사람들 세계에서만이 아니다. 법률가가 아닌 논객들이 헌법을 거론하는 장면도 드물지 않게 되었다. 특정 정당의 노선을 문제 삼거나 대북 문제를 꺼내면서, 혹은 대한민국 건국사를 논하면서 헌법을 자주 내세운다. 정치인들이 헌법을 입에 담는 모습도 빈번해지고 있다. 대통령을 비판하면서 민주공화국과 국민주권을 이야기한다. 어느 날 광화문거리를 뒤덮은 시위군중의 피켓에 '민주공화국', '국민주권'이 등장하더니, 급기야 헌법 절차에 따라 대통령이 쫓겨나는 사태까지 벌어졌다. 이 모든 일들이 '헌법의 이름으로' 이루어진 것이다. 이제 헌법은 펄펄 살아 있는 법이 되었다. 87년 헌법 이래 30년 사이의 변화다. 헌법제정부터 셈하면 40년이 지나면서 나타나기 시작한 현상이다.

무엇이 이런 변화를 가져왔는가. 근원적으로는 1987년 6월 혁명 이래 점차 다져진 한국 사회의 민주화에서 그 요인을 찾아야 할 것임은 말할 것도 없다. 민주화의 공고화鞏固化 과정을 법의 시각으로 보면 곧 법의 지배, 특히 '헌법의 지배' 정착 과정에 다름 아니다. 민주화이론 가운데에는 헌법의 지배를 민주주의에 반反하는 것처럼 여기는 시각도 있지만, 한국의 민주화는 한국 사회의 헌법화 과정이라고 말해도 지나치지 않다. 민주화와 더불어 헌법의 힘이 강화되었고, 헌법의 지배는 민주주의를 더욱 굳혀왔다.

역사를 돌아보면, 근대 시민혁명에서 혁명세력의 첫 번째 가시적인 정치적 목표는 헌법제정이었다. 근대국가의 정당성은 다름 아니라 헌법에 담긴 국민적 합의로부터 나왔기 때문이다. 1789년 7월 9일, 바스티유감옥이 함락되기 닷새 전 제3신분이 장악한 프랑스 국민의회는 스스로 '제헌의회'라고 선언했다. 이미 그해 1월 『제3신분이란 무엇인가 *Qu'est-ce que le tiers-état*』를 쓴 시에예스 Emmanuel Joseph Sieyès(1748-1836)는 이렇게 말했었다. "우리에게 헌법이

프롤로그 헌법이란 무엇인가

없다면 그것을 하나 만들어야 한다. 국민만이 헌법을 만들 권리가 있다." 사제司祭였던 그는 프랑스혁명 당시 유력한 이론가 중 한 사람이었다. 시에예스가 강조한 헌법제정은 그 자체로 군주·귀족 등 구체제세력에 대한 도전을 의미했다. 그것은 자유를 향한 이정표로 여겨졌다. 하지만 헌법제정은 험난한 길이었다. 프랑스혁명 발발 후 첫 번째 헌법이 제정되기까지 2년 넘는 세월이 필요했다.

낡은 봉건세력이 강고하던 유럽의 다른 지역에서는 19세기 중반에 이르도록 헌법제정이 쉽지 않았다. 독일 프로이센 국왕 프리드리히 빌헬름 4세Friedrich Wilhelm IV(1795-1861)는 나폴레옹 시대의 종말을 알리는 1815년 빈Wien조약 이후 선왕 대에서부터 묵혀온 헌법제정의 부담에 시달렸고, 그 짐을 덜어내기까지 30여 년이 걸렸다. 그가 세 차례나 약속을 미룬 끝에 내놓은 헌법은 제 손으로 만든 흠정欽定헌법(1848.12.8.)이었다. 1년여 뒤 그는 다시 새 헌법을 만들었다. 의회의 권한을 일부 인정하는 듯한 의회주의의 외관을 가미한 것이 1850년 프로이센 헌법이다(이 프로이센 헌법은 후일 이토 히로부미伊藤博文(1841-1909)가 일본 메이지 헌법을 초안할 때 모델로 삼는다). 그나마도 이 헌법은 '외견적外見的 입헌주의', 곧 사이비 입헌주의 헌법의 대명사로 꼽힐 뿐이다. 그만큼 구체제의 저항은 완강했고, 헌법제정 자체가 어렵고 큰일이었다.

20세기에 들어서 신생국들은 모두 번듯한 헌법을 가지게 됐다. 그렇지만 대부분 허울뿐인 장식품 같은 것이었다. 선진 민주주의국가의 헌법을 모방했지만 현실은 멀리 떨어져 있었다. 종이 위에 쓴 헌법규범과 실제의 헌법현실 사이의 괴리는 컸다. 이런 헌법

현상에 주목한 비교헌법학자 칼 뢰벤슈타인Karl Löwenstein(1891-1973)은 새로운 헌법의 분류를 시도한다(뢰벤슈타인은 나치를 피해 미국으로 망명했다). 그는 헌법이 실제의 정치과정에서 어떤 기능을 갖는가에 따라 규범적 헌법, 명목적 헌법, 의미론적 헌법으로 구분했다.[4]

규범적normative 헌법은 헌법규범이 실제로 규범력을 발휘해 정치권력을 규율하는, 현실에서 준수되고 있는 헌법이다. 유럽 및 미국 등 선진 민주국가 헌법이 여기에 속한다. 명목적nominal 헌법은 성문 헌법전이 존재하지만 현실적으로 기능하지 못하고 명목에 그치는 헌법이다. 그 기능은 기껏 교육적인 것에 머문다. 20세기 초중반, 중남미나 아시아·아프리카 국가 대부분의 헌법이 이에 해당한다. 의미론적semantic 헌법이란 독재국가의 헌법처럼 헌법이 실제 적용되고는 있지만 집권자의 이익만을 위하는 데에 그친다. 말로만 헌법이다. 장식적 헌법이라고도 불린다. 과거의 나폴레옹 헌법 또는 사회주의 소련 헌법 등이 그 대표적 사례다. 뢰벤슈타인은 이 같은 자신의 새로운 분류 방식을 '헌법의 존재론적ontological 분류'라고 칭했다. 근래 헌법을 흔히 옷에 비유하는 것은 뢰벤슈타인에게서 비롯한다. 규범적 헌법은 몸에 맞는 옷, 명목적 헌법은 몸에 맞지 않는 옷, 의미론적 헌법은 평상복 아닌 가장무도회 복장과 같다고 그는 비유했다.

뢰벤슈타인이 현대판 독재를 "신新대통령제"라고 부르며, 그 실례로 한국의 이승만 통치체제를 들면서 "이승만의 꼭두각시 정권"이라고 비하했던 점을 상기하면(대학생 시절 그 구절을 접했을 때 느낀 모욕감이란!) 오늘 한국 헌법의 모습은 얼마나 대견한가. 이제 '헌법의 이름으로' 정치인들이 자기주장을 펴고, 논객들이 의견을 내세우며, 법원·헌법재판소가 정치적 쟁점을 해결하는가 하면, 시민들이 정부에 요구하고 권력에 저항한 끝에, 급기야 국가원수를 끌어내리는 '헌법의 이름으로 시대'가 도래하였다. 그 헌법이란 과연 무엇인가?

'헌법은 헌법해석': 규칙과 원리

헌법재판소가 없었다면 이렇게 헌법이 강해질 수 있었을까. 우리 헌법이 명목적 헌법을 넘어 규범적 헌법으로 진화하는 과정에서 중대한 역할을 한 것이 헌법재판소제도다. 87년 헌법에서 신설된 헌법재판소제도의 활성화가 없었다면 규범적 헌법에로의 발전은 생각하기 힘들다. 출범 당시의 예상을 훨씬 웃돌아 헌법재판소는 분주한 기관이 됐고, 헌법재판소 재판관들 사진이 신문 상단을 장식하면서 그들의 경력이나 정치 성향이 조목조목 분석되는 기사도 생소하지 않게 되었다. 국제적으로도 헌법 관련 학자·실무가들 사이에서 한국의 헌법재판소는 성공 사례로 꼽힌다. 한국의 헌법재판을 분석한 외국 학자의 저서도 접할 수 있다[5](헌법재판에 관한 주제들은 뒤에 '6장. 헌법재판, 비민주적 사법통치인가?', '14장. 헌법재판, 정답은 있는가?'에서 자세히 다룬다).

    헌법재판은 재판의 일종이지만 여느 재판과는 다르다. 그 다름은 헌법재판의 준거인 헌법의 고유한 속성에서 비롯한다. 헌법의 특성 중 하나는 '원리' 차원의 규정들이 많다는 점이다. 이 점은 부연이 필요하다.

헌법을 포함해 무릇 모든 법의 규정들은 규칙rules과 원리 principles, 두 종류로 구분해볼 수 있다.[6] 자동차 속도를 시속 100킬로미터로 제한하는 교통규칙은 규칙에 속한다. 이와 달리, "①권리의 행사와 의무의 이행은 신의에 좇아 성실히 하여야 한다. ②권리는 남용하지 못한다"라는 민법 제2조의 '신의성실의 원칙' 조항은 원리에 속한다. 헌법에도 규칙 성격의 조항과 원리 성격의 조항이 함께 규정되어 있다. "대한민국의 주권은 국민에게 있고…(제1조 제2항)"라는 규정, 또는 "모든 국민은 법 앞에 평등하다(제11조 제1항)"는 규정은 원리에 해당한다. 반면, 대통령 임기를 4년이나 6년이 아닌 5년으로 규정(제70조)한 것이나, 국회의원 수를 200명 이상으로 한다는 규정(제41조 제2항)은 규칙에 속한다.

규칙과 원리는 서로 성질이 다르다. 규칙은 전부 아니면 무無라는 식의 딱 떨어지는 규정이다. 대통령 임기는 5년이며, 하루라도 더해 5년 1일이어서는 안 된다. 국회의원 수는 200명 이상이어야 하지 199명이어서는 안 된다. 규칙의 해석·적용은 양자택일 방식이다. 반면, 원리의 해석·적용은 그렇지 않다. 양자택일이 아니라 정도程度 또는 강도强度가 문제된다. '법 앞에 평등'이라는 원리 차원의 조항은 매우 추상적이고 광범한 해석의 여지를 남긴다. 예컨대 공무원시험에서 제대군인에게 가산점을 주는 것이 여성차별인지 여부에 관해서는 의견이 갈릴 수 있다(이 문제를 다룬 1999년 사건에서 우리 헌법재판소가 재판관 전원일치 의견으로 위헌결정을 내린 것은 놀랍다. 헌법재판 기능을 갖고 있는 미국 연방대법원이 이것과 비슷한 사안을 다룬 1979년 사건에서 우리와 달리 합헌판결을 내렸던 것과는 대비된다. 미국 판결에서

프롤로그   헌법이란 무엇인가

는 성차별 의도가 없다는 점이 중시됐다. 한편 남자만 병역 의무를 지는 것이 위헌인지 여부에 관한 2010년 사건에서 한국 헌법재판소 재판관의 의견은 갈렸다. 재판관 2인은 위헌이라는 소수 의견을 냈다).

법률이나 명령·규칙 등 다른 형식의 법에 비하면—특히 도로교통법이나 세법처럼 기술적 성격의 규정을 담고 있는 수많은 특별법이나 그 하위 법령에 비하면—헌법에는 원리 성격의 규정이 훨씬 많이 포함돼 있다. "민주공화국", "인간으로서의 존엄과 가치", "행복을 추구할 권리", "인간다운 생활을 할 권리", "국가안전보장·질서유지 또는 공공복리", "경제의 민주화" 등등.

헌법이 담고 있는 내용은 크게 둘로 나눌 수 있다. 하나는 국민의 기본권에 관한 규정이고, 다른 하나는 국회·정부·법원 등 국가의 통치구조에 관한 규정이다. 대체로 기본권에 관한 조항들은 원리적 성격인 데 반해, 통치구조에 관한 조항들은 규칙 성격의 규정이 많다.

수다한 원리 성격의 규정을 담고 있는 헌법의 해석은 어려운 문제를 남긴다. 헌법의 해석·적용이 애매하고 불확정적으로 되어버리는 것이다. 헌법재판의 대부분을 차지하는 것은 어떤 일정한 기본권 제한이 위헌이냐 아니냐 여부의 심판인데, 이때 통상적인 쟁점은 개인의 기본권 보장이라는 원리와 국가안전보장·질서유지·공공복리라는 공익 보호의 원리가 충돌할 때 무엇이 우선하는가이다. 예컨대 법원 주변의 집회를 규제하는 경우, 집회의 자유와 질서유지 가운데 어느 것을 중시하느냐에 따라 그 위헌 여부의 결론이 갈린다. 이때 어느 결론이 옳은지는 결코 명확하지 않다.

하나의 기본권 조항의 해석·적용도 그렇거니와, 헌법에 담긴 하나의 기본권 조항과 또 다른 기본권 조항이 충돌하는 듯 보이는 경우에는 더욱더 그렇다. 예컨대 '공인公人의 내밀한 프라이버시에 관해 보도할 수 있는가'라는 문제처럼, 사생활의 권리와 표현의 자유라는 두 기본권이 충돌하는 경우 어느 것이 우선하느냐는 문제가 생긴다. 이런 문제들은 대부분의 경우 그 해답이 불확실하다. 선례가 있더라도 그 선례가 옳은지는 역시 불명확하고 장래에 바뀔 수도 있다. 이른바 헌법해석·적용의 불확정성indeterminacy 문제다.

모든 법의 해석·적용은 다소간 불확정성의 문제를 안고 있지만, 헌법의 경우엔 그 정도가 훨씬 더 크다. 헌법재판에서 재판관 의견이 다수 의견과 소수 의견으로 갈리는 모습이 다반사인 것은 이 때문이다. 이제 보통 사람들도 눈치채게 됐다. 헌법재판에는 어떤 불명확한 구석이 본질적으로 내재해 있지 않은가라고. 추상적인 원리를 구체적 사안에 적용하는 과정에서 여러 갈래 해석이 나온다. 과연 정답이 존재하는지 자체도 명확하지 않다. '어려운 재판사건에서 정답이 있는가'라는 문제는 외국에서도 여전히 법철학의 난제로 남아 있다.

이런 문제를 일찍이 간파한 실무가이자 이론가가 있다. 20세기 초의 미국 연방대법관 홈스Oliver Wendell Holmes Jr.(1841-1935)는 미국 사법司法 역사에서 전설 중의 전설로 일컬어지는 사람이다. 그의 대표적 저술인 강연문 『법의 길The Path of the Law』(1897) 가운데 이런 대목이 있다.

어떠한 결론에 대해서도 논리적 형태를 부여할 수 있다.

You can give any conclusion a logical form.[7]

이 강연에서 홈스는 이렇게 덧붙였다. "판사들은 사회적 이익을 교량敎量할 의무를 등한시해왔다. … 미래의 법학도들은 통계학을 숙지하고 경제학의 달인이 되어야 한다." 미국의 법사法史학자 호르위츠Morton J. Horwitz(1938-)는 홈스를 가리켜 "미국이 낳은 가장 중요하고 영향력 있는 법사상가"라고 평한다. 그는 『법의 길』이 법에 관한 미국 최고의 걸작이라고 치켜세운다.[8]

결국 헌법조항 자체만으로는 아직 헌법이 무엇인지 알 수 없다. 재판을 통해 유권적인 헌법해석이 내려져야 비로소 헌법이 존재하게 된다. 한 번 유권해석이 내려지더라도 그 수명이 얼마인지는 알 수 없다. 간통죄 위헌결정은 수차례 합헌결정 끝에 나온 결론이었다. 헌법은 해석에 따라 유동한다. '헌법은 헌법해석이다.'

헌법 본색

헌법은 무슨 색깔인가. 헌법해석을 더욱 논쟁적으로 만드는 것은 헌법이 지닌 정치적 속성이다. 헌법은 정치적 법이다. 모든 법은 궁극적으로 정치의 산물이며, 그 점에서 정치성 역시 모든 법에 공통되지만, 헌법의 정치성은 특별하다. 우선 헌법의 제정 자체부터 매우 정치적이다. 헌법제정에 참여하는 여러 세력의 정치적 입장은 서로 갈리기 일쑤이고, 그 정치적 타협의 소산이 헌법이다. 1948년 한국 헌법제정을 보아도 이 점은 뚜렷하다. 어떤 정부형태를 취할 것인지에 관해 정치세력들이 옥신각신 타협한 결과, 여러 요소가 뒤섞인 뒤죽박죽의 정부형태가 되어버렸다. 독일 바이마르공화국 시대 및 뒤이은 나치 시대의 계관 헌법학자 카를 슈미트Carl Schmitt(1888-1985)는 헌법의 본질이 헌법제정자의 '정치적 결단'에 있다고 보았다. 그는 '헌법제정권력', '(긴급)예외사태' 등 헌법학자들이 흔히 다루지 않았던 역동적 주제야말로 헌법의 본질적 성격을 드러낸다고 역설했다.

헌법의 제정만이 아니다. 그 해석·적용 역시 매우 정치적이다. 헌법이 정치의 소산이고 정치적 내용을 담고 있는 만큼 헌법의 해석·적용 역시 정치적 의미를 지닐 수밖에 없음은 당연하지만, 헌법의 해석·적용이 정치적이라 함은 그런 의미에만 그치지 않는다. 해석하고 적용하는 개인의 정치적 입장이 투영된다는 말이다. 여러 원리적 규정들을 담고 있는 헌법의 추상성과 이로 인한 그 해석의 불확정성 때문에 헌법의 해석·적용은 개개인의 정치적 성향에 따라 정치적 색깔로 물든다. 헌법재판에서 재판관의 의견은 객관적인 듯한 법리法理의 외관을 띠지만 그 밑에 잠재하는 것은 재판관 자신의 정치적 성향이다. 이 점에서도 헌법재판은 정치재판이다. 재판관의 정치적 성향이 재판 결과에 영향을 미친다는 점이 바람직한지 아닌지를 떠나, 이것은 회피하기 힘든 현실이다. 다만 입증이 쉽지 않을 뿐이다.

비단 헌법만이 아니다. 헌법과 관련된 정당법 또는 선거법 등은 말할 것도 없고, 모든 법은 궁극적으로 정치적 성격을 벗어나지 못한다. 사인私人과 사인 사이의 재산 문제나 가족 관계를 다루는 민법은 일견 정치와 무관한 듯 보이지만 근본적으로는 역시 마찬가지다. 민법의 근저에는 모든 개인을 평등한 주체로 보고 개인의 사적 소유권을 보장하며 계약의 자유를 보장한다는 근본적 원리가 깔려 있다. 지금 보면 당연한 듯 보이는 이 원리는 역사적으로 엄청난 혁명적·정치적 원리였다. 가장 아름답고 완벽한 프랑스어 표현으로 일컬어지는 나폴레옹법전은 나폴레옹의 대포와 함께 강력한 정치적 무기였다. 나폴레옹이 정복한 땅에는 그의 법전이 시행되었고, 법전의 종잇장이 넘겨질 때마다 파도처럼 자유의 바람이 퍼져 나아갔다.

19세기 중반, 독일의 초기 사회주의운동가로 활약한 라살레 Ferdinand Lassalle(1825-1864)는 일찍이 헌법의 본질에 관해 이렇게 말했다. "한 나라에 존재하는 사실상의 권력관계야말로 헌법의 본질이다. 현실에 부합하지 않는 헌법전은 한 장의 종잇장에 불과하다." 라살레의 이 말은 헌법의 본질적 정치성을 밝혀준다.

과거 일본의 대표적 법철학자였던 오다카 도모오*尾高朝雄(1899-1956) 역시 말년의 저서 『법의 궁극에 있는 것法の窮極に在るもの』(신판 1955, 1965)에 이렇게 썼다. "법의 궁극에 이념이 있다. 그러나 법을 만들고 법을 깨는 힘은 단순한 이념의 힘이 아니다. 오히려 현실의 인간행동이 법을 만들고 법을 깨는 직접적 원동력이다. … 법의 원동자原動者인 정치는 법에 대한 우위에 선다."[9]

슈미트나 오다카처럼 파시스트·군국주의자만이 아니다. 정반

---

* 도쿄대학 교수였던 오다카는 일제 강점기에 경성제국대학 교수를 지냈다. 칼을 찬 군복 차림이었다고 전해진다. 패전 후에도 천황제를 옹호했다.

대 방향의 좌파 법학자들도 유사한 주장을 펼친다. 1970년대 후반 이래 일단의 젊은 법이론가들이 한때 미국 법학계를 거세게 흔들어댄 적이 있다. '비판법학critical legal studies'이라는 이름의 법학운동이다. 여러 명문 로스쿨 교수진에 포진한 이들은 기존의 주류 법학을 '자유주의적 법이론liberal legalism'이라고 부르면서 그 비판에 열을 올렸다.

이들의 공통적인 메시지의 하나는 '법은 정치다Law is politics'라는 것이다. 헌법을 비롯해 모든 법은 '빈 그릇'일 뿐이고, 거기에 담기는 내용은 현실의 힘에 좌우되는 정치적 결정이라고 보는 것이다. 비판법학의 사상적 원류는 앞서 인용한 홈스 대법관의 현실주의적 법사상에서 비롯했다. 비판법학은 전설의 후손인 셈이다.

2017년 8월, 인천지방법원 모 판사가 법원 게시판에 「재판과 정치, 법관독립」이라는 제목의 글을 올렸다. 그 판사는 이런 글을 실었다. "재판이 곧 정치라고 말해도 좋은 측면이 있다." "개개의 판사들 저마다 정치적 성향이 있다는 진실을 존중해야 한다." "남의 해석일 뿐인 대법원의 해석 등을 추종하거나 복제하는 일은 없어야 한다." 이 글에 대해 서울중앙지방법원 모 부장판사가 이런 반박의 글을 올렸다. "개인의 정치적 표현은 보장되어야 하지만 법관은 그런 논의도 삼갈 필요가 있다."

우선 판사들의 이런 논쟁은 87년 헌법 이후 세상의 변화를 실감하게 한다. 지난 권위주의 시대를 겪어온 사람에게는 전혀 딴 세상이나 다름없다. 이 같은 논쟁을 어떻게 볼 것인가. "재판이 곧 정치"이며, "개개의 판사들 저마다 정치적 성향이 있다"는 발언이 사실의 진술이라면 이 진술은 잘못된 것이 아니다. 재판에 판사의 성향이 스며든다는 사실은 바람직하지 않지만 실제로는 피하기 어렵다는 진술은 객관적 진실이다. 그러나 판사 자신의 정치적 성향에 따라 해석해도 무방하다거나 나아가 그렇게 하자는 주장이라면 심히 잘못된 것이거나 적어도 논쟁 대상이다('14장. 헌법재판, 정답은 있는가?' 참조).

헌법은 본질적으로 정치적이다. 헌법제정이든 헌법재판이든 헌법의 영역에서 정치성은 피할 수 없다. 싫든 좋든, 헌법의 정치적 색깔은 숙명이다. 헌법재판이란, 헌법의 이름으로 내리는 정치적 결정이라고 해도 지나치지 않다. 다만 '헌법의 이름으로' 치장된 그 논리가 얼마나 설득력을 지니고 공감을 얻을 수 있느냐가 문제될 뿐이다. 그런 유보 아래에서 '헌법의 본색은 정치색이며, 헌법재판의 본색은 정치재판이다.'

'헌법'이라는 단어

헌법의 의미를 찾아나서는 긴 여정의 길머리에서, 잠시 헌법이라는 단어를 살펴보자. 헌법은 국가의 구조 및 그 작용에 관한 기본법이다. 이런 의미의 '헌법'의 연원은 무엇인가.[10]

헌법憲法이라는 한자어는 영어의 constitution, 프랑스어 constitution, 독일어 Verfassung의 번역어이며, 그 본래의 사전적 의미는 '구성', '구조'라는 뜻이다. constitution, Verfassung이라는 단어는 국가의 구조 자체를 가리키는 의미로 쓰이기도 하고, 그 구조에 관한 기본적 법을 지칭하는 뜻으로 사용되기도 한다. 후자의 의미로 특정하기 위해 consitutional law, droit constitutionnel, Verfassungsrecht라는 표현도 사용된다.

한자어 헌법은 고대 중국의 전국시대 문헌인 『국어國語』, 『관자管子』에 나타난다고 한다. 당시에 이 단어의 의미는 국가의 법을 통칭하는 것이었다. 한편 당시 '헌憲'이라는 말은 다양한 의미로 쓰였다. '법法'과 같은 뜻, 또는 '현懸(걸어둔다, 곧 게시해놓는다는 의미)', '현顯(현저하다, 곧 명확히 드러나 있다는 뜻)'과 유사하다는 뜻풀이가 있다.

헌법이라는 단어가 근대적인 constitution의 의미로 쓰이기 시작한 정확한 시점은 분명치 않다. 중국에서는 1880년대에 처음 등장하는 것으로 알려져 있다. 중화민국 건국 과정에서는 먼저 '약법約法'이라는 용어가 사용되었고, 1910년대부터 헌법 초안의 명칭에 '헌법'이라는 용어가 등장한다.

일본의 고문헌에도 '헌법'이라는 단어가 등장한다. 오랜 역사서인 『일본서기日本書紀』에 "황태자가 憲法 17개조를 지었다"는 기록이 나오며, 그 단어의 연원은 중국 고문헌에서 유래한다고 보고 있다.

일본에서 헌법이라는 말이 constitution의 의미로 사용된 것은 메이지유신 후 1870년대부터다. 1873년에 발간된 일본 문헌 중에 프랑스 헌법, 미국 헌법 등의 번역어로 헌법이라는 어휘가 사용되었다. 그 후 이 용어가 더 널리 쓰이며 정착된 것은 1882년 이토 히로부미가 헌법 조사를 위해 유럽으로 떠난 무렵이다. '대일본제국 헌법大日本帝國憲法'이란 이름의 근대적 일본 헌법이 처음 제정된 것은 1889년이다.

우리나라에서 오늘날의 의미로 헌법이라는 단어가 처음 사용된 것은 1884년 『한성순보漢城旬報』에서라고 한다. 1895년 유길준俞吉濬(1856-1914)의 『서유견문西遊見聞』에서는 '국헌國憲'이라는 용어가 사용되었다.

1919년 4월 11일에 출범한 대한민국 임시정부 최초의 헌법은 '임시헌장臨時憲章'이라고 명명했고, 그 후 1919년 9월 11일 헌법에서 '임시헌법臨時憲法'이라는 용어가 사용되었다. 이후 약헌約憲 (1927, 1940), 헌장憲章(1944) 등 다양한 용어가 등장했다.

이처럼 지금 같은 의미의 헌법이라는 어휘가 사용되기 시작한 것은 일본에서 메이지유신 후 1873년부터라고 알려져 있다. 어떻든 오늘날 동아시아 한자 문화권에서 헌법이란 용어는 공용어이다.

제1부 헌법사의 흐름과 갈래

헌법은 정치적 격변기에 태어난다.
혁명이나 쿠데타, 전쟁, 외세 지배로부터의 해방처럼
역사의 혼란기를 거치며 거둔 정치적 성과와 미래
전망을 담은 계약문서가 헌법전이다.
지극히 추상적 규정들로 가득 찬 원리 성격의
헌법조항은 물론이고, 기술적으로 보이는 규칙 성격의
규정들까지도 헌법제정을 전후한 역사적 배경과
흐름을 알지 못하고서는 그 참뜻을 이해할 수 없다.
헌법사 이해는 헌법 이해의 전제이다.
근대 이래의 헌법은 넓은 뜻에서 혁명의 소산이었다.
아래로부터, 위로부터, 혹은 밖으로부터의 혁명은
언제나 (새로운) 헌법을 요구했다. 혁명의 진원지가
어딘가에 따라, 그 연원이 아래로부터인지,
위로부터인지, 또는 밖으로부터인지에 따라 헌법의
기조가 달랐고, 후일 그 국가와 주변의 운명이 갈렸다.
혁명사와 더불어 헌법사를 살펴보기로 한다.

1장

시민혁명이 있었는가, 없었는가?
- 근대 헌법의 두 갈래 길

시민혁명과 헌법

어떤 일본인 학자

1989년, 프랑스대혁명 200주년을 맞은 해, 한 일본인 헌법학자가 그해 출간된 자신의 책에 이렇게 썼다.

> 생각해보자. 지금 세계 각지에서 인권을 추구하고 있는 사람들이 고통받고 있는 것은 거기에 바로 시민혁명이 없었기 때문이 아닌가.
> 그렇다면 시민혁명의 결여라는 틈을 어떻게 메우면 좋은가라는 선명한 문제의식에서 출발한 일본의 전후戰後 해방의 의미를 다시 생각하는 것은 일견 매우 수사적으로 보이지만, 도리어 지금이야말로 새로운 의미를 갖는 것은 아닐까.[1]

도쿄대학 법학부 교수 히구치 요이치樋口陽一(1934-)는 1989년 7월 파리에 갔다. 그는 혁명 200주년 기념 국제토론회 "프랑스혁명의 이마주L'Image de la révolution française"에 참석 후, 『자유와 국가—지금

'헌법'이 갖는 의미自由と國家-いま「憲法」のもつ意味』(1989)라는 문고판 책자를 저술했다. 거기에는 일본의 한 리버럴 지식인의 착잡한 역사의식이 곳곳에 배어 있다. 그 착잡함이 시민혁명을 갖지 못했던 일본 근대사에 연유함은 앞의 인용문에 그대로 표출되어 있다.

히구치 교수가 자신의 저서들 여기저기에 인용하는 또 하나의 예를 보자.

> 우리는 서유럽에서 이미 한 세기 이전에 제기되고 해결된 역사적 경험을 우리 자신의 사회적 실천 속에서 세계사의 법칙으로서 직접 확인하려 하고 있다. 죽은 자, 산 자를 붙잡는다. 거꾸로 산 자, 죽은 자를 살려낸다.[2]

위 구절은 유럽 시민혁명사에 몰두했던 한 일본 사학자의 경구 같은 탄식이다. 일본 리버럴 지식인들의 이른바 '전후 해방의 과제'라는 문제의식 속에 이처럼 일본의 시민혁명 결여에 대한 인식이 도사리고 있음은 도처에서 마주할 수 있다.

이런 인식은 지금만이 아니다. 이미 메이지유신 시대에도 유럽의 시민혁명을 향한 선망을 볼 수 있다. 일례로 1880년대 자유민권운동 사상가 나카에 조민中江兆民(1847-1901)을 보자. 프랑스혁명이 끝난 제3공화국 초기, 그는 1872년부터 1874년까지 프랑스에서 유학 후 루소Jean-Jacques Rousseau(1712-1778)의 『사회계약론Du contrat social』(1762) 등을 번역하기도 했다. 그가 남긴 이런 구절이 있다.

흔히 민권民權이라 불리는 것에도 두 종류가 있다. 영국이나 프랑스의 민권은 회복의 민권이다. 아래로부터 쟁취한 것이다. 그런데 또한 별도로 은사恩賜의 민권이라 부를 만한 것이 있다. 위로부터 하사받는 것이다. 회복의 민권은 아래로부터 스스로 쟁취하는 것이므로 그 분량의 많고 적음을 이쪽이 마음대로 정할 수 있다. 은사의 민권은 위로부터 하사받은 것이므로 그 분량의 많고 적음을 이쪽이 마음대로 정할 수 없다.

자유는 쟁취하는 것이며 받는 것이 아니다.[3]

나카에 조민이 자유는 쟁취하는 것이라고 말한 것은 후일의 일본 역사에 비추어 더욱 흥미롭다. 헌법사를 되돌아보면 시민혁명이 있었는지 없었는지에 따라 그 나라 헌법의 행로와 운명이 갈린다. 아래로부터 시민계급을 주축으로 성취해낸 시민혁명을 거쳤는가 여부는 이후 역사의 향방을 좌우하는 결정적 모멘텀이 된다. 비록 근대화—그 핵심인 산업화—에 성공해 세계적 강국에 올라섰더라도, 시민혁명이 좌절됐던 독일과 그런 시도조차 없었던 일본의 역사가 어떤 길을 밟았는가.

시민혁명을 통한 자유야말로 참된 자유일 것이다. 전후의 일본처럼 밖으로부터 주어진 자유는 '배급된 자유'일 뿐이며 허약할 수밖에 없다. 자유란 본질적으로 주체적이며, 주체적·능동적으로 쟁취하지 않은 자유는 진정한 자유라고 말하기 어렵다. 시민혁명의 성과로서 헌법을 만들어내고 그런 헌법 아래 보장되는 자유야말로 지속 가능한 참된 자유일 것이다.

한국은 뒤늦게나마 시민혁명을 이루었다. 자랑스러운 역사임에 틀림없다(뒤에서 1987년 시민혁명과 87년 헌법을 다룬다). 다만 유념할 점이 있다. 혁명은 대가를 요구하며 그 희생은 때로 비극적이고 잔혹하기까지 하다. 프랑스혁명을 찬양했던 나카에 조민도 프랑스혁명의 참담함을 참을 수 없다고 토로했다.

한국의 1987년 6월혁명도 크게 다르지 않다. 흔히 6월항쟁이라 부르는 6월혁명을 무혈無血의 뜻에서 명예혁명이라 부르는 것은 적절치 않다. 6월혁명에 이르기까지의 긴 노정을 잠깐이라도 뒤돌아보면 그런 비유를 쉽게 하지 못한다. 6월혁명의 성취는 5·18광주민주화운동을 접고 생각할 수 없다. 거슬러 올라가면 한국 시민혁명의 시원은 4·19학생의거에 훨씬 앞서 3·1운동에까지 이른다.

혁명의 혹독함은 직접 희생자 수에 그치지 않는다. 혁명의 후유증은 지독하게 소모적이고 끈질길 수 있다. 프랑스대혁명을 흔히 10년간으로 보지만, 길게 파리코뮌까지 잡는다면 100년에 가깝다. 한국의 6월혁명은 어떠한가. 6월혁명의 보이지 않는 그늘은 아직도 길게 드리워 있다. 광장·가두정치는 감격스럽지만, 그 그늘은 구석구석 쉽게 지워지지 않는다. 역사의 비교는 섣부를 수 없다.

역사의식의 착종

앞 이야기의 연장선에서 아래와 같은 보충적 논의를 곁들여도 무방할 것이다.

한국의 한 일본법 연구자는 현대 일본 헌법학의 특색으로 '리

버럴리즘의 유행'을 들고 있다.[4] 이 역시 '시민혁명 결여'의 반작
용으로 해석할 수 있지 않을까. 이와 관련, 한 가닥 의문이 남는다.
시민혁명 결여의 인식이 단지 리버럴리즘의 한 차례 '유행'에 그
치고 만다면 무슨 의미가 있을 것인가. 일본 지식인의 리버럴리즘
에는 얼마나 진정성이 따르는가.

일본 군국주의에 관한 특유의 분석으로 주목받은 정치사상가
마루야마 마사오丸山眞男(1914-1996)가 어떤 책에서 흘린 한마디는 과
연 일본 리버럴리스트의 정체가 무엇인지 다시 생각하게 한다. 그
는 이렇게 썼다. "일본의 군사적·경제적 발전이 아시아 민족에게
희망과 자신의 등불을 붙여주었듯이….".[5] 전후 일본의 지성이라고
일컬어지는 대표적 학자의 이런 인식은 바로 시민혁명 결여라는
일본의 역사적 사실과 결코 무관하지 않으리라. 개인의 존엄과 자
유를 희구하더라도 나름의 희생을 각오한 행동의 체험을 통해 내
면화되지 못했을 때, 그런 리버럴리즘은 민족 차원을 넘어 보편적
이념으로까지 나아가기 어렵지 않은가.*

흔히 마루야마는 일본이라는 공간적 한계를 넘어 보편적 리버
럴리즘을 지향했다고 평가되고, 또한 그 스스로 타자他者를 '타자
의 내측內側으로부터 이해하는 태도'를 강조했다고 하지만, 여전히

---

*   사소한 문제로 보일지 모르나 한마디 덧붙일 점이 있다. 앞의 마루야마의 말과 관
    련해 놀랍기까지 한 사실은, 바로 뒤이어 그가 이런 언급을 하고 있다는 점이다.
    "천부인권론에 의거했던 민권론자의 태반이 국내적으로는 자연법적 합리주의
    를 취하면서 국제사회적으로는 약육강식의 관점을 취하는 사상적 분열을 보이
    고 있다는 것…." 이 지적은 곧 자신에게도 해당한다는 점을 그는 인식하지 못하
    고 있었던 것인가. 여기서 '민권론자'는 메이지 헌법 제정 이전, '자유민권운동'
    을 주도한 당시 일본의 재야세력을 가리킨다.

그의 내면 저변에 내셔널리스트의 기미가 깔려 있음을 본다. 다만 후일 마루야마 스스로 "동아시아 전체의 역사적 맥락 속에서 일본의 위상을 설정하는 시각이 희박"했다는 '반성적' 소회를 피력했다는 지적이 있다.[6] 또한 그가 1995년과 1996년, 만년에 '위안부' 및 강제연행 노동자들에 대한 일본 정부의 국가배상을 촉구하는 성명에 서명했다는 점도 부기해둔다.

만일 일본 지식인의 리버럴리즘이 단순한 유행이 아니라 거기에 진정성이 담겨 있다 하더라도—시인 김지하 탄압에 항의해 도쿄 긴자 거리에서 단식투쟁을 벌인 작가 오에 겐자부로大江健三郎(1935-)처럼*—그것이 일본의 보통 사람들과 동떨어진 일부 지식인들에게만 국한된 것이라면 과연 이를 어떻게 받아들일 것인가. 더구나 일본의 '인텔리'층이 전통적으로 사회 일반과 다분히 격리되어 폐쇄적이라는 점에 비추어보면 더욱 그러하다.

일본은 19세기 후진後進 지역인 아시아에서 유일하게 근대화를 이루어냈다. 서구에 압도되지 않고 나름의 자존을 지켰으며, 패전 후에도 어떻든 재기에 성공했다. 그들의 자부심은 그것대로 인정할 수밖에 없다. 그러나 이 자부심이 깊고 성실한 역사의식과 함께하지 않는다면 이는 일본 자신만 아니라 그 이웃들에게도 그냥 보아 넘길 일이 아니다.

오늘의 동아시아 상황은 우리를 혼란스럽게 한다. 한국은 오

---

* 오에 겐자부로는 마루야마와 달랐다. 그는 "애매한 일본의 나あいまいな日本の私"라는 제목의 노벨문학상 수상 강연에서, 전쟁 포기를 명시한 일본 헌법 9조를 거론하며 한국 등 이웃 나라에 피해를 준 점에 대해 유감의 뜻을 표명했다. 나아가 일본 천황이 수여하는 훈장과 공로상의 수상을 거부했다.

랜 고난 끝에 1987년 6월 시민혁명을 성취한 데 이어 2016-2017년 '촛불항쟁'으로 시민혁명을 공고하게 다졌지만, 시민혁명을 이뤄본 적이 없는 일본은 평화헌법 개정과 우경화의 행보를 노골화하고 있다. 2017년 봄, 일본의 학교에서 19세기 말 메이지천황이 내렸던 교육칙어가 낭송되고, 중학교 교과목에 군국주의 시대의 총검술이 다시 채택됐다는 소식이다. 같은 해 5월에는 아베安倍晋三(1954-) 일본 총리가 2020년까지 개헌하겠다는 일정을 공언한 데 이어, 자민당의 총선 압승 직후 다시 개헌의 깃발을 올렸다. 앞서 본 일부 자유주의적 일본 지식인들의 고뇌가 생경하게 느껴질 정도이다. 오늘 일본의 헌법 현실은 과거 일본 헌법사의 속편일 터이다.

한편 2차 세계대전 후 피해자 행세를 보인 일본과는 달리 철저한 속죄의 자세를 견지해온 독일의 정치 상황도 변화하고 있다. 2017년 9월 24일 총선에서 극우정당 '독일을 위한 대안AfD'이 제3당으로 의회에 진출했다. 나치의 등장 장면을 떠올리면 과민일지 모르지만, 이 현상은 시민혁명에 실패한 역사적 경험과 무관한가.

이런 현실 상황을 일단 접어두고서도 무릇 헌법의 이해에 헌법사의 이해는 불가결하다. 헌법사의 되살림을 통해 오늘의 헌법의 의미 역시 되살아날 수 있다.

근대 입헌주의 헌법 대 외견적 입헌주의 헌법

시민혁명이 있었는가, 없었는가. 이에 따라 근대 헌법은 두 유형으로 갈린다. 시민혁명의 소산으로 나온 '근대 입헌주의 헌법', 그리고 시민혁명을 성사시키지 못한 채 만들어낸 '외견적 입헌주의 헌법'이 그것이다. 이 두 가지 유형은 20세기 이후 각각 상이한 유형의 국가체제 및 국제정치적 좌표에 이르게 된다.

입헌주의란?

우선 입헌주의constitutionalism란 무엇인가? 넓은 뜻의 입헌주의는 헌법을 통해 권력을 제한하는 통치의 원리를 가리킨다. 그 취지는 권력의 자의恣意를 제한하자는 데에 있다. 이런 의미의 입헌주의는 근대 이전에도 찾아볼 수 있지만, 통상적으로 입헌주의라 하면 근대적 입헌주의를 지칭한다.

　1789년 프랑스 인권선언 제16조는 이렇게 말한다. "권리의 보장이 확보되지 않고 권력의 분립이 확립되어 있지 않은 사회는 헌법을 갖고 있는 것이 아니다." 이 구절은 근대 입헌주의의 핵심 요소를 잘 집약해 보여준다. 국민의 권리보장과 권력분립이 근대 입헌주의의 양대 요소라는 점이다. 이 둘 가운데 권력분립은 권리 보장을 위한 수단이다. 이 점에서 입헌주의는 궁극적으로 국민의 권리보장으로 귀결한다. 국민의 권리보장이 목적이고 그 수단이 권력분립이다.

여기에서 권리보장의 의미를 되새길 필요가 있다. 근대적 의미의 권리보장이란, 사회적 신분에서 오는 권리가 아니라 인간이면 누구나 갖는 인권을 보장한다는 뜻이다. 이 점은 이미 인권선언의 제목, "인간과 시민의 권리선언Déclaration des droits de l'homme et du citoyen"에도 나타나 있다. 개인이 갖는 권리에는 두 부류가 있다. 먼저 인간의 권리란 국가 이전에 개인으로서 누구나 갖는 권리를 의미하고, 시민의 권리란 국가의 존재를 전제로 국가 안에서 개인이 갖는 권리를 뜻한다.

더 나아가, 개인의 권리보장 원리를 뒷받침하는 또 하나의 원리가 있다. 바로 국민주권의 원리다. 인권선언 제3조는 이렇게 규정한다. "모든 주권은 본질적으로 국민에게 있다." 개인의 권리 가운데 특히 참정권과 같은 시민의 권리가 보장되는 논리적 근거는 국민주권 원리에서 찾을 수 있다(다만 국민주권주의를 구체적으로 어떻게 이해하고 제도적으로 실현하느냐에 따라 국민주권과 권리보장이 서로 긴장·충돌하는 관계에 설 수 있다. 프랑스혁명 당시 자코뱅의 공화적 독재에서 그런 예가 극명히 드러난다. 국민주권과 관련해 뒤에서 더 다룬다).

앞서 언급했듯이 광의의 입헌주의는 헌법에 의한 통치, 곧 헌법에 의해 권력을 제한하는 통치 원리를 가리킨다. 대개는 성문헌법을 전제하지만, 그렇지 않은 영국이 일찍부터 입헌주의를 정착시켜왔음은 잘 알려진 대로다. 영국 입헌주의 역사에서 잘 드러나듯, 제도적으로 입헌주의는 의회의 설치와 그 권한 확보를 필수로 한다. 그런 뜻에서 입헌주의는 의회주의parliamentarism와 함께한다. 다만 역사적으로, 예컨대 19세기 독일에서처럼 입헌주의의 의미가 의회주의와 대립하는 뜻으로 쓰인 적도 있다. 당시 독일에서 입헌주의는 군주제를 전제로 국민주권을 부정하는 것이었고, 헌법에 따라 의회를 두더라도 그 권한은 극히 한정됐다. 이것은 뒤에서 살펴볼 독일 헌법사의 특수성에서 온 특별한 경우다.

넓은 의미의 입헌주의는 중세 때도 찾아볼 수 있다. 이른바 '중세 입헌주의'다. 예컨대 국왕이 봉건영주들의 요구 사항을 수용한 계약문서인 영국의 대헌장Magna Carta(1215)은 중세 입헌주의의 대표적 일례다. 그렇지만 근대 시민혁명의 전형이라고 할 프랑스 대혁명에서 보는 것처럼, 근대 입헌주의는 신분제 의회의 극복에서 시작된다. 영국은 중세 입헌주의의 전통이 근대적 입헌주의 성립에 기여한 독특한 사례다.

근대 입헌주의는 시민혁명을 성취한 국가들의 헌법에서 구현됐다. 그 이념적 지향점은 자유주의이다. 이 점에서 근대 입헌주의에 토대를 둔 헌법을 자유주의적 입헌주의 헌법이라 이름 붙일 수있다. 물론 자유주의 이념의 밑바탕에는 새로 부상한 시민계급의 물질적·경제적 욕구가 깔려 있다. 프랑스 인권선언은 여러 권리 목록 가운데 유독 소유권에 대해서만 '신성불가침'이라고 천명했다. 로크John Locke(1632-1704)의 자연권自然權이론에서는 생명·자유와 더불어 재산권을 생래적 자연권의 하나로 명시했을 뿐 아니라, 이 셋을 묶어서 재산property이라고 지칭하기도 했다. 자유주의의 물적 토대는 사유재산제도다.

입헌주의 헌법의 전형

자유주의적 입헌주의 헌법을 대표하는 것으로, 시민혁명을 거친 근대 미국, 영국, 프랑스의 헌법을 들 수 있다. 이 가운데 근대 입헌 주의의 전형典型은 어느 나라에서 찾을 수 있을까.

프랑스를 그 전형으로 보는 데에는 나름 근거가 있다. 우선 프 랑스대혁명이 유럽 대륙 전역에 퍼져간 자유주의 이념의 진앙震央 이라는 점을 주목할 만하다. 그뿐만 아니다. 프랑스혁명은 강력한 절대왕정을 철저히 타파하고 봉건제를 근본적으로 전복시켰다. 이 같은 외형적 성과에만 그치지 않는다. 프랑스는 자유주의적 입 헌주의의 세 요소인 권리보장, 권력분립 및 국민주권 원리를 정면 수용하는 분명한 입장을 보여준다. 인권선언에 나타나듯, 국민의 권리보장의 근거를 국가나 법이 아니라 국가 이전에 개인이 갖는 자연권에서 찾고, 신분제 의회를 철폐하고 제3계급만으로 국민을 대표하는 일원제 의회를 설치해 의회중심적인 권력분립을 지향하 였으며, 국민주권론의 종주국인 점에서 그렇다. 혁명 후 첫 헌법 인 1791년 헌법은 군주와 타협하는 듯한 면모를 보이지만, 1793 년 헌법은 가장 근대적인 민주적 헌법으로 꼽힌다. 나아가 이후 프 랑스혁명·헌법사는 지상의 온갖 통치 형태를 펼쳐 보인다(프랑스의 자유주의적 헌법은 1875년 제3공화국 헌법에 이르러서야 정착되기 시작한다. 여기에 이르는 19세기 프랑스 헌법사는 파란만장한 파노라마다).

1776년의 독립선언에 이어 1787년에 제정된 미국 헌법도 자유주의적 입헌주의 헌법의 전형이라 할 만한 근거들을 갖추고 있다. 독립전쟁은 동시에 시민혁명이었다. 1776년의 버지니아 권리장전은 모든 사람의 생래적 권리로서 재산권, 생명·자유를 향유할 권리, 저항권 등을 규정했다. 이것이 프랑스 인권선언에 영향을 끼쳤다는 지적이 있다(여기에 대해서는 학자들 사이에 논쟁이 있다. 이 점은 뒤에서 더 다룬다). 또한 시기적으로도 미국의 헌법제정은 프랑스대혁명보다 앞섰다.

다만 미국을 전형이라고 보기에는 망설이게 하는 점이 있다. 유럽의 시민혁명에서처럼 신분제적 봉건제 타파라는 의미는 미약하기 때문이다. 또한 격리된 지리적 위치로 인해 그 영향력도 제한적이었다. 그뿐만 아니다. 프랑스에서 이미 혁명 직후인 1789년 8월에 노예제가 폐지된 데 비해, 미국에서는 1860년대까지 흑인 노예를 법적으로 인간 아닌 재산으로 취급하였다. 이것은 작은 문제가 아니다.

영국의 1689년 권리장전Bill of Rights은 프랑스 인권선언보다 100년 앞섰다. 영국은 유럽의 어느 나라보다 먼저 입헌주의를 정착시킨 나라였다. 그렇지만 영국 역시 근대 시민혁명 및 입헌주의의 전형으로 보기 힘든 측면이 있다. 우선 근대 입헌주의의 형식적 특징이라 할 성문헌법의 부재가 그렇다. 영국은 어느 나라보다도 일찍 입헌주의의 싹을 키웠지만, 입헌주의를 어느 나라보다도 특수한 성격과 형태로 서서히 발전시켜온 특별 사례다. 또한 17세기 영국의 시민혁명을 매듭지은 명예혁명은 왕권을 제한하고 귀족과 상층 부르주아지의 지배를 강화시킨 것이었고, 그 자체를 시민혁명의 전형이라 할 수는 없다. 명예혁명은 군주와 의회세력 간의 타협적·보수적 성격을 지닌 것이었다.

이 점만이 아니다. 명예혁명의 소산인 권리장전은 새로운 개혁적 내용을 담은 것이 아니라 '고래의ancient 권리'를 확인하는 것이었을 뿐이다. 이 점은 국민의 권리보장의 성격 측면에서 영국 고유의 특성을 드러내는 것이기도 하다. 자연권 사상에서처럼 권리의 원천 또는 근거를 국가 이전의 자연상태에서 찾는 것이 아니라 전통에서 구하는 것이다. 이 점은 로크의 자연권이론에 비추어 이상하게 보인다. 그는 명예혁명 직후 출간된 『시민정부론Two Treatises of Civil Government』(1690)에서 사람은 모두 생명·자유·재산에 대한 생래적인 권리를 갖는다는 자연권 사상을 펼쳤다. 그러나 로크의 자연권 사상에도 불구하고, 영국의 주류적 관념과 실제는 국민의 권리를 '고래의 권리와 자유'로 받아들여 왔다. 명예혁명 후 시민들의 권리를 확대하는 등 새로운 헌법적 변화를 이뤄가면서도 기존의 판례법인 보통법common law에 의해 정당화하는 방식을 취했다. 로크의 자연권 사상은 명예혁명의 결과를 아름답게 이론화한 것이고, 이를 통해 영국 시민혁명의 보편적 이미지 형성에 기여한 점에서 두드러질 뿐이다.

덧붙여 사회경제적 측면에서 주목할 점이 있음을 간과할 수 없다. 18-19세기 프랑스혁명이나 19세기의 (실패한) 독일혁명은 초기 산업화에 따른 노동자계급의 생성을 배경으로 한다. 이에 비해 17-18세기 영국의 시민혁명은 수공업 단계를 배경으로 한 점에서 전형성을 갖췄다고 말하기 힘들다. 독일의 1848년 3월혁명에 관해서는 뒤에 상세히 다룬다.

외견적 입헌주의

근대 시민혁명을 이뤄내지 못한 후발 자본주의국가들에서 등장한 것이 '외견적 입헌주의Scheinkonstitutionalismus 헌법'이다. 앞서 언급했듯이 1850년 프로이센 헌법이 그 전형이며, 이를 모델로 삼은 것이 일본의 1889년 메이지 헌법이다. 이들 헌법은 '아래로부터의 혁명'의 결과로 만들어진 것이 아니라 '위로부터의 개혁'의 소산이었다. 그것은 시민계급의 주도에 의한 것이 아니고 구체제의 특권계급이 시민혁명을 저지하는 과정에서 생겨난 것이었다.

외견적 입헌주의 헌법은 국민주권을 부정하고 군주주권을 유지했으며, 권력분립이나 권리보장도 그 성격이나 정도에서 표면적인 것에 불과했다. 의원선거는 불평등·제한선거였으며, 의회의 입법권은 국왕에 의해 크게 제한당했다. 국민의 권리를 규정했지만 생래적 자연권이 아니라 법률이 부여하는 것으로 이해했고, 그런 만큼 그 보장 범위도 매우 제한적이었다. 외견적 입헌주의는 사이비·변종 입헌주의였다(프로이센 헌법 및 메이지 헌법에 관해서는 뒤에서 더 자세히 다룬다).

온갖 헌법체제의 파노라마: 프랑스 근대 헌법사 [7]

프랑스 인권선언의 두 얼굴

1789년 5월 5일, 175년간 휴면休眠 기관이던 '전국 신분대표자회의États généraux', 곧 삼부회가 베르사유에서 열렸다. 6월 17일, 삼부회 가운데 특권 신분이 아닌 제3신분회의가 '국민의회Assemblée nationale'임을 선언했다. 귀족 및 성직자가 여기에 합류하자, 7월 9일 국민의회는 스스로 '제헌의회Assemblée constituante'임을 천명하면서 헌법제정에 착수했다.

헌법제정의 선언은 국민의회를 주도한 부르주아지의 평화적 체제 변혁의 선언이기도 했다. 그러나 국왕과 귀족들의 반혁명 음모가 알려지면서 민심은 격앙됐다. 7월 14일, 파리 민중의 바스티유 습격은 폭력혁명을 알리는 신호탄이었다. 의회는 8월 4일 봉건제 폐지 선언에 뒤이어, 8월 26일 '인간 및 시민의 권리선언(약칭 인권선언)'을 채택했다. 왕은 비준을 거부했다. 10월 5일, 파리 민중이 봉기해 베르사유궁을 습격했다. 그제야 왕은 8월의 두 선언, 봉건제 폐지 선언 및 인권선언에 서명했다.

　모두 17개 조문으로 이뤄진 인권선언의 조문 배열을 보면 한 가지 의문이 떠오른다. 제1조에서 "인간은 자유롭고, 또한 평등한 권리를 지니고 태어나 생존한다"라고 자유와 평등의 원리를 천명하고, 제2조에서 자유, 재산, 안전 및 압제에 대한 저항권이 인간의 자연권에 속한다고 밝힌 다음, 제3조에서 국민주권을 선언한다. 이어서 자유권의 한계, 법 앞에 평등, 신체의 자유, 사상과 표현의 자유, 납세의 원칙 등을 열거한 후, 앞에서 인용한 제16조(헌법의 필수 내용으로서의 권리보장 및 권력분립 원칙)에 이은 마지막 제17조에서 이렇게 규정한다.

　재산권은 신성불가침하며, 법적으로 확인된 공공적 필요성에 비추어 명백히 요구되고 아울러 정당한 사전 보상이 전제되지 않는 한, 누구도 이를 박탈당하지 않는다.

　자유·평등의 원칙을 선언하고 개별 인권의 목록을 열거한 후 헌법이 담아야 할 내용을 밝혔으면 이미 마무리가 된 셈이다. 그럼에도 불구하고, 마지막 조항에서 다시 개별적 권리에 대해 매우 구체적인 규정을 덧붙이고 있다. 왜?

　제헌의회는 인권선언을 작성하면서 조문을 하나씩 의결해 나아가는 절차를 밟았다. 국가의 재산권 수용收用에 관한 제17조는 선언문 작성이 끝난 것처럼 보였던 막바지 단계에서 몇몇 의원들의 요구로 첨가됐다. 이미 제2조에서 "인간의 자연적이고 소멸될 수 없는 권리"의 하나로 재산권을 포함시켰지만 그것만으로는 불안했던 것인가. 부르주아지에게 제17조야말로 '마지막이지만 가장 중요한' 조항이었는가?

재산권 보장 문제는 혁명의 과정에서 대단히 중대한 논란거리였다. 봉건제도 전면 폐지 선언이 이뤄진 1789년 8월 4일 밤, 여러 의원들이 봉건적 특권 포기를 의회 앞에서 공언했다. 한 의원은 감격에 겨워 이렇게 토로했다. "사람들은 4시간 만에 바스티유를 점령했다. 우리는 하룻밤 사이에 이기주의의 바스티유를 무너뜨렸다." 그러나 뒤이어 8월 11일, 봉건제 폐지 선언을 구체적으로 성문화한 법령décret 안에는 중요한 단서 조항이 포함되어 되었다. 그 법령 제1조는 이렇게 규정했다.

의회는 봉건제도를 전면 폐지한다. 봉건적 권리들 중에서 인신人身 예속에 관한 것과 이를 구현하는 모든 권리를 무상으로 폐지하며, 그 밖의 모든 권리는 되살 수 있음rachetable을 선언한다. 되사기rachat 의 액수와 방법은 후에 의회가 정한다. 이 법령으로 소멸되지 않는 권리는 보상이 끝날 때까지 지속되어야 한다.

이 제1조는 봉건귀족의 권리 가운데 무상無償 폐지되는 것과 유상有償 폐지되는 것을 구별하고 있다. 유상 폐지되는 것은 토지에 관한 권리다. 곧 농민은 돈을 주어야 땅을 되살 수 있었다. 돈을 내고 되살 때까지는 계속 봉건적 지대地代를 지불해야만 했다. 그렇다면 봉건제 폐지 선언은 허울뿐이란 말인가. 돈 없는 농민들에게 지대의 유상 폐지 조건이 달린 봉건제 폐지는 공허했다. 이 '되사기' 제도는 3년이 지난 1792년 '8월 10일 봉기' 후, 국민공회의 8월 25일 법령에 의해서야 비로소 폐지되었다.

재산권의 신성불가침은 재산 문제로 끝나는 것이 아니었다. 선거권은 일정한 금액 이상의 직접세 납부자에게만 인정됐다. 1789년 12월 22일 법령은 납세액에 따라 시민을 다음의 세 범주로 구분했다. 첫째, 선거인단을 뽑기 위한 1차 의회를 구성하는 '능동적' 시민들. 둘째, 도 단위 선거인단을 구성하는 선거인들. 셋째, 입법의회 의원으로 선출될 수 있는 피선거권을 가진 시민들.

여기서 인권선언의 또 다른 얼굴이 나타난다. 인권선언의 '재산권 신성불가침' 조항과 지대 유상 폐지 법령 및 제한선거제 법령을 아울러 비추어볼 때, 훗날 인권선언이 갖는 기념비적 역사적 평가와는 다른 측면이 드러나는 것이다. 후세의 칭송과 달리, 혁명 당시의 상황에서 보면 인권선언은 복합적 의미를 지닌 것이었다. 어째서 그런가.

바스티유 함락 후 혁명의 물결은 지방으로 퍼져갔다. 7월 20일 이후 농촌에서는 영주의 저택이 불타고 '대공포'가 확산됐다. 자유주의적 성향의 귀족들이 인권선언 제정을 주장하고 나섰다. 그 내용은 왕권에 대항하는 내용이었지만 동시에 그것은 대공포에 대한 방어이기도 했다. 한 귀족의 연설에는 이런 내용이 들어 있었다. "사람들은 자기들의 권리를 알면 알수록 이것을 보호해주는 법률을 사랑하게 될 것이다. 부랑자들이 공공의 안전을 위협하더라도, 잃을지 모르는 무엇인가를 가지고 있는 시민들은 저들에 대항해 결속할 것이다."

1789년 8월 4일, 의회는 역사적인 봉건제 폐지를 선언한다. 그보다 몇 시간 앞서 의회는 봉건제 폐지 선언 못지않은 중요한 의결을 한다. 헌법제정에 앞서 인권선언문을 작성할 것과 그 기본 원칙을 결의한 것이다. 같은 날 이뤄진 이 두 결의는 무엇을 뜻하는가. 토지 되사기, 곧 지대 유상 폐지를 염두에 둔 봉건제 폐지 선언과 '재산권 신성불가침'이 두드러지는 인권선언은 같은 의도에서 나온 것이었다. 두 선언 모두 폭동을 진정시키려는 속내를 품고 있었다. 폭동은 한편에서 구체제의 전복 수단으로 유용했지만, 다른 한편에서는 자유주의적 귀족들은 물론이고 부르주아지의 경제적 기반까지도 허물어뜨릴 위험을 안고 있었다. 인권선언은 '구체제의 사망증명서'이자 동시에 '제4계급을 배제한 부르주아지 정권의 출생증명서'였다.[8]

물론 인권선언은 혁명의 성과임에 틀림없고 역사의 진전이었음을 부정할 수 없다. 다만 혁명 당시의 시각으로 보면 인권선언이 지닌 타협적 성격을 부정하기 어렵다는 것이다. 인권선언은 그 마지막 제17조에서 재산권의 신성불가침을 밝히면서 특히 국가의 재산권 수용에 대한 정당한 사전 보상 원칙을 명시하였다. 이것은 8월 4일 밤의 봉건제 폐지 선언에 뒤이어 봉건적 토지권리의 유상 폐지를 규정한 법령을 재확인하는 것이었다. 프랑스 역사가 르페브르Georges Lefébvre(1874-1959)의 표현을 빌리면, 8월 26일의 인권선언은 "7월 14일과 8월 4일 밤 사태의 요약"이었다.

한편, 재산권 보장에 관한 제17조 외에도 인권선언에는 헌법적 관점에서 주목할 조항이 여럿 있다. 그중 하나는 제6조이다. "법률은 일반의사의 표현이다. 모든 시민은 누구나 그 자신 또는 그 대표자를 통해서 법률의 제정에 참여할 권리를 가진다"라고 규정한다. 이 조항은 2년 후 제정된 1791년 헌법에서 "국민은 위임에 의해서만 권력을 행사할 수 있다"라고 바뀐다. 국민의 직접적 정치 참여를 두려워한 것이다. 뒤에서 곧 다시 지적하겠지만, 인권선언이 1791년 헌법의 전문前文으로서의 성격을 지닌 점에서 보면 이것은 상당한 퇴행적 변화임에 틀림없다.

프랑스 인권선언이 세계 최초의 근대적 인권선언은 아니다. 그보다 앞서 아메리카 식민지 곳곳에서 권리장전이 선포됐다. 1776년 버지니아 의회가 채택한 권리장전이 그 대표적 사례다. 버지니아 권리장전이 프랑스 인권선언에 영향을 미쳤다는 견해가 있다. 이와 관련해 학자들 사이에 논쟁이 있었다. 19세기 후반부터 20세기 초반에 활동한 독일의 대표적 국법학國法學, Staatsrechtslehre 연구자 옐리네크Georg Jellinek(1851-1911)는 프랑스 인권선언의 사상적 원류가 루소의 사상이라는 주장을 신랄히 비판했다. 그는 프랑스 인권선언이 미국의 인권선언에서 많은 영향을 받았다고 주장했다. 그러면서 미국 인권선언은 독일의 종교개혁 사상에 연유함을 강조했다. 이런 주장에 대해 프랑스인으로부터 반박이 제기됐다. 순수한 프랑스 정신의 산물이라는 것이다.

프랑스 인권선언이 그에 앞선 미국 독립혁명 당시의 인권선언의 영향을 받았을 개연성을 부정하기는 힘들다. 또한 프랑스혁명의 주요 지도자였던 라파예트Marquis de Lafayette(1757-1834)가 미국 독립전쟁 당시 독립군 일원으로 참전했던 이력도 있다(그는 국민의회의 유력 의원이었을 뿐 아니라 바스티유 사건 이후 조직된 국민방위대의 사령관이었다). 그러나 프랑스 인권선언의 조항들, 예컨대 제6조의 "법률은 일반의사의 표현이다"라는 규정만 보더라도 루소의 영향을 부정하기는 어렵다. 또한 미국 인권선언의 작성자들이 프랑스 정치사상의 영향을 받았음을 고려하면 루소 등 프랑스 계몽사상이 프랑스 인권선언의 저류에 깔려 있음을 외면하기 힘들 것이다. 이 논쟁의 바탕에는 프랑스-독일 간의 감정 대립이 깔려 있다는 해석도 있다.

인권선언의 사상적 연원은 어떠하든 이 선언의 전반적 성격, 특히 그 법적 성격은 어떠한가. 국민의회가 스스로 제헌의회임을 천명한 것처럼 국민의회의 당면 과제는 헌법제정이었다. 1789년 바스티유 함락 이후 1791년 헌법제정까지 그사이에 의회에서 제정된 여러 법령도 그 성질상 헌법적 내용을 지니고 있었다(의회는 '법률loi' 외에 '법령décret'이라는 형식의 법을 의결했다. 후의 1793년 헌법은 이 두 형식의 법이 다루는 내용을 구별해 명시했다).

인권선언은 헌법제정에 선행하는 전문의 성격을 가진 것이고, 이 점은 당시 의원들의 발언에도 나타나 있다. 인권선언은 후일 제정되는 헌법의 지도적 원리를 천명한 것이었다. 다만 논의의 여지는 있다. 1791년 헌법은 그 헌법전 제1편 '헌법에 의해 보장되는 기본 조항' 가운데 언론·출판·집회의 자유 등을 포함해 여러 권리 규정들을 두고 있다. 이를 통해 인권선언이 헌법에 대해 갖는 상대적 지위는 저하됐다고 보지 않을 수 없다. 헌법 본문에 별도로 기본권 조항이 설치됨으로써 인권선언의 법적 성격은 약화되고 단순한 정치선언적 의미가 부각되기 때문이다.

그러나 후일 인권선언의 헌법적 성격은 점차 격상된다. 1875년 제3공화국 헌법하에서는 인권선언이 법적 효력을 가진다는 것이 유력한 학설이었다. 이어서 1946년의 프랑스 제4공화국 헌법 전문은 이렇게 규정했다. "1789년 선언에 의해 확인된 인간과 시민의 권리 및 자유와 공화국 법률에 의해 인정된 기본 원칙들을 엄숙히 재확인한다."

이후 지금껏 지속되고 있는 1958년 제5공화국 헌법 아래에서 인권선언은 더 확고한 헌법적 지위를 얻는다. 그 전문은 이렇게 천명한다. "1789년 인권선언에서 규정되고 1946년 헌법 전문에서 확정되어 보완된 인권과 국민주권 원리에 구속됨을 엄숙히 선언한다." 여기에 그치지 않고 나아가 제5공화국 헌법의 헌법재판기관인 헌법평의회Conseil Constitutionnel는 그 결정을 통해 인권선언의 헌법적 효력을 굳게 다져간다. 1970년대 이래 프랑스 헌법평의회는 1789년 인권선언 및 1946년 헌법 전문 등에서 인정된 기본적 자유를 침해하는 법률에 대해 위헌을 선언하는 판례들을 축적해 나아갔다.[9] 이제 인권선언은 단순한 상징적 역할을 넘어 새로운 헌법적 역할을 맡게 된 것이다.

1789-1875년 주요 연표

100년도 안 되는 세월 속에 이런 파란만장, 이런 우여곡절이 있을 수 있는가. 프랑스혁명사와 더불어 그 헌법사를 조감하기 전에, 우선 프랑스혁명 및 이후의 주요 연표를 헌법을 중심으로 간추려본다. 그렇게 하지 않으면 롤러코스터처럼 혁명과 반혁명을 오르내리는 프랑스 근대사의 미로에서 길을 잃을지 모른다.

1789년	7월 14일	바스티유감옥 함락.
	8월 4일	제헌의회, 봉건제도 폐지를 선언.
	8월 26일	제헌의회, '인간 및 시민의 권리선언'.
1790년	5월 14일	의회, 교회 재산 매각을 결정.
1791년	6월 14일	노동자 단결 금지하는 르샤플리에LeChapelier법 제정.
	6월 20일	국왕 일가 도주. 다음 날 체포되어 강제송환.
	8월 27일	오스트리아와 프로이센 황제, 프랑스혁명 무력개입 선언.
	9월 3일	**1791년 헌법** 의결.
	10월 1일	입법의회 성립.
1792년	3월 23일	온건 지롱드파 내각 등장.
	4월 20일	국왕, 의회 결의에 따라 오스트리아에 선전포고. 이어서 프로이센도 대對프랑스전 참가.
	8월 10일	민중봉기 발생. '91년 헌법체제' 붕괴. 의회가 왕권 정지 및 보통선거에 의한 국민공회Convention Nationale 소집을 의결.
	8월 25일	봉건적 토지권리를 무상으로 박탈하는 법령 포고.
	9월 2-6일	반혁명혐의자들에 대한 대학살 자행.
	9월 21일	국민공회 개회, 왕정 폐지 결정. 다음 날 **공화정 수립.**
1793년	1월 21일	국민공회 결의에 따라 루이 16세 처형.
1793년	3월 10일	혁명재판소 설치.
	6월 2일	폭동 발생, 지롱드파 몰락.
	6월 24일	국민공회, **1793년 헌법**(공화국 1년 헌법)을 채택.
	7월 17일	봉건적 권리를 완전 무상 폐지.
	10월 10일	공안위원회에 전시戰時 비상조치권을 부여하는 법령 제정. 공포정치 강화. **혁명정부** 수립(헌법 시행 연기).
1794년	7월 27일	'테르미도르Thermidor 반동' 쿠데타 발생. 다음 날 로베스피에르, 생쥐스트 등 처형.

1장 시민혁명이 있었는가, 없었는가?

1795년	4월 1일	'제르미날Germinal 12일 폭동' 발생. 1793년 헌법의 시행 등을 요구했으나 실패. 혁명기 최후의 민중봉기 진압.
	8월 22일	**1795년 헌법** 채택. 행정부가 5인 집정관으로 구성되는 **집정부Directoire제도** 채택.
	10월 26일	국민공회 해산.
1796년	5월 10일	바뵈프의 '평등주의자 음모' 사건 발생.
1799년	11월 9일	나폴레옹 보나파르트의 지휘로 '브뤼메르Brumaire 18일 쿠데타' 발생. **1799년 헌법**에 의해 나폴레옹을 포함한 3인 통령Consulat으로 구성된 **통령정부** 조직.

    1799년 '브뤼메르 18일 쿠데타'로 프랑스대혁명 10년의 막이 내린다. 이후 나폴레옹 시대가 전개된다. 그 후의 주요 정변은 다음과 같다('프랑스혁명'의 시간적 범위를 길게는 1830년 7월혁명, 1848년 2월혁명, 더 나아가 1871년 파리코뮌 사태까지 포함하여 볼 수도 있다. 이런 용어 사용과 구별하는 뜻에서, 1789-1799년까지의 혁명을 프랑스 '대혁명'으로 부르기도 한다).

1802년	**1802년 헌법** 성립. 나폴레옹, 종신 통령 되다.
1804년	**1804년 헌법**으로 제1제정帝政 출범. 나폴레옹 황제 즉위.
1814년	왕정(부르봉 왕가)복고. **1814년 헌장**Chartre 성립.
1830년	'7월혁명'. **1830년 헌법**으로 입헌군주제 시행.
1848년	'2월혁명'. **제2공화국 헌법**, 즉 **1848년 헌법** 성립.
1852년	**1852년 헌법**으로 제2제정 출범. 나폴레옹 3세 황제 즉위.
1870년	프로이센-프랑스전쟁에서 프랑스 패전. 제2제정 붕괴.
1871년	파리코뮌 내란 발발.
1875년	**제3공화국 헌법** 성립. 남성 보통선거제 확립. 1940년까지 존속.

위의 연표에서 보듯 혁명 발발에서 제3공화국 헌법제정에 이

르는 86년간, 제정에서부터 왕정, 입헌군주제, 집정부제, 국민공회제, 민주공화제에 이르기까지 지구상의 온갖 정치체제가 프랑스에서 펼쳐졌다. 매우 짧았지만 파리코뮌 같은 공산주의적 체제도 등장했다.

1791년 헌법: 입헌군주제의 전형

혁명 발발 후 최초의 헌법은 공화제 헌법이 아니었다. 루이 16세는 여전히 왕위를 지켰다. 1791년 6월의 국왕 도망 사건 이후 왕정 폐지 요구가 나왔지만 의회는 푀양파Feuillants(프랑스혁명 때 민주주의운동을 반대하고 입헌군주제를 지지한 보수파. 파리의 푀양수도원에서 회합을 가진 까닭에 이렇게 부르며, 1792년에 없어졌다) 중심의 보수파가 장악하고 있었다. 7월 17일, 마르스광장에서 공화정 수립을 외치는 군중들에게 민병대인 국민방위대가 사전 경고도 없이 발포했다. 이 일로 50여 명이 학살되고 계엄령이 선포됐다. 뒤이어 8월 27일, 오스트리아 황제와 프로이센 황제의 무력개입 공동선언이 나왔다. 이런 배경하에 9월 3일, 의회는 헌법안을 의결했다. 보수파가 원안을 개악한 것이었지만, 그마저 재가를 미루던 루이 16세는 며칠 지나서야 마지못해 서명했다.

앞서 지적한 인권선언의 타협적 성격은 1791년 헌법에도 투영된다. 1791년 헌법은 군주제를 유지하면서도 국민주권 원리를 천명했다. 이 헌법은 제1편 제1조 첫머리에서 "모든 시민이 차별 없이 공직을 맡을 수 있다"고 명시한 데 이어 국민의 여러 권리들을 열거한 다음, 제3편 '공권력' 제1조에서 이렇게 규정한다.

1장 시민혁명이 있었는가, 없었는가?

주권은 단일, 불가분하고 양도할 수 없으며, 시효로 소멸하지 않는다. 주권은 국민nation에게 속한다.

왕이 존재하되 주권은 국민에게 있다는 것은 무슨 뜻인가. 루이 14세의 말처럼 '짐이 곧 국가'가 아니라, 이제 '국민이 곧 국가'이며, 왕은 국가의 최고 유급 관리일 뿐이라는 것이다. 헌법은 왕이 '프랑스의 왕'이 아니라 '프랑스인의 왕roi des Français'이라 명시했고(제3편 제2장 제1절 제2조), 왕은 '첫 번째 공무원'이라고 규정했다(1791년 9월 12일 법령). 당시 프랑스인들은 왕이 꼭 필요한 존재가 아니라는 점은 아직 몰랐지만, 국민의 주권이 왕권을 제한할 수 있음은 잘 이해하고 있었다.

왕은 행정부 수반으로 대신 및 고위 공무원 임면권을 가졌다. 그러나 왕의 명령에는 대신의 부서副署가 필요했다. 실권은 6인의 대신에게 있었고, 지방행정권은 각 지방 단위의 선출직이 갖고 있었다. 선전포고는 의회가 결정했으며, 왕에게는 군통수권도 없었다. 또한 왕은 사면권이 없었고 판사 임명권도 갖지 못했다. 뒤의 인용에서 보듯, 왕은 입법부와 더불어 국민 대표자라고 규정돼 있었지만 거의 실권이 없었고 설득이나 경고를 할 수 있을 뿐이었다.

반면 입법의회Assemblée législative는 막강했다. 입법부인 의회야말로 국민의 신임을 받고 있다는 것이 헌법의 기본 원리였다. 헌법은 이렇게 규정했다.

제3편 '공권력' 제2조 모든 권력은 국민으로부터 나오며, 국민은

위임에 의해서만 이를 행사할 수 있다. 프랑스 헌법은 대표제이며, 대표자는 입법부와 왕이다.

이 규정에서 우선 주목해야 할 점은 국민이 "위임에 의해서 만 권력을 행사할 수 있다"고 못 박은 점이다. 같은 취지로 이 조항에 앞서 헌법은 이미 이렇게 규정했다. "주권은 국민에게 속한다. 인민의 어떤 일부도, 어떤 개인도 주권을 행사할 권리를 주장할 수 없다(제3편 '공권력' 제1조 후단)." 이것은 국민이 직접 국가적 결정에 참여하는 방식을 원리적으로 배제한 것이다. 이 조항들은 국민 nation과 인민peuple이 어떻게 구별되며, 주권이란 과연 무엇인가라는 어려운 해석의 문제를 남긴다(이 점은 아래 '1793년 자코뱅 헌법, 반부르주아적인가?'와 뒤에 '7장. '촛불항쟁', 헌법적으로 어떻게 볼 것인가?'의 '새로운 주권행사 방식'에서 다룬다).

"대표자는 입법부와 왕"이라고 하여, 입법부만이 아니라 국왕 역시 대표자라고 규정한 것은 이 헌법의 타협적 성격을 보여주는 일면이다. 그렇지만 앞서 지적한 대로 국왕은 실권을 갖지 못했다.

의회는 일원제로 하였다. '국민이 하나라면 의원議院도 하나다'라는 취지였다. 헌법제정 과정에서 의회에 관한 또 다른 핵심 쟁점은 의회의 입법권에 대해 왕의 거부권을 인정할 것이냐는 문제였다. 의장석을 향해 오른쪽엔 찬성 의원들이, 왼쪽엔 반대 의원들이 포진했다('우익', '좌익'이라는 용어의 어원으로 일컬어진다). 결국 절충적인 방안이 채택됐다. 의회의 의결을 왕이 재가하지 않을 경우 이후 2기에 걸쳐(의원 임기는 2년) 의회가 동일 법안을 제출하면 왕의 재가가 있는 것으로 하였다. 이른바 정지적停止的 거부권을 인정한 것이다.

또한 의회는 대신의 형사책임을 물어 법원에 소추할 수 있는 권한을 가졌다. 이것은 내각책임제하에서 대신의 정치적 책임을 묻는 제도와는 구별되는 것이었지만, 이미 헌법에 앞서 의결된 의회 법령에서는 의회가 대신 불신임제안권이 있음을 규정했다. 반면 의원에게는 의회의 의결이 없는 한 불체포특권이 인정됐다.

한편 의원선거는 간접선거이자 제한선거에 머물렀다. 선거권을 갖는 '능동적' 시민의 자격은 25세 이상 남자로, 직접세 일정액(최소한 3일간 노동임금액) 이상의 납부자에 한정됐다. 덧붙여 주소의 요건도 무산자를 배제하는 장치였다. 당시 프랑스 전체 인구 1,200만 명 중 성인 남자는 730만 명으로, 그 가운데 능동적 시민은 430만 명에 그쳤다. 프랑스 남성의 약 40퍼센트는 선거권이 없는 '수동적' 시민이었다. 수동적 시민은 선거에서만 아니라 국민방위대에서도 배제됐다. 2차 선거인단 자격은 더 높아, 10일간 노동임금액 이상의 직접세 납부자로 국한됐다. 이들이 선출한 3차 선거인단(지역에 따라 300명 내지 800명)이 최종적으로 의회의원, 도의원, 판사, 사제 등을 뽑았다. 1791년 10월 1일에 소집된 최초의 입법의회 의원 수는 745명이었다. 의원 자격은 약 50프랑가량의 은화에 상당한 직접세 납부자에 한정했다. 봉건제는 폐지됐다지만, 무산자 차별은 온존했다.

그 밖에도 이 헌법에서 주목할 몇 대목이 있다. 우선 의회의원과 능동적 시민, 즉 선거민과의 관계에 관한 조항이다. "각 도department

에서 선출된 대표자들은 그 도의 대표자가 아니라 전 국민의 대표자이며, 어떤 특정한 임무를 대표자에게 명령할 수 없다(제3편 제3장 제7조)." 이것이 이른바 '명령적 위임 금지' 또는 '강제적 위임 금지' 조항이다. 이것은 대표자 및 의회를 선거민의 구체적 의사로부터 해방시키기 위한 것이었다. 의원이 선거민 의사에 구애받지 않고 의정활동을 할 수 있게 보장하려는 것이다.

나아가 이 헌법은 의원의 재선을 제한하고 있다. 임기 2년에 한 번만 재선할 수 있게 제한하면서, 그것도 한 임기를 마친 후 한 차례 쉰 후에만 가능하게 한 것이다(제3편 제3장 제6조). 이것은 무엇 때문인가. 가능한 한 의원들이 선거민의 의사에 매이지 않도록 하자는 것이다. 명령적 위임 금지나 재선 제한은 모두 가급적 국민이 직접 국정에 참여하는 길을 봉쇄하자는 취지였다.

전반적으로 1791년 헌법의 권력구조는 권력분립론에 입각하되 의회 우월이 현저했다. 위에서 살펴본 국왕의 정지적 거부권 제도는 의회가 국왕보다 우위에 있음을 드러내는 가시적 징표라 할 수 있다. 이 헌법은 몽테스키외Charles de Montesquieu(1689-1755), 영국 법학자 블랙스톤William Blackstone(1723-1780) 및 1787년 미국 헌법의 영향을 받았다고 평가되고 있다.

이 헌법에 대한 혁명 당시의 평가는 어떠했는가? 로베스피에르는 이렇게 말했다.

내가 보기에, 1789년에 없어진 귀족정치 밑에 부르주아 귀족정치가 존재하고 있다. 부르주아 귀족정치는 낡은 귀족정치만큼이나

공허하고 독재적이다. 이 계급에는 진정한 혁명이 존재하지 않는
다. 이들은 1791년 헌법을 통해 자신들의 지배를 확보하려고 국왕
을 원했다.[10]

로베스피에르의 혹평에도 불구하고, 프랑스 1791년 헌법은
근대 입헌군주제 헌법의 전형을 이룬다. 특히 이 헌법에서 명시된
국민주권 및 대표제 사상은 오늘날까지도 주류 헌법이론으로 자
리 잡고 있다.

공화정 수립과 국왕 재판 헌법논쟁

1791년 헌법이 시행됐지만 혁명이 당면한 문제들을 해결하지는
못했다. 빵값 폭등으로 민중폭동이 일어났다. 토지의 유상有償 '되
사기'제도는 농민들을 분노케 했다. 국내에선 반혁명 귀족과 사제
들이 저항했고, 혁명을 두려워한 이웃 나라들과 함께 해외로 망명
한 귀족들이 군사적 위협을 가했다. 의회는 강경파 자코뱅파와 온
건파 지롱드파 등으로 갈렸다(자코뱅은 파리 자코뱅수도원에 모인 클럽이
그 어원. 이 모임의 전신은 '헌법의 친구들의 모임'이다. 지롱드는 지롱드 지방 출
신들이 주축이 되었기에 붙여진 이름. 본래는 자코뱅클럽의 일부였다).

1792년 4월, 의회는 오스트리아에 대한 전쟁 선포를 의결했
다. 로베스피에르 일파를 제외하고는 의회의 모든 세력이 주전론
을 펼쳤다. 귀족들도 전쟁을 원했다. 그들의 속내는 제각각 달랐
다. 귀족들은 전쟁 패배를 예상하고 이를 통해 국내 반혁명을 주도
하려 했다. 지롱드파는 전쟁을 통해 망명 귀족들을 궤멸하고 저항

사제들을 섬멸하기를 바랐다. 로베스피에르가 반전론을 주장한 것은 군사독재자의 등장으로 반혁명세력이 득세하는 것을 우려했기 때문이었다. 훗날 나폴레옹의 출현으로 그의 예견은 현실이 된다.

프랑스 군대는 지리멸렬했고, 전쟁 이후의 정국은 모든 주전론자들의 예상을 빗나갔다. 경제 위기에 겹쳐 국가적 위기에 처한 민중들이 폭동을 일으켰다. 6월의 왕궁 난입 사건에 이어 8월 10일에는 선거권이 없는 수동적 시민들이 군대와 함께 봉기했다. '8월 10일 봉기' 이후 파리의 상퀼로트세력이 정치 전면에 나섰다. 상퀼로트는 민주적이고 민중적인 공화국 건설을 원했다. 의회는 이들의 요구대로 왕권의 정지를 선언하고, 보통선거에 의한 새로운 국민공회 소집을 의결했다. 왕은 사원에 유폐됐다.

1791년 헌법은 불과 1년을 지탱하지 못했다. 왕권 정지 후, 의회는 6인 임시정부를 구성했다. 새롭게 부상한 파리 상퀼로트의 요구에 호응한 의회 내 세력은 산악파였다. 로베스피에르, 당통 Georges J. Danton(1759-1794) 등이 주축을 이룬 이들은 상층 부르주아의 이익을 옹호한 지롱드파와 반목했다. 지롱드파와 산악파 모두 부르주아 출신이었지만 이들의 이념·정책은 달랐다. 이들이 대립한 핵심 문제의 하나는 토지 문제였다. 산악파는 농지를 농민들에게 균등 배분하는 농지법을 추진했다. 이들의 이념은 사유재산제도를 부정하는 것이 아니라 사유재산제를 전제한 토지개혁이었다. 지롱드파는 산악파를 공산주의자로 몰아 비난했다. 1792년 8월 25일, 의회는 봉건적 권리들을 무상 폐지하는 법령을 의결했다. 뒤이어 9월 초, 전국에 수감된 반혁명혐의자들 1,100여 명이 처단

됐다. '9월의 학살' 이후 지롱드파의 보수화가 본격화됐다.

1792년 9월 20일, 새 헌법을 제정할 국민공회가 소집됐다. 이 날은 프랑스혁명군이 발미Valmy에서 프로이센 군대에 승전한 날이 기도 하다(프로이센 군대 참모로 전투를 목격한 괴테가 이렇게 말한 것으로 전해진다. "오늘, 여기에서 세계사의 새 시대가 시작된다.") 역사상 처음으로, 비록 간접선거였지만 (남성)보통선거에 의해 국민공회 의원들이 새로 선출됐다. 그 압도적 다수는 법률가, 상공인, 문인 등 중산층 부르주아였다. 지롱드파가 우세했지만 이들도 혁명을 지킨다는 목표에는 차이가 없었다. 9월 21일, 국민공회는 왕정 폐지와 공화국 선포를 만장일치로 의결했다. 이튿날, 서력西曆 기원 폐지 및 혁명력革命曆, 즉 공화국 연호 사용이 선포됐다.

루이 16세 처리 문제에서도 지롱드파와 산악파의 대립은 뚜렷했다. '국왕은 불가침'이라는 1791년 헌법조항의 해석을 두고 국민공회는 논쟁 끝에 국왕 처형을 의결했다(프롤로그 참조). 1793년 1월 21일 오전 10시 10분, 혁명광장. 루이 16세가 처형됐다. 나이 39세였다. 당시의 기록물 중에 이런 구절이 보인다. "파리는 더 없이 고요했다." "완벽히 차분하게 모든 것이 이루어졌다." 9개월 후, 38세의 왕비 마리 앙투아네트가 단두대에서 루이 16세의 뒤를 따랐다.

국왕 재판을 둘러싼 국민공회 논쟁은 최초의 헌법논쟁이었다. 왕과 정부 및 시민의 관계가 어떠하며, 이 관계에서 각각 어떤 권리와 의무를 갖는지가 처음으로 공론의 장에서 유감없이 토론되었다. 당시로서는 신기한 논제였다. 여기에서 선언된 원리들은 후

일에 이르도록 지속적으로 영향을 미쳤다. 그 핵심은 '국민은 잘
못을 저지를 수 없다'는 것이었다. 1889년에 출간된 한 프랑스 헌
법사 서적은 당시 상황을 이렇게 적었다. "어떤 종교개혁과 매우
흡사한 정신이 프랑스혁명을 흐르고 있었다."[11]

혁명정부에서 '테르미도르 반동'까지

국왕 처형 이후 프랑스는 유럽 전역과 전쟁에 들어간다. 1793년 2
월, 영국, 스페인, 네덜란드, 오스트리아, 남부 독일, 프로이센, 러
시아 등이 반反프랑스 동맹을 결성했다. 3월 초, 프랑스 국민공회
의 30만 모병에 반대해 방데 지방에서 농민반란이 일어났다. 반혁
명세력의 사주를 받은 방데의 반란은 공포정치 시작의 계기가 됐
다. 1793년 3월, 반혁명세력 처벌을 위한 혁명재판소가 설치되고,
4월에는 국민공회 안에 공안위원회가 신설됐다. 6월 2일, 상퀼로
트와 국민방위대가 봉기했다. 이들의 요구에 따라 지롱드파 의원
들이 체포됐다. 이제 지롱드파는 쇠락의 길로 들어섰고, 상퀼로트
는 산악파로 기울었다. 파리 민중과 의회 강경파가 손을 잡게 된
것이다.

1793년 6월 24일, 국민공회는 공화국 1년 헌법(통칭 1793년 헌
법)을 채택했다. 자코뱅파가 주도했기에 자코뱅 헌법으로도 불리
는 이 헌법은 '평화가 올 때까지' 그 시행이 연기됐다(이 헌법은 뒤에
서 상세히 다룬다).

8월 23일, 국민 총동원령이 의결됐다. 뒤이어 9월 5일, 가난한
민중들이 국민공회의사당에 난입해 식량 문제 해결과 반혁명분자

처벌 등을 요구했다. 이들의 불만을 받아들여 혁명재판소를 재조직하고 반혁명혐의자의 범위를 확대하는 법령이 의결됐다. 이것은 공포정치의 길을 법적으로 열어주는 것이었다. 10월 10일, 공안위원회에 전시비상조치권을 부여하는 법령이 의결되고 공포정치가 강화되어갔다. 12월 4일, 국민공회는 평화 정착 시까지 운영되는 혁명정부 구성에 관한 법령을 의결했다. 이로써 공안위원회는 경제적·군사적으로도 실권을 장악하게 됐다.

혁명정부의 핵심 기구는 공안위원회Comité de Salut Public였다. 형식적으로는 국민공회 안에 설치된 20여 개 위원회의 하나였지만, 실질적으로는 많은 권력이 공안위원회에 집중됐다. 9인으로 출발한 공안위원회의 구성원 수는 그 후 10-20인 사이에서 조정됐다. 이들이 국민공회에 제시할 중요 정책을 결정했고, 내각에 해당하는 집행위원회가 이를 집행했다. 12인의 집행위원회는 공안위원회 추천으로 국민공회가 임명했다.

공안위원회 독재 시대가 전개되는 가운데, 혁명정부는 민중의 요구에 따라 혁신적 사회·경제정책들을 채택했다. 1793년 5월 곡물가격상한제가 결정되고, 7월에 매점買占금지법이 제정된 데에 이어, 8월에 미터법이 제정됐고, 9월에는 보편적인 가격상한제가 실시됐다. 1793년 말에는 무상·의무교육제도가 채택됐다. 실제로는 일부 지역에만 실시됐지만 세계 최초였다.

1793년 7월 지롱드파에 의해 마라Jean Paul Marat(1743-1793)가 암살된 뒤, 로베스피에르가 산악파를 이끌었다. 상퀼로트는 청렴결백한 로베스피에르를 절대 신뢰했다. 그는 이제 공안위원회의 중심인물이 됐다. 1794년 3월, 쿠데타를 계획하던 에베르Jacques René Hébert(1747-1794)가 처형당했다. 무신론자이자 과격주의자인 그는 로베스피에르를 온건주의자라고 비난했었다. 5월과 6월, 지롱드파 제거를 요구하는 민중폭동이 일어났다. 우파로 선회하여 부패세력의 중심이 된 당통은 1794년 4월 비리혐의로 단두대에서 처형됐다. 로베스피에르 좌우의 주요 인물들이 모두 사라진 것이다. 그는 이제 혁명정부의 핵심에 자리 잡고, 국민공회와 파리코뮌의 사이, 국민공회와 자코뱅클럽 사이, 혁명의 중심지 파리와 지방 사이를 잇는 역할을 맡아 이를 성공적으로 수행했다(코뮌은 최소 행정단위의 자치회로서, 혁명의 전위인 민중의 거점이었다).

혁명정부의 독재가 굳어가면서 상퀼로트와의 관계가 소원해졌다. 양자의 이념은 정치적으로나 사회경제적으로나 차이가 있었다. 혁명정부의 이념이라고 할 자코뱅주의가 명백히 해명된 적은 없지만, 루소의 민주주의 사상에서 나온 그들의 정치 이념에는 국정운영을 민중의 자발성에만 맡겨둘 수 없다는 믿음이 있었다. 로베스피에르는 말했다. "민중은 선한 것을 바라지만 그것을 제대로 알아보는 것은 아니다." 공안위원회 중심의 통치 방식은 이런 믿음에서 나온 것으로 보인다.

반면 상퀼로트의 정치 이념은 부르주아지와 달랐다. 주권은 인민에게 있다는 원리는 그들에게 추상적 원리에 머무는 것이 아니었다. 민중들이 코뮌에서 함께 권리를 행사하는 직접민주주의를 지향했고, 대표자들에 대한 소환권을 요구했으며, 민중이 심판하는 인민법정 설치를 주장했다.

경제적 이념·정책에서도 혁명정부와 상퀼로트의 생각은 달랐다. 자코뱅파, 특히 산악파의 경제 이념은 사유재산제 부정이 아니라 사유제산제를 전제한 것이었다. 그들의 토지개혁안은 모든 농민의 소규모 농지 소유를 상정했다. 로베스피에르는 개인의 생존 권리와 재산권을 구별하였다. 생존을 위협하는 재산권 남용에 제한을 가하자는 것일 뿐, 소유권 폐지를 주장한 적은 없었다. 그는 결코 평등한 재산 분배를 꿈꾸지 않았다. 그는 말했다. "재산의 평등은 하나의 꿈일 뿐이다."

상퀼로트를 비롯한 민중들 생각은 이와 거리가 있었다. 소규모 생산자와 직공 및 소상인이 주력이었던 상퀼로트는 '모든 개인이 일정한 상한선, 곧 그들이 갖고 있는 정도까지만 소유'할 것을 주장했다. 말하자면 평등 지향의 사회주의를 이상으로 삼은 것이다.

공포정치의 관료주의화가 진행되면서 혁명정부는 민중적 기반을 잃어갔다. 언론의 비판은 용인되지 않았다. '혁명은 자유의 적과의 전쟁이며, 전시戰時정부인 혁명정부는 공포정치가 필요하다'는 주장이었다. 그렇지만 로베스피에르의 측근인 생쥐스트조차 이렇게 말했다. "혁명이 얼어붙었다."

1794년 3월 초, 혁명정부가 상퀼로트와의 화해를 위해 '방토즈법'을 의결했다. 반혁명혐의자들의 재산을 몰수해 가난한 열성적 혁명 지지자들에게 나눠준다는 내용이었다. 그러나 이 법령의 시행이 지체되면서 혁명정부의 의도는 실패로 끝났다. 국민공회에서는 공안위원회와 대립한 보안위원회 중심의 반대파가 반격을 꾀하고 있었다. 5월 말, 로베스피에르 암살 미수 사건이 일어났다.

로베스피에르가 공개 장소에서 몸을 감추었다. 7월 23일, 그에 대한 불만을 고조시키는 조치가 파리코뮌에서 결정됐다. 로베스피에르를 지지하는 파리코뮌이 임금 인상을 억제하는 최고임금제를 의결한 것이다. 악화하는 인플레이션을 진정시키기 위한 조치였지만 상퀼로트는 분노했다.

1794년 7월 27일, 공화국 2년 테르미도르* 9일, 국민공회는 로베스피에르 체포령을 의결했다. 로베스피에르를 두려워한 반대파들이 집결한 것이다. 의사당은 소란했고 로베스피에르와 생쥐스트의 발언은 봉쇄됐다. 로베스피에르는 외쳤다. "공화국은 망했다. 악당들이 이겼다." 한밤중에 로베스피에르를 지지하는 파리코뮌이 그를 구하기 위해 민중봉기를 시도했지만 실패했다. 새벽 2시경, 로베스피에르 일파가 체포됐다. 이튿날 7월 28일 늦은 오후, 로베스피에르가 단두대에서 처형됐다. 변론 기회도 주어지지 않았고, 그보다 먼저 동생 오귀스탱 로베스피에르, 생쥐스트 등 20여 명이 눈앞에서 죽는 모습을 보아야 했다. 후일 '테르미도르 반동'으로 불리는 이 사건 후에야 상퀼로트는 사태의 의미를 깨새챘다. 그들은 빵과 1793년 헌법을 요구하면서 봉기했지만 미력했다. 1794년 11월 13일, 자코뱅클럽이 해체됐다. 1789년 10월에

---

* 혁명정부의 혁명력에 따르면, 1792년 9월 22일이 첫날이다. 이날은 국민공회가 공화국 선포를 한 다음 날이다. 1년을 12달, 1달을 30일, 1주일을 10일로 나누고 매주 말일을 휴일로 정했다. 브뤼메르Brumaire 안개의 달, 제르미날Germinal 싹의 달 등, 매달의 이름은 그 달의 계절적 특징에 따라 붙였다. 테르미도르Thermidor는 뜨거운 달이며, 혁명력으로 11월이고, 서력으로는 7-8월에 걸친다. 공화력 채택의 취지는 혁명의 역사적 성격을 강조하는 것만이 아니라, 서력의 불규칙성을 시정하여 수학적 정확성을 살린다는 데에 있었다.

창설된 지 5년여 만이었다.

테르미도르 반동으로 프랑스혁명은 내리막길로 들어선다. 이후 1799년의 나폴레옹 쿠데타는 혁명의 숨통을 끊어버렸다. 바스티유 함락 후 10년 만에 혁명은 막을 내렸다. 혁명은 왜 실패했는가. 한 프랑스혁명사 연구자에 따라 간략히 요약한다.

프랑스혁명은 제3신분 전체가 유럽의 특권계급을 상대로 벌인 투쟁이었다. 그 와중에 일어난 테르미도르 반동은 제3신분 내부의 계급갈등이 초래한 비극이다. 혁명세력의 한 축인 상퀼로트는 혁명정부 몰락이 가져올 의미를 감지하지 못했다. 애당초 산악파와 상퀼로트의 정치경제적 목표는 달랐다. 상퀼로트 내부에서도 소상공자영업자와 임금노동자들의 이해관계는 갈렸다. 현장의 혁명전사들이 월급쟁이 공무원이 되면서 독재는 강화되고 민중운동은 약화됐다. 민중운동이 파멸되자 혁명은 종말을 맞았다.[12]

나폴레옹 등장까지의 프랑스혁명 10년은 단지 한 국가의 혁명이 아니었다. 전 유럽의 봉건 특권세력과의 투쟁이었다. 프랑스 혁명세력은 3중의 전선에서 싸우지 않으면 안 되었다. 제1전선은 프랑스 국내 반혁명세력과의 전선, 제2전선은 오스트리아, 프로이센 등 이웃 유럽 국가들과의 전선, 제3전선은 제3신분 내부에서 갈등을 빚은 계급적 차원의 전선. 이 가운데 결정적 전선은 제3전선이었던 것으로 보인다.

국민공회 의원들은 허리에 피스톨을 차고 다녔다. 모두들 애국을 외치면서 서로 싸웠다. 혁명의 종말을 가져온 것은 내부 균열이었다.

애초 대혁명의 시작도 지배층의 내분에서 시작됐었다. 국왕과 귀족 등 특권층의 균열에서 부르주아지가 부상했다. 다시 부르주아지의 분열은 혁명의 종말을 불렀다. 처음의 지배층 분열은 역사의 진보를 부채질했고, 나중의 혁명의 과열은 혁명세력 내분을 초래하면서 종내 반동의 역사를 불러왔다. 역사의 전진과 퇴행이 모두 내부 균열에서 비롯됐다.

1793년 자코뱅 헌법, 반부르주아적인가?

비록 유산됐지만 헌법사에서 눈여겨봐야 할 헌법이 있다. 프랑스 1793년 헌법, 별칭 자코뱅 헌법이 그런 예의 하나다.

1793년 2월 15일, 국민공회는 온건 지롱드파 주도로 새 헌법안을 마련했다. 백과전서파의 한 사람인 콩도르세Marquis de Condorcet (1743-1794)가 초안을 작성한 이 헌법안의 수명은 오래가지 않았다. 6월 2일의 상퀼로트 폭동 후, 지롱드파가 몰락하면서 지롱드 초안은 유산됐다. 6월 24일, 국민공회는 산악파가 작성한 헌법안을 의결했다. 이후 8월 10일, 전국 4만 4,000개 코뮌의 인준을 얻어 헌법안이 확정됐다. 이것이 1793년 헌법(공화국 1년 헌법)이다.

우선 이 헌법은 제정 과정이 특이하다. 프랑스 헌법 역사상 처음으로 그 채택을 위해 국민투표가 행하여졌다. 큰 목소리로 하는 공개적 방식이었지만 여자를 제외한 보통선거(투표)였다. 결과는 찬성 180만 1,918표, 반대 1만 1,610표, 기권 약 430만 표로 나타났다. 공회의 심의 과정에서 과격파 인사들은 헌법안을 이렇게 비판했다. "빵이 없는 사람에게 빵을 주지 않고 있다."

1793년의 일명 자코뱅 헌법은 전문에 해당하는 권리선언 35개조와 본문 124개조로 구성되어 있다. 본문 제1조는 "프랑스공화국은 단일하고 불가분이다"라고 규정한다. 군주제를 폐지한 첫번째 공화제의 선언이었다. 더불어 눈에 띄는 것은 공화국이 단일 불가분이라고 명시한 부분이다. 이것은 무슨 뜻인가? 국가가 각 지방별로 경계를 이루지 않는다는 점을 강조하는 한편, 특권을 누리던 중간적 사회집단들을 배제하려는 취지였다. 국민 개개인의 전체가 하나의 단일한 정치체政治體를 결성하는 구조를 지향한 것이다(미국의 출범이 다원적 사회구조를 지향한 것과 대조된다).

1793년 헌법에서 특히 주목되는 것은 주권에 관한 규정이다. 권리선언에서 "주권은 인민peuple에게 있다(제25조)"라고 천명한 데 이어, "주권자인 인민은 모든 프랑스 시민citoyen이다(본문 제7조)"라고 밝힌다. 이것은 1791년 헌법이 "주권은 국민nation에게 속한다"라고 규정한 것과 대조적이다. 한쪽은 '국민'이 주권자, 다른 쪽은 '인민'이 주권자라고 말한다. 국민과 인민과 시민은 어떻게 다른가?

1793년 헌법은 시민의 자격에 관하여 "프랑스에 태어나 살고 있는 모든 21세 이상의 남자는 … 프랑스 시민의 권리를 행사할 수 있다(제4조)"고 규정한다. 재산에 따른 제한선거제를 철폐하고 보통선거제를 밝힌 것이다(이 헌법은 외국인에게도 일정 요건하에 시민적 권리를 인정한다. 이미 18세기 말에 개방적 국제주의를 표방한 점이 눈에 띈다). 이렇게 선거권 등 (시민으로서의) 권리를 가진 유권자가 시민이며, 시민의 총체가 인민이다. 그렇다면 인민과 국민은 어떻게 구별되는가?

국민은 국적 보유자 전체를 포함하며, 이런 의미의 국민은 곧 국가 자체를 가리킨다. 국가 자체와 구별되지 않는 국민은 추상적이고 관념적인 존재다. 이 점은 주권 개념과 결부하여 더 뚜렷이 나타난다. '국민주권'의 경우, 주권을 갖는 국민은 직접 권력을 행사할 수 없고 대표자만이 권력을 행사한다. 그렇기에 1791년 헌법은 "주권은 국민에게 있다"고 하면서도 "국민은 위임에 의해서만 권력을 행사할 수 있다"고 못 박고 있다.

반면 '인민주권'*의 경우, 주권을 갖는 인민은 직접 권력을 행사할 수 있다. 이 점은 1793년 헌법이 "프랑스 인민은 그 주권을 행사하기 위하여 각 지구canton마다 구성되는 1차 의회들로 나뉜다 (본문 제2조)"라는 규정에 전제되어 있다. '1차 의회'는 200-600인으로 구성되는 선거민 집회이다. 나아가 이 헌법은 인민의 주권행사에 관한 여러 원칙 조항을 둔다. "인민은 직접 대표자들을 선출"하고, "행정관리 및 판사를 선출할 선거인단에게 위임"을 행하며, "법률에 관해 심의"한다(본문 제8-10조).

1793년 헌법의 직접민주주의적 요소는 법률제정의 과정에서 더욱 분명하다. 입법부는 법률loi을 제정하는 것이 아니라 제안한다. 입법부가 제안한 법률안은 모든 코뮌에 회부된다. 1차 의회

---

* '인민주권'이라는 용어는 사회주의적 주권 개념으로 오인될 소지가 있지만, '국민주권'과 구별하여 다른 적절한 번역어를 찾기 어렵다.

에서 법률안을 심의하여 일정 수 이상의 이의제기가 없으면 법률로 확정된다(법률과 다른 형식을 취하는 법령décret은 입법부가 직접 의결해 포고한다. 법률로 정할 사항과 법령으로 정할 사항은 내용상 구분된다. 대체로 loi는 일반법이며, décret는 특별법이라고 할 수 있다).

행정부 구성에도 직접민주제가 반영된다. 최고 집행기구인 '집행위원회'는 24인으로 구성된다. 그 위원은 1차 의회에서 선출된 각 도의 '선거인단회의'가 추천한 후보들 중에서 입법부가 선정한다. 그 밖에도 1차 의회는 행정관리와 판사 선임에 참여한다. 각 1차 의회마다 인구수에 따라 1인 또는 2인의 선거인단을 선거하고, 이 선거인단회의에서 행정관리와 판사를 선출한다.

이처럼 1793년의 통치구조는 입법부를 중심으로 권력이 집중된 형태이다. 아울러 입법부, 행정부, 사법부 구성에 모두 선거민 집회인 1차 의회가 참여하는 직접민주주의제도를 혼합한 점이 특징이다.

한편 개인의 권리선언 부분은 이미 폐기된 온건 지롱드파의 헌법안과 로베스피에르가 개별적으로 제안했던 인권선언과의 타협적 노선을 취했다(로베스피에르의 인권선언안은 뒤에 다룬다).

권리선언의 첫 머리는 이렇다. "사회의 목적은 공동의 행복이다(제1조)." 개인의 행복에 앞서 공동의 행복을 내세우고 있다. 이어서 제2조는 인간의 자연권으로 "평등, 자유, 안전, 소유"를 열거한다. 자연권 가운데 가장 앞서 규정한 것은 평등권이다. 다시 제3조에서 "모든 인간은 본질적으로 평등하며, 법 앞에 평등하다"고 평등을 강조한다. 뒤이어 이렇게 규정한다. "법률은 일반의사의 자유롭고 엄숙한 표현이다(제4조)." 루소의 사상을 그대로 옮기고 있다. 이어서 평등한 공직 취임의 권리를 선언하고(제5조), 그런 연후 자유의 한계를 밝힌다. "자유란 타인의 권리를 해치지 않는 한 무엇이든 할 수 있는, 인간에게 속한 힘이다. … 그 정신적 한계는 자신에게 행하여지기를 바라지 않는 것을 타인에게 하지 않는 원리에 있다(제6조)."

자코뱅 헌법의 인권선언에서 특히 주목할 것은 소유권에 관한 규정이다. 소유권의 의미에 관해 "그 재산, 수입, 노동 및 영업의 과실을 자신의 의사에 따라 향유하고 처분하는 모든 시민의 권리(제16조)"라고 정의한다. 1789년 인권선언처럼 '신성불가침'이라는 규정은 보이지 않는다. 이 점에서 소유권의 '사회적' 성격을 나타낸 것으로 해석되기도 한다. 그러나 달리 볼 측면도 있다. 소유권이 "자연적이고 시효에 의해 소멸하지 않는 권리(제2조)"의 하나라고 규정한 점, "소유권 박탈에는 정당한 사전 보상이 있어야 한다(제19조)"는 점은 1789년 인권선언과 마찬가지다.

나아가 1793년 권리선언에서 새로이 영업의 자유를 규정하고 있다. "시민의 업무로서, 어떤 종류의 노동, 경작, 영업도 금지할 수 없다(제17조)." 이 규정은 1789년 인권선언에는 없던 것이다. 1793년 권리선언에 포함된 공적부조扶助나 공교육에 관한 규정은 1791년 헌법에서도 규정되었던 내용이다(다만 1793년 헌법의 규정이 좀 더 포괄적이다). 이렇게 보면 1793년 권리선언이 경제적 자유를 강조했다는 해석이 설득력을 지닌다. 이런 관점에서는 혁명정부 하에서의 최고가격제, 매점금지법 등 계획경제적 요소는 일시적인 전시경제 성격으로 풀이된다.

그 밖에도 이 권리선언은 자유, 평등, 안전, 종교의 자유, 절대적 언론의 자유, 집회의 권리 이외에, 특히 자유를 옹호하다가 추방당한 모든 사람들에게 프랑스가 피난처가 될 것임을 선언하고 있다.

이처럼 1793년 헌법은 민주주의 이념에 철저한 것이었고, 경제적 측면에서도 다분히 자유주의적인 것이었다. 전체적으로 생산 차원에서는 소유권 존중이라는 부르주아적 원리 위에 서 있으면서, 다만 유통 차원에서는 통제정책을 강조하였다. 이 점에서 이 헌법이 반反부르주아적이라거나 또는 사회민주주의적이라는 평가는 의문스럽게 보인다. "1793년 헌법이야말로 근대 시민혁명의 과제를 철저하게 추구했다는 의미에서 부르주아적"이라는 해석은 설득력이 있다.[13]

한편, 국가 통치구조의 실제는 한마디로 혁명정부였다. 1792년 8월 10일의 민중봉기로 1791년 헌법체제가 붕괴한 후 1795년 10월 26일 국민공회가 해산될 때까지 프랑스의 통치는 사실상 헌법전 없는 통치 시대였고, 특히 산악파가 국민공회를 지배한 1793년 6월부터 1794년 7월의 테르미도르 반동까지는 혁명정부 시대였다. 1793년 10월 10일, 공안위원회에 비상조치권을 부여하고 헌법 시행을 연기하면서 혁명정부를 선포하던 날 생쥐스트는 이렇게 말했다. "공화국의 현실에서 헌법을 실시할 수는 없다. 헌법은 그 자신에 의해 죽임을 당할 것이다. 헌법에는 자유의 침해를 억압할 힘이 없기 때문에, 그 침해를 보장하게 될 것이다."

혁명정부 시대의 통치를 말하면서 특히 '혁명재판'에 관해 부연하지 않을 수 없다. 혁명재판소가 처음 설치된 것은 내외적 위기가 심화하던 1793년 3월이다. 이 시기에 반혁명 기도 등 새로운 정치범죄를 처벌하는 법률이 나오고 이어서 혐의자들을 체포하는 결정이 내려졌다. 감옥은 반혁명혐의자들로 가득했다. 한 역사가는 당시 인구의 2퍼센트에 해당하는 50만 명이 투옥되어 있었다고 전한다. 가택 감시자까지 포함하면 80만 명에 이른다는 추정도 있다.

'조국을 배반한 자'에 대한 혁명재판은 5인의 재판관과 검사 1인, 검사보 2인, 배심원 12인으로 구성되었다. 배심원이 사실인정을 확정하면 판결은 아무 구제 방법 없이 24시간 안에 집행되었다. 피고인 수가 격증함에 따라 기구는 더 확대되었다. 9월에는 16인의 재판관과 배심원 60인, 보조 5인으로 늘어났다.

경제사범이 급증하면서 절차는 더욱 간소화됐다. 1794년 6월 10일의 법률에 의해 거의 예심, 심문, 변호인, 증인도 없는 재판이 진행됐다. '법정의 공기만으로 사형인가 석방인가가 결정되었다'고 할 정도였다. 역사가들은 이런 연구 결과들을 내놓았다. 1만 6,594명이 사형선고를 받았고, 재판 없이 처형된 자가 1만 내지 1만 2,000여 명에 달하며, 옥사한 자 등을 포함하면 희생자는 3만 5,000여 명에서 4만 명에 이른다. 이 수치는 전체 혐의자의 7-8퍼센트에 해당한다.

1793년 자코뱅 헌법의 본질적 특성은 계급적 관점이 아니라 철저한 민주주의적 성격에서 찾는 것이 타당할 것이다. 이 헌법

은 1791년 헌법과 달리 '국민주권'이 아닌 '인민주권' 개념에 입
각했으며, 이를 제도화한 규정들을 설치했다. 이 점은 루소 사상
의 영향임에 틀림없다. 청년 로베스피에르는 루소 숭배자였다. 한
역사가는 이렇게 말한다. 자코뱅 헌법은 "근대국가에 의해 선포된
최초의, 진정으로 민주주의적인 헌법이었다."[14] 다만 전시에 제정
된 이 헌법은 평화를 기다리다가 자코뱅의 몰락과 함께 유산됐다.
국민공회의사당 내부의 '언약의 궤'에 보관되던 1793년 헌법전
은 끝내 빛을 보지 못했다.

로베스피에르, '헌법의 수호자'?

프랑스혁명사의 주역은 누구였는가? 나폴레옹 보나파르트와 더
불어 흔히 로베스피에르를 꼽는다. 거기에는 나름의 근거가 있어
보인다. 1789년 바스티유 함락 이래 10년간의 격랑 속에서 혁명
의 흐름이나 이념·제도 측면에서 가장 파고가 높았던 때는 자코뱅
이 독재한 1년여였고, 그는 이 시기의 중심인물이었다. 비록 그의
공식 직함이 공안위원회위원 이상은 아니었지만(한때 국민공회 의장
도 맡았으나), 공안위원회는 혁명정부의 중추적 기구였다. 먼저 헌법
과 관련한 측면을 중심으로 로베스피에르의 면모를 살펴보자.

청년 로베스피에르는 이를테면 지방의 한 인권변호사였다. 그
는 삼부회의의 제3신분 대표자로 선출되면서 혁명의 중앙무대 파
리에 진출한다. 자코뱅클럽에서 지롱드파와 대결을 벌이던 1792
년 5월 17일, 그는 신문 『헌법의 수호자 *Le Défenseur de la Constitution*』 창
간호를 발행한다. 매수의 유혹을 뿌리치고 하숙집 주인과 동료 변

호사의 깨끗한 자금을 지원받았다. 과도적인 타협의 산물인 1791년 헌법을 혹평했던 그가 '헌법의 수호자'라는 제호를 단 것은 고개를 갸우뚱하게 만든다. 그는 결코 민중봉기만을 주장하는 모험주의자는 아니었다. 국왕 일가의 도주 사건이 일어난 후였지만, 그는 결정적 상황에 앞서 기존 헌법을 최대한 이용하려 했다. 헌법의 전문에 해당하는 '인권선언을 끊임없이 요구하면서 그 헌법이 제공하는 모든 합법적 수단들을 고수'하려 했다.

로베스피에르의 헌법 사상이 분명히 드러나는 것은 1년 후 새로운 헌법이 제정될 때였다. 지롱드파 헌법 초안이 폐기처분당하자 로베스피에르가 나섰다. 그는 새 헌법에 새 인권선언이 필요하다고 판단했다. 그가 1793년 5월 공회에서 발표한 새 인권선언 초안은 이렇게 시작한다. "모든 정치적 결사의 목적은 인간이 지닌 자연적이고 시효에 의해 소멸되지 않는 자연권의 유지와 인간의 모든 능력의 발전이다(제1조)." 전체 36개 조항 가운데 특히 주목할 것은 소유권과 사회권에 관한 규정들이다.[15]

제9조　소유권이란 각 시민이 법으로 그에게 보장된 몫의 재산을 향유하고 마음대로 처분하는 권리이다.

제10조　소유권은 다른 모든 권리와 마찬가지로 타인의 권리를 존중할 의무에 의해 제한된다.

제11조　소유권은 우리 동포들의 안전, 자유, 생존, 재산을 해칠 수 없다.

제12조　이 원칙을 침해하는 모든 소유, 모든 거래는 본질적으로

불법적이고 비도덕적인 것이다.

앞의 재산권 조항에 앞서 서술한 로베스피에르의 해설 가운데 "재산의 평등은 망상에 불과"하다는 부분이 두드러진다. 실제 의결된 1793년 헌법에서 소유권에 관한 4개 조항은 모두 삭제됐다.

아래에서 그의 초안 가운데 인간 생존을 위한 사회적 권리 조항들을 본다.

제13조 사회는 구성원들에게 일자리를 제공하든가 일할 수 없는 사람들에게는 생존수단을 확보해줌으로써, 모든 사회 구성원들의 생계를 마련해주어야 한다.

제15조 사회는 온 힘을 다해 공적公的 이성의 진보를 고무하고, 모든 시민들이 교육을 받을 수 있게 해야 한다.

제22조 … 사회는 노동으로 생활하는 시민들이 자신의 생활과 가족의 생활을 해치지 않으면서, 법에서 출석을 요구하는 회의들에 참석할 수 있도록 해야 한다.

1793년 헌법은 위 조항 가운데 제13조의 취지를 살린 조문을 포함시켰고, 제22조는 삭제했다. 그 밖에 로베스피에르 초안 가운데 저항권 및 국제적 연대에 관한 조항들도 눈여겨볼 만하다. 1793년 헌법에서 저항권에 관한 조항들의 일부는 수용되었지만 국제연대를 천명한 조항들은 삭제됐다. 국제연대에 관한 일부 조항들을 본다.

제33조 모든 나라의 사람들은 형제이고, 여러 민족들은 한 국가의 시민들처럼 힘이 닿는 대로 서로 도와야 한다.

제34조 한 국가의 국민을 억압하는 자는 모든 국가의 국민들의 적으로 선언된다.

로베스피에르의 인권선언 초안을 보면 그에 관한 흔한 통념들이 오해임을 알 수 있다. 그는 소유권제도를 부정한 것이 아니라 소유권 남용에 대한 제한을 주장했을 뿐이다. 또한 그의 사회권에 관한 구상을 보면 20세기 수정자본주의 헌법의 모델로 불리는 1919년 독일 바이마르 헌법보다 120여 년 앞서 선구적 헌법 사상을 품고 있었음을 알 수 있다(이미 그에 앞서 프랑스 1791년 헌법에도 고아, 병약한 빈자 등에 대한 공적부조 및 공교육에 관한 규정이 있었다). 나아가 그의 국제연대 사상은 21세기 오늘에 더욱 유효한 것으로 보인다.

로베스피에르는 희귀한 품성과 성정性情의 인물로 알려져왔다. 헌법과의 관련을 떠나 짧게나마 인간 로베스피에르의 면모에 관해 부언하지 않을 수 없다. 그에 대한 전형적인 인물평은 이런 것이다. '냉혈한·공포의 독재자', '부패할 수 없는 인물I'Incorruptible'. 전자는 로베스피에르 사후 테르미도르 반동 시대에 고착된 표준적 초상이고(그의 초상화들을 보면 소름이 돋는 듯하다), 후자는 그에 대한 재평가와 더불어 새로 형성된 수정판의 일면이다(파리 공원 산책이 그의 유일한 휴식이었고, 그의 사생활에 대해서는 할 이야기가 거의 없다고 전기 작가는 말한다). 먼저 그의 일생을 짧게 간추려본다.

로베스피에르는 1758년, 북프랑스 아르투아Artois 지방의 소도

시에서 태어났다. 6살 때 어머니가 세상을 떠난 후 변호사였던 아버지마저 집안을 버리고 가출했다. 그는 외조부와 이모들 밑에서 자랐다. 1781년, 장학금을 받아 파리에서 루이르그랑Louis le Grand콜레주(중등학교)를 졸업한 후, 고향에서 변호사로 일했다. 문필 활동과 '인권변호사'로 명망을 얻은 그는 1789년 4월, 고향에서 삼부회 제3신분 대표자로 선출된다. 그는 파리의 자코뱅클럽 데뷔 후두각을 나타냈는데, 그의 언변이 시원찮았다는 얘기도 많지만 반론이 만만치 않다. 1792년 9월, 국민공회 의원선거에서는 1위로제1파리 대표에 당선된다. 1793년 7월, 공안위원회 위원으로 선출된 후 산악파의 지도자로 혁명의 중심인물이 된다. 공포정치 시기 그의 권력의 밑받침은 파리코뮌의 민중들이었다. 한편에서는보수파로 기운 지롱드파와 싸우며, 다른 편에서는 모험적 과격파를 비판했다. 1794년 7월 28일, '테르미도르 반동' 이튿날 단두대에서 처형당했다. 36년간의 그의 일생 마지막 장면을 보자.

1794년 7월 26일, 로베스피에르는 국민공회에서 그의 마지막 연설이 될 열변을 토한다. 자신을 독재자라고 고발한 사람들에대한 그의 처절한 항변에는 이틀 후 닥칠 죽음의 예감이 어른거린다. 머지않아 도래할 반동 시대를 예견하는 선지자 같은 경고도 담겨 있다.

사람들이 비난하고 있는 나는 누구입니까? 자유의 노예이며 공화국의 살아 있는 순교자이며 범죄의 적이자 희생자입니다. … 다른사람들의 범죄는 용서받지만 나의 열정은 범죄가 됩니다.

잠시 혁명의 고삐를 늦추십시오. 그러면 바로 그때 여러분은 군사 독재가 혁명을 탈취하고 당파들의 지도자가 국민의 타락한 대표기구를 전복시키는 것을 보게 될 것입니다. …

민중이여. … 두려움의 대상이며 아부의 대상이며 경멸의 대상인 당신들, 주권자로 인정받으면서 여전히 노예로 대접받는 민중이여! 정의가 지배하지 않는 곳이면 그 어디든 민중은 운명을 바꾼 것이 아니라 사슬을 또 다른 사슬로 바꾸었을 뿐임을 기억하십시오! …

선량한 사람들이 아무런 벌도 받지 않고 조국에 봉사할 수 있는 시대는 결코 오지 않았습니다. 사기꾼들의 무리가 지배하는 한, 자유의 수호자들은 추방되고 말 것입니다."[16]

로베스피에르의 최후를 전하는 이야기들은 엇갈린다. 어느 작가이자 역사가는 그의 마지막 모습을 이렇게 그려 보이고 있다.

(저녁) 7시 30분에 마차들이 혁명광장, 이전의 루이15세광장에 도착했다. 광장은 짙푸른 여름 하늘 아래 기쁨의 소리를 지르며 환호하는 무리들로 가득 차 있었다. … 군중은 청렴 인사를 알아보고는 더 큰 소리로 절규하며 환호했다. … "막시밀리앵은 죽어가는 호랑이의 울부짖음 같은 소리를 질렀고, 그 소리는 광장 끝까지 들렸다." 한 목격자가 이렇게 썼다. … 그 목격자가 덧붙여 썼다. "오, 자유여, 너는 드디어 너의 가장 잔혹한 적들의 손에서 벗어났구나. 마침내 우리는 자유롭네. 폭군은 이제 없네."[17]

그가 왜 파멸에 이르렀는지 역사가들은 여러 해석을 내놓는다. 반대파들의 음모에 방심했다는 풀이도 있지만, '부패할 수 없는 인물'에게는 많은 적이 생길 수밖에 없었을 것이다. 그런 상황에서 민중의 힘은 흩어져 있었다. 19세기 프랑스의 문필가이자 역사가였던 프랑수와 미네François Mignet(1796-1884)는 이렇게 말했다(미네는 왕정복고에 반대한 자유주의자였다).

로베스피에르의 파멸은 불가피했다. 그에게는 아무런 조직된 힘도 없었다. 그의 당파는 숫자만 많았지 결속되지 못했다. 그가 가진 것은 오직 민심에서 나온 큰 권력, 그리고 공포의 원리였을 뿐이다. 그는 크롬웰처럼 적들을 폭력으로 제압할 수 없었기 때문에 적들에게 겁을 주려고 안간힘을 썼다. 공포가 지속되지 않자 그는 폭동을 시도했다. 그러나 국민공회의 힘에 의지했던 사람들은 자연스레 민중폭동에 대한 반대를 선언했다. 애초 로베스피에르는 행정부를 공격함으로써 의회를 불러일으켰지만, 그가 의회를 불러일으키자 이제 민중들이 풀어져버렸다.[18]

로베스피에르에 대한 비판은 공포정치에 집중될 수밖에 없다. 어떤 변론이 허용될 수 있을까. 혁명은 다중의 전선으로 중첩되어 있었고, 그 결정적 전선은 국민공회 안에 펼쳐져 있었다. '배신자들과 사기꾼들'이 음모를 꾸미는 가운데, 로베스피에르의 힘은 오직 민중밖에 없었다. 혁명을 살리려면 달리 어떤 길이 있을 수 있었느냐고 항변할지 모른다.

그럼에도 불구하고 자코뱅 독재 14개월간 약 1만 7,000명이 사형선고를 받고 처형당했으며, 재판 없이 처형되거나 옥사한 사람들을 포함하면 희생자 수가 4만 명에 달한다는 사실이 무겁게 남는다. 역사가 홉스봄Eric Hobsbawm(1917-2012)은 로베스피에르가 위대한 인물은 못 된다고 하면서도 이렇게 말한다. "1871년 파리코뮌 이후 대량학살 같은 보수적 탄압에 비하면 이 시기의 대량살인은 비교적 온건하다."[19] 섬뜩한 반론이다. 로베스피에르에 대한 '편견과 오해'를 걷어내고 그의 '순수한 열정'과 '절대 부패할 수 없는 청렴결백'에 수긍하더라도 그를 결코 위대한 인물로 볼 수는 없다.

허망한 종말: 1795년 헌법에서 파리코뮌까지

1793년 자코뱅 헌법 이후 1875년 제3공화국 헌법에 이르기까지 프랑스는 온갖 다채로운 헌법체제를 거친다. 전시 혁명정부 성격의 국민공회제로부터 5인 집정관의 집정부제로, 이어서 통령제, 제국, 왕정, 내각책임제와 유사한 입헌군주제, 대통령제인 공화제, 다시 제국 시대를 거쳐 의원내각제인 공화제에 이르는 그 노정은 가히 헌법체제의 전시장이다.

국민공회제는 의회인 국민공회가 행정부를 통제하는 의회통치제도이지만, 실제로는 국민공회 안의 위원회 가운데 하나인 공안위원회의 독재체제였다. 이 자코뱅 독재의 몰락 후 온건 공화파를 주축으로 1795년 헌법이 제정된다. 다시 제한선거 및 2단계 간접선거로 되돌아가고, 입법부는 '오백인회五百人會'와 '원로원'의 양원제로 구성된다. 행정부는 오백인회가 작성한 명부로부터 원로원이 선출한 5인의 집정관으로 구성된 집정부directoire가 행정권을 담당하는, 이른바 집정부제다. 불안정하게 흔들리던 집정부체제는 결국 나폴레옹에 의해 종말을 맞는다. 로베스피에르의 예언이 적중한 셈이었다.

1799년 11월 9일, '브뤼메르 18일 쿠데타'로 성립한 1799년 헌법은 3인의 '통령'제를 취했다. 최초의 통령 3인은 헌법에서 직접 특정인을 지명하여 국민투표에 부치는 방식으로 선출됐다. 제1통령 나폴레옹에게는 다른 2인보다 강한 권한이 부여됐다. 입법 기능은 5개 기관으로 분할됐다.

1802년 헌법으로 나폴레옹은 종신 통령이 되고, 이어서 1804년 헌법에 의해 황제로 등극한다. 이후 1814년까지 나폴레옹 황제 시대가 펼쳐진다.

15년간의 나폴레옹체제 전개 과정에서 두드러진 헌법적 특색은 그가 국민투표를 애용했다는 점이다. 그는 1799년 헌법의 제정부터 국민투표를 거쳤다. 그 후 제1통령, 종신 통령, 그리고 황제로 계단을 오를 때마다 국민투표를 시행했다. 그만큼 그는 국민적 정당성이라는 외피를 원했다. 국민투표라지만 당시는 비밀투표가 아니라 서류 등록 방식의 공개투표였다. 나폴레옹이 황제로 오를 때 국민투표 찬성은 310만 표, 반대는 2,500표로 나타났다. 신임투표 성격의 이 국민투표제도는 플레비시트plébiscite라고 불린다. 후일 제2제국을 여는 루이 나폴레옹, 곧 나폴레옹 3세 역시 이 방식을 이용했다. 이 시대의 경험은 후일 프랑스에서 국민투표를 곧 독재의 편법으로 낙인찍는 전통을 남기게 된다.

나폴레옹 시대의 사회적 기반은 소농小農층이었다. 이들은 혁명의 성과로 얻은 작은 토지를 지키려고 했다. 토지를 지키려는 애국심으로 전쟁에 나섰다. 1804년 3월 21일, '프랑스 민법전'이 공포됐다. 후일 '나폴레옹법전'으로 불리는 이 세계사적 법률혁명은 혁명 전의 봉건법제를 대체하고 혁명의 성과를 다졌다. 나아가 나폴레옹법전은 근대 시민사회 형성의 법적 토대가 된다.

승전으로 황제에 올랐던 나폴레옹은 패전으로 제위에서 내려왔다. 1814년 헌법으로 프랑스는 왕정복고 시대에 들어선다. 처형된 루이 16세의 동생 루이 18세가 왕위에 올랐다. 이 헌법이 공식 명칭으로 헌법이란 용어를 피하고 헌장Charte이라고 자칭한 것은 혁명 전으로의 복고라는 취지에서였다. 의회는 유지됐지만 제한선거에 의해서였다. 국왕과 의회의 대립은 종내 1830년 7월혁명으로 이어지게 된다.

1830년 헌법은 국왕과 국민 간의 타협적인 협약協約헌법이었다. 의회는 대혁명을 지지했던 왕족의 후예 오를레앙Orléans공 루이 필리프Louis Philippe(1773-1850)를 왕위에 옹립했다. 이 헌법의 정부형태는 행정권이 이원화되는 이른바 이원정부제二元政府制의 원형으로 불린다. 내각이 국왕과 의회 양쪽의 신임을 받아 성립되고, 의회에 대해 정치적 책임을 지는 관행이 이뤄졌다. '오를레앙식 내각책임제'라고도 불린다. 왕당파와 공화파 사이의 중도파가 헌정을 주도했던 이 시기는 아직 제한선거를 벗어나지 못한 가운데, 1848년 2월 다시 혁명을 맞게 된다.

1장 시민혁명이 있었는가, 없었는가?

1848년 혁명은 두 단계를 거쳤다. 첫 단계 2월혁명은 중소 부르주아지와 노동계층의 연합세력에 의해 이뤄졌다. 2월 25일, 임시정부가 공화국을 선포했다. 노동계층이 우세를 점한 임시정부는 여러 사회적 개혁을 실시했다. 노동자의 단결권이 승인되고, 노사 양측으로 구성된 노동위원회가 설치됐다. 국영공장이 세워지고 노동시간이 제한됐다. 다른 한편 보통선거제가 채택되고 검열 폐지와 사형 폐지가 결정됐다. 그러나 4월에 열린 총선 결과, 중도·보수파가 제헌의회 다수를 점했다. 극좌세력이 제2혁명을 꿈꾸며 '6월폭동'을 일으켰지만 철저히 진압됐다. 2월혁명의 결과인 사회적 개혁은 다시 되돌려졌다. 1848년 11월, 제2공화국 헌법이 제정됐다.

1848년 제2공화국 헌법은 대통령제를 택했다. 대통령으로 당선된 사람은 나폴레옹의 조카로 알려진 루이 나폴레옹이었다. 루이 나폴레옹은 대통령 4년 단임제 조항을 고쳐 계속 집권하려던 계획이 좌절되자, 1851년 12월 쿠데타를 일으켜 의회를 해산시키고 보통선거제 부활을 선언했다. 1852년 1월, 대통령 임기 10년 및 재선 허용을 내용으로 하는 새 헌법이 제정됐다. 뒤이어 11월, 원로원 의결을 거쳐 다시 헌법이 개정된다. 공화제의 명맥은 1년밖에 유지되지 못하고 이 개헌으로 제2나폴레옹제국 시대가 열린다.

제2제국 시대를 여는 과정에서 루이 나폴레옹은 나폴레옹 1세의 수법을 모방한다. 10년 임기와 재선 무제한의 대통령제 헌법 개정, 그리고 세습황제제도로의 개헌 모두 국민투표를 거쳤다. 나폴레옹 3세로 등극하기 위한 국민투표 결과는 찬성 780만 표, 반대 25만 표였다. 공화제에서 다시 제국 시대로 돌아가는 사회적 토대는 프랑스 농민층이었다. 최다수 계층이 된 보수적 소농층은 제국의 담보였다.

나폴레옹 3세의 제2제국은 프로이센과의 전쟁으로 종말을 맞는다. 이때 프랑스는 잠시 세계사의 희귀한 선례를 남긴다. 파리코뮌이다. 노동계급에 기초한 역사상 최초의 정권이라고 일컬어진다.

파리코뮌은 프랑스가 1870년 프로이센과의 전쟁에서 패배한 후, 특별한 상황에서 발생한 특별한 정권이다. 1870년 9월 2일, 프랑스는 국경 지역 세당Sédan에서 참패했다. 황제 나폴레옹 3세가 장군 39명, 장교 2,700명, 사병 8만 4,000명의 전 부대와 함께 포로가 된 치욕적 패배였다. 1870년 9월 4일, 일부 공화파 의원들의 주도와 파리 군중의 환호 속에 공화국이 선포됐다. 이후 새 의회는 왕당파와 온건한 공화파가 다수를 점했다. 그러나 굴욕적 휴전은 이미 기아와 혹한에 시달리던 파리의 애국적 민중들을 분노로 휘몰아 넣었다. 무장한 민중들이 파리를 장악했다. 부자들 15만 명이 파리를 떠났고, 의회와 정부군이 베르사유로 철수했다. 1871년 3월 1일, 강화조약에 따라 독일군이 파리에 입성해 48시간 체류했다.

"인민의 이름으로 코뮌을 선포한다." 비스마르크Otto von Bismarck (1815-1898)에 대해 끝까지 항전을 주장한 공화파는 1871년 3월 28일 코뮌 선거 직후 파리코뮌을 선포한다. 정부가 수도 파리를 포기하고 독일군이 파리를 포위한 상황이었다. 코뮌 의회의 다수는 사회주의혁명파였다. 파리 각 구區의 대표자 자치조직인 '20구 공화주의 중앙위원회'가 파리코뮌을 이끌었다. 파리코뮌의 헌법 구상은 1871년 3월 27일의 '20구 공화주의 중앙위원회'의 '선언' 및 4월 19일에 파리코뮌이 채택한 '프랑스 인민에 대한 선언'에 나타나 있다. 3월 27일의 선언은 "임금제도와 비참한 빈곤을 영원히 추방"하고, "생산자에게 자본과 노동 수단, 판로 및 신용을 제공"한다는 내용을 담고 있다. 뒤이은 4월 19일의 선언도 같은 취지이다. "권력과 재산을 만인의 것으로 하기 위한 제도"를 창설하고, 각 코뮌은 공무원과 법관을 선거나 경쟁적 시험에 의해 선임하며, 이들에 대한 명령적 위임 및 소환권을 갖는다는 내용이다. 한마디로 직접민주제와 사회주의에 입각한 헌법 구상을 담고 있는 것이다. 이것은 자본주의의 진전에 따른 노동계급의 성장을 반영한다.

실제의 파리코뮌은 새 헌법을 제정할 겨를이 없었다. 베르사유 정부군과의 전투가 계속됐다. 파리코뮌은 전시 혁명정부의 체제를 택했다. 로베스피에르의 공안위원회 방식에 따라 소수 독재체제를 취한 것이다.

파리코뮌의 수명은 2개월에 불과했다. 내부 분열로 혼란을 거듭하던 코뮌은 전력을 정비한 베르사유 정부군의 총공세를 당한다. 5월 말 '피의 일주일', 역사상 가장 잔혹하고 무자비했다고 일컬어지는 대량학살이 자행됐다. 프로이센 군대에 둘러싸여 퇴로를 차단당한 채 "파리코뮌이 피바다에 빠졌다." 희생자 수효에 관해서는 연구자에 따라 차이가 있지만, 당시로부터 10여 년 후의 한 역사서는 "5만 명의 시신 위에 질서가 자리 잡았다"고 썼다.

파리코뮌의 역사적 평가는 극심하게 엇갈린다. 마르크스-레닌은 사회주의혁명의 모델로 칭송한다. 다른 쪽에서는 프랑스 폭력혁명의 절망적 종말로 받아들인다.

격정과 비참의 극極으로 치달은 프랑스혁명사는 허망하다. 자코뱅 독재의 공포·살육 이후 제국·왕정의 반동 시대가 왔고, 1848년 6월폭동의 참살을 부른 다음 또다시 제국 시대를 초래했다. 폭력혁명이 휩쓸고 지나간 후, 역사의 퇴행이 반복됐다. 그 결과 무엇이 남았는가? 대혁명 10년, 파리코뮌까지 셈하면 82년간의 폭력혁명 시대가 남긴 것은 무엇인가? 프랑스는 거의 100년간의 혁명에 50만 명의 희생을 치러야 했다. 오직 자유의 정신만이 살아남은 것인가?

세 갈래의 프랑스 헌법 모델

프랑스혁명의 파장은 전 유럽에 퍼졌다. 1830년 7월혁명은 벨기에, 폴란드, 이탈리아에 자유주의 독립운동을 일으켰고, 1848년 2월혁명은 프로이센, 오스트리아에서 3월혁명을 낳은 데 이어 헝가리에서도 독립운동을 불러일으켰다. 프랑스혁명은 19세기 유럽을 혁명의 시대로 만들었고, 그 여파는 20세기 이후에까지 미친다. 대혁명 이래 19세기 프랑스 역사에 나타난 여러 헌법 모델은 유럽 각국의 근대 헌법사에 투영됐다. 그 가운데에서도 특히 영향력이 컸던 것으로 세 갈래 헌법 모델을 들 수 있다. 프랑스 1791년 헌법, 1793년 헌법 및 1871년 파리코뮌체제가 그것이다.

1791년 헌법과 1793년 헌법은 각각 프랑스혁명사에서 두 개의 대조적인 헌법 모델을 보여준다. 전자는 군주제를 유지한 입헌민주주의 모델이고, 후자는 철저한 민주주의 모델이다. 전자를 가리켜 몽테스키외적 모델 즉 자유주의적 권력분립 모델, 후자를 가리켜 루소적 모델 즉 민주주의적 권력집중 모델이라고 부르기도 한다. 앞서 살펴본 것처럼 1791년 헌법은 제한선거와 국민주권론에 입각한 대표제를 고집했다. 반면 1793년 헌법은 보통선거와 인민주권론에 바탕을 두면서 직접민주제를 강조했다.

이 두 모델의 사회경제적 성격은 당시의 구체적 역사적 상황 속에서 잘 드러난다. 이미 1789년 인권선언의 이중적 속성에서 드러나듯, 1791년 헌법은 구세력과 신흥세력의 타협의 산물이라는 성격을 지닌 것이었다. 그 사회적 토대는 자유주의적 귀족계급과 부르주아 상층계급이었다. 이 점은 소유권이 신성불가침하다는 인권선언 및 봉건적 토지권의 유상 폐지라는 형식적 봉건제 폐지에 잘 나타나 있다. 인권선언에 앞장 선 것은 자유주의적 귀족들이었다. 이들이 지향한 것은 온건한 자유주의였다.

반면, 1793년 헌법은 철저한 민주주의 이념을 지향했다. 이를 밑받침한 사회세력은 부르주아 하층계급, 소상공인, 일부 지식인들이었다. 사상 처음으로 (남성) 보통선거제를 실시했고, 봉건적 토지권을 무상 폐지했다.

한편, 두 모델의 경제적 성격과 관련하여 평가가 엇갈리는 점이 있다. 한쪽에서는 1793년 헌법이 복지국가 이념 또는 사회민주주의 이념을 지향한 것으로 보는 데 반해 다른 쪽에서는 이를 부정한다. 앞의 견해는 1793년 헌법이 포함하고 있는 공적부조 등에 관한 헌법조항과 실제의 물가상한제 및 임금상한제 등 통제경제체제에 주목한다. 반면 뒤의 견해는 우선 헌법규정을 달리 해석하거나 다른 헌법조항의 존재를 강조한다. 즉 공적부조 등에 관한 조항은 1791년 헌법과 1793년 헌법 양자 사이에 별 차이가 없다는 것이고, 특히 1793년 헌법에서는 소유권의 자연권적 성격을 명시하는 데에서 더 나아가, 1791년 헌법에 보이지 않는 '영업의 자유' 규정이 명시돼 있다는 점을 강조한다. 또한 통제경제체제는 전쟁수행 중의 일시적 전시경제체제일 뿐이라고 본다.

　이 문제에 관해서는 후세의 도식적 평가를 떠나, 먼저 혁명 당시의 구체적 상황과 이 상황의 역사적 의미에 주목할 필요가 있다. 거듭 지적하지만 바스티유 함락 직후의 봉건제 폐지 선언은 봉건적 토지권리제도의 유상 폐지에 불과한 것이었다. 이것은 일면 '되사기'가 실현될 때까지 봉건적 권리를 유지시키면서, 타면에서는 되사기 자금을 토지 소유자 수중에 넘겨줌으로써 부르주아 상층, 즉 대★부르주아를 형성시키는 것이었다. 특히 구체제 아래에서 직업별 조합에 부여된 봉건적 특권을 지녔던 상인층은 귀족과 다름없는 특권계급의 성격을 지니고 있었다. 이 점에서 자유주의적 귀족들과 함께 이들이 주도한 1791년 헌법은 '밑으로부터의 혁명'이라기보다 '위로부터의 개혁'에 가까웠다고 보거나 혹은 양자의 타협적 결과라고 볼 여지가 있다.

　1791년 헌법 출범 이후 상황은 바뀐다. 1792-1793년 단계에서 봉건적 토지권리의 무상 폐지 법령이 제정되고, 이를 통해 독립적 자영농민층이 형성되며, 정치적으로는 군주제 폐지에 이어 루이 16세가 처형되는 전환을 맞는다. 이로써 명실상부 '밑으로부터의 혁명'이 관철되기에 이른다. 그 전위세력은 상퀼로트들이었다.

이렇게 보면, 앞에서 본 1793년 헌법의 경제적 자유주의의 측면을 아울러 고려할 때 1791년 헌법을 부르주아 민주주의적 모델, 1793년 헌법을 사회민주적 모델로 보는 해석이 옳은지는 의문이다. 그보다는 1793년 헌법에 의해 1791년 헌법이 파괴되고 이로써 후일 자유주의적 입헌주의가 확립될 수 있는 계기가 마련된 것으로 봄이 타당할지 모른다. 1793년 헌법이 반反부르주아적인 것이 아니라, 이 헌법에 이르러 비로소 부르주아 민주주의에 도달했다고 보는 것이다.[20]

한편, 위의 두 헌법 모델 외에 제3의 급진주의적 모델이 있다. 그중에는 사회주의적 헌법 모델도 포함돼 있다.

급진적 헌법 모델에 관한 구상은 상퀼로트세력이 부상하는 1792년부터 등장한다. 일례로 장 바를레Jean Barlet(1746-1832)의 헌법 구상을 들 수 있다. 혁명 전에 우체국 직원이었던 그는 혁명 발발 후 상퀼로트의 이론적 지도자의 한 사람이 됐다. 가장 과격한 일파에 속한 그는 재산의 평등, 매점買占 상인 처형 등을 주장했다.

그의 헌법 구상은 1792년 5월의 '엄숙선언'에 나타나 있다. 거기에서 바를레는 1789년 인권선언과 다른 인권선언 및 정치체제에 관한 구상을 펼치고 있다. 재산권을 인정하되 실질적 평등을 위한 사회권 목록을 강화하여, 노동권, 휴식권까지 열거하였고, 교육은 국가의 의무라고 선언하였다. 한편 정치조직에 관해서는 루소의 사상에 따라 인민의 직접적인 주권행사를 강조하고 직접민주제를 원칙으로 삼았으며, 대표자를 선출하는 경우에도 선거민이 대표자에게 명령하고 소환할 수 있어야 한다고 주장했다. 나아가 전쟁은 지배자의 압제의 한 방편이며 인류에 대한 범죄라고 보았다. 바를레는 산악파와도 대립한 과격주의 때문에 자코뱅클럽에서도 추방됐다.

또 다른 급진적 헌법 구상으로 바뵈프François-Noël Babeuf(1760-1797)의 공산주의적 모델이 있다. 바뵈프는 테르미도르 반동 시대의 좌익혁명가였다. 그는 대혁명 발발 전 영주의 토지관리인이었고, 일찍부터 토지개혁 방안을 구상해온 인물이었다. 1795년 11월, 그는 자신이 창간한 신문 『호민관Le Tribun du Peuple』에 「평민계급의 선언」이라는 제하의 혁명적 구상을 밝힌다.

바뵈프는 '향유의 평등'을 선언한다. 사유재산제를 폐지하고, 노동의 결과인 재산을 공동 관리해 평등 분배할 것을 주장한다. 이 같은 '재산과 노동의 공동체'를 실현하기 위해 그는 혁명결사를 조직한다. 이른바 '평등주의자의 음모' 또는 '바뵈프의 음모'이다. 상퀼로트 지도자들과 로베스피에르 잔당들로 구성된 이들은 유산된 1793년 자코뱅 헌법을 되살리려 했다. 이들의 활동은 종래의 민중운동 방식과 달랐다. 비밀조직을 핵심으로 하는 소수 독재의 로베스피에르 모델을 따랐다. 이 점에서도 '평등주의자의 음모'는 후세 공산주의체제의 모태로 불리기도 한다.

이들의 음모는 한 밀고자로 인해 탄로되고 만다. 1797년 2-5월의 재판 결과, 바뵈프는 단두대에서 처형됐다. 그 후 1828년, 브뤼셀에 망명 중이던 그의 친구 부오나로티Philippe Buonarroti(1761-1837)는 『바뵈프라는 이름의 평등을 위한 음모Histoire de la Conspiration pour *l'Égalité dite de Babeuf*』를 출간했다. 이 책을 통해 바뵈프의 사회주의적 헌법 구상이 후세에도 영향을 미치게 된다. 거기에는 사유재산제 폐지, 노동의 의무, 노동 성과의 평등 보장 등에서 더 나아가 정치 체제에 관한 제안도 담겨 있다. 그 기본 원칙은 철저한 인민주권의 실현이며, 입법, 집행, 군사에 걸쳐 선거민의 직접 참여를 골격으로 한다. 바뵈프의 음모는 당시로서는 일회적 사건에 불과했다. 그러나 공산주의 이념을 현실에서 정치적으로 실현하려 한 최초의 시도였던 점에서 역사적 의미를 부여하는 시각이 있다.

급진적 헌법 모델이라는 점에서 19세기 프랑스 역사 가운데 가장 주목받은 것은 1871년의 '파리코뮌'이다. 앞서 본 것처럼, 파리코뮌의 헌법 구상은 사회주의 모델이었지만, 실제 코뮌체제는 전시 혁명정부 성격의 소수 독재였다.

프랑스혁명사의 종말은 1875년 제3공화국 헌법과 더불어 자유주의 정착 과정으로 이어진다. 1940년, 독일 점령하의 비시Vichy 정권에 이르러 사실상 종료된 프랑스 제3공화국 시대는 영국과는 또 다른 내각책임제의 유형, 이른바 '고전적 내각책임제'의 전형을 보여주었다. 이 체제는 강한 의회, 약한 내각 및 내각 불안정을 특징으로 한다.

1989년 프랑스혁명 200주년을 맞던 해, 파리에서는 '1793년 체제'를 둘러싸고 격한 세론의 분열이 있었다고 한다.

좌절된 혁명, 외견적 입헌주의
: 독일 근대 헌법사[21]

다중의 전형성

왜 독일 헌법사에 주목해야 하는가? 독일은 19세기 정치 후진국이었지만 이후 독일 헌법사가 지닌 세계사적 의미가 심대하기 때문이다. 독일 헌법사는 여러 측면에서 어떤 전형성典型性을 보여준다.

첫째, 1848년 3월혁명의 실패와 뒤이은 1850년 프로이센 헌법의 성립은 19세기 외견적 입헌주의의 전형이다. 둘째, 1919년 바이마르 헌법은 20세기 이래 현대 헌법의 한 전형을 보여준다. 수정자본주의 원리를 최초로 헌법에 명시한 점에서 그렇다. 셋째, 2차 세계대전 후 서독 기본법은 또 하나의 전형성을 나타낸다. '자유의 적에게는 자유를 주지 않는다'는 이른바 방어적 민주주의 사상을 헌법에 제도화한 점에서 그렇다(뒤에 별도로 다룬다).

더욱이 독일 헌법사의 그림자는 한국 헌법 곳곳에 짙게 투영되어 있다. 독일의 외견적 입헌주의를 모델로 한 일본제국 헌법의 흔적은 한국 헌법사에 그늘을 남겼고, 바이마르 헌법 역시 한국 헌법 제정 이래 지속적으로 영향을 미쳐왔다. 나아가 독일 기본법의 방어적 민주주의제도 또한 현행 한국 헌법에 수용되어 있다(이 때문에 아래에서 꽤 길게 독일 헌법사 이야기를 펼쳐갈 것이다).

'3월 이전'

1789년 프랑스대혁명 소식이 들려왔을 때 독일의 자유주의적 지식인들은 환호했다. 철학자 칸트Immanuel Kant(1724-1804)가 바스티유 함락 소식을 듣고 쾨니히스베르크 오후 산책을 미뤘다는 일화는 유명하다. 칸트는 프랑스 인권선언을 찬양했다. 그의 계승자였던 피히테Johann G. Fichte(1762-1814)는 자코뱅당의 승리를 축하했다고 전해진다. 그러나 독일은 프랑스의 귀족·성직자 등 반혁명분자들의 피난처였다. 독일의 시민계급은 아직 미성숙했고, 신분제에 바탕을 둔 봉건의식은 뿌리 깊었다.

독일 민족결합의 상징이었던 신성로마제국은 프랑스의 유럽 정복전쟁을 통해 해체의 길에 들어선다. 1804년 12월 오스트리아·러시아 연합군이 아우스터리츠Austerlitz 전투에서 프랑스에 대패한 후, 1806년 7월 나폴레옹은 독일 남부에 라인동맹Rheinbund을 결성시켰다. 이 동맹에 가맹한 바이에른Bayern 등 독일 16개국은 나폴레옹 치하의 보호령이 됐다. 뒤이어 같은 해 8월 6일, 신성로마제국 황제 프란츠 2세Franz II(재위 1792-1806)는 나폴레옹의 요구에 따라 제관을 벗는다. 이후 독일은 세 부분으로 갈라진다. 오스트리아 제국, 독일 중남부의 라인동맹, 그리고 북부의 프로이센왕국.

1807년, 나폴레옹은 독일 서부에 베스트팔렌Westfalen왕국을 세우고 자기 동생 제롬Jérôme Bonaparte(1784-1860)을 왕위에 앉혔다. 동년 11월 15일에는 베스트팔렌 헌법이 제정됐다. 이것은 독일 최초의 근대적 헌법이었다. 나폴레옹은 정복자이자 해방자였으며, 그의 군대는 유럽 대륙에 입헌주의 등 근대화의 바람을 불어넣었다. 나폴레옹 군대의 전진은 나폴레옹법전의 전진이기도 했다. 시민의 법적 평등에 입각한 나폴레옹법전은 라인강 지역에 도입되었고, 정복된 독일 지역 주민들도 나름의 자유를 누리게 되었다. 비록 그 이면에 낡은 사회적 계급구조는 온존했지만.

나폴레옹의 몰락 후에도, 독일 남부에는 입헌주의 물결이 퍼져갔다. 1814년부터 1830년 사이에 바이에른, 뷔르템베르크Württemberg, 바덴Baden, 나사우Nassau 등 15개 독일국가에서 새로 헌법이 제정되었다. 이들 헌법은 프랑스의 1814년 헌법Chartre을 모델로 한 것이었다. 이 프랑스 헌법은 나폴레옹 실각 후 망명에서 돌아온 루이 18세가 제정한 것으로, 비록 왕이 만든 흠정헌법의 형식이었지만, 당시로서는 영국을 제외하면 유럽에서 가장 자유주의적인 것이었다. 프랑스 1814년 헌법을 모방한 독일 남부 국가들의 헌법은 군주주권을 바탕으로 양원제 의회를 설치하도록 규정했고, 여러 권리 조항까지 두었다. 그러나 의회선거는 신분제적 제한에 따랐고 의회의 권한은 자문에 그쳤다. 법 앞에 평등, 언론출판의 자유, 소유권의 신성불가침 등 여러 권리보장 조항들을 두었지만, 법률에 의해 매우 좁게 한정된 것이었다. 그렇긴 해도 이것은 당시 유럽 대륙에서는 선진적이었다.

한편 독일 북부 프로이센의 상황은 어떠했나. 1806년의 라인

1장   시민혁명이 있었는가, 없었는가?

동맹 결성 후, 나폴레옹의 다음 상대는 프로이센이었다. 프로이센은 러시아와 동맹을 맺고 전쟁을 준비했지만, 1806년 10월 예나Jena와 아우어슈테트Auerstädt에서 참패했다. 나폴레옹은 베를린에 입성했다. 한때 프랑스혁명의 찬양자였던 피히테는 이제 독일 민족주의 선봉에 나섰다. 베를린대학에서의 연속 강연을 통해 독일 민족정신을 고취시켰던 그는 1807년, 강연을 마무리하면서 저 유명한『독일 국민에게 고함Reden an die deutsche Nation』을 출간했다. '폭풍노도Sturm und Drang' 시대의 대표적 작가 실러Friedrich von Schiller(1759-1805)의 애국주의 작품『빌헬름 텔Wilhelm Tell』이 나온 것도 그 무렵이었다(1804년).

프로이센은 패전으로 영토의 절반을 잃게 됐지만 그것은 동시에 개혁의 길을 열어주었다. 프로이센 내정개혁은 재상 슈타인Karl Freiherr vom und zum Stein(1757-1831)과 그를 이은 하르덴베르크K. A. v. Hardenberg(1750-1822)가 주도했다. 개혁가들은 신분제 폐지를 비롯해, 행정·군사·교육의 개혁을 추구함과 함께 처음부터 헌법제정을 시도했다. 당시 프로이센에는 프랑스 영향으로 1794년에 제정된 '프로이센 일반법률Allgemeine Preussische Landrecht'이 사실상 헌법 역할을 수행하고 있었다. 그러나 개혁가들은 자유선거에 의한 의회를 설치하고 독일 전체의 모델이 될 만한 헌법을 갖고 싶었다. 심각한 국고國庫 부족에 시달리던 국왕 프리드리히 빌헬름 3세는 의회 설치와 헌법제정을 수차례 다짐했다. 1815년 나폴레옹의 엘바섬 탈출 소식을 들었을 때 그는 세 번째이자 마지막으로 헌법제정을 약속했지만, 이 약속은 그 후 30여 년이 지나도록 지켜지지 않았다.

런던의 로스차일드Rothschild로부터 거금을 차입할 수 있었기 때문이다.

프로이센 개혁가들의 목표는 독일의 통일과 자유였다. 그러나 나폴레옹을 패퇴시킨 것은 프로이센 자력이 아니라 그와 함께 한 러시아·오스트리아·영국의 연합군이었다. 전후 처리를 위한 빈Wien회의를 주도한 메테르니히Klemens von Metternich(1773-1859)의 모토는 '전쟁 전前 1789년 상태에로의 회귀'였다. 열강들은 유럽의 중심에 강력한 통일국가가 들어서는 것을 원치 않았다. 슈타인과 더불어 독일 통일을 위한 구심점이었던 학자이자 외교관 훔볼트Wilhelm von Humboldt(1767-1835)가 빈회의에서 고투했지만 그 역시 실패를 감지하고 있었다. 독일의 자유주의자들은 아직 소수에 불과했다. 독일 청년들은 정치적으로 조직화되지 못했고, 젊은 그들의 외침은 프랑스 자코뱅주의Jacobinism로 의심받기도 했다. 결국 빈회의에서 독일 문제는 메테르니히 뜻대로 결말지어진다.

1815년 6월 8일, 빈회의 독일분과회의에서 '독일동맹 규약 Deutsche Bundesakte, Act of German Confederation'이 채택됐다. 독일동맹은 모두 41개 독일국가로 구성됐다. 독일동맹의 가맹국 대표자들로 이루어진 '동맹의회Bundestag'가 프랑크푸르트에 설치되었고, 의장은 오스트리아가 맡았다. 독일동맹은 주권적인 군주국과 자유도시의 느슨한 연합체로, 국제법상 이른바 국가연합Confederation of States에 해당한다. 국가연합은 연방Federation과 구별되는데, 연방은 그 연합체 자체가 국제법상 국가이지만 국가연합은 그 자체가 국가는 아니며 각 구성체가 독립된 국가다.

독일동맹은 자유주의적 개혁가들의 통일 독일의 꿈과는 거리가 멀었다. 통일이 되기에는 독일은 아직 역부족이었다. 훔볼트는 최악을 피한 결과라며 독일동맹 규약을 수용할 수밖에 없었다. 슈타인은 이렇게 말했다. "언젠가 독일이 한 나라, 한 민족이 되는 것을 누구도 막지 못할 것이다."

독일동맹 규약에는 이런 조항이 있었다. "모든 가맹국에 신분제적 의회주의 헌법Landständische Verfassung이 시행되어야 한다(제13조)." 본래 빈회의에 참석한 프로이센, 오스트리아를 비롯한 독일의 여러 군주들은 독일 통일을 바라지 않았고 혁명을 두려워했다. 그들은 프랑스혁명 이전의 군주제적 질서를 선망했다. 나폴레옹 군대와의 '해방전쟁Befreiungskrieg' 중에 국민들에게 헌법 제정을 약속했지만, 이것은 전시 국민동원을 위한 것이었을 뿐만 아니라, 그것이 반체제혁명의 움직임에 대한 선제적 봉쇄 수단이라고 판단했기 때문이었다. 그 결과 나온 것이 이 같은 규약 조항이다. 이 조항에 따라 남부 독일을 비롯해 북부 일부에 헌법이 제정됐다.

이들 독일국가들의 헌법은 국민의 권리보장 조항까지 두었지만 독일의 인권 사상은 영국·프랑스 등의 자연권 사상과는 거리가 있었다. 독일의 초기 자연법自然法 사상에서 자연상태의 개인의 자유는 국가 성립과 더불어 국가의 법률 뒤로 후퇴해버린다. 실정법에서 보장하는 자유권은 자연권적 자유가 아니라 시민적 자유권이며, 그것은 법률의 유보 아래에서만 보장된다고 이해되었다. 국가 안에서 개인이 누릴 수 있는 시민적 자유는 법률에서 제한하지 않고 방치한 나머지에 불과했다. 말하자면 법률에 의해 주어진, 법률에 정한 한도의 자유였다.

오스트리아와 프로이센에서는 이처럼 제한된 헌법조차도 없었다. 프로이센은 한때 '위로부터의 혁명'이긴 하더라도 독일 개혁의 선두에 있었지만, 반동적 귀족의 저항은 강력했고 국왕은 헌법제정의 약속을 어기며 태도를 바꿨다. 특히 외교·교육·문화 분야에서 자유주의를 추구했던 훔볼트가 1819년에 사임하면서 프로이센의 개혁 바람은 숨을 멈췄다. 이후 프로이센은 독일동맹 가맹국 중 가장 반동적인 국가로 전화해버린다. 후일 '1848년 3월혁명'이 발발하기까지의 과도적 시기를 일컬어 '3월 이전Vormärz'이라고 부른다.

강단 자유주의: 학생조합과 '괴팅겐 7인'

독일동맹이 출범하자마자 독일 전역에서 자유주의적 개혁운동이 일어났다. 나폴레옹 지배로부터의 해방전쟁에서 돌아온 사람들, 특히 학생들과 교수들이 그 중심이었다. 이들 가운데 특히 구심 역할을 수행한 단체는 '학생조합Burschenschaft'이다. '부르셰Bursche'는 청년 또는 학생을 가리키는 말이다. 이 단체의 구성원은 대부분 대토지 소유자인 융커Junker나 부유한 상인의 자제들로, 독일의 엘리트 계층이었다. 학생조합운동은 예나대학에서 출발했다. 예나는 프로이센 군대가 나폴레옹군에게 대패한 곳이고, 예나대학은 독일 민족주의의 선봉 실러를 배출한 곳이기도 하다. 이후 이들의 자유주의운동은 북부의 대부분 대학들에 파급되어갔다. 이들은 '명예, 자유, 조국'을 모토로 삼고, 검정·빨강·금빛 세 가지 색깔의 깃발을 내걸었다. '3색을 1색으로!'가 그들의 슬로건이었다. 이 3색은 나폴레옹과 대적했던 자유군단Freikorps의 제복에서 나온 것으로, 후일 독일 국기로 사용된다.

시인 하이네Heinrich Heine(1797-1856)도 한때 학생조합운동에 참가했다. 그러나 그는 이 운동의 한계를 간파하고 탈퇴했다. 이 운동이 무계획적이고 충동적이며 민중적 기반을 갖지 못했다고 본 것이다. 유태인으로 급진적 공화주의자였던 하이네는 낭만파 시인들의 집단인 '청년독일'의 대변자였다. 그는 파리로 망명해 정치적 저널리즘 저술 활동을 벌이면서 독일의 현실을 치열하게 비판했다.

학생조합이 처음 대규모 시위를 벌인 것은 1817년 바르트부르크축제Wartburgfest에서였다. 이 축제는 루터의 종교개혁 300주년 및 라이프치히 승전 4주년을 기념하는 자리였다(바르트부르크성城은 루터가 성서를 독일어로 번역했던 곳이다. 라이프치히 해방전쟁은 독일동맹군이 나폴레옹군에 대승한 전투로, 나폴레옹은 6만 5,000명의 병사를 잃었다). 학생들은 바르트부르크 산꼭대기에 집합해 선언문을 발표한 후 반동적 서적들을 불태웠다. 루터의 파문장 소각을 흉내 낸 의식이었다. 왕권신수론 서적들, 나폴레옹법전, 프로이센 경찰법전이 불탔고, 프로이센 군대의 가발, 하사관 몽둥이 등 구체제를 상징하는 유물들이 잿더미가 되었다.

학생조합운동은 날로 과격해졌다. 군대 막사가 불타고 반동세력으로 지목된 명사들이 암살됐다. 메테르니히와 독일 군주들은 위기를 느꼈다. 프로이센은 학생조합운동을 금지시켰다. 그러나 학생들의 슬로건은 더욱 급진적으로 변해갔을 뿐이다. 종래 독일 통일, 독일군 창설, 대의제 발전, 법 앞에 평등, 배심재판 도입, 언론출판자유의 보장 등을 주장하던 데에서 더 나아가 이제는 공화주의 실현으로 향했다.

1819년, 한 과격분자가 러시아 첩자로 의심받던 반反자유주의 작가 코체부August von Kotzebue(1761-1819)를 살해하는 사건이 일어나면서 사태는 정점으로 치달았다. 사형집행을 앞두고 집행관은 사면을 탄원하면서, 단두대의 나무판자를 해체해 오두막을 만들었다. 그곳은 하이델베르크대학 학생들의 모의 장소가 됐다.

메테르니히의 응답은 차갑게 돌아왔다. 독일 각국의 대신들이 모인 '칼스바트 결의Karlsbader Beschlüße'에 따라 법률의 효력을 갖는 억압적 포고가 발동됐다. 대학에 대한 조사·감시 조치가 펼쳐지고 저항 활동을 벌인 교수들이 해직됐으며, 학생조합이 해산당했다. 모든 신문·잡지·서적들이 검열을 받아야 했다. 더 나아가 '혁명 활동'을 조사하기 위한 '중앙심문위원회'가 설치되어 9년간 활동했다. 보고서에는 수년 전 사망한 피히테도 혁명운동의 뿌리로 지목되었다. 이로써 흔히 '강단 자유주의'로 불리는 독일 자유주의 운동은 숨을 죽였고, 독일 전역은 침묵의 시대로 들어갔다.

1830년, 프랑스 7월혁명의 바람이 독일의 자유주의운동을 되살렸다. 자유를 향한 갈구는 결코 마르지 않는다. 학생조합운동도 다시 활발해졌다. 1832년 5월, 남부 독일의 자유주의자들은 만하임 인근의 함바흐Hambach고성에서 축제를 열었다. 칼스바트 포고를 의식해 축제 형식을 빌렸지만, 독일 통일, 인권 보장, 공화주의 정체 도입 등을 결의한 정치집회였다. 독일 전역에서 학생만이 아니라 일반 시민, 노동자 등 3만 명이 운집하여 흑黑·적赤·금金 3색 깃발을 흔들었다.

함바흐 축제는 수구세력에게 다시 반격의 명분을 만들어줬다. 메테르니히는 프로이센을 비롯한 독일동맹 가맹국들에게 재발 방지책을 강구토록 압력을 가했다. 곳곳에 계엄이 선포됐고, 영국 등 외세도 개입했다. 동맹의회는 언론·집회의 권리를 부정하는 결의를 했다. 하이델베르크대학 학생조합이 동맹의회가 소재한 프랑크푸르트에서 폭동을 일으키자 동맹 당국은 군대까지 투입했고, 유서 깊은 하이델베르크대학이 일시 폐쇄되기에 이르렀다. 정치사찰을 위한 특별기구도 신설되었는데, 이 기구가 활동한 1842년까지 2,000명 이상이 구속됐다.

1837년, 독일 헌법사에서 특기할 만한 사건이 발생했다. 이른바 괴팅겐Göttingen 헌법투쟁이다. 사건은 북부 독일 하노버왕국에서 시작됐다. 하노버는 오랜 기간 영국 국왕이 왕위를 겸직해왔다. 이른바 '인물연합personal union'의 소산이다. 인물연합은 복수의 국가 간에 서로 다른 왕위계승법에 따라, 동일 인물이 우연히 복수 국가의 왕위계승자가 되어 발생한다. 1837년, 영국 국왕이자 하노버 국왕이기도 한 윌리엄(빌헬름) 4세가 사망하자, 영국 왕위는 16세의 빅토리아 여왕이 계승했다. 그러나 독일에서는 여자는 왕위에 오를 수 없는 전통이 이어져왔다. 때문에 윌리엄 4세의 형제이자 빅토리아 여왕의 백부이기도 한 아우구스트Ernst August(1771-1851)가 하노버 국왕으로 등극했다. 아우구스트는 철저한 수구 반동이었을 뿐 아니라, 국왕의 재목이 아니었다. 그는 "교수와 창부와 무희는 돈으로 얼마든 살 수 있다"는 막말을 서슴지 않았다.

국왕 아우구스트는 즉위하자마자 헌법을 침훼했다. 대신을 임명하면서 헌법 선서를 생략하더니, 일방적으로 의회를 해산시켰다. 나아가 헌법을 아예 파기해버렸다. 1833년에 제정된 하노버 헌법은 영국의 의회주의를 모델로 권력분립을 채택한, 당시로서 선진 헌법이었다. 농노제를 폐지하고, 자유시민과 자영농민에게 선거권을 부여했으며, 의회는 입법권 및 재정권을 갖도록 했다. 아우구스트가 헌법 폐기라는 폭거의 핑계로 삼은 것은 이 헌법의 제정 절차가 잘못됐다는 것이었다. 국왕과 의회의 일치협력 없이 성립했으므로 무효라는 것이다.

하노버의 괴팅겐대학 교수 7명이 항의서를 제출하면서 괴팅겐 헌법투쟁의 서막이 열렸다. 7인의 교수에는 동화집으로 유명한 그림 형제가 포함되어 있었다. 그들 중 한 명을 제외하고 나머지 모두는 평소 비정치적 학구파였고 법질서 옹호자들이었다. 이들은 항의서에 이렇게 썼다. "당장 일어날 수 있는 과격한 분쟁을 피하기 위해 국왕의 폭거에 저항한다." 항의서의 반향은 엄청났다. 독일 내외의 신문에서 이들을 찬양하는 기사가 쏟아졌다. 결국 7인 교수는 대학에서 추방됐다. 시민들이 동요하고 소란이 이어지자 계엄령이 선포되고 군대가 탄압에 나섰다. 그러나 여론은 압도적으로 교수 편이었다. 7인 교수의 생활비를 대기 위한 모금 캠페인이 벌어졌다. '괴팅겐협회'라는 이름의 단체가 라이프치히의 본부를 시작으로 각지에 설치되어 모금 활동에 앞장섰다. 모금액이

해방전쟁 때에 모인 금액보다 많다는 말이 나올 정도였다. 남쪽 바이에른에서부터 북쪽 프로이센에 이르기까지 전 독일이 7인 교수를 옹호했다.

1840년대에 들어 7인 교수들은 다른 대학에 복직됐고, 어떤 이는 정치인으로 나서 의회의원으로 활동했다. 국왕 아우구스트는 1840년 새 헌법을 제정할 수밖에 없었다. '괴팅겐 7인Göttingen Sieben'의 용기는 헛되지 않았던 셈이다.

1848년 3월혁명: 베를린 시가전

1848년은 유럽 근대사에서 특별히 기억할 해이다. '유럽 인민들의 봄'이었던 이해는 역사가 에릭 홉스봄이 말한 '혁명의 시대(1789-1848)'의 종점이자 정점이기도 했다. 그해 프랑스 2월혁명을 신호탄으로, 이탈리아 전역, 합스부르크제국의 대부분 지역, 그리고 스위스 등 유럽 각지에서 혁명이 발발했다. 거의 동시 폭발이었다. 혁명의 바람은 정치적 후진 지역이던 독일에도 불어닥쳤다.

3월혁명을 앞둔 독일의 상황은 어떠했나. 빈회의 이후 30년 동안 독일은 모든 면에서 과도적 변화기에 처해 있었다. 자유주의 정신은 점차 고양되었지만 메테르니히의 현상유지정책은 여전히 강고했다. 독일의 양대 강국인 오스트리아와 프로이센에는 아직 헌법이 제정되지 않았다. 독일의 경제적 통일이라 할 관세동맹 Zollverein이 1834년에 결성되었지만 오스트리아는 제외돼 있었고, 독일동맹은 여전히 느슨했다.

1820년부터 1840년까지는 독일에서 산업혁명이 시작된 시기였다. 산업화에 따라 중산계급이 새로 부상하면서 자유방임적 경제에 대한 요구가 점증했다. 동시에 노동자 보호의 필요성이 제기됐다. 1839년에 이르러 아동노동제한법이 제정됐고, 근로시간제한법도 도입됐다. 독일의 사회입법이 시작되는 시기였다. 한편 노동계급의 의식도 확대되어갔다. 마르크스Karl Marx(1813-1883)가 『라인신문Die Rheinische Zeitung』을 통해 비판적 기고 활동을 벌인 것이 1842년 초반이고, 엥겔스Friedrich Engels(1820-1895)와 더불어 런던에서 「공산당선언」을 발표한 것은 1848년 2월이었다.

　　당시 독일 헌법이론은 영·미 입헌주의이론에 멀리 뒤쳐져 있었다. '3월 이전'의 대표적 헌법이론가로 꼽히는 슈타알Friedrich Julius Stahl(1802-1861)은 군주제 옹호론자였다. 그는 국민주권론과 사회계약론을 부정했고, 일종의 신정神政국가론을 펼쳤다. 국왕은 신의 현신現身이고, 법은 국왕의 의사이며, 따라서 그가 말하는 법치국가는 절대군주국가와 다름없었다. 국왕의 권력행사는 의회를 거쳐야 한다고 했지만, 그 의회는 신분제적 의회일 뿐이었다. 이런 슈타알이 젊은 시절에는 학생조합운동에 가담해 퇴학 처분을 받은 적이 있다는 사실은 고개를 갸우뚱하게 한다.

　　프로이센의 오랜 미해결 과제는 헌법제정 문제였다. 국왕 빌헬름 4세는 프랑스혁명을 극도로 혐오했고, 헌법제정을 곧 프랑스혁명과 연결지어 받아들였다. 국왕은 계속 헌법제정 약속을 미루었지만, 자유주의자들의 요구를 무시할 수 없었다. 프로이센에는 각 지역 의회가 있을 뿐, 아직 전 지역의 연합의회는 없었다. 로스차일드로부터의 차입금이 떨어져가자 철도건설 자금이 필요했던 국왕은 결국 연합의회 설치 요구를 수용했다. 1847년 4월, 연합의회가 문을 열었다. 신분제 대표로 구성됐고 자문적 권한을 갖는데 그쳤지만, 의원들은 국왕을 비판하는 발언을 서슴지 않았다.

1848년 2월, 프랑스에 또 혁명이 일어났다. 왕정이 무너지고 제2공화국이 들어서 보통·평등선거제가 채택됐다.

프랑스 2월혁명의 바람은 독일에도 세차게 밀려왔다. 독일 각지에서 군중집회가 열리고 소요가 일었다. 중소 국가들에서는 참신한 자유주의자들이 각료로 들어섰다. 같은 해 2월 초, 바이에른왕국에서는 국왕에 얽힌 스캔들이 발생했다. 한 스페인 무희에게 홀린 국왕이 그녀를 귀족으로 봉하고 정치무대에까지 등장시키자 이를 계기로 폭동이 일어났다. 맥주값 폭등도 폭동을 부채질했다. 성난 군중이 무기고에 쳐들어가 무장하고 뮌헨 거리를 휩쓸자 결국 국왕 루트비히 1세는 퇴위했고, 승계한 아들은 개혁을 약속했다.

혁명의 물결은 독일의 양대 세력인 오스트리아·프로이센에도 닥쳐왔다. 3월 13-15일, 빈에서 학생·시민·노동자가 합세한 폭동이 일어나자 반동 시대의 연출·지휘자 메테르니히는 영국으로 도망갔다. 황제는 군대를 철수시키고 혁명세력으로 구성된 공안위원회에 정권을 넘겼으며 헌법제정에도 동의했다.

마침내 프로이센에 혁명의 불길이 타올랐다. 3월 3일, 쾰른에서 시작된 대규모 노동자 시위가 라인란트 전역에 파급됐다. 사흘 뒤, 베를린에서도 유사한 시위가 벌어졌다.

3월 18일, 혁명을 겁낸 국왕 빌헬름이 새 칙령을 발했다. 연합의회 소집과 함께, 느슨한 독일동맹을 독일연방국가로 대체할 것을 약속했고, 프로이센 헌법의 제정과 언론자유 보장도 다짐했다. 그 무렵 독일동맹의 동맹의회는 가맹국들에게 언론자유의 보장 및 흑·적·금색의 3색기를 독일 국기로 정할 것을 요청하는 권고 안을 결의했다.

그러나 국왕의 대응책은 너무 약했고 너무 늦었다. 베를린 시 가를 휩쓴 군중이 병력 철수를 요구했지만 국왕은 군대를 집결시 켰다. 왕궁 앞에서 국왕의 군대와 민병대가 대치했다. 혼란의 와중 에 어디선가 2발의 총성이 울렸다. 우발적 사고라고 했지만, 그것 은 베를린혁명의 시그널이었다. 바리케이드 수백 개가 세워지고 유혈 시가전이 벌어졌다. 이 혁명을 주도한 것은 노동자들이었다. 유명한 의사이자 훗날 비스마르크의 정적으로 맹활약하게 되는 한 진보적 정치인(루돌프 피르호Rudolf Virchow, 1821-1902)은 당시 그의 아 버지에게 보낸 편지에서 이렇게 썼다. "아버님 말씀이 백번 옳습 니다. 혁명을 일으킨 것은 노동자들입니다. 동시에 저는 이렇게 믿 습니다. 지방 사람들은 잘 이해 못할지 모르지만, 이 혁명은 단지 정치적 혁명이 아니라 사회적 혁명입니다."

3월 18일 밤 자정, 국왕 빌헬름은 새 포고문을 썼다. '친애하 는 베를린 시민들'에게 일상으로 돌아가 바리케이드를 치울 것을 요청하면서 군대 철수를 약속했다. 베를린 수비대 사령관은 반대 했다. 국왕 일가가 베를린을 떠나면 외곽에서부터 폭동을 진압하 겠다고 건의했다. 프리드리히 빌헬름은 이 제의를 거부했다. 빌헬 름의 선언에 따라 거리의 바리케이드는 치워지고 군대는 철수했 다. 홀로 왕궁에 남은 국왕은 불안에 떨었다. 베를린 시가는 군중의 환성으로 덮였다. 유혈 사태의 책임을 지고 국왕 빌헬름의 동생 빌헬름 왕자가 영국으로 망명했다.

3월 19일 아침, 희생자들을 실은 운구 행렬이 왕궁 안뜰에 들어서자 국왕 빌헬름은 왕비와 함께 조의를 표하는 자세를 취했다. 역사상 처음, 프로이센 국왕이 자신의 신민들 앞에 고개를 숙인 순간이었다. 216명의 시신이 묻힐 때 발코니에 선 국왕이 다시 허리를 낮췄다.

3월 20일, 정치범에 대한 일반 사면령이 내려졌다.

3월 21일, 국왕은 화해를 구하는 정치적 제스처를 이어갔다. 흑·적·금색의 어깨띠를 두르고 거리에 나서 시민들에게 연설했다. 사심 없이 독일 통일에 앞장설 것을 다짐하면서 그는 선언했다. "앞으로 프로이센은 독일과 합할 것이다." 기실 이 선언은 알맹이 없는 허울에 불과했다. 전체 독일 문제는 고사하고, 당시 프로이센 내부에서조차 정권이 흔들리고 있었기 때문이다. 새로운 자유주의적 인물들이 각료로 임명되어 프로이센 헌법 초안 작성에 들어갔다.

유산된 헌법: 프랑크푸르트 헌법

1848년 3월 31일, 독일 각국의 자유주의적 정치 지도자 50명이 프랑크푸르트에 모여 '(제헌)준비의회Vorparlament'를 결성했다. 이들의 목표는 두 가지, 헌법제정 및 독일 통일이었다. 이들은 보통선거로 선출된 의원들로 전체 독일의 '국민의회'를 구성할 것, 그리고 여기에서 통일 독일의 헌법을 제정할 것을 결의했다.

먼저 국민의회 의원 선출을 위한 선거법이 마련되어야 했다. 준비의회는 급진파와 자유주의파로 갈렸지만, '독립적 지위'에 있는 자에게만 선거권을 준다는 선거 원칙에 합의했다. 다만 선거의 시기는 각 란트Land(독일연방국가 성립 후에는 흔히 '주州'로 번역된다)에 맡겨졌기에, 란트에 따라 선거인 자격에 차이가 있었다. 예컨대 프로이센에서는 국가로부터 공적부조를 받는 자를 제외하고는 널리 선거권이 허용된 반면, 오스트리아·하노버 등에서는 노동자, 직공, 하인 등은 배제됐다. 바이에른 등에서는 직접세 납부자에게만 선거권이 인정됐다.

1848년 5월 18일, 프랑크푸르트의 바울교회Paulus Kirche에서 독일 국민의회Nationalversammlung가 열렸다. 총 585명의 의원들 가운데 법률가·행정관료들이 312명으로 제일 많았다. 이 때문에 '관료의회'라고 불렸다. 그들은 법률가·관료였지만 정부 지시에 따르지 않는 자유주의자들이었고 급진파도 있었다(독일에서 법률가·관료 출신들이 의원 다수를 차지하는 전통은 오늘에도 여전하다). 대학교수, 교사, 시인 등 자유업자도 많았다. 특히 대학교수가 49명이나 되어 '교수의회'라고 풍자되기도 했다. 이들은 의회의 반동화를 막는 파수꾼 역할을 했다. 상공인들은 아직 12.5퍼센트를 차지한 데 그쳤고, 단지 4명의 숙련공이 있었다. 노동자들은 아예 없었다. 의원은 대부분 고학력자들이었다.

국민의회가 직면한 많은 쟁점 가운데에서 특히 세 가지 점에 대립이 심했다. 첫째, 군주제를 유지할 것인가, 또는 공화제로 바꿀 것인가. 둘째, 통일 독일은 오스트리아를 포함한 '대독일die Großdeutschen'

인가, 아니면 이를 제외한 '소독일die Kleindeutschen'인가. 셋째, 개별 국가의 군주들이 통일 독일에 얼마큼의 주권을 이양할 것인가. 특히 독일연합군을 설치할 것인가. 넷째, 이 문제들을 둘러싼 크고 작은 란트 사이의 이해관계 대립을 어떻게 조정할 것인가. 그 밖에 통일 독일의 국경 문제 등도 실질적 난제였다.

의원들의 정치 성향은 세 집단으로 갈렸다. 보수파, 자유주의파, 그리고 급진파. 세부 쟁점에 따라 각 집단 내부에도 진영이 나뉘었다. 전체적으로 중도 자유주의자들이 다수였지만 그 안에서도 좌파와 우파가 갈렸다. 자유주의 우파는 보수파의 대독일주의에 반대하고, 동시에 급진파의 사회혁명적 목표도 거부했다. 자유주의 좌파는 대독일주의하의 입헌군주제를 옹호하면서, 각료들이 의회에 책임지는 강력한 대의제를 선호했다. 반면 급진파는 철저한 민주주의자들로, 세습군주제에 반대했다. 그들은 대독일주의 및 강력한 중앙집권적 단일국가를 주장했다.

회의는 좀처럼 진척되지 못했다. 국민의회는 주요 쟁점들을 해결하지 못한 채 헌법제정을 서둘렀다. 메테르니히의 후임자인 보수파 슈바르첸베르크Felix Prinz zu Schwarzenberg(1800-1852)가 오스트리아의 우월적 지위 보장을 계속 고집하자, 의회는 아슬아슬한 표결로 오스트리아를 제외한 소독일주의 채택을 결의했다.

오스트리아 배제를 결의한 다음 날인 1849년 3월 28일, 프랑크푸르트 국민의회는 독일제국 헌법Verfassung des Deutschen Reiches을 공포했다. 오랜 세월 독일 국민이 대망해온 최초의 통일 독일 헌법이었다. 동시에 의회는 프로이센 국왕 프리드리히 빌헬름 4세를 통일 독일의 황제로 선출했다.

1849년의 독일제국 헌법, 속칭 '프랑크푸르트 헌법'은 독일 동맹과 같은 국가연합이 아니라 단일한 연방국가로서의 통일 독일을 구상하고, 이를 자유주의 원리에 따라 실현한 점에서 독일 역사상의 큰 성취였다. 그 전문前文은 보통선거를 통해 국민이 헌법을 제정했음을 명시하고, 황제를 '독일인의 황제'라고 칭했다. 1789년 프랑스 대혁명 발발 후 최초로 제정된 1791년 헌법에서 국왕을 '프랑스인의 국왕'으로 호칭한 것처럼.

프랑크푸르트 헌법은 비록 공화제가 아닌 군주제를 채택했지만, 당시 유럽과 미국의 선진 헌법을 모델로 삼아 자유주의 원리에 충실하였다. 제국의회는 양원제로, 상원인 연방의원Staatenhaus은 란트정부와 의회에 의해 선출된 의원들로 이루어지며, 하원 국민의원Volkshaus은 '독일 국민의 대의원'으로 구성된다. 1949년 4월에 제정된 국민의원선거법은 남자의 직접·보통·평등선거를 규정했다.

국민의 권리에 관해서는 거주 이전과 영업의 자유, 법 앞에 평등과 신분적 특권의 폐지, 신체와 주거의 불가침, 언론출판의 자유, 집회결사의 자유, 신앙의 자유, 소유권의 불가침, 청원권 외에도 특히 학문의 자유Akademische Freiheit 및 교수의 자유Lehrfreiheit(가르치는 자유)를 명시한 점이 특이하다. 세계적으로 학문의 자유를 헌법에서 규정한 것은 프랑크푸르트 헌법이 처음이다. 이것은 독일 특유의 '대학 자치' 전통에 연유한다.

프랑크푸르트 헌법은 이들 권리들을 기본권Grundrecht으로 규정하고, 기본권은 각 란트의 헌법 및 법률을 구속한다고 보았다. 당시 독일에서도 개인의 권리에 관한 자연권 사상이 주장되고 있었지만, 여기서의 기본권 개념은 국가 이전의 자연권으로서의 '인권'과는 구별되는 것이었다. 기본권은 어디까지나 국가를 전제한 '제국 공민公民'의 권리로 이해되었다. 자연권으로서의 인권은 국가 이전의 자연상태에서의 권리를 헌법을 통해 확인하는 것인 데 반해, 실정법상의 기본권은 국가를 전제로 국가의 헌법·법률을 통해 부여된 것으로 보는 점에서 차이가 있다. 기본권 개념의 이 같은 한계에도 불구하고 자유주의적 원리에 따라 자유권의 여러 목록들을 망라한 프랑크푸르트 헌법은 독일 헌법사의 특별한 성과임에 틀림없다. 통절痛切하게도 너무 짧은 순간이었지만.

프로이센 국왕 프리드리히 빌헬름 4세는 독일제국의 제관을 뿌리쳤다. 프랑크푸르트 국민의회가 독일 국민의 이름으로 바친 제관이었지만, 그는 제관을 '혁명에 얽어매려는 개 목걸이'라고 생각했다. 프로이센 국내에서 이미 반혁명에 성공하고 있었던 국왕은 통일 독일의 우산 밑에 들어가 프로이센 통치권을 구속받고 싶지 않았다. 프로이센 보수파는 『신프로이센신문Neue Preußische Zeitung』을 앞세워 세력을 확장해가고 있었다. 신문 제호에 '철鐵십자'를 상징으로 삼았기에 '십자신문Kreuzzeitung'으로 불린 이 신문은 이후 나치 시대에 이르도록 프로이센 보수파의 대변지 노릇을 했다.

1848년 가을에 접어들며 봄날 3월의 혁명 기운은 시들어가고 있었다. 국민의회의 헌법제정 과정을 지켜보던 반동세력은 이미 사태의 추이를 감지했다. 헌법제정 작업의 지지부진에 항의해 곳곳에서 시위가 일어났을 때 오스트리아와 프로이센은 회의 진행을 보호한다는 명목으로 무력 진압에 나섰다. 국민의회는 이를 묵인했다. 이를 지켜보며 오스트리아와 프로이센을 비롯한 반동적 군주세력은 자신감을 되찾고 반혁명 거사에 나섰다.

프로이센 국왕은 보수파의 요청에 따라 브란덴부르크 장군을 프로이센 수상으로 임명했다. 프로이센 의회가 이에 항의했지만 국왕은 의회를 정회시켰다. 국왕은 군대가 자기 편임을 알고 있었다. 1848년 6월, 시민들의 항의소요가 일어났다. 1848년 11월 10일, 4만 병력이 베를린에 투입돼 민병대를 진압했다. 나아가 국왕은 조세 부과를 거부한 의회를 해산시켜버렸다. 이어서 12월 5일, 자신이 초안한 흠정헌법인 프로이센 헌법을 공포했다. 이것은 앞으로 나올 통일 독일 헌법에 대한 선제적 도전이었다. 프랑크푸르트 국민의회가 베를린 사태에 항의했지만 아무 소용없었다. 이미 프로이센 국왕의 제위 거부는 프랑크푸르트 헌법의 유산流産을 알리는 선포와 다름없었다.

한편 오스트리아 역시 반동세력에 의해 장악됐다. 각지에서 일어난 소요는 슈바르첸베르크에 의해 진압됐다. 1849년 4월, 오스트리아는 프랑크푸르트 국민의회에 나가 있는 의원들을 철수시켰다. 상황 악화에도 불구하고 프랑크푸르트 국민의회는 각 란트의 헌법안 채택을 위해 노력했다. 28개 란트에서 이를 수용했다. 그러나 대부분 중소 란트들이었다.

1849년 4월 28일, 프로이센 국왕은 공식적으로 황제의 제관과 프랑크푸르트 헌법을 거부했다. 이어서 의원들을 프랑크푸르트에서 몰아냈다. 다른 란트들이 이를 따랐다. 독일의 양대 강국인 오스트리아와 프로이센이 거부한 이상, 이제 프랑크푸르트 헌법의 목숨은 경각에 달려 있었다.

의회의 다수파가 된 급진세력은 의회를 슈트트가르트로 옮겼다. 이른바 '잔해殘骸의회'다. 잔해의회는 거기에서도 쫓겨났다. 드레스덴, 바덴 등지에서 민중봉기가 있었지만 프로이센 군대에 의해 진압됐다. 드레스덴 봉기에 가담했던 작곡가 리하르트 바그너 Richard Wagner(1813-1883)는 스위스로 망명길을 떠났다.

1849년 6월 18일, 슈트트가르트 의회는 자진 해산에 이른다. 그때까지 임시정부 대표 격이던 제국섭정Reichsverweser은 자리를 지키고 있었다. 1849년 9월 30일, 오스트리아와 프로이센은 오스트리아 2인과 프로이센 2인으로 구성되는 독일동맹위원회에 섭정의 권한을 이전하기로 합의했다. 이로써 1848년 3월혁명은 마지막 흔적까지 사라지고 좌절됐다.

3월혁명은 왜 실패했는가? 여러 논의가 있다. 우선 혁명세력의 분열, 즉 온건 자유주의파와 급진 민주주의파의 분열이 지적된다. 급진 혁명이냐 또는 반혁명적 질서냐의 선택에서 혁명세력의 다수를 점한 자유주의파는 우익을 선택해 반혁명세력에 동조했다. 마르크스가 이미 주장했던 해석이다. 1848년 봄철의 혁명 열기가 식어가면서 자유주의파는 질서 있는 변화를 택했다. 그들은 '붉은 공화국'을 두려워했고, 중간 선택지는 보이지 않았다. 급진파와 자유주의파의 목표는 전혀 달랐다. 온건 자유주의파는 프랑스혁명에서 보았던 다수자 독재를 염려했던 것이다.

혁명 중심세력의 이 같은 태도는 어디에 기인하는 것인가. 유력한 해석에 따르면 그것은 당시 독일의 정치사회적 현실에서 비롯한다. 혁명의 담당세력인 시민계급은 결코 동질적 집단이 아니었다. 상공인 및 지식층만이 아니라 소시민계급과 농민들이 이들에 동조했다. 독일 인구의 4분의 3은 도시가 아닌 지방에 살았고, 급진파는 소수였다. 다수의 정서는 군주제를 선호했으며, 온건 공화파까지도 입헌군주제의 틀을 수용할 용의가 있었다. 후일 통일 독일제국의 건설자 비스마르크는 "독일 국민은 군주 없이는 안 된다"고 말하지 않았는가. 더욱이 시민계급만이 아니라 모든 사회집단들의 정치적 입장은 양면적이었다. 당시 독일 사회의 계급구조는 아직 형성 과정 중에 있었던 것이다.

그뿐만 아니었다. 당시 독일을 둘러싼 국제정세도 혁명에 우호적이지 않았다. 특히 러시아의 반혁명적 개입 가능성이 항상 잠재해 있었다. 그 밖에 대독일주의와 소독일주의의 대립도 분열의 큰 요인이었다. 이것은 자유주의냐 급진 민주주의냐의 차원을 떠난 것이었지만 실질적으로는 핵심적 중요성을 지니고 있었다.

결국 프랑크푸르트 의회는 힘없는 의회였다. 새로운 통일국가 수립 및 자유주의적 헌법제정이라는 이중 과제는 힘에 겨웠고, 현실의 힘은 반동세력의 수중에 남아 있었다. 양대 세력인 오스트리아 및 프로이센에서 반혁명의 승리는 곧 그곳 수구세력의 힘에서 나온 것이었다.

거시적으로 보면, 19세기 초 이래 독일의 근대화가 '위로부터의 근대화'를 추구했음에 비추어 '아래로부터의 혁명' 시도는 애초부터 무망한 것이었는지 모른다. 더구나 1848년 시점에서 독일은 영국혁명이나 프랑스혁명이 알지 못했던 특별한 상황에 놓여 있었다. 독일은 후발 자본주의국가였다. 1848년의 '공산당선언'에서 나타나듯, 내부적으로는 노동계급과의 갈등에 부딪혔고 외부적으로는 영국·프랑스 등 선진 자본주의국가와 경쟁하지 않으면 안 되었다. 이런 상황에서 미성숙하고 분열된 시민계급에 의한 '아래로부터의 혁명'은 기대하기 힘들었다.

그렇다면 독일의 1848년 3월혁명은 독일 근대사의 한 차례 꿈, 하나의 에피소드에 지나지 않는가. 좌절된 혁명은 그저 실패일 뿐인가. 프랑크푸르트 헌법은 비록 유산됐지만, 거기에는 통일 독일이 나아가야 할 제도적 그림이 펼쳐져 있었다. 그같이 지성적이고 절제된 그림은 이후 19세기가 다하도록 독일제국 의회에서 다시 볼 수 없었다고 일컬어진다. 그럼에도 불구하고 그 후 독일 역사의 진로는 어떠했는가. 프랑크푸르트 의회의 성과는 아무 역사적 의의를 지니지 못하는 것인가(이 질문은 한국 현대사에서 4·19학생의거의 역사적 의미가 무엇인지의 문제를 상기시킨다).

1850년 프로이센 헌법: 외견적 입헌주의의 전형

3월혁명의 바람이 쇠잔해가던 1848년 12월, 앞서 언급했듯이 프로이센 국왕은 자신이 만든 흠정헌법을 공포했다. 의회가 그 수정을 요구하자 1849년 4월 국왕은 의회를 해산해버렸다. 이어서 국왕은 긴급칙령에 의해 선거법을 개정한다. 의회 제2원(하원)의 의원 구성 판도를 바꾸려는 의도였다. 이 선거법은 간접선거·기명투표제를 취했을 뿐만 아니라, 직접세 납세액에 따라 선거인 집단을

3종으로 분류했기 때문에 흔히 '3계급 선거법Dreiklassenwahlrecht'이라 불린다. 이에 따르면 고액 납세자로 구성되는 제1급 선거인은 매우 소수에 불과하고, 소액 납세자로 이루어지는 제3급 선거인은 극히 다수로 구성된다. 이후 각 계급마다 각각 동수의 제2차 선거인을 선출하며, 이들이 각 선거구에서 하원의원을 선거한다. 결국 고액 납세자에게 유리하고 소액 납세자에게 불리한 결과가 된다. 명목상 보통선거처럼 보이지만 실제는 제한선거인 셈이다. 제3급 선거인 1인의 투표 효과는 제1급 선거인 1인의 18분의 1에 불과했다.

좌파 민주주의자들은 선거법에 반대해 선거 불참을 선언했지만, 온건 자유주의자들은 보통선거제를 위험시하여 이 선거법을 지지했다. 이 선거의 당선자 구성을 보면, 관료 49.7퍼센트, 대토지 소유자인 융커 22.5퍼센트, 자유직·지식인층 8.7퍼센트, 기타 소시민 출신이 10.7퍼센트로 나타났고, 노동자는 없었다. 제1원(상원)에 대표자가 없었던 좌파는 이제 제2원에서도 빈자리 처지가 됐다. 프로이센 반혁명세력의 완승이었다.

1850년 1월 31일, 새로 구성된 의회에서 프로이센 헌법 초안이 채택됐다. 본래 헌법제정을 기피해왔던 국왕은 헌법 충성서약을 거부했다. 의회가 일부 조항을 수정하고서야 국왕은 설득됐다. 1850년 2월 2일, 최종적인 수정헌법이 공포됐다. 4일 후, 국왕 빌헬름은 서약을 하면서도 여전히 군권君權이 신권神權임을 고집했다.

프로이센 헌법은 그 체제상으로는 1831년 벨기에 헌법을 본떴지만, 내용적으로는 거리가 있었다. 벨기에 헌법이 국민주권주의와 권력분립제에 의거했던 것과 달리—이 헌법은 19세기 자유주의 헌법의 전형으로 평가된다—프로이센 헌법은 군주주권에 집착하였다. 국왕세습제를 유지했을 뿐만 아니라, 국왕의 권력은 "신의 은총"에 의한 것이며 "국왕의 인격은 불가침"임을 명시했다 (2차 세계대전 후 서독 기본법 제1조가 "인간의 존엄은 불가침"이라고 규정한 것과 대비돼 흥미롭다). 대신의 임면 등 행정권은 국왕에 속한다. 입법권은 국왕과 양원이 공동으로 행사한다. 국왕은 무제한의 법률안 거부권을 가지며, 법률의 효력을 갖는 긴급칙령을 발할 수 있다. 예산법률주의 및 조세법률주의가 인정됐으나 의회의 지위는 낮았다. 대신들은 의회가 아니라 국왕에 대해 책임을 졌다. 3계급·간접·기명선거제를 취한 선거법은 헌법에 수용되었다.

이 헌법은 국민의 권리에 관해서도 여러 규정을 두었지만—법 앞에 평등, 신체의 자유, 주거 불가침, 죄형법정주의, 재판을 받을 권리, 소유권 불가침, 이주의 자유, 신앙의 자유, 학문·교수의 자유, 언론출판의 자유 등—모두 '법률의 유보'에 의한 권리보장이었다. 권리를 보장하되 법률이 허용한 내용과 범위의 권리를 보장한다는 것이다. 특히 당시 큰 쟁점이었던 검열 폐지를 규정하였지만, 출판의 자유는 법률의 제한에 따라야 했다. 19세기 초 이래 독일의 기본권 사상은 여전히 자연권 사상과 거리가 있었고, 국민의 권리는 '인권'이 아니라 '프로이센 공민의 권리'였을 뿐이다.

그 밖에도 프로이센 헌법은 기독교 교회조직, 공교육 시설 및 군대와 같은 제도에 관해 상세한 규정을 둔 점에서 특징이 있다. 국가와 개인 사이의 중간 영역에 존재해온 여러 집단들에 대해 그 존립을 법적으로 보장하는 취지이다. 이 점에서 프랑스혁명기의 헌법이 국가와 개인을 인정할 뿐, 중간적 단체를 철저히 배제했던 것과 대조된다는 관점이 있다.

1850년 프로이센 헌법이 제정된 무렵부터 독일 산업혁명이 본격화된다. 1780년대 중반 뒤셀도르프에 처음 방적공장이 들어서면서 산업혁명 준비기에 들어섰던 독일은 1834년 관세동맹을 거쳐, 19세기 후반에 이르러 산업화의 폭발적 진전을 이루게 된다. 이와 함께 참정권 확대를 통해 시민계급의 정치 참여가 강화되고, 노동계급도 정치 전면에 등장하게 된다.

프로이센 헌법은 후일 일본제국 헌법의 모델이 된 점에서도 관심을 끈다(이 점은 일본 헌법사와 관련해 뒤에서 다룬다).

철혈 재상의 '헌법흠결'이론

혁명의 실패는 역풍을 불러오기 마련이다. 3월혁명의 좌절 후 독일은 반동의 시대로 들어간다. 오스트리아와 프로이센은 독일의 주도권을 놓고 다투던 사이였지만 반反자유주의 투쟁에서는 의견을 같이했다. 1851년 9월, 여전히 존치되어온 독일동맹 의회는 각 가맹국에게 질서유지를 위한 특별기구 설치를 요구했다. 오스트리아, 프로이센, 바이에른 등으로 구성된 '반동위원회'가 가맹국들의 헌법·선거법·언론법 등을 심사하고 감시 활동을 벌였다.

1858년 10월, 프로이센에서는 와병 중인 국왕 프리드리히 빌헬름 4세를 대신해 동생 빌헬름 왕자가 섭정으로 들어선다. 이후 자유주의파 내각이 들어서고 의회선거에서도 자유주의세력이 대승을 거두자 '신시대'가 도래한 듯 보였다. 의회에서 다수가 된 자유주의파는 '독일진보당'을 결성했다. 그러나 새 국왕은 결코 자유주의자는 아니었다. 또한 그는 정치인이 아니라 철저한 군인이었다. 프로이센은 새로 들어선 나폴레옹 3세의 프랑스 제2제국, 오스트리아 등과 대적해야 했고, 대내적으로는 혁명세력에 대처해야 했다. 섭정 빌헬름 왕자는 군대개혁을 추진했다. 병사들의 의무복무 기간을 2년에서 3년으로 늘리고 지방 민병대를 정부 상비군에 통합시키는 등 중앙정부 중심의 병력 확대가 그 핵심이었고, 이를 위해 군대조직 재편을 위한 법률안과 예산안 의결이 필요했다. 이를 둘러싸고 국왕 측과 의회가 대립했다. 자유주의파가 다수를 차지한 하원은 군대개혁안에 반대했다.

1861년 1월, 빌헬름 4세 사망으로 섭정 왕자가 왕위를 계승했다. 여전히 국왕과 의회는 대치했다. 의회선거에서 자유주의파가 승리한 후 대립 상황이 계속되자 새 국왕 빌헬름 1세는 하원을 해산시켰다. 보수파는 다시 대패했다. 급진파가 부상한 가운데 자유주의세력이 의회의 85퍼센트를 점했다. 의회는 예산심의권 확보를 위한 투쟁에 들어갔다. 군주와 의회 간의 이른바 '프로이센 헌법투쟁preußischer Verfassungsstreit'이 본격화됐다.

1862년 9월, 의회는 예산안 가운데 군대개혁 비용을 삭제했다. 궁지에 몰린 국왕이 퇴위를 결심하던 날, 국방대신은 파리 주재 프로이센 공사로 나가 있던 비스마르크에게 전문을 보내 그를 베를린으로 소환했다. 비스마르크는 국왕 면전에서 자신이 상황을 해결하겠다고 호언했다. 비스마르크는 재상으로 임명됐다. 그는 처음에 타협책을 모색했지만 여의치 않았다.

1862년 9월 30일, 비스마르크는 재상 취임 직후 하원 예산위원회에서 저 유명한 '철혈鐵血' 연설을 토했다. 그는 이렇게 의회를 비난했다.

빈조약에서 정한 프로이센의 국경은 국민들의 건강한 삶에 기여하지 못했다. 이 시대의 위대한 과제들은 연설과 다수결이 아니라—이것이 1848년과 1849년의 큰 잘못이었다—쇠와 피Eisen und Blut에 의해 해결될 것이다.

비스마르크의 이 연설은 당시 많은 비판을 불러일으켰다. 동료 대신까지도 "기지 넘친 경구지만 일에는 아무 도움도 안 된다"고 불평했다.

본래 귀족 출신이지만 청년 비스마르크는 한때 혁명 이념에 관심을 두었다. 괴팅겐대학 법학도 시절, 그는 공화주의자였다. 그러나 잠시 관료생활을 거친 후 엄격한 보수주의자로 변신한다. 1847년, 그는 33세에 고향에서 지방의회 의원으로 정계에 진출했다. 1848년 3월혁명에서 비스마르크는 이미 철저한 반혁명투사였다.

제1원(상원)은 하원이 삭감한 군비 예산안을 부결시키고 원안을 통과시켰다. 하원은 상원의 조치가 위헌이라고 선언했다. 이 상황에서 비스마르크는 그의 이른바 '(헌법)흠결이론Lückentheorie'을 주장한다. 이런 논리다. 헌법은 예산을 의회의 법률로 정하도록 예산

법률주의를 규정하고 있는데, 정부와 양원에서 의견 불일치가 있는 경우에 관해서는 규정이 없다. 헌법의 흠결이다. 이런 경우에 정부는 사태 수습의 헌법상 책임을 지며, 국왕은 헌법 시행 전의 무제한한 권한을 행사할 수 있다. 이런 이론으로 비스마르크는 군비 확장을 밀어붙였다.

앞서 잠깐 언급한 대로 3월혁명 당시 노동자들의 역할에 주목했던 진보당 의원이자 병리학자인 피르호가 이것은 위헌적 조치라고 비난했지만 비스마르크는 막무가내였다. 헌법에 규정된 정부의 의회정회停會권을 행사하고 신문조례를 통해 비판 언론을 봉쇄했다. 비스마르크는 의회의 예산의결 없는 군비 지출로 군사개혁을 추진했다.

1866년 7월, 프로이센-오스트리아전쟁을 승리로 이끈 장군 몰트케Helmuth von Moltke(1800-1891)는 정치적 난제도 풀어주었다. 승전보로 인해 여론이 호전되고 의회 자유주의파는 분열했다. 이런 유리한 상황에서 비스마르크는 법적 근거 없는 4년간의 군사비 지출에 대한 사후 승인을 의회에 요청했고 의회는 이를 받아들였다. 의회와의 타협이라는 외관을 갖추었지만, 19세기 독일 최후의 자유주의운동이었던 프로이센 헌법투쟁은 비스마르크의 완승으로 끝났다.

비스마르크는 적나라한 힘에 의거하지 않으면서, 사후 승인이라는 타협책을 통해 헌법 존중의 자세를 버리지도 않았다. 비스마르크는 절제의 미학을 알았고 패배자를 능멸하려 하지 않았다는 평가가 있다. 그가 말년에 이르도록 멘토로 삼은 사람은 메테르니히였다. 메테르니히처럼 비스마르크도 상대방을 무자비하게 짓밟는 정책을 좋아하지 않았다. 독일과 멀리 떨어진 당시 일본제국의 지도자 이토 히로부미는 비스마르크를 흠모했다고 전해진다.

1871년 비스마르크 헌법

1859년, 애국적 문인 실러의 탄생 100주년을 맞아 한 차례 민족주의 열풍이 독일을 휩쓸었다. 뒤이은 이탈리아 통일은 독일인들의 통일 의지를 더 자극했다.

　1866년, 독일의 두 강자 프로이센-오스트리아의 전쟁은 독일통일의 서막이었다. 슐레스비히-홀슈타인Schleswig-Holstein 귀속 문제를 계기로 발발한 이 전쟁은 개전 3주가 채 지나기 전에 프로이센의 승리로 끝났다. 이제 독일 통일을 향한 주도권은 프로이센이 장악했다. 독일동맹은 해체되고, 1867년 독일 북부·중부에 프로이센 중심의 '북독일연방Norddeutschen Bund'이 형성됐다.

　이어서 1870년 프로이센-프랑스 사이의 외교 분쟁이 보불普佛전쟁, 곧 프로이센-프랑스전쟁으로 확대됐다. 프랑스는 패전했고, 나폴레옹 3세는 포로가 됐다(이와 함께 프랑스 제2제국이 종말을 맞고, 이어서 제3공화국이 출범한다). 휴전조약 체결에 앞서 이후 독일 역사만 아니라 세계사 흐름에 큰 영향을 미칠 역사적 사건이 발생한다. 독일 통일이 실현된 것이다. 비스마르크는 남부 독일 제후들과의 끈질긴 협의 끝에 독일제국의 창건에 이른다. 신성로마제국을 잇는 이른바 독일 제2제국이다.

　1871년 1월 18일, 프로이센 국왕 빌헬름 1세는 프랑스 베르사유궁전 '거울의 방'에서 독일제국 황제로 즉위했다. 참석한 독일 군주들은 모두 제복 차림이었고 민간인은 초대되지 않았다. 유럽의 국왕들은 보이지 않았다. 비스마르크가 대독한 연설에서 황제 빌헬름은 "군사력이 아니라 평화적 방법에 의한 독일 번영"을 약속했다.

마침내 독일의 오랜 숙원이던 통일이 달성됐지만, 이 통일은 자유주의자들에 의해서가 아니라 군사국가 프로이센의 비스마르크에 의해 추진되고 성사됐다. 독일 자유주의자들은 1848년 혁명의 실패에 이어 1866년 헌법투쟁에서도 패배했다. 그들의 두 목표였던 자유와 통일 가운데 자유에의 길은 아직 멀었다.

1871년 4월 16일, 독일제국 헌법Die Verfassung des Deutschen Reichs, 속칭 '비스마르크 헌법'이 제정됐다. 이 헌법은 1867년에 공포된 북독일연방 헌법에 일부 수정을 가한 것이다. 우선 1871년 헌법은 군주제 독일 각국을 하나의 연방국가로 편성했다. 이 헌법의 첫 번째 특색은 연방제의 틀 속에서 프로이센의 우월적 지도권을 인정한 점이다. 두 번째 특징은 국민의 기본권 규정을 두지 않았다는 점이다. 기본권 보장은 제국의 법률과 각 란트의 헌법에 맡겨졌다.

독일제국 헌법의 중요 기관은 황제Kaiser, 연방참의원Bundesrat 및 제국의회Reichstag이다. 황제에 관해 헌법은 이렇게 규정했다. "연방의 원수는 프로이센 국왕에 속하며, 독일 황제Deutscher Kaiser라고 칭한다." 이 규정은 연방 내부에서 프로이센의 압도적 위치를 상징적으로 나타낸다. 황제는 연방재상Bundeskanzler을 임명하고, 의회의 개회·폐회권, 외교권, 군통수권, 입법거부권 등을 갖는다.

의회는 양원제로, 각 란트의 대표자로 구성되는 연방참의원과 보통·직접·평등·비밀선거에 의한 제국의회로 구성된다. 상원인 연방참의원은 하원인 제국의회보다 우월적 지위를 점한다. 상원은 하원과 함께 입법권을 행사하며, 그 밖에 하원의 입법에 대한 거부권, 황제의 외교권에 대한 동의권, 황제의 동의에 의한 하원해산권, 란트의 법률 집행에 대한 조정감독권, 란트 간의 권한쟁송재결권 등을 갖는다. 상원의 의결에서 프로이센은 전체의 3분의 1에 가까운 의결권을 행사한다. 이처럼 상원은 연방의 중심적 위치에 있었으며, 프로이센의 연방 지배를 위한 도구였다. 상원 의장은 연방재상이 맡았다.

　연방재상은 황제에게 책임을 지며, 의회에 대해서는 책임을 지지 않는다(다만 1918년 헌법 개정으로 의회에 대한 재상책임제가 규정되었다). 다른 대신들은 황제가 임면하는데, 실제로는 재상이 관여하며 재상에 종속한다. 재상은 독재적 권한을 행사했다.

　하원은 입법권, 예산심의권, 결산승인권, 조약체결승인권 등이 있었지만 실권이라고 말하기는 힘들었다. 상원의 거부권이 하원의 권한을 형식적인 것으로 만들었기 때문이다. 그나마 하원의 개회·폐회는 황제에게 달려 있었고, 상원에 의해 자주 해산당했다. 독일제국 헌법에서 하원인 제국의회의 존재만이 유일하게 입헌적·민주적 원리에 토대를 두었지만 하원의 힘은 미약했다.

　한편 1880년대 이후 독일 자본주의는 급속한 중공업화를 이룩했다. 이와 더불어 사회관계에도 변화가 왔다. 자유주의세력이 쇠락하는 가운데, 1875년 노동자정당인 '사회민주당'이 결성됐다. 이 정당은 1863년, 라살레가 조직한 '독일노동자동맹'의 급진파가 주도해 만든 것이다. 처음 비스마르크는 노동자계급에게 유화적 자세를 취했다. 그러나 이들이 대거 의회에 진출하자 그는 태도를 바꿨다. 1878년 '사회주의자진압법'이 제정되고, 사회주의 정당이나 언론이 금지됐다. 이것이 역효과를 보이자 비스마르크는 다시 회유책을 택한다. 질병보험법(1883년), 재해보험법(1884년), 노령·장애보험법(1889년) 등 여러 사회보장법이 제정됐다.

1888년 빌헬름 1세가 사망한 뒤, 그를 이은 빌헬름 2세는 대내외 정책에서 비스마르크와 충돌했다. 1890년 비스마르크는 사직하고, 이후 황제 친정親政 시대에 들어간다. 황제의 친정이 지도력을 보이지 못하고 실정을 드러내자 재상책임제 요구가 나오기도 했다. 거인 비스마르크는 1898년 숨을 거둔다. 그의 묘비명은 그가 말년까지 빌헬름 2세와의 앙금을 떨쳐버릴 수 없었음을 말해준다. "황제 빌헬름 1세의 충성스런 독일인 종."

헌법질서와 전쟁: 필립 보빗의 해석

독일제국을 이뤄내는 데 핵심 역할을 한 두 인물이 있다. 재상 비스마르크와 장군 몰트케. 비스마르크가 '신사복 밑에 군복을 입은 재상'으로 일컬어지는 것과 대조적으로, 몰트케는 그 정반대라고 할 만큼 신중하고 예민한 군인이었다. 이들의 주도로 통일을 이룩한 프로이센은 어떤 속성의 나라였고, 그것은 무엇에 연유하는가?

이 물음에 면밀한 역사 탐구를 바탕으로 독특한 해석을 내린 학자로 필립 보빗Philip Bobbitt(1948-)이 있다. 그는 헌법 교수이자 역사가요 전략가이기도 하다. 그의 주저 『아킬레스의 방패The Shield of Achilles』(2002)는 독특하고 방대하다.[22]

보빗의 착안점은 국가의 헌법질서와 전쟁전략과의 관계이다 (여기서 헌법질서란 좁은 뜻의 헌법을 넘어 한 국가의 핵심을 이루는 특징적 법질서를 가리킨다). 그에 의하면 전쟁수행을 위한 전략은 그에 적합한 헌법질서를 만들어낸다. 이런 관점에 입각해 그는 거창한 거시론적 역사관을 제시하는 가운데, 특히 비스마르크 시대에 대해 아래와 같은 분석과 해석을 내놓는다.

19세기 후반 이래 유럽 국가들의 성격을 '국민-국가nation-state' 라고 이름 붙일 수 있다('nation state'의 번역어로 과거에 '민족국가'와 '국민국가'라는 용어가 혼용되어왔으나, 근래에는 '국민국가'라는 용어가 일반적으로 사용된다. 19세기 후반의 독일 등 유럽 국가에 대해서는 민족국가라는 말이 더 적합한 면이 있으나, 구별하지 않고 '국민국가'로 표기한다). 그 전형은 비스마르크가 주도한 프로이센-독일제국이다. '국민-국가'는 '국가-국민state-nation'과 대비된다. '국가-국민'은 국가적 목적을 위해 민족적 또는 종족적 집단을 동원하는 국가이다. '국가-국민'은 민족에 봉사하거나 민족으로부터 지시받는 국가가 아니다. 나폴레옹의 프랑스가 그 전형이다. 나폴레옹의 프랑스는 그 영토 안에 많은 민족들을 수용했으나, 프랑스 밖에서의 민족주의는 억압했다. 당시 영국제국도 마찬가지였다. 반면 '국가-국민'에 뒤이어 등장하는 '국민-국가'는 국가보다 국민이 앞서는 국가이다. 국가는 국민(민족)을 단위로 구성되고 국민의 복리를 위해 존재한다.

1840년대 말 이래 유럽 각국의 정치가들은 민족자결주의적

1장 시민혁명이 있었는가, 없었는가?

정치책략에 몰두하게 된다. 크리미아전쟁과 이탈리아 통일전쟁, 그리고 그 정점은 독일-오스트리아전쟁 및 독일-프랑스전쟁에 이은 독일 통일이다. 1870년대 독일 통일 이후 '국가-국민'은 급속히 퇴조한다.

'국민-국가'의 헌법질서는 전쟁의 전략strategy과 관련된다. 독일 통일을 이끈 여러 전쟁들에서 프로이센의 전략은 일정한 특성을 보여준다. 몰트케 장군의 핵심 전략은 측면포위이다. 이것을 위해서는 과거의 전쟁 양상과는 달리 엄청난 병력이 필요하다. 또한 병사들의 사기 진작이 중요하다. 독일은 개병제의 징병제도를 취했고, 민족주의적 열정은 군대의 사기를 높여주었다. 징병제는 이미 나폴레옹의 프랑스에서 시작됐지만, 프로이센은 한 걸음 더 나아갔다. 이전의 징병제는 주로 가난한 사람들을 대상으로 했다. 병역 대신에 금품 대납이 허용됐기 때문이다. 그러나 프로이센은 모든 집단으로부터 징병했다. 이를 통해 대량 징병이 가능했을 뿐만 아니라 군대의 사기 향상을 가져올 수 있었다. 그뿐만 아니라 철도, 전신 등 새로운 기술의 발전을 통해 적시에 대량의 병력이동과 기동전이 가능하게 됐다. 나아가 비스마르크 시대에 최초로 시작된 사회보험법 등 사회보장제도의 도입은 새로운 전략을 위한 국민동원체제를 뒷받침했다(이것은 사회보장제도가 사회주의운동에 대한 대응책이었다는 통상적인 해석과는 다른 관점이다).

이처럼 비스마르크의 프로이센은 유럽 어느 나라보다 전면전쟁total war을 가능케 하는 체제를 갖추었다. 전면전쟁을 위한 사회 전반의 동원체제를 구축했던 것이다. 1873년 불황 이후에는 철도를 국유화하고 의무적 사회보험제도를 채택했으며, 경제에 대한 국가의 개입을 확대했다. 이 모두가 국민의 복리를 위해서였다. 반면 영국은 19세기 내내 대량 징병제를 채택하지 않았다. 산업화와 함께 군사화를 시도한 것은 프로이센이었다. 철도, 전신 및 기계의 표준화 등 산업화에 의해 가능해진 성과를 누구보다 효율적으로 전쟁에 활용했고, 이로써 현란한 신속성과 기동성을 갖춘 군사작전이 가능했다. 비스마르크가 도입한 사회보장체제는 유럽 최초의 시도였고, 이것은 국가가 국민 복리를 위한 존재라는 관념의 핵심이었다. '국가-국민'의 전쟁이 국가의 전쟁이었다면, '국민-국가'의 전쟁은 국민의 대의를 위한 국민 전쟁이었다.*

이처럼 프로이센과 더불어 새로운 형태의 국가와 전쟁이 출현했다. 프로이센 주도로 이뤄진 독일제국에서 국가는 그 권력만이 아니라 동시에 그 책임도 시민들 생활 전반에 확장시켰다. 이것은 새로운 형태의 국가의 출현이었다.**

---

* 국가가 국민복리의 제공자라는 관념과 관련해 필립 보빗은 작은 사례 하나를 든다. 전투복의 변모이다. '국가-국민'에서는 국가를 위한 병사의 희생을 부각하기 위해 군복에 화려한 장식을 붙였다. 그러나 '국민-국가'가 등장하면서 군복이 달라진다. 병사의 존재를 알리기보다 그 존재를 감추기 위해 군복이 카키색이나 회색으로 바뀌게 된다. 국민의 복리를 위해 군복이 변화했다는 것이다.

** 필립 보빗의 저서 『아킬레스의 방패』는 900쪽이 넘는 방대한 분량이다. 비스마르크의 프로이센에 대한 분석과 해석은 이 책의 작은 일부이지만, 프로이센의 사례는 세계사적 의미를 지니는 중요한 부분으로 다뤄지고 있다. 보빗의 새로운 역사 해석에 기초한 미래 전망에 관해서는 뒤에서 다룬다.

외견적 입헌주의의 변종: 일본 메이지 헌법[23]

이토 히로부미와 메이지 헌법

1882년 3월 이토 히로부미는 유럽으로 떠나 이듬해 8월까지 독일과 빈에 머물며 헌법을 공부했다. 각별히 그를 신임한 천황으로부터 유럽 헌법 조사의 임무를 부여받은 것이다(일본 국왕 '천황'을 '일왕'으로 표기함이 통례이지만, 역사적 사실의 기술이라는 뜻에서 여기서는 '천황'이라 쓰기로 한다). 이토의 유럽행 수행인 중에는 사이온지 긴모치西園寺公望(1849-1940)가 있었다. 그는 후일 자유민권自由民權운동에 심취했고, 두 차례 총리직을 맡는다.

    1868년 메이지유신 후 등장한 메이지 정부가 헌법제정에 나선 데에는 두 가지 까닭이 있었다. 우선 외국과의 불평등조약 개정을 추진하기 위해서는 유럽 국가들처럼 입헌체제를 갖추어야 할 필요가 있었다. 그뿐만 아니라, 대내적으로는 정권에서 밀려난 재야세력들의 자유민권운동과 의회 설치 주장에 대응해야 할 정치적 필요성이 있었다. 1875년 4월, 천황은 조칙詔勅을 통해 "점차적으로 국가입헌國家立憲의 정체政體를 세운다"는 방침을 밝혔다.

이토 히로부미가 특히 관심을 둔 것은 1850년 프로이센 헌법이었다. 일찍이 22세 청년 시절의 영국 유학 이래 수차례의 서양 여행洋行과 독서를 통해 서구 문물에 밝았던 이토는(그는 이미 메이지 유신 이전에 영국 상인의 도움으로 영국에 밀항해 런던대학에서 수학하였다), 특별히 독일 숭배에 경도되어 있었다. 심지어 비스마르크의 몸짓까지 흉내 낸다는 말이 돌 정도였다. 메이지유신 초기, 일본은 외국 문물을 수입하면서 분야별로 수입선輸入先을 정했다. 법제法制는 프랑스, 정치·철학이론은 영국, 교육은 미국을 모범으로 삼았지만, 10년가량 지나서부터 국가권력기구나 군사기구는 프로이센의 법제를 모델로 정했다. 이제 일본은 전면적으로 독일 법제의 계수繼受로 전환했다. 프로이센의 부국강병책을 뒷받침하는 국가기구체제를 선호한 것이다.

이토는 베를린에서 그나이스트Rudolf von Gneist(1816-1895), 빈에서는 슈타인Lorenz von Stein(1815-1890)으로부터 헌법을 배웠다. 베를린대학 교수이며 정치가이기도 했던 그나이스트는 영국 헌법체제를 옹호한 온건한 자유주의 성향이었고, 빈대학 교수 슈타인은 경제 사회 이론가이기도 한 보수주의 성향의 학자였다. 그들은 이토에게 의회 권한의 제한 등 자유주의 요소를 최소화하도록 조언했다.

일본에 돌아온 이토는 헌법안 기초작업에 착수했다. 당시 이토는 참의參議직에 있었다(참의는 최고 중앙행정기관에 해당하는 태정대신太政大臣 밑의 직이다). 1885년 서구식 내각제 도입과 함께 초대 총리로 취임한 그는 공화제 같은 대중적 급진주의를 경계했고, 『문명

론의 개략文明論之概略』을 쓴 후쿠자와 유키치福澤諭吉(1835-1901)의 자유
주의적인 영국식 입헌주의도 기피했다. 이토는 의회를 두되 천황
제가 중심이라는 원칙에 철저했다. 그는 이미 유럽으로 떠나기 전
인 1880년, 당시 자신과 함께 메이지 정부의 핵심 인물이던 이와
쿠라 도모미岩倉具視(1825-1883)에게 편지를 보내 입법 자문기관인 원
로원이 만든 헌법안을 반박하면서 이렇게 평했었다. "우리의 국체
國體, 인정人情 등에는 조금도 주의를 기울이지 않은 채 필경 유럽의
제도를 모방하는 데 열중했다."

1886년 11월경, 이토는 헌법안 작성에 착수했다. 그는 한편에
서 근대 헌법의 최저선을 지키며 다른 한편에서 국민의 민주적 요
구를 억제하는 데 부심했다. 세 사람이 그의 작업을 도왔다. 이노
우에 고와시井上毅(1844-1895), 가네코 겐타로金子堅太郎(1853-1942), 그리
고 이토 미요지伊東巳代治(1857-1934)가 그들이다. 이노우에는 원로원
구성원들이 헌법의견서를 제출할 때, 1881년의 이른바 '이와쿠라
岩倉 의견서'를 실제로 작성한 인물이었다. 이 의견서는 '급진적인'
영국식 의원내각제 의견서에 대항하여 프로이센 헌법을 참조해
작성한 문서였다. 한편, 가네코는 하버드대학 졸업생이었다. 서기
역할을 한 이토 미요지는 이토 히로부미의 유럽행에 동행했던 젊
은 관료였다. 아울러 외무성 고문인 독일인 헤르만 뢰슬러Hermann
Roesler(1834-1894)가 이들에게 조언했다. 헌법안 작성은 철저히 비밀
리에 진행됐다.*

1888년 6월, 천황 자문기관인 추밀원樞密院에서 최종 헌법 초
안의 심의를 위해 어전회의가 열렸다. 총리 퇴임 후 추밀원 의장을

맡은 이토 히로부미는 모두연설에서 이렇게 말했다.

지금 헌법을 제정함에 있어서 먼저 우리나라의 기축機軸을 구求하
고, 우리나라의 기축이 무엇인가를 확정해야만 한다. 기축 없이 정
치를 인민의 망의妄議에 맡길 때는 제도의 통기統紀를 잃고 국가 역
시 폐망廢亡한다. … 유럽에서는 헌법정치의 싹이 생긴 지 천년이
되어 홀로 인민이 이 제도에 익숙할 뿐 아니라, 또 종교라는 것이
기축이 되어 깊이 인심人心에 침윤하여 여기에 인심이 귀일歸一해 있
다. 그러나 우리나라에서는 종교가 그 힘이 미약하여, 하나도 국가
의 기축이 될 만한 것이 없다. … 우리나라에서 기축으로 삼을 것은
오직 황실皇室뿐이다. 그러므로 이 헌법 초안에서는 오직 이 점에
중점을 두어 군권君權을 존중하고 이를 속박하지 않도록 힘써야 할
것이다.[24]

이처럼 이토 히로부미는 어디까지나 이른바 국체國體, 즉 천황
이라는 일본 고유의 체제를 토대로 입헌주의 요소를 제한적으로
도입하려 한 것이다. 천황의 존재를 국체로 삼는 국체론은 이후 메

---

*   헌법안 작성 과정에서의 일화 한 토막이다. 이토 히로부미 등 4인은 가나자와金澤
의 한 여관에서 초안 심의를 시작했다. 어느 날 이 여관에 도둑이 들어 초안이 든
가방을 훔쳐갔다. 가방에 들어 있던 돈은 사라졌지만, 다행히 근처에 버려진 초
안은 되찾을 수 있었다. 그 후 숙소를 옮겨 인근의 무인도 나쓰시마夏島에 있던 이
토 히로부미 별장에서 작업을 계속했다. 이것이 이른바 '나쓰시마 초안'이다. 헌
법제정 과정에서 작성된 여러 초안들 가운데 메이지 헌법에 가장 가까운 것으로
알려진 초안이다. 이 일화는 태평양전쟁 패전 후, 맥아더 사령관 치하에서의 헌
법개정 과정과 관련해 다시 거론되기도 한다. 뒤에 언급한다.

이지 헌법운용의 핵심을 이룬다(국체론에 관해서는 '천황기관설'과 관련해 뒤에 다시 언급할 것이다). 이토는 '메이지 헌법의 아버지'라고 불린다. 1889년의 일본제국 헌법은 이토의 작품이었다.

자유민권운동

메이지 헌법의 제정에 이르는 과정이 간단치는 않았다. 입헌주의 사상이 일본에 처음 들어온 것은 이미 막부幕府 말기였다. 1862년, 네덜란드 레이던Leiden 대학에서 유학하고 돌아온 인사들이 막번幕藩 체제를 전제한 헌법제정 구상을 발표했다. 이후 1868년 메이지유신 이래로 부국강병을 위해서도 서구처럼 입헌주의 도입이 필요하다는 인식이 형성되어갔다.

1873년 정한론征韓論 정변에서 패퇴한 이타가키 다이스케板垣退助(1837-1919) 등 8인은 천부인권론에 유사한 인민의 권리론을 전개한 데 이어, 1874년 1월 정부에 이른바 민선의원설립건백民撰議院設立建白, 곧 의회 설립을 건의하였다. 이들은 당시 상황에 대해 이르기를, "정권이 황실에도 있지 않고 인민에게도 있지 않고 오직 유사有司(즉 정부 지도부)에 있다"는 유사전제有司專制론을 폈다. 그러면서 "인민의 여론과 공의公儀를 펼치기 위한 의원議院" 설치를 주장했다. 이를 계기로 '자유민권운동'이 전개되었다. 그 중심은 이타가키와 그 추종자들로 이루어진 한 단체였다. 도사土佐―일본 근대사의 영웅 사카모토 료마坂本龍馬(1836-1867)의 고향이기도 하다―를 거점으로 한 릿시샤立志社라는 이름의 이 단체는 그 설립취지서에서 이렇게 밝혔다. "사土의 기풍氣風·견식見識과 삼민三民, 즉 농공상農工

商의 재력을 합하여 비로소 자유민권이 성립하였다."

'자유민권'은 당시 일본에서 새로 등장한 용어였다. 전국 각지에서 자유민권운동이 가열되자 정부는 경찰 등을 통해 탄압을 가했다. 이 운동의 상징적 인물인 이타가키가 연설 도중 경찰에 폭행당한 사건도 벌어졌다. 그가 쓰러지면서 "이타가키는 죽어도 자유는 죽지 않는다"고 외쳤다는 이야기까지 전해진다. 이 운동은 헌법제정, 국회 개설, 불평등조약 개정 등을 주장하면서 농민의 조세저항 봉기에도 가담했다. 자유민권운동은 정권에서 밀려난 세력에 의해 시작됐으나 곧 사회 중류층과 서민들에까지 스며들어 이들을 고무했다. 그사이 여러 민간단체들이 헌법안 작성에 나서기도 했다. 이른바 '사의私擬헌법안'이다. 이 헌법안들은 대부분 후일 제정된 메이지 헌법보다 진보적인 내용들을 담았지만, 공화제를 주장한 헌법안은 없었다.

자유민권운동은 1880년대 초에 절정기를 이루며 약 10년간 지속됐다. 그러나 그 중심인물 이타가키에 대한 정부의 회유정책이 먹혀들고 정부 주도로 메이지 헌법이 제정되기에 이르면서 이 운동은 사라지게 된다.

한 가지 간과하지 말아야 할 것은 자유민권운동 역시 어디까지나 천황제를 기초로 하는 일본의 국가주의 이데올로기의 틀을 벗어나지 못했다는 점이다. 자유민권파는 메이지 정부에 비해 상대적으로 영국·프랑스·미국의 헌법 사상에 더 기울어 있었지만, 그들 역시 제한선거론에 입각했고, 기본적으로 의회 설립도 국가를 위한 것이라는 국가 우선의 사고방식을 지니고 있었다. 이 점에서 그들은 헌법제정을 주도한 정부 측과 다르지 않았다.

이른바 '대일본제국 헌법': 외견적 입헌주의의 심화와 변용

1889년 2월 11일, 도쿄의 황궁에서 특별한 의식이 벌어졌다. 이른바 '대일본제국 헌법'의 발포發布식이 거행된 것이다. 천황이 신하들 앞에서 신민臣民에 대한 '헌법발포칙어憲法發布勅語'를 낭독한 다음, 총리대신 구로다 기요다카黑田淸隆(1840-1900)에게 직접 헌법전을 건넸다. 이 발포식에 앞서 천황은 조상신祖上神에게 헌법제정 사실을 보고하는 제사를 지냈다. 길거리에서는 다채로운 축제 행렬이 이어졌다.

이날의 헌법 발포 의식은 이 헌법의 성격을 그대로 드러내주는 것이었다. 2월 11일은 이른바 일본의 기원절紀元節이다. 『일본서기』에 적힌 일본 건국신화에 따라, 태양의 여신 아마테라스 오카미天照大神의 손자 진무神武천황이 즉위한 날이라고 해서 기념하는 날이다. 이런 날을 택해 전통 제사 후 천황이 하사한 헌법은 단순한 흠정欽定헌법을 넘는 '신정神定헌법'이었다. 일본제국 헌법은 단지 보통의 군주주권이 아니라 일본 고유의 '국체'로서의 신화적 천황제에 입각한 일본식 헌법이었다.

곁 이야기 하나를 덧붙인다. 헌법 발포식 광경을 기록한 한 독일인은 이렇게 썼다고 전한다. "도쿄 전역에서 게이샤들의 춤판까지 벌어졌지만, 우습게도 아무도 그 헌법의 내용을 알지 못했다."

후일 흔히 '메이지 헌법'이라 불리는 이 헌법은 1850년 프로이센 헌법을 모방했다고 일컬어진다. 그러나 그 내용을 들여다보면 프로이센 헌법보다도 더 '외견적 입헌주의' 성격을 강화하고, 천황제를 바탕으로 일본적 변용을 가했음이 드러난다. 이 헌법의 주요 내용을 살펴보자.

헌법은 첫머리에 "대일본제국은 만세일계萬世一系의 천황이 이를 통치한다(제1조)", "천황은 국가의 원수로서 통치권을 총람하고, 이 헌법의 조규條規에 따라 이를 행한다(제4조)"라고 명시한다. 또한 "황위는 황실전범典範이 정하는 바에 따라 황남皇男 자손이 이를 계승한다(제2조)", "천황은 신성하며 침범할 수 없다(제3조)"고 규정하였다. 이것은 현인신現人神인 천황이 주권자라는 것으로, 일본식 왕권신수설에 따라 천황주권을 밝힌 것이다.

천황의 통치권 행사 방법에 관해 특히 주목되는 것은 의회와의 관계이다. '제국의회'는 중의원과 귀족원의 양원제로 하였다. 우선 입법권에 관하여, "천황은 제국의회의 협찬協贊을 받아 입법권을 행한다(제5조)"고 규정한다. '협찬'이란, 사전에 심의하고 동의를 부여함으로써 천황을 보좌한다는 뜻이다. 의회 협찬을 받는 '입법'의 범위는 헌법이 법률로 정하도록 규정한 사항에 좁게 한정되었다. 이 점에서 프로이센 헌법하에서도 받아들여진 '법규法規, Rechtssatz' 개념, 즉 국민에게 불이익을 주는 모든 일반적·추상적인 법규범의 정립을 입법으로 보는 관념에 미달하였다. 이뿐만 아니다. 의회의 폐회 중 긴급한 필요성이 있는 경우에 천황은 법률대신에 긴급칙령을 발할 수 있다(제8조)고 규정했다.

천황이 의회의 협찬을 거치지 않고 단독으로 행하는 사항이 이른바 '대권大權 사항'이다. 법률에 대한 재가裁可, 긴급칙령 발포,

의회소집 및 중의원 해산 등이 여기에 속한다. 천황의 법률재가권은 곧 무제한한 법률안 거부권을 뜻한다. 대권 사항 가운데 특기할 것이 육해군의 통수권(제11조), 즉 '통수統帥대권'이다. 행정권에 관해 "각 국무대신은 천황을 보필(제55조)"한다고 규정했음에도 불구하고, 통수대권은 국무대신의 보필을 필요로 하지 않는 것으로 관행상 운용되어왔다. 이른바 '통수권 독립'이다. 이에 따라 군령軍令기관으로서 육군참모총장, 해군군령부총장, 육군대신, 해군대신 등이 총리대신을 거치지 않고 직접 천황을 보필했다.

그 밖에 통치구조에 관한 특징적 면모로서, 헌법규정을 상세히 두지 않았다는 점을 들 수 있다. 국무대신, 추밀 고문관 등에 관한 규정을 두면서도, 내각과 추밀원 등에 관해 아무 규정이 없이 천황의 칙령에 맡겨놓고 있다.

한편 국민의 권리에 관해서는 우선 국민을 '신민臣民'으로 보고 천황의 통치 대상으로 보았다. "신민의 권리"라고 하여 주로 자유권을 규정하였지만, "법률의 범위 내에서"라는 한계가 붙어 있었다. 그뿐 아니라 '법 앞의 평등'도 규정되지 않았다. 이 점에서도 프로이센 헌법 수준에 미치지 못했다.

여기에 그치지 않는다. 신민의 자유와 권리 조항에도 불구하고 "전시 또는 군사사변의 경우에 천황대권의 시행을 방해하는 일이 없을 것(제31조)"이라고 하여, 비상시에 신민의 자유와 권리를 특별히 제한할 수 있는 비상대권을 규정했다.

애초에 국민의 권리에 관한 이토 히로부미의 생각이 어떠했는지는 헌법 발포 후 발간된 그의 헌법 해설서『헌법의해憲法義解』(1889)

에 잘 드러나 있다. "자유는 질서 있는 사회에서 서식하는 것이다." "저 프랑스의 권리선언에서 말하는 바, 즉 천부의 자유는 타인의 자유에 방해되지 않는 한 일체의 제한을 받지 않는다는 설은 망상의 공론에 지나지 않는다."

다만 이토가 외관이나마 최소한의 입헌주의 유지에 부심한 면모는 보인다. 헌법안 원안에 대해 추밀 고문관 모리 아리노리森有禮(1847-1889)가 신민의 '권리'란 표현을 문제 삼으며 신민은 천황에 대해 책임을 질 뿐이라고 주장한 데 대해, 이토는 이렇게 반론했다. "헌법을 창설하는 정신은 첫째 군권君權을 제한하고, 둘째 신민의 권리를 보호하는 데 있다."

이토와 모리의 논쟁은 이 점에만 그치지 않았다. 입법에 관한 의회의 권한에 관해서도 의견이 상치됐다. 헌법안 원안에는 천황이 의회의 '승인'을 거쳐 입법권을 행한다고 되어 있었는데, 모리는 '승인'을 '익찬翼贊(협조의 뜻)'으로 수정하자고 주장했다. 의회를 입법 자문기관으로 설정하자는 것이 모리의 생각이었지만, 이토는 이렇게 원안을 옹호했다. "의회의 동의 없이 예산이나 법률이 결정될 수 없다는 것이 입헌정체의 본질이다." 결국 최종적으로는 전제군주적 여운이 남는 '익찬' 대신에 '협찬'으로 수정되었다. '협찬'은 사실상 동의同意로 해석됐다.*

메이지 헌법은 1890년 11월 29일 의회가 개회되면서 시행에

---

* 모리 아리노리는 런던 주재 공사, 워싱턴 주재 대리공사 등 외교관을 지낸 인물로, 초대 이토 총리대신 내각에서 문부대신을 맡았다. 유럽 체류에서 돌아온 대부분의 메이지 정권 지도자들은 전보다 오히려 민족주의적 성향이 강해졌다고 한다.

1장   시민혁명이 있었는가, 없었는가?

들어간다. 의회(중의원)선거는 선거권을 일정액 이상 직접세를 납부한 25세 이상의 남성에 한정하는 제한선거였다. 실제 유권자는 약 45만 명, 당시 인구의 1.1퍼센트에 불과했다. 의회는 '지주地主의회'였던 셈이다. 한 일본 근현대사 연구자는 이렇게 말한다. "헌법은 권력집단에게는 천황을 정쟁으로부터 보호할 수 있는 수단"이었고, 지방의 "불만세력에게는 자신들이 상실한 영향력을 되찾을 수 있는 장치"였고, "소작농에게는 농민저항을 정당화할 수 있는 구실"이었다.[25]

메이지 헌법은 아시아 최초의 근대적 헌법이라고 일컬어진다. 이 헌법은 아주 이질적인 두 가지 요소를 그 안에 품고 있었다. 하나는 신화적이면서 가부장제적인 고유의 천황제이고, 다른 하나는 독일식의 외견적 입헌주의 요소이다. 이 두 가지 요소의 혼재는 이미 헌법제정 과정 초기부터 예정된 것이었다. 1876년, 천황은 원로원이라는 입법 자문기관에 헌법안 작성을 명하는 칙령을 내리면서 헌법제정의 기본 방향을 이렇게 설정했다. "건국建國의 체體에 기초하여 널리 해외 각국의 성법成法을 참작해서 국헌國憲을 정하도록 하라." 여기에서 '건국의 체'는 일본 고유의 천황제이고, '해외 각국의 성법'은 프로이센 헌법인 것으로 나타났다. 이 두 요소 가운데 실제로 어느 것이 전면에 드러나느냐에 따라 훗날 이 헌법의 운명이 갈리게 된다.

아래로부터의 혁명 대 위로부터의 개혁

두 갈래 길

18, 19세기 유럽 헌법사는 크게 두 갈래 길로 나뉜다. '아래로부터의 혁명'의 길과 '위로부터의 개혁'의 길이다. 국가에 따라 선택한 길이 다르지만, 한 나라에서도 시간의 경과에 따라 그 길이 갈린다.

유럽 혁명의 원형이라 할 프랑스의 혁명과 헌법사는 그 안에 이 두 갈래 길을 모두 보여준다. 1789년 대혁명 후의 헌법사는 바로 '아래로부터의 혁명'의 길을 수용한 것이 아니라, 처음에는 '위로부터의 개혁'의 길을 택했다. 1791년 헌법이 그 소산이었다. 바스티유 함락 후 2년 후에야 제정된 이 헌법은, 그마저도 군주제를 유지한 헌법이었다. 직접민주제를 배격하고 '대표제'를 고집했고, 재산에 따른 제한선거제에 머물렀다. 선거민이 의원에 대해 지시·명령하는 명령적 위임을 부정했고, 의원 재선도 제한했다. 의회만이 아니라 국왕도 대표자로 인정했으며, 국왕에게 한정적인 집행권은 물론이고 제한적이지만 입법관여권도 부여했다. 소유권은 신성불가침이었고, 봉건적 토지권의 폐지는 무상이 아니라 유상이었다. 로베스피에르의 말 그대로, "1789년에 없어진 귀족정치 밑에 부르주아 귀족정치가 존재"하고 있었고, 이들은 "1791년 헌법을 통해 자신들의 지배를 확보하려고 국왕을 원했다."

프랑스혁명 발발 후 아래로부터의 혁명의 소산을 담아낸 것은 자코뱅의 1793년 헌법이었다. 이로써 혁명 후 처음으로 공화제가 선포됐고 '인민'주권이 천명되었으며 입법이나 집행부 구성에 직접민주제를 수용했다. 제한선거가 폐지되고 보통선거를 실시했다. 봉건적 권리들은 무상 폐지됐다. 한편, 영업의 자유 보장 등 경제적 자유를 강화했다. 이런 점에 비추어, 1793년 헌법이야말로 '정통 부르주아 민주주의 헌법'이라는 평가는 타당하다. 1793년 자코뱅 헌법은 구체제를 확실히 일소하고 아래로부터의 혁명을 관철시킨 결과물이었다. 다만 이 헌법의 시행은 유예됐고, 이후 프랑스 헌법사는 우여곡절을 겪는다. 그 결과 19세기 후반에 이르며 프랑스가 선택한 길은 다분히 1791년 헌법 모델이었다. 특히 인민주권이 아닌 국민주권을 천명하고 직접민주제를 원칙적으로 배제한 점에서 그렇다.

프랑스와 달리 독일은 '위로부터의 개혁'의 길을 택했다. 1848년 3월혁명은 좌절됐고 선진적인 프랑크푸르트 헌법은 유산됐다. 프로이센 헌법은 외견적 입헌주의의 전형이었고, 독일은 프로이센 주도하의 1871년 독일제국 헌법 아래에서 부국강병의 길을 걷는다.

한편 영국도 아래로부터의 혁명의 유형에 속한다고 할 수 있지만, 특유의 면모를 보인다. 다른 유럽 국가들에 앞서 독립적 자영농민층이 형성되고 분해되면서 아래로부터의 산업자본 형성에 의해 시민계급이 성장하였다. 이런 과정을 배경으로, 1689년의 권리장전은 법의 지배의 전통을 확인하는 형식을 취하면서도 실질적으로는 선구적으로 자유주의적 입헌주의 원리를 밝혔다.

아시아에서 근대 입헌주의의 길을 앞서간 일본은 독일의 길을 따랐다. 프로이센 헌법의 외견적 입헌주의를 모델로 하며, 자신의 고유한 천황제 전통을 기둥으로 삼았다. 그 뒤에 선택한 길 역시 독일 모델이면서도 토착적인 것이었다. 그 토착적 요소는 일본인 자신들에게나 이웃들에게나 더 아픈 고난을 요구했다(이에 대해서는 뒤에서 더 다룬다).

독일과 일본: 같은 길, 다른 길

근대화 과정에서 독일과 일본이 걸어온 길은 닮아 있다. 두 나라 모두 아래로부터의 시민혁명을 경험하지 못했다. 프랑스혁명의 영향 아래 독일은 1848년 3월 시민혁명을 시도했으나 실패했다. 20세기 초 바이마르공화국 출범 직전에 '11월혁명'도 겪었지만, 공화국은 패전으로 밖에서 주어진 것이었지 혁명적 소동의 결과물이라고 하기는 어려웠다.

일본 역시 시민혁명이 부재한 나라다. 일본에서는 시민혁명의 시도라 할 만한 것조차 없었다. 1873년의 에히메愛媛 반란 등, 농민반란이 있긴 했지만 근대적 혁명의 시도라고 볼 만한 것은 아니었다. 독일과 일본 모두 후발 자본주의의 위치에서 부국강병을 향한

'위로부터의 개혁'의 길을 걸었고 모두 근대화에 성공했다.

20세기에 들어와서도 독일과 일본이 걸어온 길은 상사점相似點을 보인다. 독일은 1920-1930년대 초 바이마르공화국 아래에서 불안한 민주주의를 체험한 뒤 나치즘의 도래를 맞는다. 일본 또한 1910-1920년대 이른바 다이쇼大正 민주주의를 10여 년 구가한 후 군국주의를 맞는다. 두 나라 모두 불안정한 민주정치의 경험 후 파시즘을 맞는 모습이 닮았다.

이런 닮은 꼴 양상에도 불구하고 그들이 걸어온 길에는 이질적인 면모가 보인다. 독일은 혁명에 실패했지만 일본은 아예 그 시도조차 없었다. 혁명의 실패와 혁명 시도의 부재는 다르다. 이 차이는 적지 않은 것으로 보인다. 그 차이는 아래로부터의 힘의 차이, 곧 민주적 역량의 차이다. 그 힘의 차이는 후일 그들이 걷는 길에서도 차이점을 드러낸다. 독일과 일본 모두 파시즘의 도래를 맞지만, 그 파시즘의 결은 달랐다. 일본의 정치사상가 마루야마 마사오는 그 차이점을 날카롭게 지적했다. 독일 나치즘은 아래로부터의 대중운동의 힘이 강했지만, 일본 군국주의에는 대중운동이 미약했다. 이것은 아래로부터의 힘의 차이에서 연유한다고 보인다. 민주주의가 부재했으므로 파시즘 역시 질적 차이를 드러낸 것이다. 아래로부터의 힘, 민주적 역량의 원천은 개인의 의식의 자유, 자주적 자유의식일 것이다. 결국 개인의 독자적 자유의식이 성립돼 있느냐 여부가 독일과 일본의 차이를 가져왔다는 말이다.

나아가 독일과 일본의 이런 차이가 2차 세계대전 이후 전쟁 책임 문제에 관한 그들의 자세에 차이를 가져온 것은 아닌가. 아래로부터의 힘이 미약한 것은 개개인의 자주적 자유의식이 미약한 때문이고, 개개인의 자주적 자유의식이 허약한 곳에서는 책임의식 또한 미미할 수밖에 없다. 책임의식은 자주적 자유의식 없이 성장할 수 없기 때문이다.

2장

사회경제적 갈등에 어떻게 대응했는가?
- 현대 헌법의 여러 갈래 길

20세기 헌법의 세 갈래 길

1910년대 후반, 제국의 시대가 종말을 맞으며 유럽사의 물줄기는 세 갈래로 나뉜다. 1차 세계대전이 끝나고 강력한 세 가지 이념의 물길이 서로 부딪치면서 20세기 전반의 역사는 대재앙으로 향한다. 세 이념은 수정자본주의와 결합한 자유민주주의, 파시즘, 그리고 공산주의 물결이다. 그 갈림길에는 19세기가 초래한 사회경제적 갈등을 어떻게 풀 것인가라는 물음이 자리 잡고 있었다. 자본과 노동의 갈등이 그 핵심이었다.

각각의 이념은 헌법 및 그 운용을 통해 원리적 차이를 드러낸다. 첫째, 자유민주주의-수정자본주의 모델의 대표적 예는 독일 바이마르 헌법 또는 미국 헌법에서 찾아볼 수 있다. 둘째, 파시즘 모델은 나치 독일의 수권법授權法체제 또는 일본의 군국주의적 헌법운용에서 실례가 나타난다. 셋째, 공산주의 모델은 옛 소련 헌법이 그 전형이다. 이 가운데 첫째 및 둘째 모델을 중심으로 살펴본다.

비극의 탄생: 바이마르 헌법, 그 후[1]

패전과 '11월혁명'

독일인에게 공화국은 '도둑처럼' 찾아왔다. 1차 세계대전(1914-1918) 패전으로 제2제국은 붕괴되고 독일 역사상 첫 번째 공화국이 들어선다. 전쟁 말기, 혁명 발생을 우려한 정부가 내정개혁에 착수했다는 점에서 '위로부터의 혁명'의 시도가 없지 않았다고 볼 수도 있고, 아래로부터의 혁명적 소란도 위협적이었다. 하지만 결정적으로 공화국의 자유는 '밖으로부터의 혁명'이 가져다준 것이었다. 공화국 수립은 승전국들의 음모 결과였다는 해석까지 있는 터였다. 어떻든 군사력으로 통일을 이룬 제국 독일이 패전으로 공화국을 맞게 된 것은 아이러니다.

  1918년 9월 말, 전세가 기울자 총사령관 힌덴부르크Paul von Hindenburg(1847-1934)는 돌연 황제에게 통첩을 보낸다. 하루빨리 미국 윌슨Woodrow Wilson(1856-1924) 대통령의 요구조건을 수락해 휴전조약을 체결하고, 새로이 의회주의에 입각한 정부를 수립해야 한다는 내용이 되었다. 힌덴부르크는 전쟁 초기의 승전으로 국민적 우상이 되었다(후일 공화국 대통령으로 오른 그는 바이마르 비극의 어릿광대가 된다). 전세가 기우는지 몰랐던 국민들은 황제에 대한 신뢰를 거둬들였다. 민심은 암군暗君 빌헬름 2세에게서 떠나 있었다. 새로이 사회민주당을 비롯한 3당 연합의 내각이 들어섰다. 독일 역사상 처음으로 의회 다수파로 구성된 내각이었다. 황제가 퇴위를 미루던 가운데 혁명의 기운이 솟아올랐다.

그해 11월, 혁명의 불길은 키일Kiel 군항 해군 병사들의 반란으로 시작됐다. 해군 지도부가 영국 해군과의 결전을 명령했지만 수병들은 전쟁 염증에 젖어 있었다. 키일시의 노동자들이 반란에 가세했다. 키일시는 노동자와 병사들로 구성된 '노병협의회勞兵協議會, Arbeiter-und Soldatenräte'에 장악됐다(노병협의회는 러시아혁명 후의 소비에트와 유사한 것이었다). 좌익 과격파의 선동으로 폭동은 여러 대도시에 번져갔고, 주요 도시들이 노병협의회 지배하에 들어갔다.

폭동은 베를린 정변으로 이어졌다. 대중의 과격화를 목격한 사회민주당은 황제의 퇴위를 요구했다. 11월 9일, 당시 제국 수상 바덴공 막스Prinz Max vom Baden(1867-1929)는 독단적으로 황제 퇴위를 발표하고 사회민주당 당수 에버트Friedrich Ebert(1871-1925)에게 수상직을 넘겼다. 그즈음 사회민주당 지도자의 한 사람인 샤이데만Philipp Scheidemann(1865-1939)이 군중들 앞에 나서 독일공화국을 선포했다. 이를 전해들은 에버트는 샤이데만을 질타했다. "당신은 무슨 권한으로 공화국을 선포했는가." 에버트는 황제가 퇴위하더라도 장차 무슨 정체를 취할지는 의회에서 정할 문제라고 생각했던 것이다.

이튿날 11월 10일 이른 아침, 온천에 머물던 황제는 더 이상 군대의 충성이 따르지 않음을 알게 된다. 그는 네델란드로 도주했다. 각 란트의 군주들도 퇴위했다.

'붉은 깃발': 로자 룩셈부르크

'11월혁명'으로 사회민주당은 졸지에 정권을 쥐게 됐다. 그러나 이미 당시 사회민주당은 좌우로 분열되어 있었다. 조직노동자들을 기반으로 한 주류 우파는 '다수파 사회당'으로 불렸고, 좌파는 따로 떨어져나가 '독립사회민주당'을 결성했다. 독립사회민주당에는 수정주의자 베른슈타인Eduard Bernstein(1850-1932), 카우츠키Karl Kautsky(1854-1938) 등 당대의 대표적 사회주의 이론가들이 포진해 있었다. 독립사회민주당도 폭력혁명이나 프롤레타리아독재를 바라지 않았고, 러시아의 볼셰비즘에 반대하는 점에서 다수파 사회당과 다르지 않았다. 이들이 갈라선 주된 이유는 다수파의 전쟁지지 노선에 반대했기 때문이었다.

다수파 사회당은 임시정부 격인 '인민대표위원회Rat der Volks-beauftragten'를 결성했다. 여기에는 독립사회민주당 대표들도 참여했다. 임시정부 출범 직후 휴전조약이 조인됐다. 임시정부는 사실상 다수파 사회당이 주도했다.

독립사회민주당 내부에는 전쟁 전부터 극좌파 급진주의자 집단이 있었는데, 이들은 지도부와 노선을 달리해 의회주의를 배격하고 노병협의회제도를 지지했다. 이 집단 중 하나가 '스파르타쿠스단Spartakusbund'이다. 전설적 여성 혁명가 로자 룩셈부르크Rosa

Luxemburg(1871-1919)는 이 집단의 지도자였다.

'사회주의의 순교자'로 일컬어지는 로자 룩셈부르크는 폴란드계 유태인으로 태어났다. 목재상의 딸로 태어난 그녀는 5살 때 얻은 질병으로 평생 다리를 절었다. 그녀는 일찍부터 사회주의운동에 뛰어들었고 스위스 망명 후 취리히대학에서 「폴란드의 산업화Die Industrielle Entwicklung Polens」라는 논문으로 법학 박사학위를 받은 이론가이기도 했다. 독일 국적을 얻기 위해 결혼했지만 5년 후 이혼했다. 후일 사회민주당 지도자이자 바이마르공화국의 초대 대통령이 된 에버트는 그녀가 베를린의 사회민주당 연수원에서 마르크시즘과 경제학을 강의할 때의 제자였다.

수정주의를 혐오한 그녀는 1916년 1월, 리프크네히트Karl Liebknecht(1871-1919)와 더불어 스파르타쿠스단을 결성했다. 로마 시대 노예반란의 두목 검투사에서 따온 이름부터 예사롭지 않았다. 그녀는 프롤레타리아독재를 지지했지만, 조직의 자발성을 중시했다. 그런 까닭에 레닌Vladimir Lenin(1870-1924)의 볼셰비즘에 동조하지 않았다. 그 관료제적 측면을 비판한 것이다. 그녀는 말했다. "자유란 언제나 다르게 생각할 자유다."

로자는 전쟁 중 반전운동으로 여러 차례 투옥되기도 했다. 1918년 11월에 출옥한 그녀는 스파르타쿠스단 재건과 함께 기관지『붉은 깃발Die Rote Fahne』을 발간했다. 1919년 1월 1일, 스파르타쿠스단 주도로 '독일공산당·스파르타쿠스단'이라는 이름의 정당이 태어났다. 독일공산당KPD의 시작이었다. 여기에는 문인 등 이론가가 많았고, 11월혁명 후에는 젊은 노동자와 전선에서 돌아온 병사와 실업자들이 가세했다. 그들은 폭력혁명을 꿈꿨다.

1919년 1월, 또 한 차례 혁명의 물결이 베를린을 휩쓸었다. 그 계기는 베를린 경찰청장 파면 사건이었다. 이에 항의해 공산당 등 급진세력이 시위를 선동했다. 예상 밖에 20만 명에 달하는 군중이 모이자 시위는 폭동으로 바뀌었다. 공산당은 혁명의 기회라고 판단했다. 그러나 군대의 호응이 따르지 않았다. 공산당 지휘부가 논의를 거듭하며 주저하는 사이, 사회민주당 에버트 정부가 반격에 나서 일대 소탕전이 전개됐다. 1월 15일, 공산당 지도자 리프크네히트와 로자 룩셈부르크가 참살됐다. 룩셈부르크는 베를린시내 은신 중 체포되어 머리에 총격을 당했다. 시신은 베를린운하에 버려졌다고 전한다. 관념적 극좌 혁명가의 비극적 몽상극夢想劇이었다.

'인간다운 생활': 1919년 바이마르 헌법

바이마르 헌법은 1919년 당시 내외의 큰 혼란 속에서 탄생했다. 패전국으로서의 부담 속에서 밖으로부터는 러시아 볼셰비키혁명의 파도가 밀려들었고, 안에서는 군대·관료 등 구체제의 반혁명 위험이 잠재하고 있었다.

1차 세계대전을 마무리 짓는 강화회의에서 승전 강대국들은 전후 독일의 헌법체제에 직접 개입하지는 않았다. 1815년 빈회의에서 열강들이 독일의 헌법체제를 승인했던 사례와는 달랐다. 민족자결주의를 내세웠던 승전국으로서는 부적절했기 때문일 것이었다.

패전 후 독일은 어떤 체제로 나아가는가. 이것은 독일만이 아닌 세계적 관심사였다. 러시아에는 1917년 10월혁명으로 사회주의체제가 들어선 터였다. 독일의 사회민주당은 이미 제국 시대에 당시로서 세계 최대의 사회주의정당이었다.

스파르타쿠스 봉기가 진압된 후 1919년 1월 19일, 헌법제정의회 구성을 위한 선거가 치러졌다. 보통·평등·비밀·직접선거의 원칙에 따랐고, 최초로 여성의 투표권이 인정됐다. 선거 결과 사회민주당은 단독 다수당 형성에는 실패했지만, (가톨릭)중앙당, 독일민주당과 함께 중도좌파 '바이마르연합'을 형성했다. 소비에트제도를 옹호한 독립사회민주당, 제국 복구를 주장한 우파 정당들은 소수의석에 그쳤다. 공산당은 선거를 보이콧했지만 별 영향이 없었다.

제헌의회는 독일 중부 바이마르에서 열렸다. 베를린은 시가전의 여파로 아직 불안한 정정政情이었다. 바이마르는 괴테와 실러의 연고지라는 점에서(두 인물 모두 청년 시절 이래 그곳에 정착했다) '독일정신'을 상징하는 의미도 있었다. 프로이센의 군국주의를 부정하고 싶었던 것이다. 헌법 초안 작성을 주도한 인물은 법학자 출신 내무장관 후고 프로이스Hugo Preuß(1860-1925)였고, 대학자 막스 베버 Max Weber(1864-1920)가 그를 도왔다. 이들은 모두 독일민주당 소속으로, 민주당은 공화제와 의회민주주의를 지향한 지식인 중심의 중도 정당이었다.

베르사유조약 체결 후 약 한 달이 지난 1919년 7월 31일, 독일 의회는 압도적 표결로 '독일국 헌법Die Verfassung des Deutschen Reichs'을 의결했다. 통칭 '바이마르공화국 헌법Weimarer Reichsverfassung'에 의해 독일 역사상 최초의 공화국이 등장하는 순간이었다. 바이마르 헌법은 이미 고도로 발달한 독일 산업사회를 배경으로, 11월혁명을 주도한 세력만이 아니라 자유주의, 보수주의, 가톨릭, 사회민주주의 등 광범한 정치세력이 합의한 산물이었다.

바이마르 헌법 제1조는 이렇게 규정한다. "①독일국은 공화국이다. ②국가권력은 국민으로부터 나온다." 바이마르 헌법의 특징은 크게 두 가지 면으로 나누어볼 수 있다. 하나는 권력구조 측면이고, 다른 하나는 기본권 측면이다. 우선, 권력구조에 관한 헌법 제1편 '독일국의 구성 및 권한'에서 그 특징적 면모를 보자.

첫째, 부분적으로 내각책임제의 틀을 취하면서도 대통령을 국민 직선으로 선출하고 그에게 비상하게 강력한 권한을 부여하였다. 바이마르 헌법의 권력구조를 가리켜 '이원정부제二元政府制'라고 한다. 종래 우리나라에서 흔히 '이원집정부제'라고 불린 이것은 대통령제와 내각책임제가 혼합된 제도다. 보통의 내각책임제에서 군주를 두지 않은 경우 의회에서 대통령을 선출하는 것과 달리, 이 제도하에서는 대통령을 직선제로 선출한다. 대통령은 수상 임면권을 가지며 수상의 제청에 따라 장관 임면권을 갖는다. 그 외에도 군통수권 등 일정한 실질적 권한을 갖는다. 의회는 내각 불신임권을 갖고 이에 대응해 대통령은 의회를 해산할 수 있다. 결국 내각은 그 존립을 대통령과 의회 양자에 의존한 형태이다.

바이마르 헌법상 대통령의 권한으로 특히 주목할 것은 긴급권緊急權이다. 이 헌법 제48조 2항은 이렇게 규정했다. "공공의 안전이 중대한 침해를 받거나 그러한 위험이 있을 때에는 대통령은 질서를 회복하는 데 필요한 조치를 취할 수 있고 필요하면 병력을 사용할 수 있다." 이어서 이 조항은 이 같은 비상사태의 경우에 대통령은 국민의 기본권을 일시 정지시킬 수 있다고 규정했다. 정지 대상이 되는 기본권에는 신체의 자유, 주거의 자유, 통신의 자유, 언론의 자유, 집회·결사의 자유 및 재산권이 포함되었다. 더 나아가 이 조항에 근거하여 대통령이 입법에 대신하는 명령을 발할 수 있는 긴급명령권Notverordnungsrecht이 도출된다고 보았다. 이 조항은 후일 바이마르공화국의 목숨을 재촉하는 비수가 된다.

대통령의 긴급권 행사에 대해 의회의 견제권이 없는 것은 아니었다. 의회가 승인을 거부하면 대통령이 취한 긴급조치들은 정지된다고 규정했다. 그러나 대통령은 의회해산권을 가지고 있었기 때문에 의회는 새로 선거를 치를 부담을 안았다.

둘째, 직접민주제 요소를 대폭 도입하였다. 대통령을 국민 직선으로 선출할 뿐만 아니라 하원 3분의 2 이상의 의결에 이은 국민투표에 의해 해임될 수 있도록 했다. 이때 해임안이 부결되면 하원이 해산된다.

직접민주제 요소는 대통령의 선출·해임만이 아니라 법률제정에서도 나타난다. 입법에 관해 국민발안 및 국민표결제도를 도입한 것이다. 유권자 10분의 1 이상의 요구로 입법청원을 하면 국민투표에 부쳐진다. 만일 청원한 법안을 의회가 수정 없이 가결하면 국민투표가 필요 없다. 또한 대통령은 의회가 의결한 법안을 1개월 이내에 국민투표에 부칠 수 있다. 그 밖에도 법안에 관해 하원과 상원이 충돌하는 경우 등 입법 과정에서 국민투표에 부치는 제도들을 광범하게 두었다.

왜 대통령을 국민 직선으로 선출하고 긴급권, 국민투표 회부권 등의 강력한 권한을 부여했는가. 헌법안 기초를 주도한 후고 프로이스와 막스 베버는 국민의사에 토대를 둔 강력한 정치 지도력이 필요하다고 보았다. 특히 뒤에서 살펴볼 '사회화' 조항의 시행을 위해서도 강한 행정권이 요구된다고 판단했다. 이들이 보기에 독일인들은 아직 의회정치 훈련이 되지 않았고, 이 때문에 의회에 전권을 부여하면 혼란이 야기될 것을 우려했다. 불행히도 이들의 우려는 뒷날 그대로 적중된다. 더욱 역설적인 것은, 의회정치의 혼란을 염려해 대통령에게 부여한 강력한 권한들이 결국 의회의 생명줄을 끊는 도구가 됐다는 점이다.

한편 바이마르 헌법 제2편 '독일인의 기본권 및 기본 의무'는 이 헌법의 가장 큰 특징을 보여준다. 제2편 앞부분에서는 우선 자유권 조항들을 두었다. 70년 전 유산됐던 프랑크푸르트 헌법의 자유주의 원리가 이 조항들에서 소생했다. 독일 역사로 보면 이 점만으로도 큰 의의를 지닌 것임에 틀림없지만, 바이마르 헌법 기본권 조항의 꽃은 제2편 제5장 '경제생활'이다. 여기에 담긴 이른바 '사회권' 또는 '사회화社會化' 조항들로 인해 바이마르 헌법은 세계 헌법사의 기념비적 유산으로 남게 된다.

제151조 제1항 경제생활의 질서는 모든 사람에게 인간다운 생활을 보장함을 목적으로, 정의의 원리에 적합하지 않으면 안 된다. 개인의 경제적 자유는 이 한계 안에서 보장된다.

제153조 제3항 재산권은 의무를 진다. 재산권의 행사는 동시에 공공복리에 이바지하여야 한다.

이 조항들은 '인간다운 생활'을 보장하는 '정의의 원리'가 최우선적인 경제 원리이고 경제적 자유는 부차적이라는 점, 또한 재산권은 공공복리에 적합하게 행사되어야 한다는 점을 밝히고 있다. 1789년 프랑스 인권선언에서 '재산권은 신성불가침'이라고 천명한 후 130년 만에 대전환을 이룬 것이다. 재산권이 동시에 사회적 의무를 진다는 원리를 재산권의 '사회적 의무성' 또는 '사회적 구속성'이라고 한다.

그 밖에도 바이마르 헌법은 경제적 규제, 개인의 생존 보장, 노사 관계 등을 세세하게 규정했다. 토지의 분배·이용에 관한 국가의 감독, 주택 확보를 위한 국가의 노력, 사기업의 공유화, 사기업의 강제적 통합, 자영업의 보호, 생계 보장, 사회보험제도, 혼인·가족·모성 보호, 노동력 보호, 근로조건 개선을 위한 결사의 자유, 임금 등 근로조건 결정에 노동자가 참여할 권리, 노동자의 사회경제적 이익 확보를 위한 노동자평의회Reichsarbeiterrat의 구성, 주요한 직업적 집단을 대표하는 경제평의회Reichswirtschaftsrat 설치와 자문적 권한·법안건의권 부여 등이 그 예이다.

바이마르 헌법의 사회화 조항들은 20세기 이후 현대국가의 성격 변화 및 경제체제의 근본적 전환을 선구적으로 밝힌 것이다. 이제 국가는 자유방임적인 '소극국가'로부터 사회경제적 영역에 깊이 개입하는 '적극국가'로 변했다. 이것은 19세기 자유방임적 자본주의체제로부터 수정자본주의체제로의 변환을 의미한다. 이 대전환의 직접적 계기는 러시아의 사회주의혁명이었고, 바이마르 헌법체제는 바로 이 사회주의혁명의 파도를 막기 위한 방파제를 뜻했다.

다만 법적 측면에서 간과하지 말아야 할 점이 있다. 바이마르 헌법의 사회권 조항들은 엄격한 법적 구속력을 지닌 것이 아니었다는 점이다. 당시의 유력한 학설은 이 사회권 조항들을 단순한 '프로그램' 규정으로 보았다. 달리 말하면 국가정책의 방향을 밝히는 선언적 의미에 불과했다는 뜻이다. 훗날 드러났듯 이 사회화 조항들의 상당 부분은 한갓 빈말에 지나지 않았다.

'히틀러식 입헌주의'?: 바이마르 헌법체제의 붕괴

베르사유궁전의 '거울의 방'은 기구한 역사극의 현장이다. 1919년 6월 28일, 베르사유궁전에서 1차 세계대전을 마무리하는 강화조약이 체결됐다. 48년 전, 프로이센의 빌헬름 1세가 독일제국 황제로 즉위했던 그 방에서였다. 독일인들에게 베르사유조약은 '강요된 조약'이었고 모욕적으로 받아들여졌다. 그 조약 아래에서 출범한 바이마르공화국은 초기부터 혼란스러웠다. 패전 후의 심각한 인플레이션에 더해 전쟁배상 문제는 피폐한 경제 상황을 더 악화시켰다. 공화국 출범 초기부터 각지에서 소란이 일어났다. 파업이 빈발하고 정치적 혼란이 지속됐다. 1919년 전반에는 좌익의 소요가 빈번하더니 그 후반에는 우익세력이 대두하기 시작했다. 이를 부채질한 것은 '비수匕首전설', 즉 '등 뒤에서 비수에 찔렸다'

는 소문이다. 독일은 전쟁에서 진 것이 아니라 배후에서 칼을 맞았다는 것이다. 비수란 1918년 '11월혁명'을 지칭했다. 전쟁 말기 이미 독일 군부가 패전을 자인한 데에서 알 수 있는 것처럼 이 소문은 헛소문이었지만, 좌익에 대한 대중의 반감을 증폭시켰다.

1920년 3월, 베를린에서 극우 정치인 카프Wolfgang Kapp(1858-1922)와 뤼트비츠Walther von Lüttwitz(1859-1942) 장군 주도로 쿠데타가 발생했다. 군대가 동조하지 않고 노동조합이 파업으로 저항한 덕에 쿠데타는 진압됐다. 이후 정치인 암살 사건이 잇따랐고, 좌우 극단세력에 의한 반란이 여러 차례 이어졌다. 1923년 히틀러Adolf Hitler(1889-1945)의 뮌헨폭동도 그 하나였다. 공산당 봉기는 1919년부터 1923년까지 일곱 차례나 일어났다. 이들 폭동에도 불구하고 공화국이 지탱될 수 있었던 것은 결국 군대의 힘 덕분이었다.

1923년 사회민주당이 연립내각에서 철수한 후, 1924년부터 1929년 대공황까지의 시기는 공화국의 상대적 안정기였다. 여러 정당들의 연정체제가 이어졌고, 미국 등의 외국 차관에 힘입어 경제가 호전된 가운데, 잠시나마 '황금의 20년대'를 구가했다. 바이마르 헌법이 가져온 자유의 바람은 다른 어디에서보다 연극·미술·음악 등 문화의 영역에서 꽃을 피웠다. 베르톨트 브레히트Bertolt Brecht(1898-1956)의 희곡, 바우하우스Bauhaus를 중심으로 한 건축·조형예술, 안익태의 스승 리하르트 슈트라우스Richard Strauss(1864-1949)의 현대음악과 힌데미트Paul Hindemith(1895-1963)·쇤베르크Arnold Schönberg(1874-1951)의 무조無調음악 등이 이 시절의 예술적 성과로 두드러진다.

2장   사회경제적 갈등에 어떻게 대응했는가?

1929년 10월 24일, 뉴욕 월가에서 시작된 주식 대폭락은 세계적 대공황의 서막이었다. 대공황은 외국 자본에 의존했던 바이마르공화국에 치명적 위기를 불러왔다. 실업자가 200만 명을 넘었고(1년 후에는 400만 명에 달했다), 방대한 예산을 먹어치우는 실업보험제도를 둘러싸고 끝내 의회의 연정체제가 붕괴됐다. 이후 의회가 다수세력을 형성하지 못하게 되자 대통령 일방에 의한 이른바 '대통령 내각' 시대가 전개되고, 대통령의 거듭된 의회해산 및 긴급명령권 남용 사태가 지속된다.

이때의 상황은 바이마르의 종말과 히틀러 집권의 결정적 계기였다는 점에서 주목할 만하다. 대공황의 충격에 대한 대응에서 핵심 쟁점은 실업보험의 부담을 누가 질 것인가, 사용자인가 아니면 노동자인가라는 문제였다. 1930년, 제1당인 사회민주당 출신의 뮐러Hermann Müller(1876-1931) 수상이 이끈 대★연립내각이 합의를 못 이루고 무너진 후, 의회는 스스로 새 정부를 구성할 능력을 상실하고 말았다. 노령의 대통령 힌덴부르크는 중앙당 출신의 브뤼닝 Heinrich Brüning(1885-1970)에게 '연립내각의 구속'을 받지 말 것을 명하면서 조각을 위임했다. 대통령이 직접 수상을 지명하고 수상이 내각을 구성하는 이른바 '대통령 내각'의 출범이었다. 이것은 바이마르 헌정사상 초유의 시도였다.

수상 브뤼닝의 우선 과제는 재정개혁이었다. 그는 전면적인 증세를 골자로 하는 재정개혁안을 의회에 제출했지만 각 당에서 불만이 쏟아졌다. 의회에서 법안을 심의하던 중, 브뤼닝은 돌연 대통령 힌덴부르크가 긴급명령을 발포하게 해 입법을 성사시켰다.

이에 의회는 긴급명령을 정지시키는 의결로 대응했다. 이 의결은 사회민주당이 주도했다. 헌법에 따르면 의회는 그 의결로 긴급명령을 정지시킬 수 있었다. 브뤼닝은 다시 반격했다. 대통령을 통해 의회를 해산시킨 것이다. 여기서 브뤼닝은 더 극단적 행동으로 나아갔다. 의회 해산 중 다시 대통령으로 하여금 긴급명령을 발동토록 해, 정지된 법안을 부활시킨 것이다.

파괴적 혼란은 극단세력의 온상이다. 1930년 9월의 의회선거는 나치스(국가사회주의독일노동자당Nationalsozialistische Deutsche Arbeiterpartei. 약칭 NSDAP)가 급부상하는 발판이었다. 나치스는 종래 12석에서 107석으로 약진했다. 제1당인 사회민주당에 뒤이어 일약 제2당으로 부상한 것이다. 공산당도 54석에서 77석으로 불어났다. 이어서 1932년 7월, 의회해산으로 인한 선거에서 나치스는 230석을 차지하며 제1당으로 올라섰다. 공산당은 89석을 얻어 의석을 늘렸다. 또다시 의회해산에 이어 같은 해 11월에 치러진 선거에서 나치스는 196석으로 줄었지만 제1당 지위는 유지해나간다. 공산당은 100석으로 늘어났다.

1933년 1월 30일, 대통령 힌덴부르크는 히틀러를 수상에 임명하기에 이른다. 힌덴부르크는 히틀러를 '보헤미아 하사관'으로 부르며 경멸했지만, '모든 인물들이 소진된' 가운데 다른 선택의 여지가 없었다. 프로이센 군인의식에 투철했을 뿐 '사상이 없는' 힌덴부르크는 측근인 야심가 파펜Franz von Papen(1879-1969)의 제안을 그대로 받아들였다. 수상 히틀러는 의회해산 후 선거를 앞두고 일대 선전전과 더불어 언론 통제를 실시한다. 2월 말, 선거에 임박해

2장 사회경제적 갈등에 어떻게 대응했는가?

베를린의사당 방화 사건이 일어났다. 네델란드인 방화범의 배후는 밝혀지지 않았지만 히틀러는 공산당 소행으로 몰았다(나치스의 소행이라는 주장도 있다). 나아가 이를 구실로 대통령의 긴급명령을 통해 기본권의 일시적 정지 조치까지 취했다. 공산주의 및 사회민주주의 노선의 언론기관은 폐쇄되고 모든 독일인들의 주거 및 재산 등이 경찰 통제하에 들어갔다.

1933년 3월 5일, 의회선거에서 히틀러는 승리를 이어갔지만 결과는 실망스러웠다. 나치스는 득표율 44퍼센트로 총의석 647석 가운데 288석을 획득하며 제1당을 차지했음에도 절대다수에는 미치지 못했다. 사회민주당은 120석을 얻는 데 그쳤다. 한편 나치스와 동맹 관계인 독일국민당은 득표율 8퍼센트로 52석을 차지했다. 히틀러는 독일국민당과 연립해 과반의석을 장악한다.

마침내 1933년 3월 23일, 히틀러에게 전제권력을 부여하는 '수권법授權法'이 의회를 통과한다. 법률의 명칭은 이러했다. '수권법-민족과 국가의 긴급사태를 제거하기 위한 법률Ermächtigungsgesetz-Gesetz zur Behebung der Not von Volk und Reich.' 표결 결과는 찬성 441, 반대 94. 압도적이었다. 사회민주당을 제외한 모든 정당이 찬성한 결과였다. 곧바로 공산당의 의석은 무효로 처리됐다.

표결을 앞둔 의회 연설에서 히틀러는 이렇게 말했다.

정부의 모든 조치들에 대해 의회의 동의를 받아야 한다면 민족혁명의 정신과 그 목적은 장애에 부닥칠 것이다. 의회를 폐지할 생각은 없다. 정부의 조치들에 대해 때때로 의회에 보고할 것이다. …

민족혁명을 위해 이 법률을 통과시키지 않으면 안 된다. 정부는 분명한 결단을 요구한다. 조용한 독일 발전의 가능성을 정당들에게 제시함에도 불구하고 이것이 거부된다면 단호히 대응할 것이다. 친애하는 의원 여러분, 평화냐 전쟁이냐, 이제 자신의 결단을 내리기 바란다.[2]

수권법은 헌법을 벗어나 4년간 법률제정 권한을 정부에게 부여하였다. 제1조는 이렇게 규정했다. "헌법에 규정된 절차에도 불구하고 정부가 법률을 제정할 수 있다." 이어서 제2조는 정부가 제정하는 법률이 헌법에 구애받지 않는다고 언명했다. 요컨대 정부가 무제한적 법률제정권을 갖게 된 것이다. 히틀러는 수권법을 통해 국가권력의 백지위임장을 쥐게 되었다.

이 수권법의 발상은 바이마르 헌법 자체의 규정을 이용한 것이었다. 헌법 제76조는 의회의원 3분의 2 이상 출석 및 출석의원 3분의 2 이상의 의결에 의한 법률로 헌법을 개정할 수 있다고 규정했다. 히틀러는 수권법 표결에서 3분의 2를 뛰어넘어, 투표자 5분의 4를 넘는 찬성을 얻어냈다.

그 후 독일은 전체주의 지도자-총통Führer국가 시대로 넘어간다. 공산당 금지에 이어 사회민주당도 금지됐고, 다른 정당들도 해산됐다. 1933년 7월, 새 정당의 결성을 금지하는 법률이 제정되면서 나치스는 '국가정당'이 됐다. 이어서 1934년 8월, 국가원수법이 제정되어 힌덴부르크 대통령 이후에는 수상 히틀러가 종신으로 대통령 권한을 장악하도록 했다. 이 법이 제정된 다음 날인

1934년 8월 2일, 힌덴부르크가 사망하자 히틀러는 명실상부 전권을 갖는 지위에 오른다. 1942년 4월 26일 의회는 만장일치로 이렇게 결의했다. "지도자는 법률에 규정이 없더라도 독일 국민에게 필요한 의무 이행을 요구하고 의무 위반에 대해 형사상 및 행정상의 제재를 가할 수 있다." 지도자 1인에게 모든 권력을 통합시키는 이른바 '지도자원리Führerprinzip'가 관철된 것이다.

이제 바이마르 헌법은 이름만 남았다. 이미 1934년에 '제3제국의 계관 법학자' 카를 슈미트는 이렇게 말했다. "헌법에 관한 어떤 논의도 이 단순한 문장에서 시작해야 한다. '바이마르공화국 헌법은 더 이상 효력이 없다.'" 수권법은 1937년 및 1939년에 이어, 2차 세계대전 중인 1943년에 걸쳐 세 차례 연장됐다.

바이마르공화국의 붕괴 과정에서 가장 눈에 띄는 점은 무엇인가? 그것은 수권법 제정에 이르는 과정이 헌법규정에 따라 의회의 절차를 밟아 이뤄졌다는 사실이다. 1923년의 봉기 실패 후, 히틀러는 쿠데타나 무력혁명이 아니라 선거에서의 승리를 통한 합법적 절차의 길을 택했다. '히틀러식 입헌주의'라 부른다면 입헌주의 모독이 될 것인가?

법철학자 라드브루흐Gustav Radbruch(1878-1949)는 나치즘을 겪고난 2차 세계대전 전후, 철저한 '가치상대주의價値相對主義적' 법실증주의자에서 자연법론자로 전향한다. 1946년에 발표한 그의 저명한 논문 「법적 불법과 초법적 법Gesetzliches Unrecht und Übergesetzliches Recht」은 그 전향서다. 정의가 전혀 추구되지 않은 실정법은 부정당한 법조차도 아니며 법으로서의 자격도 없다는 것이다.

왜 바이마르공화국은 추락했는가?

이 물음에 여러 역사가들이 다양한 의견을 제시했다. 통상적인 설명은 대체로 이렇게 정리된다. 먼저 대외적 요인으로 프랑스·벨기에·폴란드·덴마크·체코슬로바키아 등에 대한 영토 할양과 배상 문제 등 패전국 독일이 짊어진 외부적 압박, 그리고 특히 1929년 말 이래의 세계대공황을 드는 것이 보통이다. 한편 내부적 요인에 관해서는 두 측면, 즉 제도적 요인과 그 밖의 현실적 요인으로 나누어볼 수 있다. 우선 제도적 요인은 무엇인가.

앞에서 본 것처럼 바이마르 헌법은 직선 대통령에게 비상하고도 강력한 권한들을 부여했다. 그중에도 실제로 헌정운영에 큰 영향을 미친 것은 제48조의 긴급명령권이다. 대통령 명령으로 법률을 대체할 수 있는 이 권한은 바이마르공화국 초기부터 발동됐다. 1922년, 유태인 정치 지도자들에 대한 우익 테러가 빈발하자 '공화국 보호'를 위한 대통령 긴급명령이 발포됐다. 이를 통해 많은 우익단체들이 금지되고 암살 행위가 수그러들었다. 이후 내각의 불안정이 지속되면서 긴급명령은 남발됐다. 의회 안에서 합의가 어려워지면 수상은 대통령에게 매달렸다. '경제·재정 안정을 위한 긴급명령'을 비롯해, 1919년부터 1932년까지 긴급명령에 의한 입법의 숫자가 233건에 달한다.

대통령의 긴급명령은 헌법에 따라 사후에 의회 승인을 받아야 했지만, 의회가 승인을 거부할 기미를 보이면 대통령이 미리 의회를 해산시키거나 의회의 불승인 후 대통령이 의회를 해산하는 일이 반복됐다. 특히 1930년 이후 이런 현상이 잦았다. 나치스의 급

부상을 초래한 1930년 9월 의회선거 직전의 상황도 그런 예다. 대공황 내습 후, 재정계획을 위한 법안이 의회에 제출됐지만 부결됐다. 수상 브뤼닝은 대통령 힌덴부르크의 긴급명령을 통해 다시 입법화를 시도했으나 의회가 또다시 이를 부결시켰다. 이에 대한 대응으로 힌덴부르크는 의회를 해산했고 새로운 선거가 실시된 것이다.

대통령이 국정 전면에 나서 '대통령 내각' 시대로 들어서기 이전부터 내각은 불안정했다. 여러 정당이 난립한 다원적 정당체제에서 의회 다수세력을 형성하기는 늘 힘겨웠다. 바이마르공화국 전술 시대를 통해 어느 한 정당이 의회의 절대다수 의석을 차지한 적은 한 번도 없었다. 이것을 유발한 제도적 요인이 비례대표제 선거 방식이다. 바이마르 헌법 제22조는 의회Reichstag의원선거를 비례대표제에 따르도록 못 박았고, 이에 따른 선거법은 완전 비례대표제를 취했다. 비례대표제는 승자 독식을 막고 유권자 의사를 거울처럼 반영하는 미덕을 지녔지만 다당제를 촉발하는 경향을 띤다. 다당제에서 합리적 타협이 어려울 때 국가기구는 정체에 빠질 수밖에 없다. 바이마르체제는 그 전형이나 다름없었다.

비례대표제 선거 방식은 특히 공산당이나 나치스 같은 소수정당의 출현을 용이하게 만든다. 독일공산당은 그 이념적 대척점에 위치한 나치스보다 이웃 사회민주당 공격에 더 열을 올렸다. 공산당은 사회민주당을 '사회적 파시스트'라고 부르며 매도했다. 공화국 말기, 공산당에게는 나치스 집권이 '역사적 필연'처럼 보였다. 나아가 나치스 역시 집권 후 수개월 내에 사라지게 될 것이고, 그렇게 되면 그다음은 공산당 차지라고 낙관했다는 분석도 있다. 애초에 공산당의 프롤레타리아독재 위협은 나치스 같은 극우세력이 등장할 빌미와 소지를 만들어주었던 것인데, 거기에서 더 나아가 나치스의 정권 장악에까지 공산당이 일조한 셈이다.

대통령의 긴급명령권과 함께 직접민주주의제도도 정치적 혼란을 가중시켰다. 국민발안·국민투표제도는 특히 나치스 같은 극우세력들의 선동 무대였다. 정권 장악 후에도 히틀러는 국제연맹 탈퇴, 오스트리아 합병 등 공격적 대외 팽창정책 추진에 국민투표제를 애용했다.

같은 제도 아래에서도 현실 상황에 따라 다른 결과가 나타난다. 바이마르 헌법 나름의 민주적 제도들이 공화국의 몰락을 이끈 요인은 무엇이었는가. 무엇보다 정당들이 민주주의를 감당할 만큼 성숙하지 못했기 때문이다. 바이마르공화국의 중심 역할을 한 정당은 사회민주당이다. 사민당은 공화제 옹호에 최대의 노력을 기울인 조직이었지만, 사회주의라는 이념적 간판과 현실 사이에서 혼미를 거듭했다. 바이마르 초기 사민당 주도의 연립내각은 사회화 정책에 진력하지 않았다. 석탄산업 국유화를 위한 법률이 제정됐지만 그 내용은 사회주의라고 부를 만큼 철저한 것은 못 됐다. 전후의 생활필수품 부족 상태에서 사회화 성공을 기대하기는 어려웠다. 사민당 주도 정권하에서 실제 나타난 것은 자본주의였다.

경제적 측면을 떠나서도 사민당 정권의 개혁은 철저하지 못했다. 제국 시대로부터의 관료기구는 그대로 온존됐고, 특히 융커 등 구세력이 웅거한 지방정치의 개혁은 실현되지 못했다. 이런 현실적 여건에서 지도부는 여전히 관념적인 이념 노선에 붙잡힌 채, 1923년 정권을 떠나는 실책을 저지른다. 이후 사민당은 노동계급의 압력집단 역할에 시종한다. 그들은 중산계급을 자신들에게로 이끌어내는 과제를 제대로 인식하지 못했다. 앞서 언급한 법철학자 라드브루흐는 사민당 소속으로 두 차례 법무장관을 지냈다. 그는 훗날 이렇게 자성했다. "우리는 민주주의가 사회주의의 전前 단계가 아니라 그 자체로 고유한 가치임을 적극 역설해야 했었다."

한편 가장 '부르주아적인 정당'으로 평가받은 독일민주당은 헌법 초안자 후고 프로이스, 막스 베버 등의 활약으로 공화국 초기 신선한 출발을 했지만, 점차 쇠퇴해 사라져버렸다. 가톨릭에 입각한 중앙당은 이념적 중도 노선으로 평가되지만 그 안에는 좌파와 우파가 혼재했다. 공화국의 마지막 순간, 히틀러의 집권을 도운 파펜은 남작 출신으로 중앙당의 극우세력에 속했다. 그 밖에 독일국민당 등 우익정당은 지나간 제국 시대를 동경한 수구세력일 뿐이었다. 결국 당시 정당들은 바이마르 헌법의 아름다운 민주적 제도를 지켜낼 신념도 힘도 모자랐다.

정당들이 제 구실을 못하는 혼란기에는 군대와 관료의 역할이 결정적이다. 독일은 특히 비스마르크 시대 이래로 군대와 관료 중심의 나라였다. 패전 후 혼돈의 시기에 군부는 중립적 위치에서 공화국 유지에 나름의 역할을 수행했다. 그러나 군대와 관료는 그 속성상 권위주의적일 뿐만 아니라, 당시 독일 군부와 관료의 구성은 대체로 구시대의 연속선에 있었다. 비록 그들의 반反공화제적 성향은 어디까지나 제한된 한계 내에 머물렀다고 할 수 있지만, 그들에게 적극적으로 공화제나 민주주의 옹호를 기대하기는 어려웠다.

그렇다면 독일의 일반 국민들은 어떠했나. 일부 반反의회주의적 좌·우익 지식인층을 제외하면 대부분 국민들은 바이마르 헌정체제에 대해 엇갈리는 양면적 자세를 견지했다. 이들이 바이마르체제에 정면 반대 입장으로 돌아선 것은 대공황의 충격을 받은 1930년 말 이후였다. 독일사 전공의 한 사학자는 바이마르공화국 역사 서술을 이렇게 끝맺고 있다.

> 독일 국민은 비스마르크 이래로 관료지배에 순치되어왔고, 스스로 국가를 형성해간다는 의식과 관행이 없었다. 그런 그들에게 패전으로 돌연 민주주의와 정당정치라는 새로운 실천이 부과되었을 때 그들은 어떻게 해야 할지 혼미하였다. 그리하여 정당정치가 쓸데없이 혼란을 가져오는 것으로 보이자, 그들은 자신의 손에 맡겨진 공화국을 오히려 무거운 짐으로 느끼게 되었고, 위로부터의 강력한 지배에서 구원을 찾는 사람들이 늘어난 것이다.[3]

에리히 프롬Erich Fromm(1900-1980)의 '자유로부터의 도피'라는 사회심리학적 분석은 위의 결론과 맥을 같이 하는 것으로 보인다.

나치스는 대중의 지지를 얻어내기 위해 테러와 온갖 대중선동 방책을 동원했다. '국가사회주의노동자당'이라는 당명에서부터 나타나듯이, 그들의 강령은 잡다한 이념적 스펙트럼의 도가니였다. 노동자(특히 미조직노동자), 실업자, 중산층, 농민, 자본가 등 각 계층에게 약속하는 프로그램들은 상호 모순적이었지만, '민족혁명'

이라는 기치 아래 반反유태주의, 반反베르사유 등의 슬로건을 기괴하고도 교묘한 고도의 선전술을 통해 대중 속에 확산시켰다. 그러나 결코 독일인들이 나치스에게 기만당했다고 하기는 어렵다. 독일인들은 히틀러의 실체를 똑똑히 목격하면서 그를 선택하였다. 하나의 방증을 보자.

1930년, 군대 안에서 나치스 선전을 한 혐의로 세 청년 장교가 기소된 사건이 발생했다. 히틀러는 이 재판의 증인으로 나섰다. 재판장이 히틀러에게 물었다. "어떻게 제3제국이 건설될 수 있다고 생각하는가?" 히틀러는 이렇게 답변했다. "국가사회주의운동은 헌법적 수단을 통해 목표를 달성하려 노력할 것이다. 헌법적 방법으로 의회 다수를 차지해 우리 생각에 맞는 국가를 만들 것이다." 재판장이 다시 물었다. "헌법적 수단을 통한다고?" 히틀러가 다시 답했다. "그렇다."

히틀러는 노골적이었다. 의회를 통해 집권하겠다고 하면서도 반反의회주의 신념을 거리끼지 않고 드러냈다. 1930년 그는 공언했다. "우리에게 의회는 수단일 뿐이며 목표는 아니다. 원칙상 우리는 의회주의 정당이 아니다. 그것은 우리 생각과 전혀 맞지 않는다." 1933년 3월 의회선거에서는 이렇게까지 선언했다. "독일에서 정당들을 쓸어버리는 것은 내 일생의 과업이다." 한 역사가는 이렇게 단언한다.

1933년, 아무도 히틀러가 무엇을 하려 했는지 몰랐다고 말할 수 없었다.[4]

독일 헌법사 연구자 멩거Christian-Friedrich Menger(1915-2007)는 히틀러를 독일 전설의 '피리 부는 사람Rattenfänger(쥐 잡는 사람)'에 비유했다. "히틀러는 피리 소리로 독일 민중의 마음을 홀렸고 결국 그들을 심연으로 이끌었다." 이 비유는 진실인가, 변명인가?

독일 기본법: 바이마르 헌법의 교훈

이미 철의 장막이 드리워진 1949년 5월 23일, 임시수도 본Bonn에서 서독 헌법이 공포되었다. 공식 명칭은 '독일연방공화국 기본법'. 이 헌법의 배경을 이룬 것은 두 가지 요소이다. 첫째가 나치즘의 체험이고, 둘째가 동서 냉전하의 독일 분단이다. 속칭 '본 기본법'으로 불리는 이 헌법의 특징을 간략히 정리한다.

우선 명칭부터 특이하다. '헌법Verfassung'이라는 말을 피하고 '기본법Grundgesetz'이라는 용어를 쓰고 있다. 이것은 분단 현실의 반영으로, 서독이 아직 완전한 국가가 아니라 통일을 이루기까지 과도기의 잠정적 국가이기 때문에 헌법이라는 용어를 삼간 것이다. 그 명칭 외에도 독일 분단의 현실은 기본법 여러 군데에서 볼 수 있다. 기본법의 효력 범위를 서독 내의 각 주에 장소적으로 한정시켰을 뿐 아니라, "이 기본법은 독일 국민이 자유롭게 결정한 헌법이 시행되는 날 그 효력을 상실한다"고 그 효력의 시간적 한계도 스스로 밝혔다(제146조). 여기에 그치지 않고 더 나아가, 장래의 통일 방식에 관해서도 흡수통일 또는 합의통일을 각각 염두에 둔 면밀한 법적 장치를 마련하였다(구 제23조, 제146조)

이처럼 같은 분단국 헌법이면서도 서독 기본법은 한국 헌법과 극히 대조적이다. 한국 헌법이 분단 현실을 눈감은 '완전헌법'의 형태인 것과 달리, 서독 기본법은 분단 현실을 법적으로 그대로 수용한 '잠정헌법'의 형태를 취했다.

한편 나치즘의 체험은 서독 기본법 전편에 깔려 있다. 국민의 기본권에 관한 규정 및 통치구조에 관한 규정 모두에 걸쳐 바이마르 헌법의 실패가 준 반성과 교훈을 담고 있는 것이다.

첫째, 기본법 첫머리는 기본법의 사상적 토대를 상징한다. 그 제1조는 이렇게 시작한다. "인간의 존엄은 불가침이다. 이를 존중하고 보호하는 것은 모든 국가권력의 의무이다(제1조 제1항)." 바이마르 헌법 제1조가 "독일국은 공화국이다"라고 하여 '독일국'에서 시작하는 것과 달리, 서독 기본법은 국가 이전에 '사람'으로부터 출발하는 것이다.

19세기 이래 바이마르 시대에 걸쳐 독일 법사상의 기조는 법실증주의法實證主義였다. 그러나 나치즘을 겪고 난 후 다시 자연법론自然法論으로 돌아갔다. 이른바 '자연법의 부활(또는 재생)'이다. 법실증주의는 경험적으로 인식할 수 있는 법, 곧 실정법만이 법이라고 본다. 실정법을 초월하는 자연법 같은 존재를 인정하지 않는다. 나아가 악법도 법이라는 결론을 이끄는 전제가 된다.

바이마르 시대에는 법실증주의와 더불어 가치상대주의價値相對主義가 풍미했다. 어떤 내용의 가치라도 다원적으로 수용해 다수결로 결정하면 된다는 식으로 민주주의를 이해했다. 이것이 바로 나치즘을 초래한 법이론적 토대라고 보아, 그 반성적 표현으로 나타난 것이 자연법의 부활이었다. 앞서 언급했지만 법철학자 라드브루흐가 '초법적인 법', 곧 실정법을 초월한 법의 존재를 받아들이는 법사상적 전향을 감행할 수밖에 없었던 것이 패전 후 독일 법학계의 풍경이다.

둘째는 자연법의 부활과 연관되는 점으로, 기본법은 '방어적 민주주의wehrhafte Demokratie' 사상을 헌법에 구현했다. 바이마르 시대에서와 같은 가치상대주의를 부정하고, 자유의 적에게 자유를 파괴하는 자유를 주지 않겠다는 것이 방어적 민주주의 사상이다. 민주주의의 적敵이 민주주의 자체를 공격하는 것을 방어하겠다는 것이다. 민주주의의 적과 전투를 불사한다는 뜻에서 '전투적 민주주의streitbare Demokratie'라고도 불린다.

방어적 민주주의 사상을 구체적으로 제도화한 것이 위헌정당해산제도 및 기본권실효失效제도이다. '자유민주적 기본질서'에 위배한 정당을 헌법재판소 결정으로 해산시키는 것이 위헌정당해산제도다. 한국 헌법에도 채택되어 있다. 한편 기본권실효제도는 기본법 특유의 제도다. 언론·출판·집회·결사의 자유 등 일정한 기본권을 자유민주적 기본질서를 공격하기 위해 남용하는 자는 헌법재판소 결정에 의해 이 기본권을 상실한다.

또한 '헌법충성' 조항 역시 방어적 민주주의 실현을 위한 규정이다. 기본법은 교수의 자유Lehrfreiheit, 곧 가르치는 자유를 특별히 규정하면서도 동시에 "교수의 자유는 헌법에 대한 충성으로부터 벗어나지 못한다"고 못 박고 있다(제5조 제3항). 아울러 결사의 자유를 규정하면서, 목적이나 활동이 헌법질서에 반하는 단체는 금지된다고 명시하고 있다(제9조 제2항).

이뿐만 아니다. 기본법 개정에 관한 규정에도 방어적 민주주의 사상이 침윤되어 있다. 기본법의 근본 원리에 관한 특정 조항, 즉 인간존엄의 불가침 및 인권보장의 원칙을 규정한 제1조 및 민주적·사회적·연방국가의 원칙을 밝힌 제20조는 개정 절차에 의해서도 개정하지 못한다고 못 박은 것이다.

이 같은 방어적 민주주의의 제도화는 서독 기본법이 지닌 가장 특징적인 제도이다. 그 주안점은 파시즘이나 공산주의 같은 전체주의 배격에 있다.

셋째, 통치구조에서도 바이마르 헌법에 대한 반성을 도처에서 볼 수 있다. 대통령의 권한을 대폭 축소하고 연방수상의 지위를 강화하여 기본적으로 내각책임제를 취하면서, 직접민주주의제도를 배제했다. 1949년의 기본법 제정, 1990년의 독일 재통일, 두 경우 모두 국민투표는 시행되지 않았다.

또한 바이마르공화국에서와 같은 내각 불안정을 막기 위한 장치들을 설치했다. 대표적으로 '건설적 불신임konstruktives Mißtrauensvotum' 제도를 들 수 있다. 의회가 대통령에게 수상 해임을 요구해 수상을 불신임하려면 사전에 후임자를 선거해야 한다는 제도다. 그 밖에 선거제도에서도 정당 난립 방지를 고려했다. 바이마르 헌법에서 비례대표제 채택을 명시한 것과 달리, 선거제도를 법률에 맡겼다. 선거법에서는 기본적으로 비례대표제를 취하면서도 부분적으로 소선거제도를 수용했다. 또한 득표율 5퍼센트 미만의 정당을 비례의석 배정에서 제외하는 군소정당 '저지沮止 조항'을 설치했다. 이것은 특히 반反헌법적 과격정당을 겨냥한 것이기도 하다.

1989년 11월 9일, 베를린장벽이 무너졌다. 이후 1990년 8월 31일 동서독 사이의 통일조약 체결에 이어, 1990년 10월 3일 서독 기본법 개정의 형식으로 독일 재통일이 이루어졌다. 과거 동독 지역의 5개 주가 기본법의 효력이 적용되는 지역으로 '편입Beitritt, Accession'되었다. 그 후 새로운 통일 독일 헌법의 제정이 논의됐지만 성사되지 않았다. 여전히 독일 헌법의 공식 명칭은 '독일연방공화국 기본법'이다.

국체 천황제에서 상징 천황제로¦ 일본국 헌법

국체론[5]

"건국의 체에 기초하여 널리 해외 각국의 성법을 참작해서 국헌을 정하도록 하라." 이것이 메이지 헌법의 초안 작성에 관한 칙령에서 천황이 명한 지침이었다. 그러나 결과물로 나온 헌법에서 '해외 각국의 성법'은 오직 프로이센 헌법이었고, 기본은 어디까지나 '건국의 체'에 놓여 있었다. 그 '건국의 체'에 관한 이론이 국체론이다. '해외 각국의 성법'이 입헌주의의 보편적 요소라고 한다면, '건국의 체' 곧 국체는 일본 고유의 전통적 요소를 가리킨다.

국체론은 19세기 중반 이래 일본의 국학國學과 미토학水戶學에서 전개된 국가주의 이데올로기이다. 일본의 건국신화를 바탕으로 천황의 지배를 천황가家의 신적神的 기원에 의거해 정당화한다. 미토학은 미토번藩을 중심으로 형성된 유학 사상의 일파이며, 그 후기에 천황을 중심으로 독립국가를 형성해야 한다는 존왕尊王 사상을 주창했다.

이 같은 국체 사상은 메이지유신을 일으킨 지사志士들의 이데올로기적 토대가 됐다. 유신 지사들의 사상적 선구로 일컬어지는 막부 말기의 개혁 사상가 요시다 쇼인吉田松陰(1830-1859)은 "군주가 군주답지 못하다 해도 신하는 신하이지 않으면 안 된다"라며 근왕론勤王論을 외쳤다. 이토 히로부미는 그 문하생이었다. 이토는 헌법 제정 과정에서 나온 원로원의 '급진적' 헌법안에 대해, "우리의 국체에 조금도 주의를 기울이지 않았다"고 비판했다.

과연 국체가 무엇인지는 특정한 이론적 체계화를 통해 명확하게 규정되지 않았다. 그런 시도 자체가 국체 사상을 이데올로기적으로 한정하고 상대화하는 의미를 지니기 때문에 신중히 회피했다는 것이다. 국체의 의미가 법적으로 처음 구체화되어 나타난 것은 1925년, 공산주의·무정부주의 등을 겨냥해 만든 '치안유지법'에서였다(이 점은 일본 군국주의의 특성과 관련해 뒤에서 다룬다). 메이지 헌법 아래에서 지배적인 국체론으로 이해되어온 내용은 이렇게 요약할 수 있다. 천황은 '아라히토가미現人神', 즉 사람 모습으로 나타난 신이라는 것이며, '만세일계 천황'을 국가의 정치적·도덕적인 절대자로 보는 것이다. 이것은 '천황=국체=국가'라고 보는 신권적神權的이고 가부장제적 국가론이라 할 것이다.[6]

헌정운용에서 국체론이 전면에 나설 때에 어떤 현상이 초래되는가. 우선 지적할 것은 '신민臣民의 무한책임' 현상이다. 1923년 이른바 섭정궁攝政宮 저격 사건이 일어났을 때 벌어진 일련의 사태는 이 현상의 전형이다. 병약한 천황의 섭정역을 맡고 있던 황태자 히로히토裕人(1901-1989)가 저격당하는 사건이 발생했다. 저격범이

2장   사회경제적 갈등에 어떻게 대응했는가?

사형당한 것은 물론이고 그의 아버지는 중의원 의원직에서 물러난 후 종내 자결했다. 내각은 사직하고, 경시총감을 비롯해 경찰당국자들이 줄줄이 면직됐다. 범인의 고향 마을은 정월의 축제를 그만두고 상례에 들어갔다. 심지어 범인이 졸업한 초등학교의 교장과 담임이었던 교사가 잘못 교육한 책임을 지고 사임했다.

한편, 이 같은 '사회적 무한책임' 현상과 대조적인 현상이 나타난다. 천황제하의 정치권력구조의 내부에서는 책임의 귀속이 애매하다. 원로·중신重臣 같은 초헌법적인 존재들이 국가의사를 사실상 결정하고, 대신들은 '보필'을 통해 천황의 의사에 구체적 내용을 부여한다. '사회적 무한책임의 윤리' 속에 '거대한 무책임의 체계'가 내포되어 있는 것이다. 국체론은 군국주의 등장과 함께 극단으로 치닫게 된다.

정치사상가 마루야마 마사오는 일본의 사상적 특성과 관련지어 국체론의 문제점을 이렇게 분석하고 규정짓는다.

일본의 전통 종교는 새로운 시대에 유입된 이데올로기와의 사상적 대결을 통해 전통을 자각적으로 재생시키지 못했고, 이 때문에 새 사상은 잇달아 무질서하게 퇴적되었으며, 근대 일본인의 정신적 잡거성雜居性은 점점 더 심해졌다. 일본의 고유 신앙인 신도神道는 시대 시대마다 유력한 종교와 합쳐져 그 교의 내용을 받아들여 쌓아왔다. 신도의 '무한포용성無限抱擁性'과 사상적 잡거성은 일본의 사상적 전통을 집약적으로 표현한다.
일본의 근대 천황제는 권력의 핵심을 정신적 '기축機軸'으로 삼고 이 사태에 대처하려 했다. 국체가 잡거성의 '전통' 자체를 스스로의 실체로 했기 때문에, 일본인들의 사상을 실질적으로 질서 지우는 원리로서가 아니라, 오히려 이단異端의 배제라는 부정적인 사상적 동질화 작용의 면에서만 강력하게 작동했다. 그 결과 국체는 개인의 인격적 주체 확립에 결정적 질곡이 되어버렸다. 전후의 변혁은 이 사이비 '정신적 기축'을 일거에 허물어버렸다. 일본인의 정신 상황에 본래 내재해 있던 '잡거적 무질서'의 성격은 패전 후 '제2의 개국'에 의해 극한적으로 드러났다. 사상적 잡거의 문화는 아직 '잡종雜種문화'에로나마 고양되지 못했다.[7]

천황기관설[8]

국체에 관한 논의는 메이지 헌법의 해석론 차원에서 구체화되어 나타났다. 대표적으로 1912년의 '천황기관설天皇機關說 논쟁'을 들 수 있다. 천황기관설에 따르면 통치권의 주체는 법인法人으로서의 국가이며, 천황은 법인으로서 국가의 기관이다. 이 주장은 천황 자신이 통치권의 주체라고 보는 입장에 대항하는 것이었다. 천황기관설을 주장한 당대의 대표적 헌법학자 미노베 다쓰키치美濃部達吉 (1873-1948)는 이렇게 말한다. 수많은 국가기관 가운데 "국가의 최고 지위에서 국가의 모든 활동의 원동력을 발하는 기관"을 가리켜 "통속적으로는 주권자라고 흔히 말한다." 천황이 주권자라는 주장은 법적인 의미가 아니라는 셈이다.

미노베의 이론은 당시 독일의 국가법인설을 일본에 적용한 것이었다. 국가법인설은 19세기 후반 이래 독일에서 국가주권론의 토대로 전개된 이론이다. 국가법인설에 의하면, 법적으로는 법인으로서의 국가가 통치권의 주체가 된다. 주권이라는 개념은 국가권력의 최고·독립성이라는 본래의 의미에서만 사용되어야 하며, 군주주권이냐 국민주권·인민주권이냐의 문제는 주권의 문제가 아니라 국가의 최고 의사를 결정하는 기관이 누구이냐의 문제일 뿐이라고 본다.

이 같은 국가주권론은 주권의 주체가 군주냐 또는 국민·인민이냐는 현실적 문제를 회피하는 정치적 의미를 지닌 것이었다. 말하자면, 국가주권론과 국가법인설은 19세기 후반 독일의 외견적 입헌주의를 법이론적으로 옹호한 이론이었다. 그 주창자가 옐리네크이다. 미노베 다쓰키치는 독일 유학 후 도쿄제국대학 법학부 교수가 됐고, '일본의 옐리네크'로 불렸다.

미노베의 천황기관설에 대응해 이를 비판하며 나온 것이 우에스기 신키치上杉愼吉(1878-1929)의 천황주권론이다. 그는 국가법인설을 부정하고 천황이 곧 국가라고 주장한다. 우에스기에 의하면 "천황은 국가와 하나이며, 국체國體상 천황의 의지만이 유일한 통치권이다." 이 같은 우에스기의 주장은 그 전임자인 호즈미 아쓰카穗積八束(1860-1912)의 이론을 계승한 것이었다. 이를테면 우에스기는 호즈미의 후임자로서 미노베와 대리전을 편 셈이다. 일본 제국대학 최초의 헌법 담당 교수였던 호즈미는 "천황대권은 법으로 구속할 수 없다"고 강조하면서, 천황이 헌법을 위반하더라도 유효하게 제재할 수 없기 때문에 법이론상 천황은 헌법에도 구속되지 않는다고 주장했다.

이 논쟁을 국체론을 중심으로 이렇게 대비시켜 볼 수 있다. 호즈미는 '국체' 개념을 주권의 소재를 가리키는 법적 개념으로 파악하는 동시에, 여기에 '민족적 확신의 결정'이라는 법외法外적 요소를 포함시켜 이를 법해석에도 활용하였다.

이에 대해 미노베는 '주권이라고 흔히 말하는 것'을 단지 최고 기관의 권한을 지칭하는 것으로 보았다. 그는 '정체政體'만을 통치 조직의 분류 기준으로 삼아 군주정체와 공화정체로 구분하고, '국체'를 법적 논의의 틀 밖으로 내보냈다. 미노베는 국체의 관념을 문화적·역사적 존재로 파악했다. 그가 조선과 대만에 일본제국 헌법이 적용되지 않는다는 주장을 편 것도 자신의 국체 관념과 연관돼 있다. 국체의 정신적 실재가 존재하지 않는 식민지에 헌법이 적용될 수 없다는 것이었다. 이 같은 미노베의 이론은 상대적이나마 보편적인 입헌주의 요소를 중시하는 입장에서 나온 것이었다.

양측의 논쟁에는 날 선 정치적 공방의 기미도 보였다. 호즈미-우에스기 측은 천황기관설이 '참된 국체를 모욕하는 죄'를 범하는 것이라고 비난했다. 이에 대응해 미노베 측은 호즈미-우에스기의 이론이 '국체를 빙자한 오직 변장變裝적 전제정치의 주장'이라고 반박했다. 당시 도쿄제국대학 법학부 교수는 여느 교수와 다른 특별한 사회적 지위를 누리고 있었다. 그중에서도 미노베는 특출한 존재였다. 그는 귀족원 의원이기도 했다. 한편 동료 교수였던 우에스기는 우익의 총아로 떠올랐다.

천황기관설 논쟁의 승자는 일시적으로 미노베인 것처럼 보였다. 1910년대를 거쳐 1920년대 중반에 이르는 이른바 '다이쇼大

正 데모크라시' 시대에 미노베의 천황기관설은 정설로 받아들여졌고, 미노베는 다이쇼 데모크라시의 상징적 존재가 되었다. 섭정이었던 황태자 히로히토조차 천황기관설을 받아들였다고 전한다. 그러나 1931년 '만주사변' 이후 점차 군국주의 시대로 접어들면서 상황은 바뀐다.

1935년 10월 15일, '천황기관설 사건'이 벌어졌다. 일본 정부는 "국체를 명확히 한다"는 이른바 '국체명징國體明徵' 성명을 발표했다. 이 성명은 천황기관설을 가리켜 "외국의 사례를 빌려 신성한 우리 국체를 훼손"한다고 규탄하고, "세계만방에 비할 바 없는 우리 국체의 본뜻에 기초하여 그 진수를 현양해야 한다"고 말했다. 이제 천황주권론이 공인된 것이다. 미노베 다쓰키치는 귀족원에서 사임해야 했고, 그의 저서는 판매 금지됐다.

미노베의 천황기관설이 보편적인 입헌주의 요소를 중시하는 입장에서 나온 것이었다고 하지만, 그의 입헌주의적 입장은 어디까지나 제한적일 뿐이었다. 헌법에 명시되어 있지 않았음에도 불구하고, 미노베 역시 '통수권 독립' 주장에 동조했다. 통수권 독립이란, 천황의 군통수대권軍統帥大權이 국무대신의 '보필' 밖에 있다는 주장이다. 미노베의 한계는 이뿐만 아니다. 2차 세계대전 종전 후 일본 헌법 '개정' 당시(실질적으로 새 헌법의 제정이지만 개정의 형식을 취했다), 미노베는 '국체의 변경'을 가져온다는 이유로 국민주권론에 반대했다. 그는 결코 자유주의자가 아니었다.

일명 '맥아더 헌법'으로 불리는 전후 일본국 헌법은 천황을 존치하면서도 국민주권을 명시했다. 미노베의 후임 교수인 미야자와 도시요시宮澤俊義(1899-1976)는 이를 혁명의 개념을 통해 이론적으로 수용했다. 이른바 '8월혁명론'이다. 포츠담선언을 수락한 천황의 무조건 항복 선언을 혁명으로 둔갑시킨 것이다. 미야자와의 전임자 미노베는 메이지 헌법을 가리켜 "다른 여러 나라 헌법에서 유례를 찾기 어려운 천황의 대권중심주의"라고 평했었다. 천황대권주의의 '대일본제국 헌법'으로부터 국민주권주의의 '일본국 헌법'에로의 연속성을 이끌어내려는 시도는 아무래도 무망해 보였을 것이다. 거기에서 나온 것이 8월혁명론이었다. 시민혁명을 가져보지 못한 일본인들에게 패전은 의제擬制혁명*이었는가.

일본 파시즘의 특질: 마루야마 마사오의 분석

메이지 헌법 시행 이후, 유신을 주도했던 조슈長州-사쓰마薩摩의 번벌藩閥 세력이 정권을 유지해가는 가운데, 이른바 겐로元老들이 총리대신 등을 추천해 내각을 구성하는 국정운용이 이어진다. 이후 정권 주도세력과 재야세력이 각기 정당을 결성하면서, 1920년대에 이르러 '다이쇼 데모크라시'가 전개된다. 당시 의회는 비록 외견적 입헌체제의 한계 안에서였지만, 그 헌법상의 권한, 특히 예산안 동의권을 통해 나름의 실권을 행사했다. 흔히 다이쇼 시대(1912-1926)라고 하지만, 다이쇼천황은 병약했기 때문에 1922년부터는 아들 히로히토가 섭정 역할을 수행했다. 이 시대의 주요 성과로, 남성 보

---

* 법률용어로서의 의제란, 본질이 다르지만 법적으로 동일한 것으로 보고, 동일한 법적 효과를 주는 것을 말한다. 민법에서 실종선고 받은 사람을 사망한 것으로 보는 따위이다.

2장 사회경제적 갈등에 어떻게 대응했는가?

통선거제의 도입(1925) 및 정당내각의 관행(1924-1932)이 꼽힌다.

20세기 전반 일본 파시즘의 전개 과정은 다음 3단계로 나뉜다.[9] 제1기는 '준비기'라 부를 수 있는 시기로, 대체로 1차 세계대전 종전 무렵인 1919-1920년부터 1931년 만주사변에 이르는 시기이다. '민간에서의 우익운동의 시대'라고 할 수 있다. 제2기는 '성숙기'에 해당하며, 만주사변 전후부터 1936년의 이른바 2·26 사건에 이르는 시기이다. 2·26사건은 1936년 2월 26일, 육군의 이른바 황도파皇道派 청년 장교들이 천황의 친정親政 등을 내세워 약 1,500명의 병력을 이끌고 총리대신 관저 등을 습격한 군사반란 사건이다. 이 시기에 민간 우익세력이 군부세력 일부와 결탁하여 점차 군부가 국정의 중핵을 차지해간다. 제3기는 일본 파시즘의 '완성기'로, 2·26사건 이후 '숙군肅軍'을 거치며 8·15 패전에 이르는 시기이다. 군부가 노골적인 파시즘 담당세력이 되어 관료·자본가·정당들과 연합체제를 이룬 시기이다.

일본 파시즘은 어떤 특질을 지녔는가. 독일 나치즘이나 이탈리아 파시즘과 비교해 어떤 차이점이 드러나는가. 이 문제에 관해 가장 크게 주목받아온 것은 정치사상가 마루야마 마사오의 분석이다. 1946년 5월, 잡지 『세카이世界』에 발표한 그의 논문 「초국가주의의 논리와 심리超國家主義の論理と心理」는 이 주제에 관한 고전으로 일컬어진다. 그 요지를 아래에 정리한다.

일본의 국가주의가 초국가주의 또는 극단적 국가주의라고 불리는 까닭은 무엇인가. 유럽의 근대국가는 진리·도덕의 내용적 가치에

195

관해 중립적 입장을 취하는 중성국가였다. 그러나 일본은 메이지 이래 근대국가 형성 과정에서 이 같은 국가주의의 기술적, 중립적 성격을 표명하지 않았다. 그 결과, 일본의 국가주의는 내용적 가치의 실체에 자기의 지배 근거를 두려고 했다. 일본에서 내면적 세계의 지배를 주장하는 교회적 세력은 존재하지 않았다. 국가는 국법의 타당 근거를 내용적 정당성에 둠으로써 어떠한 정신 영역에도 마음대로 침투할 수 있다. 국가의 대내 및 대외 활동은 국가를 초월한 도의적 규준에는 전혀 따르지 않게 되며, 그 자체 '진선미의 극치'인 일본제국은 본질적으로 악을 행할 수 없다. 이 때문에 어떤 포학한 짓도, 어떤 배신적 행동도 허용되는 것이다. 이것은 **'윤리와 권력의 상호이입**相互移入**'**이다.

국가적·사회적 지위의 가치규준은 그 사회적 직능보다도 **'천황에의 거리'**에 있다. 천황 친솔親率의 군대라는 황군皇軍관념에 근거를 둔 군통수권 독립은 군부의 생명선이다. 지배층의 일상적 모럴을 규정하고 있는 것은 추상적 법의식이 아니고 내면적인 죄의식도 아니고 민중의 공복의식도 아니며, 구체적이고 감각적인 천황에 대한 친근감이다.

위에서 아래로의 지배의 근거가 천황에의 거리에 비례하는 곳에서 독재의 관념은 도리어 생장生長하기 어렵다. 본래 독재 관념은 자유로운 주체의식을 전제하기 때문이다. 의식으로서의 독재는 반드시 책임의 자각과 결부되는데, 이런 자각은 군부나 관료 어디에도 없었다.

이 점에서 나치스 독재와 차이가 있다. 나치스의 지도자는 전쟁 개시 결단에 관한 명백한 의식을 갖고 있었음에 틀림없는데, 일본의 경우 전쟁을 일으키면서 우리야말로 전쟁을 일으켰다는 의식이 어디에도 보이지 않는다. 무엇인가에 의해 눌리고 질질 끌려 나라 전체가 전쟁 와중에 돌입했다는 이 놀라운 사태가 주체적 책임의식의 성립을 어렵게 했다.

여기에서 독재 관념 대신에 '**억압의 이양**移讓에 의한 정신적 균형의 유지'라고 할 현상이 발생한다. 위로부터의 압박감을 아래를 향한 자의恣意의 발휘에 의해 차례로 이양해감으로써 전체의 균형이 유지되는 체계이다. 이것이야말로 근대 일본이 봉건사회로부터 이어받은 최대 유산의 하나라고 할 것이다. 그렇다면 초국가주의에서 권위의 중심적 실체이며 도덕의 원천인 천황은 유일한 주체적 자유의 소유자인가. 그렇지도 않다. 천황은 가치의 창조자가 아니라 그 역시 조종祖宗의 전통과 불가분하다. 이 점에서 근대 초기 유럽의 절대군주와 다르다.

이 같은 초국가주의에서 나오는 세계상은 어떠한가. 중심적 실체인 천황으로부터의 거리가 가치규준이라는 국내적 논리를 세계로 확대할 때, 만국을 똑같게 제약하는 국제법 같은 것은 존립할 여지가 없다.[10](굵은 글씨는 필자가 첨가)

위에서 본 것처럼, 마루야마 마사오는 근대 자유주의적 시각에서 천황제의 정신구조를 비판하고 있다. 이 논문은 일본의 패전 직후 온갖 사상들이 해금된 상황에서 특히 젊은 지식층의 주목을 끌었다. 뒤이은 저술에서도 마루야마는 일본 파시즘의 특질이라는 주제를 파고들었다. 그에 따르면, 일본 파시즘은 이데올로기, 운동 형태, 그 사회적 담당자 등의 측면에서 서구 파시즘과 다른 특질을 지닌다. 다음은 그 요약이다.

일본 파시즘은 다음 몇 가지의 이데올로기적 특질을 지닌다. 첫째, 가족주의적 경향이 강하다. 국가는 가족의 연장으로서, 천황은 가장이며 황실은 '총본가'인 가족국가로서 표상된다. 단지 비유가 아니라 실제로 역사적 사실로서 일본국가가 고대 혈족사회의 구성을 그대로 유지하고 있다는 식으로 설명되고 있다. 충효일치의 사상은 독일이나 이탈리아의 파시즘에서 볼 수 없는 특질이다. 둘째, 농본주의적 사상이 대단히 우위를 점하고 있다. 이것은 군수공업 발전이라는 파시즘의 현실적 요청과 명백히 모순되며, 이 점은 나치즘이 노동자계급에 집중한 것과의 결정적인 차이이다. 세 번째의 특질은 이른바 '아시아 민족의 해방'이라는 동향이 강하게 흐른다는 점이다. 이것은 일본이 유럽의 제국주의에 대신해 아시아의 헤게모니를 장악하려는 사상과 어우러져 있다.

한편 파시즘운동의 운동 형태에서도 일본 파시즘의 특질을 볼 수 있다. 일본 파시즘은 군부 및 관료라는 기존 국가기구 내부에서의 정치력을 주된 추진력으로 작동되었다. 민간의 우익세력은 그 자신의 힘으로 신장해간 것이 아니라 군부·관료와의 결합에 의해 비로소 유력한 요소가 되었다. 독일 나치즘이나 이탈리아 파시즘도 군부의 지원을 받았지만, 그들은 어떻든 국가기구 밖에서, 주로 민간적인 힘의 동원에 의해 국가기구를 점거했다. 이것은 일본과 현

2장   사회경제적 갈등에 어떻게 대응했는가?

저히 다른 점이다.

이 점과 관련된 것으로, 일본 파시즘에서는 민주주의를 정면 부정하는데, 나치즘에서는 그렇지 않다. 나치즘은 바이마르적 민주주의는 부정하지만 민주주의 일반을 부정하는 것은 아니며, 자신들의 방식이 본래의 독일적 민주주의라고 칭한다. 나치스는 대중을 조직화하고 그 조직의 에너지로 정치권력을 탈취했는데, 일본의 파시즘운동은 최후까지 지사의 운동이었고 관념적이고 공상적이며 무계획적이었다.

국민들 가운데 어떤 사회층이 파시즘에 적극적으로 공감했는가라는 측면에서도 일본 파시즘의 특질을 찾아볼 수 있다. 파시즘은 어디에서나 소시민층을 기반으로 한다. 일본의 파시즘운동에서도 크게 보면 중간층이 사회적 담당자였다고 볼 수 있지만, 구체적으로는 차이가 있다. 일본에서의 지지층은 주로 소공장주, 소매점 주인, 소지주 내지 자작농 상층, 소학교 교원, 하급 관리 등이었다. 지식층은 대개 파시즘에 적응하고 추종하는 편이되 적극적인 주장자는 없었고, 반면 명확하게 파시즘 반대의 태도를 끝까지 관철한 사람도 적었다. 독일이나 이탈리아에서는 지식층이 적극적 옹호자였고 특히 대학생들이 큰 역할을 한 것과 대조적이다. 일본의 대학생층은 파시즘의 담당자는 아니었다.

전반적으로 일본 파시즘의 역사적 진전 과정에서 특징적 양상을 볼 수 있다. 일본 파시즘은 독일이나 이탈리아에서와 같은 '혁명'을 갖고 있지 않다. 일본에서는 대중적 조직을 가진 파시즘운동이 국가기구를 점거하는 형태는 한 번도 볼 수 없었다. 일본 파시즘은 독일이나 이탈리아 같은 독자적 국민조직이 없이 메이지 이래의 관료적 지배양식과 사이비 입헌제를 유지한 채 8·15를 맞았다.

왜 일본에서는 국민들의 아래로부터의 파시즘'혁명'이 없었던 것인가. 민주주의혁명을 거치지 않은 곳에서는 전형적인 파시즘운동의 아래로부터의 성장 또한 있을 수 없다. 독일이나 이탈리아에서는 어떻든 1차 세계대전 이후 부르주아 민주주의가 확립되고 그기반 위에서 강력한 프롤레타리아 조직이 형성되었다. 물론 일본에서도 다이쇼 말기부터 쇼와 초기에 걸쳐 노동운동이 미증유로 고양되고, 또한 농업공황에 의해 소작쟁의가 매년 격증해갔다. 그러나 일본의 좌익운동이 실제로 어느 정도 노동자·농민 속에 침투해 들어갔는가를 보면, 독일이나 이탈리아와는 전혀 비교가 되지 않는다.[11]

마루야마는 천황제라는 일본의 전통 속에서 어떻게 개인의 자유가 확보될 수 있는가의 문제를 탐구했다. 근대 자유주의 시각에서 천황제를 겨냥한 그는 일본 파시즘에 대해 구체적으로 특히 다음 두 가지를 지적한다. 첫째, 일본 파시즘은 개인에 대한 권력적 지배뿐만 아니라 가치의 국가독점에 의해 정신적 지배를 꾀했다는 점이다. 둘째, 일본은 민주주의혁명의 경험이 없었기 때문에 아래로부터의 힘의 요소가 부재했으며, 그로 인해 대중운동 없는 파시즘이었다는 점이다. 그리고 이 두 가지 점은 모두 유럽 국가의 경우와 다른 대조적 양상이라는 것을 그는 강조한다.

마루야마의 분석 가운데 '시민혁명과 헌법'의 관점에서 특히

2장   사회경제적 갈등에 어떻게 대응했는가?

주목할 점이 있다. 일본의 민주주의혁명의 부재가 일본 파시즘의 특징으로 나타났다는 지적이다. 더 미세하게 본다면, 민주주의혁명의 부재라기보다 그 시도조차 없었음이 일본 파시즘의 고유한 속성을 불러왔다고 할 것이다.

패전 후 일본에서 마루야마는 민주주의를 옹호하는 행동적 사상가로서의 이미지를 지니고 있었다. 그러나 앞에서 간간이 언급한 것처럼, 그는 대외적 측면에서는 리버럴리스트라기보다 내셔널리스트로서의 면모를 숨길 수 없었던 것으로 보인다.[12] 이 점은 메이지 헌법 제정 과정에서 표출됐던 자유민권운동의 대외 노선을 상기시킨다. 당시 재야의 자유민권운동세력은 다른 한편에서 대외적 팽창주의를 부르짖고 있었다.

일본 근대사의 본류는 무엇일까. 1920년대에 나타났던 정당 정치적 민주주의의 흐름인가, 또는 1930년대 이래의 군국주의의 물결인가. 아니면 두 흐름의 어우러짐인가. 오늘의 일본은 그 어느 흐름의 연속으로 볼 것인가.

천황제와 평화 조항의 '바터 관계'?: 일본국 헌법[13]

1945년 9월 27일, 일본 천황 히로히토가 점령군 총사령관 더글러스 맥아더Douglas MacArthur(1880-1964)를 찾아갔다. 도쿄 히비야의 제1생명상호빌딩에 있던 총사령부에서 천황은 총사령관에게 변명했다. 히로히토는 자신이 전쟁 개시에 반대했고 전쟁을 피하기 위해 노력했다고 말하면서, 패전 후의 일본을 기존 천황제 아래에서 자신이 끌어가고 싶다는 희망을 피력했다. 히로히토는 맥아더가 천황제 폐지 의사가 없음을 '확인'했다.

10월 4일, 부총리 격이었던 무임소장관 고노에 후미마로近衛文麿(1891-1945)가 맥아더와 면담했다. 이 자리에서 맥아더는 고노에에게 헌법개정을 시사했고, 고노에는 초안 작업에 착수했다. 고노에의 생각은 메이지 헌법의 모방에서 벗어나지 못했다. 어느 일본 헌법사학자(고세키 쇼이치古關彰一, 1943-)는 고노에가 하코네箱根의 여관에서 초안 작성 작업을 한 사실을 두고, 이토 히로부미가 여관방에서 메이지 헌법 초안의 비밀 작업을 수행했던 역사적 사실을 흉내 냈다고 평했다. 이후 12월, 총사령부가 고노에를 전범으로 지명하자 그는 음독자살했다.

연합국은 일본을 점령할 때는 독일에서와 달리 '간접점령'의 방식을 택했다. 천황과 일본 내각이 존속한 채로 '연합국최고사령관총사령부聯合國最高司令官總司令部, General Headquarters of the Supreme Commander for the Allied Powers. 줄여서 GHQ SCAP'의 지령을 받았다. 헌법의 '개정' 작업 역시 처음에는 일본 측에 맡겨졌다. 그러나 천황의 전쟁 책임을 부정하고 천황제라는 '국체호지國體護持'에 매달렸던 일본 측의 초안은 '대일본제국 헌법'의 틀을 크게 벗어나지 않았다. 그러자 총사령부가 직접 나섰다.

1946년 2월, 헌법개정을 위한 '맥아더 3원칙'이 제시됐다. '1. 천황은 국가의 최고위의 지위에 있다. 2. 국권의 발동인 전쟁은 폐지한다. 3. 일본의 봉건제도는 폐지된다.' 이어서 일주일 후, 국민주권과 전쟁방기戰爭放棄를 핵심 내용으로 한 '총사령부안'이 일본 정부에 전달됐다. 같은 해 4월에 총사령부안을 기초로 '상징

천황'과 전쟁방기를 골자로 한 일본 정부의 '헌법개정 초안'이 발표되고, 8월에 중의원이 일부 조항을 수정 가결한 뒤, 9월에 총사령부가 일본 정부에 대해 문민文民 조항 등의 수정을 요구했다. 이어서 10월 제국의회에서 새 헌법안이 최종 의결됐다. 11월 3일 히로히토의 생일, 일본국 헌법이 공포됐다. 6개월 후인 1947년 5월 3일, 황거 앞에서 '일본국 헌법' 시행 기념식이 열렸다. '기미가요君が代'가 울리고 군중은 만세를 불렀다.

1947년 9월, 한 헌법학자(시미즈 도오루淸水澄, 1868-1947)가 아다미熱海에 투신해 죽었다. 그는 천황 자문기관인 추밀원의 마지막 의장이었고, 사라진 '대일본제국 헌법'의 개정에 반대했다. 유서에 이렇게 썼다. "천황제의 장래에 대해 크게 우려하지 않을 수 없다. … 자결하여 유계幽界에서 그 목적 달성에 노력하고자 한다."

우선 주목되는 것은 새로운 '일본국 헌법'이 새 헌법의 제정이 아니라 기존의 '대일본제국 헌법'의 개정 절차를 따랐다는 점이다. '대일본제국 헌법'으로부터 '일본국 헌법'으로, 천황주권주의에서 국민주권주의로의 전환은 헌법의 뿌리를 바꾸는 것임에 틀림없다. 기존 헌법과의 동일성을 파괴하는 것이다. 이런 대전환이 '개정'이라면, 그것은 '개정의 형식을 빌린 제정'에 다름 아니다. 패전으로 인한 밖으로부터의 혁명의 결과였지만, 극히 형식적이나마 지난 헌법과의 연속성을 꾀함으로써 고유의 전통을 계승해 보려는 자존감의 표시일 것이다.

새 일본 헌법은 그 전문에서 "주권이 국민에게 있음을 선언하며 … 이것은 인류 보편의 원리"라고 천명한 다음, 본문 제1장 첫

머리에서 천황에 관해 규정한다.

제1조   천황은 일본국의 상징이자 일본국민 통합의 상징이며, 이 지위는 주권이 존재하는 일본국민의 총의에 기초한다.

제2조   황위는 세습이며, 국회가 의결한 황실전범典範이 정하는 바에 따라 이를 계승한다.

제3조   천황의 국사國事에 관한 모든 행위에는 내각의 조언과 승인이 필요하며, 내각이 그 책임을 진다.

제4조   천황은 이 헌법이 정하는 국사에 관한 행위만을 행하며, 국정에 관한 권능을 갖지 않는다.

…

제6조   천황은 국회의 지명에 기초하여 내각총리대신을 임명한다.

천황제 존치와 함께 한 짝을 이루는 것이 제9조의 전쟁방기 조항, 이른바 평화 조항이다. 천황제와 전쟁방기는 패전 후 일본 헌법의 핵심 중 핵심이다.

제9조 제1항 일본국민은 정의와 질서를 기조로 하는 국제 평화를 성실하게 희구하며, 국권國權의 발동인 전쟁과 무력에 의한 위하威嚇 또는 무력의 행사는 국제분쟁을 해결하는 수단으로서는 영구히 이를 포기한다.

　　　제2항 전항의 목적을 달성하기 위하여 육해공군 기타의 전력戰力은 이를 보지保持하지 않는다. 국가의 교전권은 이를 인정하지

않는다.

앞의 전쟁방기 조항은 천황제 유지와 밀접히 연관돼 있다. 천황제 유지를 위해 그 보완 수단으로 전쟁을 방기한다는 것이다. 천황제 유지와 전쟁방기를 주고받는, 이를테면 '바터barter 관계'인 셈이다. 전쟁방기 제안이 누구의 발안이었는지, 일본 측인지 맥아더 측인지에 관해서는 논의가 있어왔지만, 양측의 이해관계가 합치한 결과로 보인다. 일본 측으로서야 천황의 전쟁 책임을 회피하고 천황제 유지를 위해서라면 전쟁방기라도 (잠정적으로) 수용할 수밖에 없었겠지만, 맥아더로서도 효율적 점령정책 수행을 위해 천황제 존치가 필요했다. 맥아더는 육군참모총장 아이젠하워Dwight David Eisenhower(1890-1969)에게 보낸 전문에 이렇게 썼다. "히로히토의 전범 기소에 반대한다." "히로히토의 위력은 100만 명의 군대와 수십만 행정관에 필적한다."

이런 점에 비추어, 일본 측과 맥아더 사이의 관계에서 보면 '바터 관계'란 해석은 설득력이 없다. 맥아더로서는 천황제를 '양보'한 것이 아니기 때문이다. 다만 연합국과 일본 사이의 관계에서 본다면, 결과적으로 바터 관계라는 설명이 수긍될 수 있다. 연합국 측은 천황제 폐지와 히로히토 처벌까지 요구한 터였기 때문이다. 맥아더는 연합국 측과 일본 측의 요구를 조정하여 천황제를 유지하되 '상징'천황제로 약화시키는 한편, 전쟁방기라는 보완 장치를 동원해 천황제 유지의 결과를 만들어냈다.[14]

덧붙일 점이 있다. 이른바 '아시다 수정'에 관해서다. 일본 헌법제정의 최종 단계에서 중의원 특별위원회 소위원회 위원장이었던 아시다 히토시芦田均(1887-1959)는 제9조의 정부 원안에 수정을 가한다. 수정 내용 중 특히 주목할 만한 것은 제9조 2항의 첫머리에 "전항의 목적을 달성하기 위하여"라는 문장을 삽입한 부분이다. 이 부분은 아시다 위원장이 제안하여 최종적으로 채택됐다. 이 수정의 취지는 무엇이었나. 한국전쟁 발발 후인 1951년 1월, 아시다는 『마이니치신문每日新聞』 기고에 이렇게 적었다.

> 헌법 제9조 2항에는 "전항의 목적을 달성하기 위하여 육해공군 기타의 전력은 이를 보지하지 않는다"라고 되어 있다. 전항의 목적이란 무엇을 말하는가? 이 경우에는 국책 수행의 도구로서의 전쟁 또는 국제분쟁 해결의 수단으로서의 전쟁을 할 목적을 가리키는 것이다. 자위를 위한 무력행사를 금지한 것이라고는 해석할 수 없다. … 전력을 보유하지 않는다는 것은 절대적으로가 아니라 침략전쟁의 경우에 한정된다는 취지이다. "국가의 교전권은 이를 인정하지 않는다"라고 헌법 제9조 말미에 규정하고 있는 것은 자위를 위한 항쟁을 부인하는 것이 아니다. 현재 유엔군은 조선에서 항쟁하고 있지만, 이것은 경찰행동이며 교전권에 의한 전쟁이라고는 불리고 있지 않다. 이것은 의심할 바 없이 자위 혹은 침략 방지의 항쟁과 교전권은 불가분이 아니라고 하는 살아 있는 실례이다."[15]

제9조 전쟁방기 조항이 자위권을 부정하는 것이 아니라면, 나아가 자위권에는 집단적 자위권까지 포함된다는 해석에 이른다

면, 이미 평화 조항은 아무것도 아니다. 2017년 5월 3일, 아베 신조 일본 총리는 『요미우리신문讀賣新聞』 인터뷰에서 이렇게 밝혔다. "2020년을 새 헌법이 시행되는 해가 되게 하고 싶다."

천황제라는 이름의 가면극

일본의 지도층을 떠나 보통의 일본인들은 어떠한가. 그들은 이제 선진 민주국민들인가. "일본국 헌법의 '출현' 과정에서 일본 신민의 일관된 모습으로 부각되는 것은, '천황제 지지'와 '점령군에의 복종'이다."[16] 이제 점령군이 동맹군으로 바뀐 오늘 일본의 상황은 얼마나 달라졌는가. 패전 후 1946년 1월 1일, 이른바 '쇼와 21년 연두칙서'에서 천황 스스로 "나는 살아 있는 신現御神이 아니라 인간"이라는 '인간선언'을 했지만, 오늘 일본의 '국체'는 진실로 무엇인가.

1960년 미국과 일본의 군사동맹을 강화하는 미일안전보장조약 개정이 있었을 때, 일본에서는 이를 반대하는 대대적 시위 사태가 벌어졌다. 이른바 '안보투쟁'이다. 전국적으로 시위군중 500만 명이 넘는, 패전 후 일본 최대 규모의 시민운동이라고 일컬어진다. 노동조합 같은 조직에 속하지 않은 보통 시민이 분노를 폭발시킨 것은 이때가 처음이라는 평가도 있다. 천황제에 대한 비판적 분석으로 각광받은 마루야마 마사오는 당시의 상황을 목격하고 이렇게 말했다. "전후 15년이 지나서야 헌법감각이 사람들의 생활 속에 정착되고, 민주주의가 마침내 땅에 뿌리를 내리기 시작했다." 과연 일본인은 이제 신민에서 시민으로 변신했는가.

일국의 국내 정치는 그 대외 관계에 영향을 미치게 마련이다. 한 나라의 민주주의 정착 여부에 따라 그 나라의 대외 노선, 특히 국제평화주의 여부가 갈리기 십상이다. 대체로 독재는 전쟁을 부르기 쉽고 민주주의는 평화 지향적이다. 20세기 전반, 일찍이 이 같은 국내 정치와 국제 정치, 국내법과 국제법의 상관관계에 주목했던 법학자 미르킨느 게체비치Mirkine-Guetzévitch(1892-1955)는 '국제헌법Droit Constitutionnel International'이라는 새 학문 분야를 창시하기도 했다(19세기 후반 일본의 이른바 자유민권운동세력이 정한론 등 대외 팽창 노선을 주장한 사실은 예외적 사례이거나, 아니면 그들의 자유민권운동 자체의 진정성을 의심할 수밖에 없다).

현대 일본 사회의 이해는 그 자체로 쉽지 않은 과제다. 한 미국 법학자의 일본법 분석은 이 과제에 일조할 것으로 보인다. 미국의 대표적 일본법 연구자의 한 사람으로 꼽히는 헤일리John Owen Haley(1942-)의 저서 『권력 없는 권위Authority Without Power』는 사회적 맥락에서 일본법의 구조적 특성을 분석하고 있다.[17] 그 요지의 일부를 아래에 정리한다.

12세기 가마쿠라 막부 시대 이래 16세기까지 일본은 '권위authority의 중앙집중'과 '강제적 권력power의 분산'이라는 권위와 권력의 분리 양상을 보여왔다. 17세기 이후 도쿠가와 시대에 신 유교 사상의 영향하에 관료체제가 정착되었다. 그러나 기본적 행정 단위인 '마을村'은 공식적으로는 중앙의 권위에 종속되었지만, 내부적으로는 광범한 자율성을 누렸다. 메이지유신 이후 천황제 헌법 아래에서도 권위와 권력의 분리는 지속되었다.

일본 사회는 법적 통제보다는 공동체의 비법적非法的 사회통제에 의해 그 질서가 유지된다. 국가권력과 법 집행은 상대적으로 약하다. 전형적 예는 '마을'에서 볼 수 있다. 마을은 일본의 효율적 통치의 주된 패러다임이다. 산업화로 마을은 거의 해체되었지만, 2차 세계대전 이후 그 기능을 대신하는 것은 회사와 기업이다. 회사는 현대적 마을이다.

법적 통제가 아닌 사회적 통제에 의한 질서유지는 부정적 측면이 있다. 강제집행자로서의 조직폭력배의 존재가 그 단적인 예다. 국가에 의한 개인 권리의 구제가 취약한 것도 어두운 단면이다. 그럼에도 불구하고 전후의 일본은 안정적이면서도 정당한 사회질서를 유지해왔다. 일본에서는 법적 통제가 약할 뿐 아니라, 보편적 도덕 기준도 결여되어 있다. 일본에서 정당성의 원천은 '합의consensus'에 있다. 법은 이 합의의 형성을 위한 도구가 된다. 법은 강제 수단으로서보다 규범 정립에 있어서 '다테마에에立て前'*로서 기능한다. 이 같은 일본의 특성은 서구는 물론이고 중국, 한국과 같은 다른 동아시아 국가들과도 상이하다. 일본에서 법은 명령하지만 강제하지는 않는다.[18]

헤일리의 일본법 분석에 비판이 따름은 물론이다. 일본법의

---

* 다테마에란, 겉으로 나타내는 의견이라는 뜻이며, 속마음을 의미하는 혼네本音와 대비하여 사용된다. 일본인의 언행을 가리킬 때, 흔히 다테마에와 혼네가 다르다고 말한다.

특성, 특히 일본법에서의 권력 부재를 과장하고 있다는 등의 지적이 있다. 미국과의 대비에서 오는 편향적 과장도 있을 것이다. 그럼에도 불구하고 총체적 시각에서 일본의 법과 사회가 지닌 구조적 특성을 단순하고도 명확히 드러내주는 미덕이 있다. 한편, 이런 분석이 '일본인은 권력자에게 반대 없이 복종한다'는 오랜 통념과 충돌하는 것은 아니다.

일본의 전통 가무극에 '노能'가 있다. 주연 역할을 하는 배우가 노멘能面이라 부르는 가면을 걸친다. 일본 사회에서 천황은 노멘 같은 존재가 아닐까(실제로 화면에 보이는 일본 천황의 모습은 대개 알 수 없는 미소를 머금은, 가면 쓴 얼굴처럼 보인다. '가면 쓴 가면'이라고 할까). 노멘을 걸친 주역은 일본의 지도층이다.*

천황은 권위의 상징이다. 책임을 지지 않는 무책임 권위의 상징이다. 권위는 권력과 구별되지만, 자발적 복종을 이끄는 권위는 강제적 권력보다 강할 수 있다. 일본 헌법이 개정되는 날, 천황이라는 가면의 위력은 새로운 의미를 지니게 되는지 모른다.

한마디 첨언한다. 천황제를 살린 것은 맥아더 사령관이다. '상징'이라는 수식을 덧붙여 천황제를 유지시키고 천황을 면책했다. 그로서는 원만한 점령 통치를 위한 책략이었겠으나, 후일 동아시아를 위해서 현명한 처사였는가. 역사가 홉스봄은 이렇게 말했다. "'모든 걸 이해한다는 것은 모든 걸 용서하는 것이다'라는 말은 잘

---

* 메이지유신의 시원으로 일컬어지는 요시다 쇼인, 조선 통감을 지낸 이토 히로부미, 그리고 제9조 개헌의 일정까지 공언한 일본 수상 아베 신조. 이들은 모두 공교롭게도 같은 지역인 야마구치山口현 출신이다.

못되었다. 독일 역사에서 나치 시대를 그 역사적 맥락 속에서 이해한다고 해서 집단학살을 용서하는 것은 아니다."[19] 하물며 책임의식조차 희미한 일본에 대해서는 말할 것도 없다. 다만, 용서할 수 없다는 것과 주변 국제정세 속에서 일본에 어떻게 대응할 것인가를 구분하자는 견해는 전략적 관점에서 경청할 만하다. 역사의 물줄기 도처에서 부딪치는 모순적 현실은 어쩔 수 없다.

법원에 의한 헌법혁명: 미국 헌법

미국 헌법사를 이해하기 위한 두 개의 키워드가 있다. 재산권, 그리고 흑인. 이 둘 가운데 흑인 노예·흑백 차별의 문제가 미국 특유의 것이라고 본다면 보편적 관심사는 재산권 문제가 될 것이다.

'부자를 위한 경제문서'[20]

매사추세츠 서부의 한 가난한 농사꾼이 독립전쟁에서 부상당하고 귀향한다. 전쟁영웅인 퇴역 대위였지만 그는 봉급도 못 받은 채 빚에 시달렸다. 농가부채에 힘들어 하던 이웃들과 함께 정부에 채무구제를 요구했지만 거부당했다. 1786년 8월, 쉐이즈라는 이름의 이 농사꾼은 동조자들을 모아 봉기에 나선다. 반란은 이듬해 6월에야 진압됐다. 사상자는 많지 않았다. 반란군 5명이 사망하고 수십 명이 부상했다. 봉기 진압 후 반란군 2명이 처형되고 쉐이즈는 사면됐다. 1787년 필라델피아 헌법회의Constitutional Convention의 배경이 된 '쉐이즈의 반란Shays' Rebellion'은 미국 헌법제정의 이면을 보여준다.

1776년 독립선언 후 결성된 연합규약the Articles of Confederation 시대에 13개 주를 괴롭힌 것은 대외 문제와 더불어 경제적 혼란이었다(연방국가 성립 이전이므로 '주州'라는 표현이 부적절하지만 편의상 이 용어를 그대로 쓴다). 특히 농민부채 문제가 심각했다. 농민들은 채무면제나 상환연기를 요구했다. 독립전쟁 후 각주의 신흥 정치세력은 민중의 요구에 민감했고, 여러 주에서 채무면제법이 통과됐다.

지폐발행도 채무면제와 비슷한 효과를 갖고 있었다. 지폐는 인쇄되어 나오자마자 가치가 떨어졌기 때문이다. 지폐발행은 채무면제법과 마찬가지로 채권자들을 떨게 만들었다. 채권자들은 채무면제법이나 지폐발행을 막으려 고심했다. '미국 헌법의 아버지들' 가운데에서도 핵심 인물이었던 제임스 매디슨James Madison(1751-1836) 역시 그런 사람들의 하나였다. 이런 상황에서 각 주의 지도자들은 무력한 연합규약의 개정을 넘어 연방국가 창설을 위한 새로운 헌법제정에 나선 것이다. 헌법회의에 모인 각주 대표자 55인의 주된 관심사의 하나는 유산자들의 재산권 보호였다. 그들의 이런 뜻은 최종 채택된 헌법조항에 직접 반영되어 나타났다.

제4조 제10절 제1항 어느 주州라도 … 화폐를 주조하거나 신용증권을 발행하거나 금화나 은화 이외의 것을 채무지불의 법정 수단으로 삼거나, 사권박탈법Bill of Attainder, 소급절차법 또는 계약상 채무에 해를 끼치는 법률 등을 제정할 수 없다.

미국 헌법제정의 이면이 부자들의 재산권 보호라는 점을 밝히는 데 결정적 계기가 된 책이 있다. 역사학자 찰스 비어드Charles A. Beard(1874-1948)의 저서 『미국 헌법의 경제적 해석An Economic Interpretation of the Constitution of the United States』(1913)이 그것이다. 이 책의 결론 말미에 이런 구절이 나온다.

> 미국 헌법제정을 위한 운동은 연합규약하에서 불이익을 받았던 주로 4개 집단의 동산動産 이해관계자들, 즉 금전, 공채, 제조업, 그리고 무역해운업 관련자들에 의해 시작되고 수행되었다. … 헌법은 법률가들이 말하는 것처럼 전체 인민에 의해 만들어진 것이 아니라 … 주 경계를 넘어 전국적으로 뭉친 이익집단의 작품이었다.[21]

1937년 '헌법혁명'[22]

재산권 보호를 위해 미국 연방대법원이 애용한 헌법조항은 '적법절차due process of law' 조항이다("적법절차 없이 생명, 자유, 재산을 박탈할 수 없다." 수정 제5조 및 수정 제14조. 미국 헌법은 개정 조항을 후미에 별도 첨부하는 형식을 취한다). 이 조항의 문면文面 그대로라면 '절차'에 핵심이 있는 것으로 보이지만, 연방대법원은 절차적 의미에 한정하지 않고 실체적 의미로 확대해석하였다. 즉 '생명·자유·재산의 박탈 금지'라는 매우 포괄적 의미로 적법절차 조항을 해석·적용한 것이다. 특히 정부의 제한을 받지 않고 자유롭게 계약을 체결할 수 있다는 계약의 자유가 이 조항에 함축되어 있다고 보고, 여러 경제규제 법령들을 이 조항에 의거해 위헌이라고 판결하였다.

이런 판례 가운데 대표적 예로 꼽히는 것이 1905년의 로크너Lochner 판결이다. 빵 공장 근로자의 근로시간을 제한한 뉴욕의 주법에 대해 연방대법원은 적법절차 조항을 근거로 위헌판결을 내렸다. 계약의 자유 침해라는 것이었다.

자유방임주의 경제철학에 젖은 이런 판결은 1930년대에 이르도록 지속됐다. 여기에 변화의 계기가 된 것이 1930년대 대공황이다. 주가 폭락으로 시작된 대공황을 배경으로 프랭클린 루스벨트Franklin Roosevelt(1882-1945) 대통령이 등장한다. 대부호의 자손이었음에도 온건 진보주의자였던 그는 뉴딜의 기치를 내걸었다. 공황 극복을 위해 수년간 의회에서 뒹굴던 진보적 법안들을 밀어붙였다. '뉴딜입법'이 그것이다.

여러 뉴딜입법의 핵심의 하나는 산업부흥법National Industrial Recovery Act, NIRA이라는 연방법률이다. 노동조합에 단체교섭권을 부여하고 근로시간, 최저임금 등 공정경쟁을 위한 협약을 설정하도록 하는 부분 및 실업자 구제를 위한 공공사업 시행에 관한 부분으로 구성된 법률이었다. 실제로 산업부흥법은 실패였다. 여기에 더해 대법원은 1935년의 한 판결에서 치명적 일격을 가했다. 이 법률이 아예 위헌이라고 판결한 것이다.

뉴딜입법에 대한 대법원의 제동은 그 후에도 지속됐다. 대법원은 1936년 판결에서 산업부흥법과 더불어 뉴딜입법의 또 다른 기둥인 농업조정법Agricultural Adjustment Act, AAA에 대해서도 위헌판결을 내렸다. 그 밖에도 석탄산업 규제, 도시 파산자 구제, 농촌 채무자 구제 등 여러 뉴딜 조치에 대해 위헌판결이 이어졌다.

1936년 가을, 전례 없는 압승을 거두며 재선에 성공한 루스벨트는 대법원의 '늙은 파수꾼들'을 향해 공세를 가했다. 당시 연방대법관 9인의 이념적 성향은 진보파 3인, 중도파 1인, 보수파 5인으로 갈리는 양상이었다. 1937년 2월, 루스벨트는 이른바 '법원 채워넣기court packing' 법안을 추진했다. 연방대법원을 비롯해 연방법원의 법관 수를 늘리려는 취지였지만 그 내용이 기묘했다. 70세를 넘는 연방법관이 6개월 내 은퇴하지 않는 경우, 그 수만큼 대통령이 새 법관을 임명할 수 있게 하자는 방안이었다. 이 방안이 실현되면 루스벨트는 자신의 정책에 동조하는 6인의 대법관을 새로 임명할 수 있게 될 것이었다. 명분으로는 노령의 법관들의 업무 경감을 내걸었다. 마침 의회도 민주당이 장악한 터였으므로 법안 통과를 예상했지만, 기대는 빗나갔다. 상원마저도 루스벨트를 비판하고 나섰다. 대통령이 법원을 종속시키고 독재를 꾀한다는 것이었다. 그 사이, 대법원이 일련의 판결들을 내놓았다.

1937년 3월 29일, 미국 헌법사의 '헌법혁명Constitutional Revolution'이 일어났다. 혁명의 발생지는 연방대법원이었다. 이날 혁명의 시작을 알리는 판결이 나왔다. '웨스트코스트호텔 대 패리시 West Coast Hotel v. Parrish' 판결이 그것이다. 사건 개요는 이렇다. 패리시라는 여인은 호텔 잡역부였다. 워싱턴주 주법에서 정한 부녀자 최저임금에 미달하는 임금을 받았고, 그 차액을 청구하는 소송을 제기했다. 주법상 최저임금은 48시간에 주급 14달러 50센트였다. 상고인 호텔 측은 최저임금법이 계약의 자유를 침해하는 위헌이라고 주장했다. 그 1년 전, 유사한 사건의 판결에서 대법원은 5대

4로 갈린 판결에서 위헌이라고 선언했었다.

웨스트코스트호텔 판결에서 대법원은 선례를 뒤집었다. 최저임금법이 합헌이라고 판결하여 패리시의 손을 들어준 것이다. 이 역사적 판결은 한 사람의 대법관이 오른쪽을 향해 '그네타기'를 했기 때문에 가능했다. 보수파 5인 대법관의 하나였던 로버츠Owen J. Roberts(1875-1955) 대법관이 노선 변경을 해 이번에는 5대 4로 진보파가 승리한 것이다.

후일 알려진 바로는 이랬다. 루스벨트가 법원 채워넣기 법안을 제안하기 한 달 전 이미 로버츠 대법관의 전향이 결정됐다는 것이다. 그의 그네타기가 루스벨트의 압박 때문은 아니었다는 얘기다. 로버츠와 손을 잡은 혁명의 조역은 휴스Charles Evans Hughes(1886-1948) 대법원장이었다. 보수와 진보를 오가던 그는 이 판결에서 진보진영에 가담했다.

이 판결이 내려진 날, 대법원은 뉴딜을 지지하는 판결을 잇달아 내놓았다. 농가부채구제법, 철도단체협약법 등 이미 위헌으로 선언됐던 법률들과 유사한 연방법률들에 대해 이번에는 합헌판결이 내려졌다. 뒤이어 일련의 사건에서 연방대법원은 여러 뉴딜입법에 대한 합헌판결의 행진을 지속했다. 대부분 5대 4의 근소한 차이였다. 불안은 오래가지 않았다. 대법원에서 버티던 늙은 파수꾼들이 하나둘 은퇴하면서 그 빈자리를 뉴딜 지지자들이 채워간 것이다. 이제 헌법혁명은 굳게 다져졌다.

이후 미국 연방대법원은 정부의 경제규제 조치들에 대해 거의 손을 떼다시피 했다. 경제 영역에서 정부가 사실상 백지수표를 손에 쥐게 된 것이다. 이처럼 미국사에서 자유방임주의로부터 수정 자본주의에로의 대전환은 특이한 방식으로 이루어졌다. 헌법규정을 그대로 둔 채, 헌법조항의 해석 변경을 통한 판례 변경에 의해 혁명을 성공시킨 것이다. 그만큼 미국은 어느 나라보다 사법 우위의 전통을 이어왔다. 때문에 '사법통치Juristocracy'라는 비판적 용어까지 등장하는 것이 미국 헌법사의 특이한 면모이다. 뒤에 보는 것처럼 한국 민주화 과정에서도 헌법재판의 위력은 사법통치적 면모를 보인다.

전환기의 분단국 헌법: 한국 1948년 제헌헌법

2차 세계대전 종전 이후 국제 관계는 대전환을 맞는다. 전쟁 중에 서로 손잡았던 두 강대국이 적대 관계로 돌아섰다. 애초 미국과 소련이 연합국으로 함께 싸운 사실이 기이한 일이었다. 자유민주주주의와 전체주의라는 불상용不相容의 헌법체제를 가진 두 나라가 연합한 것이다. 미·소는 이내 냉전 관계에 들어선다. 그 와중에 한반도는 허리가 잘렸다. 독일 역시 분단되었지만, 두 나라의 사정은 전혀 달랐다. 무엇보다 독일은 전쟁을 일으킨 가해 국가였지만 한국은 아무 책임 없는 희생자였다. 책임이 있다면 식민지였다는 점이라고 할 것인가(분단국 헌법에는 고유한 문제가 있다. 분단 사실을 헌법에 어떻게 반영하느냐의 문제다. 이 문제는 뒤의 10장에서 다룬다).

중간파의 좌절: 유산된 '조선임시약헌'[23]

중간파란 누구인가. 1948년 해방 후 미군정 시기, 좌익과 우익 사이에서 양자의 연합을 추구하며 통일 정부 수립을 꿈꾸었던 정치세력이다. '중간파'라는 용어는 당시 실제로 불리던 호칭이기도 하다. 해방공간에서 중간파가 부각된 것은 군정당국이 이들의 존재에 주목한 무렵부터이다. 1946년 5월 제1차 미소공동위원회 결렬후, 좌우익 대립이 격화되는 가운데 미군정은 중간파의 좌우합작에 의한 임시정부 수립을 모색하고 있었다. 당시 중국에서 국공합작을 추진하던 미국은 한반도에서도 그런 가능성을 기대하였다.

1946년 10월, 미군정은 새로운 입법자문기구로서 '남조선과도정부 입법의원南朝鮮過渡政府 立法議院'을 설치하였다. 점령통치기구 현지화정책의 하나였다. 중간파의 '납북합작위원회'는 이 기구의 설치를 뒷받침했다. 입법의원 의원 90명 중 45명은 복잡한 방식의 간선제로 선출되고, 나머지 45명은 군정장관이 지명하는 관선의원으로 구성되었다. 좌익이 선거를 거부한 가운데 투표율은 저조했다. 민선의원선거 결과는 우파의 압승이었고, 관선의원은 좌우합작파가 추천한 중간파가 대다수였다. 임시정부 부주석을 지낸 중간파의 김규식金奎植(1881-1950)이 입법의원 의장을 맡았다.

입법의원의 권한은 한정되었다. 군정 법령에 따르면 그 권한은 "정치적·경제적 및 사회적 개혁의 기조로 사용될 법령 초안을 작성하여 군정장관에게 제출"하는 데 그쳤고, 그 효력 발생에는 군정장관의 동의가 필요했다. 또한 모든 법령이 입법의원을 거쳐야 하는 것도 아니었다.

1947년 초부터 입법의원은 과도임시정부에 적용할 헌법안 작성에 착수했다. 2월 이른바 '신익희申翼熙안' 제안에 이어, 3월에 '서상일徐相日안'이 제출되었고, 4월에는 '김붕준金朋濬안'이 회의

　　　2장　사회경제적 갈등에 어떻게 대응했는가?

에 상정됐다. 신익희(1894-1956)는 임시정부 출신이지만 이승만李承晩 (1875-1965)과 가까웠고 서상일(1887-1962)은 한국민주당 소속으로, 양자 모두 우익을 대변했다. 한편 김붕준(1888-1950)이 주도한 초안은 중간파의 구상을 담고 있었다(김붕준은 주로 중국에서 활동했으며 임시정부 국무위원 출신이었다). 7월, 서상일안과 김붕준안을 절충·통합한 '조선민주임시약헌안朝鮮民主臨時約憲案'이 제출됐다. 뒤이어 1947년 8월 6일, 이 통합안은 본회의 심의를 거쳐 '조선임시약헌朝鮮臨時約憲'이라는 이름으로 입법의원에서 의결됐다.

조선임시약헌의 주요 내용을 살펴본다. 우선 서상일안에서 효력 범위를 38선 이남으로 한정했던 규정을 삭제했다(그럼에도 심의 과정에서 일부 좌파 의원들은 약헌제정이 통일에 방해된다고 하여 반대 주장을 폈다). 이 약헌은 제1조에서 "조선朝鮮은 민주공화체民主共和體임"이라고 규정했다. 정부형태는 서상일안의 내각책임제안과 중간파의 임시정부 정부형태 계승의 입장을 절충한 결과, 주석제(대통령제)에 가깝게 되었다. 입법의원의 내각 불신임권과 주석의 입법의원해산권은 인정되지 않았다. 임기 4년의 주석 및 부주석은 국민선거에 의하되 다만 초대에 한하여 입법의원에서 선출하도록 했다. 국무총장과 국무위원은 주석이 임명하며 입법의원의 인준을 받도록 했다. 국무총장과 국무위원으로 국무회의가 구성되고 국무총장이 의장이 된다. 중화민국 헌법의 5권분립론의 영향으로 고시장관과 감찰장관을 두었다. 최고 법원이 법률의 약헌위반 여부를 심사할 수 있게 하여 이른바 위헌법률심사제, 곧 헌법재판제도를 채택했다.

기본권에 관해서는 자유권·선거권 외에 생활균등권, 문화 및 후생의 균등권, 노동자대표의 경영참가권을 규정하였다. 경제질서는 계획경제를 기본으로, 주요 공업 및 광산의 국영, 농민본위의 토지분배, 최저임금제, 실업보험제도 등을 규정했다.

입법의원의 약헌 의결 후 상황은 변했다. 1947년 5월에 재개된 제2차 미소공동위원회는 10월 21일 회담장 덕수궁 석조전에서 소련 대표단이 철수하면서 무산된다. 이후 한반도 상황은 분단의 길로 내닫는다. 미국은 한반도정책을 변경해 유엔을 통한 문제 해결을 추구한다. 중간파의 노력 끝에 입법의원에서 통과되었던 조선임시약헌도 유산의 운명을 맞는다. 1947년 11월 20일, 결국 미군정은 오래 미루던 조선임시약헌에 대한 동의를 거부하기에 이른다. 군정당국은 이런 거부 사유를 내걸었다. 남한에 국한하여 구성된 입법의원의 약헌제정이 통일에 지장을 줄 수 있다는 것이다. 아래에 언급하듯이 이미 1947년 가을 군정당국은 따로 산하 기구인 '법전기초위원회法典起草委員會'를 통한 헌법 기초 작업에 착수하고 있었다.

냉전구조를 굳혀가던 국제정세 속에서 중간파는 역부족이었다. 대중적 정당도 결성하지 못했다. 더욱이 김규식의 5·10총선 불참으로 중간파의 헌법구상은 1948년 제헌헌법 제정 과정에도 연결될 수 없었다. 다만 제헌국회의 무소속 소장파 의원들을 통해 그 영향의 흔적을 볼 수 있다는 견해도 있다.

왜 중간파에 주목하는가. 중간파는 치우치지 않은 제3의 길이다. 해방공간에서 중간파의 노선이 모두 옳았다고 보기는 어렵지만, 그럼에도 불구하고 신중한 이성적 현실 대응이야말로 한국 현대사에서 결여되어온 부분으로 보이기 때문에 특히 주목할 만하다. 오늘날까지도 한국의 정치 풍토는 중간파가 뿌리내리기에는 너무 척박하다. 분단 상황이 주된 요인이겠지만, 양극으로 쏠리는 정치·사회적 문화 풍토도 그 바탕일 것이다.

초밥 먹는 동안에 이루어진 역사: '유진오 초안'의 수난

잘 알려진 것처럼, 1948년 제헌헌법의 초안 기초에 전문가로서 핵심 역할을 한 사람은 유진오兪鎭午(1906-1987)다. 그는 일제강점기 경성제국대학에 수석 입학하는 등 일찍이 수재로 명성을 날렸고, 1945년 해방 직후 거의 유일하게 헌법학자로 꼽힐 수 있는 인물이었다. 당시 유진오는 고려대학교의 전신인 보성전문학교에서 공법학公法學 교수로서 헌법학을 가르치면서 경성대학 법문학부에서도 강의하고 있었다. 그의 『헌법기초회고록憲法起草回顧錄』을 중심으로 헌법 초안 기초 과정의 대강과 특히 정부형태, 곧 통치구조 부분에 관한 우여곡절을 요약·정리해본다.[24]

제헌헌법의 초안 기초 과정에서 가장 큰 논란거리는 대통령제냐 내각책임제냐라는 쟁점이었다(유진오 회고록에 자기중심적 기억의 오류가 개입했을 개연성을 감안하지 않을 수 없다. 아래에서의 지적처럼 단순한 기억의 착오도 발견된다). 1945년 말 이래 유진오는 좌우에 걸쳐 다양한 정치세력으로부터 헌법안 초안을 작성해달라는 권유를 받는다. 이들 모두에 불응하던 그는 1947년 가을, 당시 정부라 할 미군정청의 '남조선과도정부南朝鮮過渡政府' 사법부 산하 '법전기초위원회法典起草委員會'의 요청에 응해 헌법기초분과위원회 위원으로 헌법안 초안 작성에 참여한다.* 이때 사법부장은 김병로金炳魯(1887-1964)였다.

착수 당시부터 유진오는 기본 원칙 몇 가지를 설정했다. '국회 양원제, 내각책임제, 농지개혁, 기업의 자유를 전제로 한 통제경제(요새 말로 혼합경제)' 등이었다. 초안 작성 과정에서 당시 과도정부 입법의원 법무사이던 윤길중尹吉重(1916-2001) 등의 도움을 받는다(윤길중은 일제강점기 관료 출신으로, 후일 조봉암의 진보당에 참여하였다). 1948년 4월, 초안 초고가 완성된다.

그에 앞서 동년 3월, 유진오는 한국민주당韓國民主黨을 이끌던 김성수金性洙(1891-1955)로부터 한국민주당(이하 '한민당'으로 약칭)을 위한 헌법 초안 작성을 요청받고, 법전기초위원회의 초안이 작성되면 한 부 건네겠다고 응답한다. 전북 고창 출신의 대지주 김성수와의 대화에서 헌법안의 기본 원칙을 설명하는 가운데, 특히 농지개혁의 당위성을 말한다. "약간 망설이는 빛을 보였던" 김성수는 "농지개혁만이 공산당을 막는 최량最良의 길"이라는 유진오의 설득에 찬의를 표한다.

그리고 4월, 유진오는 신익희로부터 헌법 초안 작성 작업에 참여할 것을 권유받는다. 신익희는 임시정부 국무위원 출신으로, 당시 이승만이 총재로 있던 대한독립촉성국민회大韓獨立促成國民會의 부총재직을 맡고 있었다. 유진오는 5·10총선거를 추진하던 3대 세

---

* 유진오의『헌법기초회고록』에는 '법전기초위원회'가 아니라 '법전편찬위원회法典編纂委員會'로 표기되어 있다. 이것은 착오로 보인다. 법전편찬위원회는 한국 정부 수립 후 대통령령으로 설치된 기구이다. 유진오의 기억에 의존해 기술된 그의 회고록이 1980년에 출간된 점에 비추어 오류로 추정되므로, 이하 '법전기초위원회'로 표기한다.

2장 사회경제적 갈등에 어떻게 대응했는가?

력인 군정청, 한민당 및 독립촉성회 모두로부터 헌법 초안 작성을
의뢰받은 셈이었다.

　신익희가 이끌던 '행정연구회行政研究會'는 이미 헌법 초안을 작
성 중이었고, 거기에는 장경근張暻根(1911-1978), 윤길중 등 일제강점
기에 고등문관시험을 합격한 관료 출신이 참여하고 있었다.* 유진
오는 독립촉성위원회의 초안이 아니라 "이승만-신익희 양씨의 부
탁으로" "사안私案으로서" 헌법 초안을 작성하겠다고 대답하고, 신
익희는 이를 수락한다. 유진오는 내각책임제를 비롯한 자신의 기
본 원칙들을 설명하고 이승만의 동의를 받아달라는 부탁을 한다.
그 후 신익희는 유진오가 제시한 원칙들에 이승만이 전적인 찬의
를 표했다고 전하면서, "내각책임제가 되면 대통령은 할 일이 적
어지지만 부득이한 일이라 하더라"는 이야기까지 덧붙인다.

　1948년 5월 초, 유진오는 초안 작성을 마치고 법전기초위원
회에 제출한다. 통칭 '유진오안'이 이것이다. 유진오 자신의 표현
에 따르면 "유모兪某가 기안한 법전기초위원회 헌법분위憲法分委의
최초 초안"이다. 이후 1948년 5월 14일부터 유진오는 혜화동 최
하영崔夏永(1908-1978)의 처가댁에서 신익희의 행정연구회 멤버들과
헌법 초안 토의를 벌인다.** 초안 토의가 종결된 것은 5·10선거로

---

*　도쿄제국대학 법학부 출신으로 일제강점기 판사를 지낸 장경근은 해방 후 서울
　지방법원장을 지냈고, 후일 1954년 '사사오입 개헌' 파동의 핵심 인물로 등장,
　이승만 독재의 앞잡이로 활약한다. 그는 헌법 기초 과정에서 유진오의 헌법 전문
　성을 폄하하는 태도를 보이기도 했다.

**　최하영은 도쿄제국대학 법학부를 졸업한 일제강점기 관료 출신으로, 이승만 정
　부에서 심계원장審計院長을 지냈다.

선출된 제헌국회의 첫 개회 몇 시간 전이었다.

1948년 5월 31일, 제1회 국회는 옛 조선총독부 건물인 중앙
청에서 열렸다. 당일 국회는 국회의장에 이승만, 부의장에 신익희,
김동원金東元(1882-미상)을 선출했다.* 6월 3일 국회가 '헌법 및 정부
조직법 기초위원' 30인(전원 국회의원)을 선출한 데 이어, 기초위원
회는 기초전문위원 10인을 위촉하였다. 전문위원에는 유진오를
비롯해 윤길중, 고병국高秉國(1909-1976), 권승렬權承烈(1895-1980), 한근
조韓根祖(1895-1972) 등이 포함되었다. 기초위원 선출은 미리 각 도별
로 선임된 전형위원 10인이 그 후보자들을 선정한 후 본회의에서
의결되었다.

기초위원 인선에 대해 한민당 계열 인사들은 "대체로 만족스
러워하는 눈치"였다. 기초위원 30인 중 14인이 한민당 관계자였
고, 기초위원장 서상일도 한민당 소속이었다. 유진오 역시 한민당
발기인의 한 사람이었다.

이런 편향적 인선이 순조로울 수 없었다. 기초위원 선출을 위
한 국회 본회의에서 논란이 적지 않았다. 한 의원(조선민족청년단 문
시환文時煥, 1899-1973)은 이렇게 발언했다. "헌법기초위원으로 해방
이후에 곤란한 사상계를 수습할 수 있는 국책을 견지할 수 있는 이
런 각계각층 이념을 가진 사람이 가장 합리하다고 생각합니다."
그러면서 그는 특히 대한노총 위원장 전진한錢鎭漢(1901-1972) 의원과
조선공화당 당수 김약수金若水(1890-1964) 의원이 포함되지 않은 점에

---

* 김동원은 일제강점기 민족주의자로 교육 활동 등을 벌였으나 후일 친일 행적을
남겼다. 한민당 소속으로, 한국전쟁 때 납북됐다.

2장   사회경제적 갈등에 어떻게 대응했는가?

대해 불만을 제기했다. 김약수도 "대정당이나 단체의 암약이 너무 심하게 작용했다"는 '대정당 음모설'을 들고 나오며 반발했다.

사회를 보던 부의장 신익희는 이런 논변으로 응대했다. "우리는 국민의 대표로 뽑혀진 바예요. 우리는 일반 대중이 아니다 그 말씀이에요. 여기에 무슨 각층계급이 있어요. … 우리가 이 자리에 앉을 때에는 전남, 전북의 대표가 아니라 우리 전체 국민의 대표입니다."[25] 결국 표결 결과, 기초위원 30인 명단은 원안대로 의결되었다.

전문위원 회의에서는 권승렬이 따로 작성한 초안을 내놓았다. 권승렬 역시 법전편찬위원회의 헌법기초분과위원회 위원이었다.* 권승렬안은 유진오안에 약간 수정을 가한 것으로 정부형태 등 기본 원칙에서 큰 차이가 없었다. 헌법기초위원회는 유진오안을 '원안', 권승렬안을 '참고안'으로 하여 심의를 진행했다.

헌법기초위원회 제1독회讀會에서 특히 정부형태 문제가 논란됐다. 허정許政(1896-1988) 등 몇몇 의원이 내각책임제 반대론을 폈다. 허정은 이승만 지지자였다. 조봉암도 내각책임제에 반대하면서, "한민당계가 정계를 좌지우지하는 한 이에 반대한다"고 말했다. 그러나 "기초위원회의 공기는 절대적으로 내각책임제를 지지하는 것"이었다.

제2독회에서 상황은 변했다. 내각책임제 부분의 논의에서 다시 허정이 반대론을 주장하고 유진오가 방어론을 펴고 있을 때, 이

---

* 권승렬은 이승만 정부에서 초대 검찰총장을 거쳐 법무부장관을 맡는다.

승만이 신익희와 함께 기초위원회 회의장에 들어섰다. 이승만은 내각책임제를 반대하는 연설을 시작했다. 반드시 대통령책임제로 해야 한다는 주장을 마치고 이승만은 퇴장했다. 이승만의 반대 의사에도 불구하고 "기초위원회의 전반적인 공기는 내각책임제를 여전히 지지하였다."

그 후 유진오는 이승만으로부터 국회의장실로 와달라는 연락을 받는다. 이승만과 유진오의 만남 장면 일부를 유진오 회고록에서 그대로 옮긴다.

이승만 씨는 나의 손을 붙들고 옆 안락의자에 갖다 앉혔다. 그리고는 의자 옆 카아펫 위에 그대로 앉으면서 "훌륭하오. 우리 한국사람 중에 헌법을 기초할 사람이 있을 줄은 몰랐오" 하면서 나의 손과 무릎을 쓰다듬어주었다. 나는 그저 황홀할 뿐이었다.[26]

그리고 이승만은 이런 말을 덧붙인다. "한국에 헌법을 기초할 사람이 없을성싶어서 환국할 때에 프린스튼대학의 슬라이John F. Sly(1893-1965) 박사에게 이다음 자기가 부탁하거든 한국을 위해 헌법을 기초해달라는 말을 해놓았었다."

6월 21일 오후, 이승만은 기초위원회 회의장에 다시 나타났다. 전보다 훨씬 격한 어조로 내각책임제 반대 연설을 한 끝에, "만일 이 초안이 국회에서 그대로 헌법으로 채택된다면 자기는 그러한 헌법하에서는 어떠한 지위에도 취임하지 않고 민간에 남아서 국민운동이나 하겠다"고 선언하고 퇴장해버렸다. 뒤이어 신익희가 발언하기를, 자신은 본래 내각책임제 찬성이었지만 이 박사의 태도가 저러하므로 대통령제로 바꾸는 수밖에 없지 않느냐고 했다.

기초위원회는 허정, 유진오, 윤길중 3인을 이승만의 거처인 이화장으로 보내 설득 작업을 펴기로 한다. 이화장에서 유진오는 이렇게 열변을 토한다. "대통령제 헌법을 채택한 나라 중에 별 탈 없이 잘되어나가는 나라는 미국뿐입니다. 미국식 대통령제를 쓰고 있는 중남미제국에서는 국회와 정부의 대립 상태를 합헌적으로 해결할 길이 없어서 툭하면 쿠데타 아닙니까." 기초위원회 심의 과정에서 내각책임제로 입장을 바꾼 허정도 이승만에게 소신을 피력한다. 이승만은 내내 부드러운 태도로 시종한다.

이승만의 대응 태도를 보고 일루의 희망을 걸었던 유진오의 기대는 몇 시간을 가지 못했다. 이화장에서 귀가 후 밤 11시가 넘어 김성수로부터 연락을 받는다. 김성수의 집에는 백관수白寬洙(1889-1961), 김도연金度演(1894-1967), 서상일, 조병옥趙炳玉(1894-1960), 김준연金俊淵(1895-1971) 등 한민당 간부들이 가득했다. 김성수가 입을 열었다. "대통령으로 모셔야 될 단 하나밖에 없는 후보자인 이 박사가 내각책임제에 절대로 반대하는 태도를 변하지 않는 이상 한민당도 더 이상 내각책임제를 고집할 수 없어 헌법을 대통령책임제로 바꾸는 데 찬성하기로 하였다." 김성수는 초안 내용을 대통령제로 바꾸는 작업에 전문가 유진오의 의견을 청한 것이었다. 유진오는 국회의 내각 불신임권이나 정부의 국회해산권 외에도 정부의 법률안제출권 등 여러 조항들을 바꿔야 한다는 점을 설명하고, 작업을 서두르면 자칫 "이것도 저것도 아닌 비빔밥 헌법이 되고 말 것"임을 지적한다. 그러고서 앞으로 헌법제정 사업에 관계하지 않겠으며 국회에도 나가지 않을 것임을 밝히고 귀가한다. 국회 헌법기초위원회의 헌법 초안은 결국 그날 밤 한민당 간부들 손에 의해 결정되어, 이튿날 헌법기초위원회에서 그대로 확정된다.

그다음 날인 6월 23일 아침에는 헌법안의 국회 본회의 상정이 예정되어 있었다. 국회 출석 권유를 거부하고 자택에 머물던 유진오는 고민 끝에 국회에서 보낸 자동차를 타고 개회 시간을 넘겨 국회에 당도한다. 서상일 기초위원장의 요청에 따라 제안 설명에 나선 그는 "후일 해석에 의하여 헌법운영을 내각책임제 쪽으로 이끌어 갈 결심"을 하고 "그러한 해석을 저지할 어떠한 설명이나 표현도 피하였다."

그 후 유진오는 국회 본회의 심의 과정에서 초안을 수정하려고 기도한다. 헌법해석을 통한 내각책임제적 운용에 한계가 있다고 봤기 때문이다. 그 결정적 장애는 대통령의 국무총리·국무위원 임명권에 관한 조항이었다. 유진오의 원안에는 이렇게 되어 있었다. "국무총리는 대통령이 임명하고 국회의 승인을 받아야 한다." "국무위원은 … 국무총리의 제청으로 대통령이 임명한다." 이와 달리, 국회에 제출된 초안은 이러했다. "국무총리와 국무위원은 대통령이 임명한다." 유진오는 생각했다. "헌법학자가 아무리 재주를 부려도 해석으로 이것을 내각책임제적 방향으로 끌어가기란 불가능에 가까운 일이다."

유진오는 김성수의 알선으로 이승만과 가까운 미국인 노블 Harold Noble(1903-1953) 박사를 만나 그를 설득한 뒤, 이승만을 찾아간다. 자신의 원안처럼 국무총리·국무위원 임명 조항의 수정 필요성을 설명하며, 노블 박사도 찬성하였음을 강조한다. 주저하던 빛을 보이며 자세한 설명을 요구하던 이승만은 그렇게 해보라고 수락한다.

6월 30일, 제1독회의 말미에 유진오는 단상에 올라 제2독회의 축조심의 과정에서 수정이 필요한 조항으로 국무총리·국무위원 임명 조항을 비롯한 몇 개 조항을 설명한다. 7월 1일부터 시작한 제2독회에서 여러 수정안들이 나왔지만 대개 원안대로 되돌아가고 만다. 8월 15일로 예정된 정부 수립 일정에 맞춰 이승만을 비롯한 모든 정치 지도자들이 서둘렀기 때문이다. 유진오가 설명한 사안에 대해서는 이미 이승만의 동의를 얻었다는 사실이 널리 알려져 있었기에 그대로 통과될 것으로 낙관하였지만 격론이 벌어져 여러 수정안들이 나왔다. '한민당계의 세력이 싫어서 이승만을 지지한' 의원들도 적지 않았다. 7월 6일 오전 그 사안에 대한 토론이 종결되고 표결은 오후로 미뤄졌다. 오후 회의는 2시 개회 예정이었다.

유진오가 동료 전문위원들과 함께 회현동 일식점에서 초밥을 먹고 국회에 돌아온 것은 2시 15분경. 이미 해당 사안은 의결을 끝낸 뒤였다. 최종 의결 내용은 이러했다. "국무총리는 대통령이 임명하고 국회의 승인을 얻어야 한다." "국무위원은 대통령이 임명한다." 유진오 원안의 반쪽만 실현된 것이다. 이를 두고 유진오는 회고록에서 이렇게 탄식한다.

결국 나의 노력은 국무총리 임명에 국회의 승인을 요하게 하는 데 성공했을 뿐인데, 그렇다면 국무총리는 그와 관계없이 대통령이 뿔뿔이 임명한 국무위원들을 어떻게 통제하고 내각의 통일성을 유지할 수 있다는 것인가. 이 결정으로 인하여 대한민국 헌법은 결정적으로 대통령제로 넘어가고 대통령의 전제독주의 길은 환하게 뚫려진 것이었다.[27]

헌법안은 7월 12일 최종 의결됐다. 이어서 7월 17일, 대한민국 헌법은 국회의장 이승만의 이름으로 공포된다. 이 헌법은 부칙 규정에 따라 공포한 날부터 시행됐다.

사족을 붙인다. 7월 12일 헌법안 의결 당시, 기립 표결 후 의장 이승만은 '만장일치' 가결을 선포한다. 현장을 관찰했던 유진오는 이런 기록을 남기고 있다. "모두 우루루 일어섰으나, 의원석 중간쯤 한 의원이 자리에 앉은 채 똑바로 앞을 응시하고 있었다. 그는 이문원李文源(1906-1969) 의원으로 후에 국회 프락치 사건을 일으킨 의원 중 한 사람이다." 1949년 6월, 김약수, 이문원 등 13인의 국회의원이 남로당 공작원으로 체포된 사건이 일어났다. 재판 계류 중 한국전쟁이 발발, 서대문형무소에 수감 중이던 이들 모두 북한 인민군 치하에서 풀려난 것으로 알려져 있다.

'비빔밥' 정부형태

유진오 회고록에 대한 독후감이 없을 수 없다. 우선 정부형태 논란 부분이다. 1948년 제헌헌법에 나타난 정부형태를 보면 대통령제라고도 내각책임제라고도 부르기 어려울 만큼 혼합된 형태를 보여주고 있다. 대통령은 행정권 수반이지만, 대통령과 국무총리 기타 국무위원으로 조직되는 국무원은 단순한 심의기관이 아니라 내각책임제처럼 의결기관이었다. 대통령과 부통령은 대통령제와 달리 국민 직선이 아니라 국회에서 선출한다. 부통령을 두면서도 내각책임제처럼 국무총리를 두고, 국무총리는 대통령이 임명하되 역시 내각책임제처럼 국회의 승인을 얻도록 하면서, 일반 국무위원은 국회의 관여 없이 대통령이 임명하는 것으로 하였다. 제헌헌법의 정부형태가 기본적으로 대통령제라고 보는 견해가 많지만, 위에서 보는 것처럼 내각책임제 요소가 곳곳에 나타난다. 이 점에서 이원정부제에 가깝다는 견해도 있다. 대통령제와 내각책임제의 혼합 정부형태라고 부르는 것이 적절할 것이다. 유진오의 표현을 빌리면, '비빔밥' 정부형태이다.

비빔밥 정부형태로 귀결된 것은 당시의 정치 상황에 비추어 고개를 끄덕일 수밖에 없다. 유진오가 회고록에서 술회한 것처럼, 이승만은 헌법제정 후 대통령선거에서 선출될 수 있는 단 하나의 후보였다. 해방 후 상황은 해외 망명에서 귀국한 인사라야 애국적 지도자로 추앙하는 풍조였고, 남북협상파인 김구金九(1876-1949), 김규식이 5·10선거를 보이콧한 상태에서 이승만은 유일한 대통령 후보감이었다. 김성수가 이끈 한민당으로서는 내각책임제가 안성맞춤이었지만 산전수전 다 겪은 이승만이 이를 수용하지 않자 다른 방도가 없었던 것이다. 더군다나 김성수를 비롯해 한민당의 다수는 일제강점기 친일행적의 부담을 안고 있는 터였다. 이런 상황에서 이승만을 비롯한 정부 수립 추진세력으로서는 정부 수립 일정에 쫓겨 헌법 초안을 세밀히 다룰 만한 여유가 없었고 결국 '비빔밥'이 되어버린 것이다.

유진오가 회고록 말미에서 토로한 '본회의 수정안 작전' 실패의 사안은 오늘의 헌정 상황과도 무관하지 않다. 대통령의 국무총리·국무위원 임명권 조항은 제헌 이후 한국 헌법의 운영에서 지속적으로 논란되어왔다. 현행 87년 헌법은 유진오 원안과 거의 동일한 조항을 두고 있다. 유진오안에서 국무총리 임명에 국회의 '승인'을 받도록 하고 있는 데 비해, 현행 헌법은 국회의 '동의'를 거치도록 하고 있다. 국회 인준이 사후냐 사전이냐의 차이가 있을 뿐이다. 국무총리 제청으로 국무위원을 임명하도록 하는 규정은 동일하다.

현행 헌법의 권력구조 조항을 놓고 내각책임제적 운영이 가능하다는 의견이 없지 않았지만 실제는 달랐다. 대통령의 국무위원 임명에 국무총리의 제청을 거치도록 한 조항은 실제 운영에서 유명무실한 것으로 드러났다. 유진오 원안대로 헌법전에 규정했지만 헌법현실은 전혀 달랐던 것이다. 유진오는 헌법운영이 헌법조문과는 다를 수 있음을 간파하고 있었지만, 양자 간의 괴리의 폭은 그의 예상보다 훨씬 현격했다.

이 점과는 별개로 유진오가 수정안 작전을 펼치는 과정에서의 일화는 다시 언급할 만하다. 그가 이승만을 만나 수정안의 필요성을 설명하기 앞서 노블 박사를 만나 설득하는 장면에서 이런 대화가 오고 갔다. 노블 박사는 유진오의 설명에 "당신네 헌법은 대통령제를 채택하기로 하지 않았느냐"고 회의적 태도를 보인다. 이 대목에서 유진오는 이렇게 대응한다. "나의 수정안은 미국 헌법보다는 국회가 대통령 권한에 덜 간섭하게 하려는 것이다. 미국 헌법에 의하면 대통령은 장관만이 아니라 대사·공사 등 기타 고위 공무원 임명에 관해서도 상원의 동의를 얻게 되어 있지 않으냐." 이 설명에 상대방도 찬의를 표하게 된다. 해방 당시 유일한 헌법학자로서의 지식과 지략을 엿볼 수 있는 장면이다.

유진오 회고록만 놓고 보면, 제헌헌법의 정부형태 결정이 이승만과 한민당 양자의 뜻에 따라 주도된 것처럼 보인다. 다만 종래의 이런 통념적 견해가 일면적으로 과장된 것이라는 지적이 있다. 제헌국회 속기록을 분석한 한 정치학자는 이런 결론을 내놓고 있다. "첫째, 제헌 과정에서 절대적 영향력을 행사한 것으로 알려진 이승만은 실제에 있어서 그가 주도한 안건이 거의 의도대로 관철되지 못한 놀라운 허약성을 보여주었다. 둘째, 제헌의회의 헌법 심의 과정은 의원 각자의 자율성이 보장된 분위기에서 이루어진 자유로운 토론과 선택의 과정이었다. 대통령제 헌법의 최종적 선택은 어디까지나 각 의원들의 몫이었다는 점은 명백하다."[28]

이런 결론의 논거로서, 헌법안 심의 과정 중 대체토론에서의 의원 발언을 분석한 결과가 제시되었다. 이에 따르면, 대통령제-내각책임제 정부형태에 관해 발언한 의원 총 41명 중 대통령제 찬성이 24명, 내각책임제 찬성이 17명이며, 대통령제 찬성 24명 중 무소속 의원이 14명, 이승만의 독립촉성국민회 7명, 한민당 3명으로 나타나 있다.[29] 다만, 발언 의원들의 분포만으로 그 같은 결론을 이끌어낼 수 있는지는 의문이다(제헌국회 개원 당시 총 재적의원은 198명이었다. 제주도의 2개 선거구 선거는 1948년 4·3사건으로 연기되었다).

한마디 첨언한다. 유진오 초안에는 일제강점기 친일 반민족행위자 처벌에 관한 조항이 없었다. 해방 이전의 "악질적인 반민족행위를 처벌하는 특별법을 제정할 수 있다"는 제헌헌법 부칙 조항은 국회의 심의 과정에서 첨가된 것이다. 유진오는 그의 원안에 이런 취지의 조항을 넣지 않은 것에 대해 형법불소급의 원칙에 따랐다고 술회하고 있지만, 일제강점기 말엽에 많은 엘리트들이 그랬던 것처럼 유진오도 '친일 행적'을 남겼다. 유진오 외에 헌법 기초 과정에 참여했던 여러 인물들 대부분도 일제강점기에 법학을 공부한 관료 출신이었고 '친일'에서 자유롭지 않았다. 반면, 이들이 아니었다면 이승만이 염두에 두었던 것처럼 미국인의 도움을 받을 수밖에 없었을 것이다.

결국 철저히 과거를 청산하고 외세로부터 독립한 헌법 기초 작업은 불가능했을 것이라는 이야기가 된다. 1948년 대한민국 제헌헌법은 그렇게 출범하였다. 역사에서 순수란 한낱 백일몽일지 모른다(최근의 한 연구는 무릇 헌법제정의 과정 자체가 과거와의 연속성 및 외부로부터의 영향력에서 벗어날 수 없음을 드러내 보여준다[30]).

이승만과 드골

유진오 회고록은 정치인 이승만의 노회한 일면을 드러내 보인다. 초안 작성 초기 단계에서 이승만은 내각책임제에 이의가 없는 것처럼 말한다. 신익희의 전언에 따르면 "내각책임제에서 대통령이

할 일이 적어져도 부득이하다"고까지 말한 것으로 되어 있다. 그후 국회 헌법기초위원회의 초안 작성 단계에서 이승만은 돌연 대통령제를 주장한다. 이 말바꿈 후 이승만은 핵심 전문가 유진오를 회유하는 모습까지 보인다. 이승만은 왜 말을 뒤집었는가. 대통령제를 염두에 두었다면 왜 처음부터 그 뜻을 밝히지 않았는가.

이승만은 한국에 헌법 초안을 작성할 만한 전문가가 없을 것으로 예상하고 미리 미국인 전문가 초빙까지 염두에 두었다. 뜻밖에 실력 있는 한국인 전문가가 있는 것을 알고는 일단 예비적 초안 작성의 완결까지는 두고 보았던 것이 아닌가. 그렇지 않으면 미국인을 데려와야 할 것이었고 그러자면 그에 따르는 문제들이 발생하고 헌법제정과 정부 수립은 지체될 수밖에 없었을 것이다. 정치지도자의 노회함은 상황에 따라 미덕이 되는가.

이승만이 얼마나 한국인에 의한 헌법안 작성에 큰 의미를 두었는지를 보여주는 한 장면이 있다. 국회에서의 최종 헌법안 의결 직후 이승만은 국회의장으로서 이런 인사말을 남긴다.

특히 기초위원들이 자율적으로 생각을 해서 한인韓人들의 의사로 한인들의 법률을 이만치 만들었다고 외국 사람들이 더욱이 미국 사람들이 충분하게 다 되었다고 이야기하는 것을 들었습니다.[31]

헌법 초안의 정부형태 결정 과정에서 이승만이 보인 태도는 프랑스의 드골Charles de Gaulle(1890-1970)을 연상시킨다. 2차 세계대전 중 프랑스 망명정부를 이끌고 레지스탕스운동을 지휘했던 드골은 종전 후 '프랑스 해방의 영웅'으로 귀국한다. 그는 종래 프랑스의 의회중심주의를 떠나 대통령중심주의를 외쳤지만, 전후 제4공화국의 정부형태는 전쟁 전과 마찬가지의 내각책임제였다. 전쟁 전의 프랑스 제3공화국의 내각책임제는 영국의 '강한 행정부, 약한 의회'와는 달리 '강한 의회, 약한 행정부'로서, 극히 불안정한 헌정 운영을 노정했다. 드골은 내각책임제하의 수상직을 거부하고 야인野人으로 돌아간다. 이승만이 내각책임제를 거부하면서 차라리 국민운동이나 하겠다는 '협박'과 닮아 있다.

대통령이 된 다음의 정치 행로에서도 이승만과 드골의 유사성을 볼 수 있다. 건국헌법 당시 국회의 간선제로 대통령에 오른 이승만은 곧 국회와 대립 관계에 들어가고 재선의 어려움에 부닥친다. 그는 1952년 한국전쟁 중에 부산 피난지에서 1차 개헌을 통해 대통령선거 방식을 직선제로 바꾼다. 그 과정에서 정치폭력배 동원을 마다하지 않는다. 뒤이어 그는 1954년 2차 개헌(이른바 '사사오입四捨五入' 개헌)을 통해 초대 대통령에 한하여 중임 제한을 철폐시켜 종신 대통령을 꿈꾼다.

드골 역시 비슷한 행태를 보인다. 1958년 프랑스 식민지 알제리에서의 군사반란을 계기로 초래된 내외적 위기에서 드골이 다시 등장한다. 그는 자신의 대통령중심주의에 따른 '드골 헌법'인 제5공화국 헌법을 만든 다음 대통령에 취임한다. 당시 헌법에 따르면 대통령 선출 방식은 간선제로, 의회의원들을 포함한 선거인단에 의해 대통령이 선출되었다. 이승만이 즉각 내각책임제 헌법 초안을 뒤집고 대통령제를 이끌어내 대통령에 오른 것과 달리, 드골은 12년 야인생활 끝에 뜻을 이룬 것이다.

대통령 당선 후 의회와의 대립으로 재선이 어렵게 되자 드골은 편법을 통해 대통령직선제로 바꾸는 비정상적 헌법개정을 추진한다. 1958년 프랑스 제5공화국 헌법에 따르면, 의회 의결을 통한 통상적인 입법 외에 또 다른 입법 통로를 마련하였다. 이른바 '헌법적 법률'이라고 하여, 일정한 사안에 관해서는 대통령이 직접 법률안을 국민투표에 부쳐 입법하는 방식이다(제11조). 드골은 이 입법 방식을 통해 의회를 우회하여 대통령직선 입법을 통과시켰다. 헌법에 규정된 헌법개정 절차를 밟지 않고 국민투표를 통해 대통령직선제 개헌을 성사시킨 것이다. 드골과 이승만처럼 카리스마를 지닌 인물들은 국민과의 직접 담판을 선호했다.

덧붙여 양자의 말년 퇴장의 모습을 본다. 1969년 드골은 그와 대립했던 의회 상원을 무력화시키는 헌법개정안을 국민투표에 부치면서, 부결되면 사임하겠노라고 공언한다. 나폴레옹 이래 국민투표는 독재 수단으로 악용되어왔다. 국민투표 결과 예상 밖에 헌법개정안이 부결되자 드골은 약속대로 물러난다. 이승만 역시 4·19 후, "국민이 원한다면 사임하겠다"는 마지막 국민담화를 남기고 망명길에 오른다.

이승만과 드골, 두 인물 모두 망명에서 돌아와 국민 영웅으로 권좌에 올랐고, 국민과의 직접 대면을 선호한 끝에 종국에는 국민에게 끌려 그 자리를 떠났다. 이승만의 최후는 드골보다 더 타의적이었고 그래서 더 참담하였다.

경제헌법: 바이마르 헌법과 1948년 제헌헌법

비교헌법의 시각에서 제헌헌법의 두드러진 특징은 무엇보다도 경제 조항에 있다. 통상적으로 헌법은 권력구조 조항 및 국민의 기본권 조항의 두 부분으로 구성된다. 그 외에 경제에 관한 원칙들을 담는 것은 1919년 독일 바이마르 헌법 등 현대 헌법에서 시작되었고, 1948년 제헌헌법도 그런 예에 따라 경제 조항을 따로 두었다. 우선 그 주요 내용을 살펴보자.

경제 조항은 먼저 경제원칙을 밝힌 조항에서 시작한다. "제84조. 대한민국의 경제질서는 모든 국민에게 생활의 기본적 수요를 충족할 수 있게 하는 사회정의의 실현과 균형 있는 국민경제의 발전을 기함을 기본으로 삼는다. 각인의 경제상의 자유는 이 한계 내에서 보장된다." 그 뒤를 이어 지하자원 등의 국유와 개발이용의 특허(제85조), 농지개혁(제86조), 공공기업의 국영·공영의 원칙 및 대외무역 통제(제87조), 사영기업의 국유·공유화 및 경영통제(제88조), 권리수용 등에 대한 보상(제89조)에 관한 조항이 열거되어 있다.

경제원칙 조항을 보면, 문면상 사회정의 실현 및 국민경제의 균형발전이 1차적 원칙이고, 개인의 경제적 자유는 부차적 원칙처럼 되어 있다(이 순서는 1962년 제3공화국 헌법에서 뒤바뀐 후 현행 헌법까지 지속되고 있다). 뒤이은 여러 개별 조항들은 국가에 의한 강력한 통제경제체제처럼 비친다. 특히 지하자원 등의 국유 원칙, 운수·통신·금융·전기·수도 등 공공성을 가진 기업의 국공영 원칙, 국방상 또는 긴절한 필요에 의한 사영기업의 국공유화 등의 규정을 보면 사회주의적 색채가 짙은 듯이 보인다.

헌법안의 국회 심의에서는 경제질서의 내용이 애매모호하다는 의견들이 제시되었지만 큰 논란은 없었다. 이 점에 관한 초안 기초자의 의도와 해석은 어떠한가. 유진오는 이렇게 설명한다.

경제 문제에 있어서 개인주의적 자본주의국가체제에 편향함을 회피하고 사회주의적 균등 경제의 원리를 아울러 채택함으로써 … 정치적 민주주의와 경제적 사회적 민주주의라는 일견 대립되는 두 주의를 한층 높은 단계에서 조화하고 융합하려는 새로운 국가형태의 실현을 목표로 삼고 있는 것이다.

극단의 결과에 이르는 제도를 채택하지 아니하고 … 국민경제의 기본적인 부분만을 국유, 국영으로 하는 대원칙을 세워놓고, 시세의 변천을 따라 혹은 국가적 통제를 강화하기도 하고 혹은 각인의 자유로운 활동의 범위를 확대하기도 하는 탄력적인 운영 방법을 취함으로써 각인의 자유, 평등 및 창의의 존중과 그 국가적 통제라는 일견 모순되는 양 원리를 적당히 조화하여 국민경제의 순조롭고 균형 있는 발전을 도모하기를 기하고 있는 것이다.[32]

기초자의 해설에 따르면 제헌헌법의 경제 조항은 그 문면상 짙은 사회주의적 색채에도 불구하고 통제경제 일방이 아닌 절충적 혼합경제체제를 의도한 것으로 풀이된다. 제헌헌법 경제 조항의 해석·평가에 대해서는 근래 여러 견해들이 제시되어왔다. 종래의 유력한 견해는 통제경제체제 측면을 강조하는 것이었지만, 이와 달리 시장경제체제의 성격을 중시하는 수정주의적 해석도 있다. 또한 초안 기초자 유진오의 입장과 같은 중간적 견해도 설득력 있게 제시되고 있다.

편향적인 통제경제체제로 해석하는 견해에 대해서는 여러 관점에서 비판이 제기되었다. 제헌 당시의 경제현실에서는 대부분의 기업이 귀속재산이라는 이름으로 국유 상태에 있었던 사실의 표현이라거나, 토지 및 주요 산업의 국유화는 당시 대부분의 정당 정강정책에 등장하였고, 계획경제나 통제경제라는 말은 유행어처럼 보편적으로 공유되어 있었다는 견해도 있다. 또한 경제 조항의 개별 규정들에서 국유 등의 원칙규정에 부가하여 법률로써 달리 정할 수 있다는 단서를 붙이고 있음을 지적하며 중간적 견해를 뒷받침하는 주장도 있다.

이처럼 다양한 해석·평가는 근래의 이른바 '경제민주화' 논의와 관련된 측면이 있을지 모른다. 이 점은 어떻든, 정작 중요한 것은 제헌헌법 시행 이후의 실제가 어떠했느냐일 것이다. 제헌 이후 초기, '귀속재산처리법', '국유재산관리법', '광업법' 등의 제정을 통해 헌법의 경제 조항은 그 취지를 실현시켜갔다. 그러나 경제현실과 내외 환경의 영향으로 점차 사영경제(시장경제) 확대의 방향으로 나아간다. 냉전의 전개와 함께 국내 정치적으로도 우익세력이 강화되어 갔다. 미국의 경제원조에 의존하던 때인 만큼 시장경제를 강조하는 미국 측의 영향도 무시할 수 없었다. 결국 1954년 2차 개헌에서 여러 경제 조항을 수정하게 된다. 경제원칙 조항은 그대로였지만 지하자원 등의 국유, 대외무역 통제, 사영기업의

2장   사회경제적 갈등에 어떻게 대응했는가?

국공유, 권리수용 보상 등의 조항은 통제 완화의 방향으로 개정되었다.[33]

그러면 건국헌법의 경제 조항은 어디에 연유하는 것이며 어떤 영향의 소산인가. 종래 유력한 견해는 무엇보다 독일 바이마르헌법의 영향을 지적했다.[34] 우선 바이마르 헌법의 경제 조항 첫 머리, 경제질서의 원칙을 보자. "제151조 제1항. 경제생활의 질서는 모든 사람에게 인간다운 생활을 보장함을 목적으로, 정의의 원리에 적합하지 않으면 안 된다. 개인의 경제적 자유는 이 한계 안에서 보장된다." 이 조문만 보더라도 앞서 본 한국의 제헌헌법 제84조와의 상당한 유사성을 부정하기 어려울 것이다. 유진오 자신이 바이마르 헌법을 참조했다고 밝히기도 했을 뿐 아니라, 신익희의 '행정연구회안'에서도 바이마르 헌법의 영향을 볼 수 있다. 행정연구회에 참여했던 최하영은 바이마르 헌법을 참고하였음을 밝히기도 했다. 기초에 참여한 대부분 법률가들이 일제강점기에 법학을 배웠으니 바이마르 헌법에 친숙했을 것이다.

어떻든 '현대 헌법의 실험실'로 일컬어지는 바이마르 헌법의 경제 조항은 정치헌법에 대비되는 '경제헌법'으로서, 헌법의 꽃으로 불릴 만큼 세계 헌법사의 획기적 모델이었다(그 개요는 앞서 바이마르 헌법사 부분에서 이미 다루었다). 근년 한국에서 논의된 경제민주화 원리도 이미 바이마르공화국 당시에 등장했던 것이다. 이미 바이마르 헌법 제정 과정에서 '경제적 민주주의wirtschaftliche Demokratie'라는 표현이 등장했고, 이후 사회민주주의를 지향하는 사회민주당과 자유노조(독일노동조합총연맹)를 중심으로 이 개념의 논의가 진척되었다. 그 내용은 임금협약의 자율성, 직장노동자평의회, 노사 동등의 경제회의기구 설치 등이었고, '경제 관계의 민주화를 통한 정치적 민주주의의 심화'를 지향하였다. 이와 함께 이들은 경제정책 관련 기구의 민주화, 노동관계의 민주화 등을 다루면서 '경제의 민주화Demokratisierung der Wirtschaft'라는 개념을 사용하기도 했다.[35]

한편 한국 제헌헌법의 경제 조항에 대한 바이마르 헌법의 영향이 실제 이상으로 지나치게 부각되어왔다는 의견도 적지 않다. 유진오의 초안 참고목록에는 바이마르 헌법만이 아니라 외국의 여러 헌법을 비롯해, 임시정부의 '대한민국건국강령'(1941), 미군정의 준입법기관이던 남조선과도정부 입법의원에서 통과된 '조선임시약헌'(1947), 심지어 '조선민주주의인민공화국 헌법안'까지 그간의 여러 헌법 시안들이 광범하게 포함되어 있다(북한의 정권 수립은 1948년 9월 9일이지만, 이미 1947년 12월에 북한 헌법안이 작성되어 있었다). 임시정부 건국강령은 조소앙趙素昻(1887-1958)의 삼균주의三均主義(정치균등·경제균등·교육균등)를 반영한 것으로, 그 안에는 "헌법상 경제체계는 국민 각개의 균등생활을 확보", "토지제도를 국유로 확립", "(인민의)노동권 휴식권 피보험권", "대大생산기관의 공구工具 및 수단을 국유" 등의 규정이 있었다.

입법의원의 조선임시약헌은 "국민의 생활균등권 향유"를 위한 "국민의 기본 생활을 확보할 계획경제의 수립", "농민본위의 토지분배", "누진세의 강화", "대규모 주요 공업 및 광산의 국영 또는 국가관리", "기업의 경영관리면에 노동자대표 참여", "실업보험" 및 "국민의 문화 및 후생의 균등권 향유" 등을 규정했다.

그 밖에도 1930년대 중화민국 헌법 초안中華民國憲法草案, 소위 '오오헌법五·五憲法'이 제헌헌법 경제 조항에 영향을 주었다. 1936년의 중화민국 헌법 초안은 바이마르 헌법보다도 더 큰 영향을 미쳤다는 주장도 있다.[36]

한편, 제헌국회 속기록에 나타난 의원들의 발언에서도 눈에 띄는 점들이 적지 않다. 일례로 1948년 6월 23일 헌법 초안이 본회의에 상정된 날, 헌법기초위원장 서상일은 초안 작성 경위를 설명하면서 헌법의 '원칙 문제'에 관해 이렇게 말한다. "헌법의 정신을 요약해서 말씀하자면 어데 있는고 하면 우리들이 민주주의민족국가를 구성해서 우리 3,000만은 물론이고 자손만대로 하여금 현 시국에 적응한 민족사회주의국가를 이루자는 그 정신의 국가가 이 헌법에 총집되어 있다고 말할 수 있습니다." 대한민국의 국가 이념이 민주주의민족국가에서 더 나아가 '민족사회주의국가'라고 밝히고 있는 것이다(서상일은 항일무장투쟁단체인 '대동大同청년당'을 조직한 독립운동가로, 해방 후 처음에는 한민당에 속했으나 후일 조봉암과 더불어 진보당 결성을 추진했다).

어떻든 제헌헌법 경제 조항의 연원이 바이마르 헌법 외에 다양하다고 하더라도, 바이마르 헌법의 경제 조항이 20세기 이후 현대 헌법의 효시인 만큼 이후의 각국 헌법이나 헌법안이 바이마르 헌법에 영향 받았을 가능성을 추정할 수 있다.

또한 제헌헌법과 바이마르 헌법의 상황적 유사성을 주목할 만하다. 1919년 바이마르 헌법이 1917년 러시아혁명 후 남하하던 공산주의 물결에 대한 방파제를 의미했듯, 1948년 한국의 제헌헌법 역시 해방 이후 공산주의와의 대결을 반영할 수밖에 없었다.

다른 한편, 바이마르 헌법과 한국 제헌헌법 모두 그 경제 조항의 이상과 현실 사이에 현격한 거리가 있었음도 공통적이다. 바이마르공화국은 정치적 불안정에 시달리며 대공황의 내습에 무력했다. 한국의 제1공화국은 경제원칙에서 밝힌 "생활의 기본적 수요충족', '사회정의 실현', '국민경제의 균형발전'의 이념과 동떨어져 원조경제 상태를 못 벗어난 가운데 부패에 절어 있었다.

다만 한국 제헌헌법의 경제 조항은 일정한 변용을 거치면서 여전히 현행 헌법에도 잔존하여 그 색깔을 남기고 있다. 특히 현행 헌법의 '경제민주화' 조항이 그 연혁적 시원을 바이마르 시대에 두고 있다는 점에서 바이마르 헌법과 한국 헌법의 끈은 지금껏 이어지는 셈이다(현행 한국 헌법 제119조 ①대한민국의 경제질서는 개인과 기업의 경제상의 자유와 창의를 존중함을 기본으로 한다. ②국가는 균형 있는 국민경제의 성장 및 안정과 적정한 소득의 분배를 유지하고, 시장의 지배와 경제력의 남용을 방지하며, 경제주체 간의 조화를 통한 경제의 민주화를 위하여 경제에 관한 규제와 조정을 한다).

근로자의 이익분배균점권[37]

제헌헌법 가운데 단연 눈길을 끄는 이색적 조항이 있다. 근로자의 이익분배균점권均霑權 조항이다.

제18조 영리를 목적으로 하는 사기업에 있어서는 근로자는 법률의 정하는 바에 의하여 이익의 분배에 균점할 권리가 있다.

이 조항은 유진오안에 없던 것은 물론이고 국회 헌법기초위원회에서 작성한 초안에도 없던 것으로, 국회 본회의 심의 과정에서 첨가되었다. 유진오의 지적처럼 이 조항은 "다른 나라 헌법에서 유례를 찾아볼 수 없는 독특한 규정"이다.[38]

어떻게 이런 별난 조항이 등장하게 되었는가. 이익분배균점권 조항의 탄생에 결정적 계기가 된 것은 전진한이 이끌던 대한노총('대한독립촉성노동총연맹')의 '노동헌장' 청원이었다. 이 청원에는 노동자경영참여, 이익분배균점권 등이 포함되어 있었다. 해방 후 일선 노동조합은 좌익 '전평全評(조선노동조합전국평의회)'이 장악하고 있었고, 대한노총은 전평에 대항해 정치인 중심으로 신설된 노동조직이었다. 전평이 미군정과의 대립으로 점차 와해되면서 대한노총은 개별 작업장으로 확대해 나아갔다(전진한은 대한노총위원장으로 제헌국회의원과 초대 사회부장관을 지냈다).

노총의 청원 취지에 따라 국회 본회의 헌법안 심의 과정에서 여러 수정안이 제출되었다. 일정을 서두르던 헌법안 심의에서 이 사안은 정부형태 문제에 버금가는 최대 쟁점이었다. 전진한은 이렇게 구체적 제안을 내놓았다. "노동과 기술은 자본으로 간주한다. 관, 공, 사영 일체 기업체에 속한 노동자는 임금 이외에 당해 기업체의 이윤 중에서 최저 30퍼센트 이상 50퍼센트 이내의 이익배당을 받을 권리가 있다. 각개 기업체에 대한 구체적 이익배당율은 국민경제회의의 결의를 거쳐 법률로써 정한다."

노동이 자본이라는 것은 무슨 뜻인가. 근로자는 자본과 동등하게 노동력을 기업체에 출자했으므로 자본과 함께 이익을 배당

받을 권리가 있다는 취지였다. 이승만은 일찍이 환국 직후 연설에서 "자본과 로동이 평균히 리익을 누리게 하자"고 말했었고, 대한노총은 이승만의 단독정부 노선을 찬성하는 등 그의 유력한 정치기반이었다. 한편, 토론 과정에서 한민당계의 김준연, 김도연 의원이 반대 발언을 펼쳤다.

최종 표결에서 노동자경영참여권은 부결되고 이익분배균점권은 채택되었다. 재석의원 180명 중 찬성 91명으로 간신히 가결되었다. 다만 논란 끝에 근로자의 범위를 사기업 근로자에 한정시켰다. 이익분배균점권은 우익세력에 의해 고안되었지만, 국회 의결에서 여기에 찬성한 의원들 중에는 중간파에 속한 소장파 의원들이 많았다.

이익분배균점권의 성격을 어떻게 볼 것인가. 사회주의적 성격인가. 이 권리는 사기업의 존재를 전제한다. 이 점에서 좌익이 기업의 국유화를 주장하고 있었던 점과 대비된다. 당시의 정치 상황에 비추어 이익분배균점권의 사상은 기본적으로 좌익과의 대결의 소산이라고 할 것이다. 하지만 그에 앞서 근로자의 균등생활 보장이라는 근본 취지와 더불어, 귀속재산이 민족 공유의 재산이라는 인식이 그 밑에 깔려 있었다. 이른바 '적산敵産', 곧 해방 전 일본인 소유였다가 정부에 이양된 귀속재산은 당시 국부의 8할을 차지했고, 기업체 대부분은 적산이었다. 이 적산의 민간 불하에서 근로자가 소외된다는 것은 용인될 수 없었다(당시 인구의 70퍼센트는 농민이었고, 공업인구는 67만 명으로 3.4퍼센트를 차지했다. '100만 노동자'라는 표현이 보통이던 시기였다).

2장 사회경제적 갈등에 어떻게 대응했는가?

이익분배균점권의 권리로서의 법적 성격은 무엇인가. 유진오의 해설은 이러하다.

본 항의 이익분배균점권의 결과로 근로자에게 이익의 일부를 분배하여 주는 의무를 지는 것은 국가가 아니라 영리를 목적으로 하는 사기업의 경영자다. 그러므로 본 항의 근로자의 권리는 사실은 재산적 가치를 내용으로 하는 사법상私法上의 청구권의 일종이라고도 할 수 있으나, 그것을 이곳에 규정한 것은 그러한 근로자의 청구권을 국가로 하여금 보장하도록 하라는 데 목적이 있는 것이다. 즉 근로자는 본 항의 청구권이 확보되기를 국가에 대하여 주장할 수 있는 것이다. 본 항의 근로자의 권리를 주식회사의 주주의 이익배당청구권과 단순히 동일시할 수는 없는 것이며, 본 항은 본조 제1항과 함께 근로자의 생활 향상을 위하여 국가가 적극적으로 보호조성하여야 하는 요청을 포함하는 것이므로, 본 항의 근로자의 권리는 역시 경제적 민주주의의 원칙으로부터 나오는 수익권受益權의 일종이라 하여야 할 것이다.[39]

위의 인용문 마지막의 '수익권'은 오늘날 사회권 또는 생존권이라는 용어에 해당하는 당시 표현이다. 제헌 후 1949년 귀속재산처리법 심의 과정에서 한 의원은 이런 취지로 발언했다. "이익균점제도는 영국의 기업이익분배profit-sharing제도를 모방한 것이다." 제헌 당시 노동운동 지도자들은 헌법의 이익분배균점권 조항을 통해 귀속재산처리법에서 노동자의 권익 보장을 기대했을 것이다.

그러나 헌법제정 후 이익분배균점권을 구체화하는 법률은 제정되지 않았다. 사문화된 채 존속하던 이 조항은 1962년 제3공화국 헌법에서 그마저 폐지됐다. 전진한은 1948년 헌법제정 후 발표한 글 「건국이념」 속에서 이익분배균점권 조항에 대해 이렇게 평가했다. "노자勞資대립 문제를 근본적으로 해결할 수 있는 한 개 관건이다."

이익분배균점권 조항은 뢰벤슈타인이 말한 '명목적 헌법'에 다름 아니다. 이 조항의 제정자 의도는 창대하였으나 결과적으로는 장식 조항 신세를 면치 못하였다. 그 후 1980년 봄, 잠시 새 헌법제정 논의가 벌어졌을 때, 한 민간 헌법시안(세칭 '6인 교수안') 속에 근로자의 이익분배균점권 조항이 포함되었다.[40]

3장

시장국가란 무엇인가?
- 미래 헌법이 가는 길

국민국가의 퇴장

필립 보빗, 『아킬레스의 방패』

1990년은 세계사의 대전환점이다. 1989년 베를린장벽이 무너지고, 이듬해 1990년 독일 재통일이 이루어진다. 소련의 붕괴와 함께 사회주의가 몰락했다. 냉전은 끝났다. 1990년 11월, '유럽안보협력회의the Conference on Security and Cooperation in Europe, CSCE'에 참가한 34개국은 파리헌장Charter of Paris을 채택했다. 이 헌장에서 참가국모두에 의회민주주의제도를 설치할 것을 합의했다. 헌장 서명국에는 미국, 소련, 영국, 프랑스, 독일은 물론이고 폴란드, 체코슬로바키아 등이 포함됐다. 그다음 해 1991년 12월, 소련의 공식적 해체라는 대사건으로 말미암아 파리헌장의 역사적 의미가 별 주목을 끌지 못했지만, 파리헌장은 숱한 전쟁으로 얼룩진 한 세기를 끝맺는 장중한 공식 의전이었다.

　헌법학자이자 역사가·전략가인 필립 보빗은 1차 세계대전이발발한 1914년부터 파리헌장이 채택된 1990년까지를 '장기전쟁the Long War의 시대'라고 부른다. 이 시대에 발생한 여러 전쟁들, 즉 19세기 제국의 시대를 결말지은 1차 세계대전, 파시즘·공산주의·자유민주주의 국가들이 3각으로 격돌한 2차 세계대전(기이하게도 공산주의국가 소련이 자유민주주의국가들과 연합해 파시즘을 패망시킨 전쟁), 한국전쟁과 베트남전쟁, 그 전후의 장기적인 냉전까지, 이 여러 전쟁들을 한 묶음으로 왜 '장기전쟁'이라 부르는가? 그 설명은 필립 보빗의 저서에서 전개되는 독특한 역사해석론과 관련된다.[*]

'장기전쟁'의 종말

보빗의 역사해석의 출발점은 법질서와 전쟁전략과의 상관관계이다. 그에 따르면 국가의 생성·발전의 결정적 계기는 전쟁, 특히 수십 년에 걸치며 한 시대를 결정짓는 '시대적 전쟁epochal war'이다. 이 시대적 전쟁과 함께 국가의 운명은 그 정당성의 근거가 되는 법질서에 의해 좌우된다. 국가를 결정짓는 두 요인은 법질서와 전쟁전략이며 양자는 상호작용한다(이미 앞에서 독일 비스마르크 헌법 시대와 관련해 구체적 일례를 언급했다).

현대사의 시대적 전쟁은 1914년에 시작돼 1990년에 끝난 '장기전쟁'이다. 장기전쟁은 '국민-국가'들 사이의 전쟁이었다. 국민국가는 그 구성원인 국민들의 물질적 복리를 증진시키는 데

---

[*] Philip Bobbit, *The Shield of Achilles—War, Peace, and the Course of History*, 2002. 책 제목 『아킬레스의 방패』는 오든W. H. Auden의 시 제목을 그대로 따온 것이다. 오든의 시는 아킬레스의 방패를 그린 회화를 주제로 삼고 있고, 이 회화는 호메로스의 『일리아스』를 소재로 한 것이다. 책 말미에 오든의 시 전문이 수록되어 있다.

에서 정당성을 찾았다. 국민국가들의 경쟁체제는 세 가지 서로 다른 이념들이 각축하면서 전개됐다. 파시즘, 공산주의, 그리고 의회주의(자유민주주의). 이들 사이의 전쟁은 1990년 파리헌장을 통해 최종적으로 종결된다. 3각 구도의 장기전쟁에서 처음에는 공산국가와 자유민주주의국가의 연합이 파시즘 국가를 궤멸시키고, 이어서 공산국가와 자유민주주의국가의 대결에서 후자가 최종 승자의 자리에 오른다.

그러나 장기전쟁의 종결은 종래의 국민국가의 헌법질서를 흔들고 있다. 국가 정당성의 토대와 관련하여, 국가형태의 모델을 새로 설정하도록 요구하는 근본적 변화들이 나타나고 있다. 이 변화는 다섯 가지로 집약된다. (1)인권의 존중은 그 국내법이 어떻든 불구하고 모든 국가가 지켜야 할 규범이 되었다. (2)국가의 영토방위를 어렵게 하는 핵무기 등 대량살상무기가 광범하게 확산되었다. (3)국경을 넘는 초국가적이고 전 지구적인 위협들, 예컨대 환경, 이주민, 질병, 기근 등의 위협이 급증하였다. (4)자본의 자유이동을 통해 세계경제체제가 성장하여 개별 국가가 자국 경제를 효과적으로 관리하기 어렵게 되었다. (5)국경을 뚫는 지구적 전자통신망이 창설되어 각국의 언어, 관습, 문화를 위협하고 있다.

국민국가의 위기와 시장국가의 등장

국민국가를 허무는 근본적 변화들과 함께 새로운 헌법질서, 새로운 국가형태가 뒤따라 등장하고 있다. 이 새로운 형태의 국가는 '시장국가market-state'이다. 종래의 국민국가가 대량의 무상 공교육,

3장   시장국가란 무엇인가?

보통선거제 및 사회보장정책을 통해 국민복지의 보장을 약속했던 것과 달리, 시장국가는 사람들에게 '기회의 극대화'를 약속한다. 시장국가는 많은 국가 활동을 사유화하고 대의제 정부의 영향력을 감소시키며, 더욱더 시장의 요구에 부응하려는 경향을 지닌다. 미국은 이 같은 시장국가 발전의 주된 선도자로 부상하고 있다.

종래의 국민국가의 위기는 어디에서 온 것인가. 나폴레옹전쟁 이후 19세기 말에 이르러 정립된 국민국가는 세 가지 헌법적 원형, 즉 파시즘, (자유주의적) 의회주의, 공산주의로 갈려 쟁투를 벌였다. 이 가운데 어느 헌법질서가 국민복지의 보장이라는 국민국가의 정당성 확보에 최선인가. 이 문제에 관한 다툼이 20세기의 장기전쟁을 유발했다.

그렇다면 '역사의 종말'이라고 일컬어질 만큼 장기전쟁이 끝난 승리의 정점에서 왜 국민국가가 변형의 위기를 맞게 되는가. 그것은 국민국가가 부담한 과도한 책임의 이행에 실패했기 때문이다. 근대국가의 형성 과정에서 국가는 그 정당성 확보를 위해 지속적으로 약속의 범위를 확대해왔다. 왕후국가princely state 시대에는 대외적 안전을 약속했고, 왕정국가kingly state 시대에는 거기에 더해 대내적 안전을 약속했으며, 영토를 거점으로 한 영토국가territorial state 시대에 물질적 복리의 확대를 추가한 데 이어, 나폴레옹 시대에 정점을 이룬 국가 우선의 국가-국민 시대에는 더 나아가 시민적 및 정치적 권리를 보장했다. 뒤이은 국민국가 시대에 국가는 이 모든 책임에 더해, 국민들에게 경제적 안전과 공공재公共材의 제공을 약속했다.

소련의 붕괴는 이런 약속을 지키지 못했기 때문이었다. 장기 전쟁의 시대에 여러 가지 전략적 혁신이 이루어졌다. 핵무기, 국제 통신, 신속한 수학적 계산 기술 등. 이 혁신은 군사적, 문화적, 경제적 영역에서 극적 변화를 가져왔다. 국민국가는 이 변화와 도전에 대응해야 했지만, 국민들에 대한 약속 이행에 점점 더 어려움을 겪었다. 국민국가는 그 정당성을 위해 새로운 요구들에 더 잘 대응할 수 있는 새로운 헌법질서 또는 국가형태를 찾지 않으면 안 되기에 이른 것이다.

우선 안보의 문제를 보자. 장기전쟁 시대에 이뤄진 전략적 혁신들은 대내외적 안보와 직결되어 있다. 국민국가의 전략적 특성은 전면전total war이다. 전면전은 전 국민을 전쟁에 동원하고 전 국민을 위험에 빠트린다. 핵무기의 등장은 여기에 새로운 전략적 난제를 제기한다. 핵무기의 발전은 초강대국 간의 군사적 충돌에 교착 상태를 가져왔지만, 그 확산은 국민국가의 안보 능력을 점점 더 저해하게 될 것이다. 여러 강력한 지역 국가들, 즉 이스라엘과 이라크, 남한과 북한, 인도와 파키스탄, 전 소련 소속의 중앙아시아 국가들, 그리고 이란 등의 핵무기 도입은 불가피하게 강대국들의 개입을 초래할 것이다. 이런 상황에서 국민국가는 어려운 딜레마에 봉착한다. 만일 핵무기를 보유하지 않는다면 외침으로부터 국민의 안전을 보장할 수 없다. 반대로 핵무기를 도입한다면 그 국민들은 전멸 위협의 대상이 되어버릴 것이다. 덧붙여 핵무기의 존재는 생화학무기와 사이버무기와 같은 여타의 대량살상무기의 확산을 초래하게 될 것이다. 여기에 더해 찾아내기 힘든 숨은 적대세력의 테러리즘은 무차별하게 민간인들까지 표적으로 삼고 있다. 국민국가는 대내외적 안보 위협에 무력해 보인다.

다음, 국민국가의 주된 책임으로 부과된 국민복리의 문제를 보자. 장기전쟁에서 승리한 서방 국민국가들, 그리고 여기에 가담한 과거 서독과 일본 등은 그들의 국내 경제에서 자원의 효율적 배분을 위한 시장경제체제에 의거하면서 이 체제를 그들의 모든 동맹국가들에도 이식하였다. 반면 사회주의국가들의 통제경제 방식은 실패로 끝났고 이와 함께 인권침해라는 결함을 드러냈다. 본래 국민에 대한 복지 제공자로서 등장했던 국민국가는 단일한 국내 시장의 보장과 대외 경쟁으로부터의 보호 및 해외시장에의 자유로운 접근을 보장했다. 그런데 자유민주체제 국가들이 그들의 원리들을 국가 간의 금융거래에도 적용하자, 국민국가는 초과압력을 받는supercharged 상태에 빠지게 되었다. 직접적 통제와 자본 이동에 대한 과세를 축소하고 금융거래에 대한 규제를 자유화하는 등의 조치들을 통해 이들 국가는 더 부유하게 되었지만, 거기에는 대가가 있었다. 즉 개별 국가들과 독립하여 작동하는 세계시장이 형성된 것이다. 이 세계 통화시장에서 매일 약 4조 달러가 거래되며, 이 액수는 미국의 연간 GDP를 상회한다.* 이 거래가 특정한 국민국가의 경제적 복지에 미치는 결과는 결정적이다. 국제자본의 신속한 이동과 개별 국민국가의 신중하고도 영토적으로 제한된 반

---

* 이 거래 수치는 『아킬레스의 방패』가 저술된 당시의 것이다. 국제결제은행 발표에 따르면, 2016년 4월 기준으로 세계 외환시장 하루 평균 거래액은 5조 1천억 달러이다. 참고로 2016년 미국의 명목 GDP는 18조 5581억 달러에 달한다.

응 사이의 괴리는 기괴할 정도이다. 마치 기둥에 사슬로 묶인 곰이 이리저리 이동하는 광선을 둔하게 좇으려는 모양새에 다름없다.

이 같은 변화의 추세가 초래하는 가장 심각한 결과는 무엇인가. 국민복리의 지속적 증진 수단으로서의 국가의 신뢰성이 점점 더 떨어지고 있다는 점이다. 미국을 포함한 많은 국가들이 재정 건전성 유지에 곤란을 겪고 있는 것이 그 일례이다. 이제 국민국가는 그 정당성의 토대를 이루는 결정적 요소를 변경하지 않으면 안 되기에 이르렀다. 21세기 초, 미국 부시George W. Bush(1946-) 행정부와 영국 블레어Tony Blair(1953-) 정부가 취한 정책들이 바로 이것이었다. 이런 관점에서 보면, 레이건Ronald Reagan(1911-2004) 대통령과 대처 Margaret Thatcher(1925-2013) 수상은 마지막 국민국가의 지도자들이었다.

국민국가의 세 번째 약속은 국민의 문화적 통일성integrity을 보호하는 것이었다. 국민국가는 단일한 전체성wholeness, 즉 1국가 1민족의 보장을 약속했다. 그러나 안보 영역에서와 마찬가지로 여기에서도 장기전쟁의 전략적 혁신들은 국가의 역할에 변경을 가져왔다. 대량의 전자통신 수단을 통해 종래 불가능하던 신속하고도 규모가 큰 이데올로기 선전이 가능하게 됐다. 국민의 사기 진작은 국민국가의 유력한 도구였지만, 이제 외국의 방송과 인터넷 접근에 의한 통신의 세계화는 각국의 내부적 통제를 어렵게 만들고 있다. 국민국가는 문화적 통일성을 보장할 수 없게 되고 불가피하게 다문화국가가 되어가고 있다. 또한 뉴스미디어의 강한 영향력은 국가의 정당성을 취약하게 만든다. 이런 추세들은 결국 국민국가의 정당성을 해체하는 길로 이끈다.

요약컨대, 이제 어느 국민국가도 대량살상무기로부터 국민의 안전을 보장할 수 없다. 어느 국민국가도 자신의 통화와 경제생활을 효과적으로 통제하기 어렵다. 어느 국민국가도 자신의 문화와 생활양식을 해치는 사상과 이미지로부터 자신을 보호할 수 없다. 어느 국민국가도 오존층 붕괴, 지구온난화, 전염병 유행과 같은 초국가적 위협으로부터 자국을 보호할 수 없다. 국가안보, 법에 의한 질서유지, 경제적 발전과 안정 등은 모두 국민국가의 주된 책무였지만, 이제 이 책무를 수행하는 일은 어렵게 되었다.

시장국가의 특성과 유형

국민국가를 대체할 새로운 헌법질서, 새로운 국가형태는 무엇인가? 필립 보빗은 20세기를 지배한 국민국가의 헌법질서로부터 벗어나 새로 등장하는 국가형태를 시장국가라고 부른다. 시장국가는 장기전쟁의 종말에 대한 헌법적 대응이자, 장기전쟁의 종말을 초래한 컴퓨터, 통신, 대량살상무기의 혁명에 대한 대응이다.

시장국가의 특성

시장국가의 특성은 무엇인가. 시장국가는 세계경제의 안정성을 창출하기 위해 국가적 또는 초국가적 정치조직에 의한 관리보다는 국제적 자본시장에 의존한다. 아울러 그보다 덜한 정도이지만, 다국적기업 네트워크에 의존한다. 시장국가의 정치제도는 국민국가보다 덜 대표제적representative이지만 전자주민표결의 예에서처럼 어떤 점에서는 더 민주적이라고 할 수 있다.

시장국가도 국민국가와 마찬가지로 더 좋고 더 많은 재화와

서비스의 확보 능력에 의해 그 경제적 성패를 평가하지만, 국민국가와는 대조적으로 국가를 최소한의 (재화·서비스의) 제공자 또는 재배분자 이상으로는 보지 않는다. 국민국가가 국민복리에 봉사하는 도구로서 자신을 정당화한 것과 달리, 시장국가는 전 사회구성원이 향유하는 기회를 최대화하기 위해 존재한다. 국민국가에 대해 일국의 통화는 교환의 수단이지만, 시장국가에서 통화는 또 하나의 상품일 뿐이다. 일자리도 마찬가지다. 국민국가에서 완전고용은 중요하고도 때때로 최고의 목표이지만, 시장국가에서 일자리를 가진 실제 사람의 수는 경제적 기회의 산출에서 또 하나의 변수일 뿐이며 그 자체가 압도적이고 고유한 중요성을 갖지 않는다. 시장에서 별로 수요가 없는 일자리들에 사람들을 훈련시켜 투입하는 것이 사회적으로 더 비싸게 먹히기 때문에 많은 사람들을 차라리 실업 상태로 놔두는 것이 더 효율적이라면, 그 사회는 많은 실업자 수를 수용하지 않으면 안 될 것이다.

국민국가가 법의 지배를 특징으로 하는 것과 달리, 시장국가는 정의의 규범에 대체로 무관심하다. 법이 경제적 경쟁에 장애가 되지 않는 한, 특정한 도덕적 가치에 개의치 않는다. 이것은 국가작용에 어려움을 제공할 수 있다. 예컨대 자신들의 문화적 가치의 보호자가 아닌 국가를 위하여 공중이 목숨이나 재산 손실을 무릅쓰도록 하는 것은 더욱더 어렵게 될 것이다. 그러나 이러한 문화적 무관심은 시장국가를 다문화주의의 이상적 환경으로 만들 것이다.

시장국가에서 시장은 경제적 경기장이 되며, 공장을 대체할 것이다. 사람들은 생산자가 아니라 소비자이다. 생산자는 아마도 바다 건너 사람들일 것이다. 시장국가는 개인들의 선택 가능성을 최대화하는 데 책임을 지며, 이를 통해 개인의 선택에 드는 거래비용은 내려가고, 정부의 권한은 더 제한될 것이다. 다른 무엇보다도 시장국가는 우리의 상상력에 상응하는 어떤 창조를 위한 기회의 증진 메커니즘이다.

미국의 부시 대통령과 영국의 블레어 수상은 최초의 시장국가의 정치 지도자들이었다. 이들은 새로운 기준을 설정하였다. 즉 공중에게 제공된 기회를 증진하고 확대하느냐 여부를 정책 결정의 기준으로 삼은 것이다. 시장국가에로의 이행은 장기간에 걸칠 것이며 그 과정에서 낡은 질서와 새로운 질서의 이념들이 갈등하게 될 것이다.

시장국가는 다음 세 가지의 패러독스 안에서 살게 될 것이다. (1)시장국가는 정부에 대한 더 많은 집중적 권한을 필요로 할 것이지만, 모든 정부는 더 약화될 것이다. 정부의 과제들은 크게 축소될 것이고, 그 권한들은 기업이나 NGO 등 다른 많은 기관, 그리고 비밀 군사 네트워크와 테러 집단들에 이전되거나 상실될 것이다. (2)정부에 대한 공중의 참여는 늘어날 것이지만 그 중요성은 적어질 것이다. 시민들의 시민으로서의 역할은 크게 감소될 것이고, 참관인으로서의 역할이 증가할 것이다. (3)복지국가는 크게 축소될 것이지만, 복지 과제였던 사회기반시설의 안전, 전염병 감시 및 환경보호는 전례 없이 더 증진될 것이다. 이 같은 패러독스들은 국민국가에서 시장국가로 국가적 정당성의 토대가 이전하는 데에서 비롯한다.

시장국가의 근본적 선택: 중상국가, 기업국가, 관리국가

개개의 시장국가는 다음 세 가지 국가적 지향 가운데에서 하나의 선택에 직면한다. (1)중상국가mercantile state. 이 국가는 다른 모든 국가들과의 관계에서 경쟁 수단에 의해 자신의 **상대적 지위**를 높이려 노력하는 국가이다. (2)기업국가entrepreneurial state. 이 국가는 협력적 수단을 통해 시장의 경쟁적 가치를 완화하면서 자신의 **절대적 지위**를 높이려 시도하는 국가이다. (3)관리국가managerial state. 이 국가는 지역적 또는 형식적 수단(지역적 무역거래 블록 등)에 의해 **절대적 및 상대적 지위** 모두를 높이려고 하는 국가이다. 이 세 가지 중에서의 선택은 헌법적 및 전략적 함의를 지니게 될 것이다.

중상국가는 국제시장에서 상대적 우위를 점하기 위해 다른 무엇보다 시장점유율을 추구한다. 기업국가는 세계의 국가들이 원하는 공유재산collective goods의 생산을 통해 지도력을 추구한다. 관리국가는 지역적 경제 구역 내의 헤게모니를 통해 권력을 추구한다. 한 시장국가는 이미 중상국가의 역할을 선택한 것으로 보인다. 일본이 그렇다. 또 다른 한 선도적 시장국가는 관리국가로 향하는 것으로 보인다. 독일이 그러하다.

물론 현실세계에서 어떤 국가도 이들 국가 유형의 하나를 100퍼센트 구현하지는 않지만, 일부 국가들은 역사적으로 어느 하나의 모델에 기울어져 있는 듯이 보인다. 예컨대 프랑스는 유럽연합EU이 초超관리국가가 되도록 지도하려는 듯하다. 영국과 미국은 기업국가 모델에 기울어져 있다. 중국은 중상국가를 지향하는 듯하다. 어떤 선택을 하든 시장국가에 고유한 취약성이 있다. 그것은 공동체의 결여, 극단적 업적주의, 본질적인 물질주의, 그리고 영웅주의·정신성靈性·전통에 대한 무관심 등이다. 세 모델 모두 점차 국가 자체로부터 소외되어가는 일반 시민들에 대처하지 않으면 안 된다. 너무나 거대해진 현대국가에 비해 시민들은 스스로 존립하기에는 너무 작다.

새로운 불확정성의 시대

새로운 '시대적 전쟁'

필립 보빗은 30년 전쟁을 종결시킨 1648년 베스트팔렌조약 이래 지난 다섯 세기에 걸친 전쟁과 평화의 근현대사를 특유의 관점에서 추적하였다. 그는 여기에 그치지 않고 더 나아가 미래의 전망까지 펼쳐 보인다. 900쪽을 넘는 장대하고도 서사적인 그의『아킬레스의 방패』는 이런 요지로 끝을 맺는다.

우리는 새로운 시대로 들어서고 있다. 이 새로운 시대에는 아주 소수의 사람들이 현대적 컴퓨터, 유전생물학, 항공 수단, 소형 핵무기까지 지닌 거대한 힘을 갖추고 어떤 사회에 대해서도 치명적 타격을 가할 수 있다. 적敵은 은폐되어 있고 변장 공격을 가하며 본질적으로 모호성을 지닌다.
한편 장기전쟁의 승자인 의회주의국가들의 법제도는 개인의 자유와 권리의 보장을 약속하고 있다. 이들이 새로운 도전에 대응하려면 전략적 창의성이 필요하다. 과거 장기전쟁 시대의 전략에서 벗어나 새로운 전략이 필요하다. 그 전략은 우리의 인프라 시설을 공격하기 어렵게 더욱 유연하고 융통성 있게 만들어, 취약성에 대처하는 전략을 세워야 한다. 이 전쟁에서 최종적 승리는 없으며, 승리란 창의적으로 패배를 회피하는 것일 뿐이다.

우리는 전략과 헌법질서의 거대한 혁명을 시작하고 있다. 군사 문제의 혁명과 시장국가의 혁명이 함께 21세기를 맞고 있다. 모든 개개 국가는 어떠한 군사적 혁명을 추구할 것인지, 어떤 종류의 시장국가를 추구할 것인지 심대한 선택을 해야 한다. 군사 문제에서 억제적, 방어적, 또는 공격적 전략을 선택하는 데에 따라 시장국가의 성격이 영향을 받게 될 것이다. 동시에 시장국가의 유형에서 중상적, 기업적, 또는 관리적 국가를 선택하는 데 따라 전략적 능력에 영향을 줄 것이다. 군사전략의 혁명과 헌법질서의 혁명은 서로 공생 관계에 있다.

새로운 시장국가의 시대에 새로운 '시대적 전쟁'의 발생을 예상할 수 있다. 시장국가는 새로운 전략적 상황에 대한 가장 효과적인 헌법적 대응 수단으로서의 우위를 주장하게 될 것이다. 다음의 시대적 전쟁을 막지는 못하더라도 이 전쟁을 일정한 형태로 모양지어야 한다. 대량살상무기의 확산을 막고 원정군의 개입을 연합의 기회로 삼는 한편, 변장한 공격에 대한 방어 수단으로 정보를 공유해야 한다. 그럼으로써 다음 시대적 전쟁을 세계를 뒤흔드는 대격변이 아니라 일련의 군사적 개입과 위기들로 바꿔놓을 수 있을 것이다. 다가오는 미래는 과거와는 다를 것임이 틀림없다. "우리는 새로운 불확정성의 시대the new age of indeterminacy에 빠져들고 있다."[1]

21세기 묵시록?

책 후기에서 저자는 탈고 직후 미국에서 발생한 2001년 9·11사태에 대해 언급하고 있다. 그는 말한다. "9·11은 새로운 전쟁의 첫 번째 전투이다. 20세기가 1914년 9월에 시작됐듯이, 21세기는 2001년 9월에 시작됐다." "시장국가가 동료들 간의 경쟁을 막고 국제 테러리즘을 패퇴시킬 수 있는 유일한 길은 국제 테러리즘에 대한 대응연합을 구성해 정보체제의 공유 및 감시정보의 공유와 같은 공유재산을 생산하고 배분하는 것이다."

지금이야 거의 일상적으로 눈앞에 펼쳐지는 현상 같지만, 세계의 대도시 도처에서 빈발하는 테러리즘, 곧 새로운 시대적 전쟁을 예고한 『아킬레스의 방패』는 예언서처럼 보인다. 저자는 9·11 이전에 마치 이 세기적 사건을 내다본 듯하다. 21세기판 묵시록이라고 할까.

필립 보빗의 저작은 독특하다. 그 독특함은 법학자이자 전략가이자 역사가이기도 한 그의 다방면에 걸친 연구에서 나오는 것임에 틀림없다. 그는 근대국가의 생성·운영·소멸을 결정짓는 근본 요인으로서 '법과 전략'의 상호 관계라는 특유의 시각을 설정한다. 국가 정당성의 토대가 되는 법질서로서의 헌법질서, 그리고 국가의 생멸을 결정하는 전쟁전략, 이 두 요인을 축으로 그 상호작용에 의해 전쟁과 평화의 근현대사가 전개되어왔다고 보는 것이다.

특히 미국을 비롯한 서방 자유민주주의국가들이 냉전의 승자임에도 불구하고 현재 직면하고 있는 어려운 상황에서 보듯, 한 시대에 시대적 전쟁을 종결시키는 과정에서 생성된 변화들이 이후 새롭게 형성된 상황에서 종래의 해결 방법을 쓸모없게 만든다는 사실, 그리고 이 때문에 새로운 국가적 정당성을 위한 새로운 전략을 불가피하게 만든다는 그의 독특한 역사해석은 이를테면 '영웅적 승자에게 따르는 저주'라고나 할, 다분히 어두운 비극적 여운을 남긴다. 그리스신화에 등장하는 영웅들의 비극적 종말이 겹쳐 보인다. 냉전의 종결 직후 등장했던 프랜시스 후쿠야마Francis Fukuyama(1952-)의 『역사의 종말The End of History』 같은 낙관론과는 전혀 결이 다르다.

이런 역사해석만으로도 그의 근현대사 서술은 독보적이고 주목할 만하다. 생산력과 생산관계를 축으로 하는 마르크스주의적 유물사관에 필적한다고 말하면 과장인가. 생산력·생산관계 대신에 전쟁전략이 등장한다. 또한 전략과 법의 관계는 유물사관의 토대·상부구조 같은 상하 관계는 아니다.

필립 보빗은 역사해석에 그치지 않는다. 그의 저술을 더욱 매혹적으로 만드는 것은 새로이 등장하는 국가형태로서 시장국가 모델을 설정하고, 나아가 미래의 새로운 시대적 전쟁에서 시장국가가 선택해야 할 전략적 처방전을 모색한다는 점이다. 여기에 마르크스의 계급혁명론 대신에 시장국가론이 등장한다.

다만 이 희귀한 대저작이 지닌 이론적 독창성과 실제적 유용성 양면에서의 특출함에도 불구하고 얼마간의 유보는 남는다. '시장국가'라는 이름 붙이기에서 이미 나타나듯이, 국가는 이제 국민

복지의 부담에서 벗어나 '시장에서의 기회 확산'에 그 역할을 한정시킨다고 한다. 이에 따라 개인의 삶은 더욱 불안정하게 될 것이다. 과연 이런 대전환이 탈 없이 순조로울 것인가. 국민총동원의 전면전 전략 수행을 위해 복지국가적 헌법체제가 등장했다는 역사해석은 신선한 것임에 틀림없다. 그렇지만 전면전이 아닌 새로운 전쟁 양상과 더불어 국가가 곧 복지정책의 책무를 벗어났다고 볼 수 있을 것인가. 국민들은 과거의 복지 수혜의 기억을 쉽게 잊을 것인가. 또는 외국의 복지정책 사례들에도 무감하게 바라만 볼 것인가.

또한 필립 보빗의 시장국가 모델이 미국, 영국을 비롯한 강대국들 위주로 형성되어 있는 점을 어떻게 볼 것인가. 이들 강대국이 세계질서를 주도할 것이므로 거기에는 나름의 타당성이 있지만, 여타 국가들의 상황 분석과 이들의 세계질서에 대한 영향력 분석이 부족함은 아쉽게 남는다. 이 점과 관련되는 것으로 보이지만, 새로운 시대적 전쟁이 종교적·문화적 성격을 지니고 나타나는 데 대한 특별한 검토가 미흡함도 지적하지 않을 수 없다. 냉전 종료 후 국제질서의 문화충돌적 성격은 이미 정치학자 헌팅턴Samuel Huntington(1927-2008)에 의해 강조된 바 있다.

장기전쟁의 종말론에 대해서는 또 다른 유보를 붙이지 않을 수 없다. 헌법체제가 상이한 국가들 사이의 장기전쟁은 과연 종료된 것인가. 미국과 중국의 대결은 물론이고, 미국·러시아 간의 신냉전 도래를 점치는 견해도 없지 않거니와, 적어도 동아시아 지역에 관한 한, 장기전쟁 성격의 전쟁 발발 가능성은 여전하지 않은가.

특히 한국이 처한 상황은 각별하다. 필립 보빗은 남북한의 대결 상황도 언급하고 있지만, 한반도 상황이야말로 그의 일반론만으로 설명하기 어려운 사례가 아닌가. 한반도는 아직 장기전쟁을 진행 중이며, 언제 터질지 모르는 화약고로 남아 있다. 동시에 한국은 그 어느 나라보다도 시장국가적 추세에 직접적이고도 큰 영향을 받을 수밖에 없는 입장이다. 한국 경제는 세계경제 상황의 선행지표로 불릴 만큼 국제경제질서의 외풍에 민감하다.

이처럼 한국은 이를테면 이중적 상황에 놓여 있다. 한편에서는 과거의 장기전쟁이 종결되지 않은 채, 다른 한편으로는 시장국가적 동향에 취약하게 노출되어 있다. 이런 복합적 상황에서 과연 한국은 새로운 시장국가 시대의 도래를 제대로 인식하고 있는가. 나아가 새로운 시대적 전쟁에 대한 전략적 및 헌법질서적 대응의 필요성을 얼마나 인식하고 있는가.

필립 보빗의 미래 전망에 대한 여러 이견의 여지에도 불구하고, 전략과 헌법체제의 상관성이라는 그의 특유한 역사관은 여전히 유효한 의미를 지니게 될 것이다.

제2부 한국 87년 헌법, 어떻게 자리매김할 것인가

1948년 제헌 이래 1987년 헌법에 이르기까지
아홉 차례의 개헌이 있었다. 39년간 평균 4년마다
한 번 꼴로 헌법을 고쳐온 셈이다. 너무 잦은 개헌도
문제이지만, 지난 9회의 개헌은 모두 혁명이나 쿠데타
등 크고 작은 정변의 소산이었다. 개헌의 역사는 곧
정변의 역사였다.
헌정사상 이례적으로 장기간 지속되어온 현행 87년
헌법에 대한 개헌론이 무성하다. 필요하면 헌법을
고쳐야 할 것이지만 아쉬운 점이 있다.
개헌 주장에 선행해야 할 과정이 불충분해 보인다.
어떻게 고치자는 요란한 외침에 비해, 정작 87년
헌법의 운용에 대한 면밀한 연구와 토론은 찾아보기
쉽지 않다. 처방에 앞선 진단이 부실하지 않은가.
2부에서 지난 30여 년의 헌법운용 현실에 대한
나름의 분석을 시도해본다.

4장

87년 헌법의 탄생

6월 혁명, 빛과 그늘

1987년 6월 초 어느 날, 서울시청 잿빛 청사의 시계바늘이 정오를 가리켰다. 어디선가 자동차 경적이 길게 울렸다. 뒤이어 광장 로터리를 맴돌던 자동차들이 일제히 경적소리를 뿜어댔다. 시민항쟁 지휘부의 지침대로 초유의 경적 시위가 벌어진 순간이었다.

황홀한 절정

그해 1월 14일, 혁명의 결정적 계기가 된 사건이 발생했다. 박종철 군 고문사망 사건이었다. 경찰은 한 시국사건 수배자의 소재 파악을 위해 박 군을 불법 체포했다. 박군은 수배자의 후배였다. 치안본부 대공수사단 남영동 분실 509호 조사실로 끌려간 그는 폭행, 전기고문, 물고문 끝에 숨을 거뒀다. 서울대 언어학과 3학년, 21세. 꽃다운 나이였다. 치안본부장은 단순 쇼크사인 것처럼 발표했다. "책상을 탁 치니 억 소리를 내며 쓰러졌다"는 것이었다.[1]

그러나 진실은 덮이지 않았다. "심장쇼크사로 처리하라"는 압박을 물리치고 '경부압박에 의한 질식사'임을 밝힌 부검의剖檢醫 황적준 박사의 증언이 알려지고 언론이 의혹을 제기하자 정부는 물고문 사실을 시인했다. 이어서 내무장관과 치안본부장 해임, 수사 경관 구속 등의 조치가 뒤따랐다. 다급해진 정부는 어떻게든 사태를 마무리하려 했다.

2월 7일, 추도식을 위한 명동 집회가 봉쇄됐다. 사위四圍는 얼어붙은 듯했다. 아직 차가운 날씨였고 경찰 경계는 날씨보다 차고 무거웠다. 정부 여당으로부터 "성숙된 시민의식에 감사한다"는 성명이 나왔다. 시민들의 좌절감은 황량했고 분노는 깊어갔다. 4월 13일, 전두환은 일체의 개헌 논의를 중단하고 기존 헌법을 유지하겠다는 4·13호헌護憲 조치를 선언했다.

5월 18일, 한 가톨릭 사제의 성명이 사태를 새 국면으로 휘몰았다. 명동성당에서 열린 광주항쟁 7주기 추모미사에서 김수환 추기경의 강론이 끝나자 한 신부가 제단에 올랐다. 천주교 정의구현 전국사제단 김승훈 신부는 십자가를 향해 깊게 허리를 숙인 다음 성명서를 읽어내려 갔다. 장대하고 근엄한 풍모였지만, 그의 목소리가 미세하게 떨리는 것처럼 들렸다. 놀라운 내용이었다. 박 군 사건이 조작·축소됐음을 밝힌 것이다. 안기부(국정원 전신), 법무부, 내무부, 검찰, 청와대 비서실 등 관련 기관의 대책회의가 사실의 은폐·조작에 관여한 사실이 드러났다. 5월 27일, 야당인 민주당과 재야在野운동세력의 연합조직인 '민주헌법쟁취 국민운동본부'가 발족했다.

6월 10일, 서울 잠실체육관에서 민정당 대표위원 노태우를 차기 대통령후보로 결정하고 인기 가수들의 노래 속에 축제 분위기를 연출한 그날, 국민운동본부는 '박종철 군 고문살인 조작·은폐규탄 및 호헌철폐 국민대회'를 열었다. 전날, 연세대생 이한열 군이 머리에 최루탄 파편을 맞고 쓰러져 상황은 한껏 고조됐지만, 권력은 대회의 원천봉쇄를 위해 경찰 2만 2,000여 명을 동원하고 재야인사 700여 명을 연금했다. 그날 저녁 6시, 국민대회의 공식 집회가 서울시청 옆 대한성공회대성당에서 열렸다. 경찰의 포위로 고립된 상태였다. 그러나 시위는 그때부터였다. 그날 밤 늦게까지 시위가 지속됐고, 명동성당 점거농성으로 이어졌다.

그날 이후 10여 일간 전국적 시위가 벌어졌다. '호헌철폐, 독재타도'가 시위의 주된 구호였다. 명동성당 언덕은 혁명의 성소聖所였다. 후일 인구에 회자된 '넥타이부대'의 합세는 시위 양상이 새 단계에 들어섰다는 징표였다. 18일 밤, 부산 시위가 분수령을 만들었다. 외신은 "부산 8만 진압 포기"라는 제목을 달았다. 19일, 주한 미국대사 릴리James Roderick Lilley(1928-2009)가 레이건 대통령의 친서를 전두환에게 전했다. 26일에는 전국 30여 개 도시 및 몇몇 군에서 130만 명이 참여하는 국민평화대행진이 펼쳐졌다. 국토의 남단 서귀포에서도 1,000명 가까운 군중이 모였다는 증언이 있다.

이윽고 '6·29선언'이 나왔다. 권력이 고개를 떨궜다. 민주화의 대명사로 여겨졌던 대통령직선제가 수용된 것이다. 민정당 대표 노태우가 선언문을 읽었다. 사람들은 '명예혁명'이라고 말했다. '국민에 대한 항복'이라고도 했다. 수난의 한국 현대사에서 좀

체 접하지 못했던, 황홀한 절정의 순간이었다.

생각해보자. 한국 근현대사에 아래로부터의 혁명이 성공한 적이 있었는가. 숱한 국민적 항쟁이 있었지만 훗날의 변화를 위한 밑거름이었을 뿐, 당시로서는 모두 실패한 좌절의 역사가 아니었는가. 3·1운동이 그랬고 4·19가 그랬으며 80년 서울의 봄에 이은 5·18광주항쟁이 또한 그러했다. 87년 '6월혁명'은 첫 번째 성공의 경험이었다.

항쟁인가, 혁명인가

흔히 6월혁명을 가리켜 '6월항쟁' 또는 '6월시민항쟁'이라고 부른다. 이른바 운동권에서조차 6월혁명을 6월항쟁으로 '낮추어' 부른다. 무엇 때문인가.

혹시 엄격한 용어 사용을 위해서 그런지 모른다. 혁명revolution의 의미를 마르크스-레닌에 따라 좁게 '과학적'으로 한정시켜 볼 때 6월의 항쟁은 혁명이라고 할 수 없다. 마르크스-레닌주의에 따르면, 혁명이란 '한 계급의 손에서 다른 계급의 손으로 국가권력이 이동하는 것'을 말한다. 마르크스는 특히 혁명의 사회적 의미를 강조했다. 그는 유물사관에 따라 토대 및 상부구조의 전복을 가리켜 '사회혁명die sozialer Revolution'이라고 불렀다.

이보다 넓은 통상적인 혁명의 의미에 비추어보면 어떠한가. 보통 혁명이라 하면 통치체제의 급격한 근본적 변화를 가리키며, 기존 헌법체제에 비정상적인 침해를 가하면서 물리력을 수반하는 것이 보통이다. 쿠데타coup d'éta가 기존 통치체제의 근본적 변화 없이 단순히 통치자나 통치세력의 비정상적 교체에 그치는 것과 구별된다.[2] 이 같은 통상적인 혁명의 어휘 용례에 의한다면 6월의 항쟁은 단순한 항쟁revolt을 넘어 혁명이라고 보는 해석이 가능하다. 왜냐하면 6월혁명을 기점으로 대한민국 통치체제의 근본 성격이 바뀌기 때문이다. 간략히 줄여 말하면, 권위주의체제로부터 민주주의체제로 전환하는 계기가 되었기 때문이다.

한편, 헌법이론에 따라 보더라도 6월혁명이라고 불러 마땅하다. 교과서 차원의 헌법이론에 의하면 혁명이란 '헌법제정권력의 변동'에 의한 헌법체제의 전환을 가리킨다. 여기에서 '헌법제정권력의 변동'을 꼭 군주에서 국민으로, 또는 국민에서 프롤레타리아로 바뀌는 것에 한정하는 것은 부적절하다. 그렇게 좁게 해석하면 마르크스-레닌주의의 혁명 개념과 별 차이가 없게 된다. 헌법제정권력의 성격에 근본적 변화가 있다면 이를 혁명으로 보는 것이 옳다. 6월혁명을 통해 헌법제정권력의 소재가 '의제적擬制的 국민'으로부터 '진정한 국민'으로 전환되었다고 본다면 헌법이론에 비추어서도 이를 혁명이라 부르기에 손색이 없다. 여기에서 의제적 국민이라 함은 그 의사의 형성이나 표시가 자유롭지 못한 상황의 국민을 뜻한다.

6월'혁명'이라는 명명을 피하는 데에는 또 다른 실질적 이유가 있을지도 모르겠다. 6월혁명 직후 1987년 12월의 대통령선거에서 민주화운동세력이 패배했기 때문은 아닌가. 그러나 좀 더 긴 눈으로 본다면 다른 결론이 나온다. 과도적인 노태우 정부의 시기를 지나, 김영삼 정부 이후 점차 민주화에로의 이행이 전개되고 이와 함께 자유화가 진전되었다. 특히 평화적 정권 교체가 수차례 이어지고 민주주의의 제도화가 정착되어온 사실은 가히 혁명적 변화라 할 만하다. 민주화가 다져지면서(이론가들이 말하는 이른바 '민주주의의 공고화'), 오랜 권위주의 정치체제로부터 민주주의 정치체제로의 대전환을 이룬 것이다. 그 결정적 계기가 1987년 6월의 시민항쟁이었다. '6월혁명'이라는 칭호에 아무 부족함이 없지 않은가.

6월혁명의 특징적 면모는 무엇인가. 거의 전 국민의 일치된 의사표출이었다는 점이다. 6월혁명은 소수의 지배세력을 제외한 거의 전 국민의 참여와 지지로 이루어진 장쾌한 국민적 거사였다. 수감된 민주투사를 도와 정보 제공·연락 임무로 음지에서 활약한 '민주 교도관'으로부터, 포위된 명동성당에 도시락을 들여보낸 여학생들, 전경들에게 꽃 한 송이를 달아준 어머니들에 이르기까지, 6월혁명은 수많은 이름 없는 영웅들이 이루어낸 국민적 대서사극이었다.

어떻게 이처럼 국민적 합의를 이루어낼 수 있었는가. 국민적 합의의 구심점을 이룬 국민적 소망은 무엇이었는가. 독재타도, 그리고 그 반면인 자유민주주의체제에 대한 염원이 아닌가. 자유민주주의 이념 아래 온 국민이 일체가 될 수 있었던 것이 아닌가.

거슬러 돌아보면 실로 길고 긴 고난의 장정이었다. 1919년 3·1운동 직후 대한민국 임시정부 수립-오랜 항일 독립운동-1948년 대한민국 정부 수립-1960년 4·19학생의거-1972년 이래 유신시대 민주화운동-1980년 '서울의 봄'에 이은 5·18광주민주화운동-제5공화국 어둠 속의 저항운동-그리고 마침내 1987년 6월혁명으로 이어진 한국 시민혁명의 대장정은 87년 헌법의 탄생으로 정점에 이른다.*

혁명의 그늘

6월 혁명에도 짙은 그늘이 드리워 있다. 그 그늘의 중심에는 1987년 대통령선거에서 민주화운동세력의 패배가 자리 잡고 있고, 이 패배의 직접적 원인이 김영삼과 김대중의 분열, 이른바 '양김兩金 분열'에 있음은 말할 것도 없다. 그해 12월 16일 대선의 득표율을

---

* 한국 시민혁명의 출발점을 3·1운동이라고 보는 데 대해서는 논의의 여지가 있을 것이다. 3·1운동의 사회경제적 성격이 무엇인지, 특히 당시 산업구조나 시민계급의 형성 등에 관한 문제는 별도의 연구 과제지만, 3·1운동을 독립운동으로서만이 아니라 시민혁명으로 이해하는 데에는 일견 나름의 근거가 있는 것으로 보인다.

비록 독립선언서에서 민족자본가나 노동자·농민 등의 구체적 요구를 지적하지는 않았더라도, 추상적이나마 '인류의 평등' 및 '민족의 자유발전'이라는 취지를 명시했다. 그뿐만 아니라 전국적 시위에 학생들을 비롯해 상인·농민·노동자 등 직업을 가리지 않고 남녀노소가 광범하게 가담하였으며, 참가 인원이 200만을 넘었다.

뒤이어 1919년 4월, 상해에서 수립된 대한민국 임시정부는 비록 망명정부이지만 한국 역사상 처음으로 민주주의 원리에 입각한 정부형태를 취했다. '대한민국 임시헌장' 제1조는 "대한민국은 민주공화제로 함"이다.

한편, 일찍부터 '3·1운동'이라는 명칭命名 자체에 대해 논의가 있었음도 주목할 만하다. 이 논의의 중심에는 3·1운동의 시민혁명적 성격을 인정할 것인지 여부가 자리 잡고 있다. 일제강점기와 해방공간에서 두 용어가 혼용되어 왔고, 이념적 입장과 상황에 따라 용어 선택에 차이가 생기기도 하였다. 해방공간에서 남로당 박헌영은 3·1운동을 평가절하하여 3·1혁명이라는 용어를 피하였다.

1948년 제헌헌법의 제정 과정에서 애초 유진오 초안에는 '기미혁명'이라고 표기되어 있었다. 제헌국회의 헌법기초위원회 최종안에서도 '삼일혁명'이라고 하여 '혁명'이라는 용어를 사용하였다. 그러나 본회의 심의 과정에서 '3·1운동'이라고 바뀌었다. 여기에는 3·1운동의 역사적 평가와 관련해, 단지 독립운동인지 아니면 동시에 민주혁명인지에 관한 견해 차이가 영향을 주었다.[3] 제헌헌법 전문에서 3·1운동이라고 규정한 이래 이 용어가 일반화되었지만, 그 역사적 성격은 다시 규명될 필요가 있다.

보면 변명의 여지가 없다(노태우 36.6퍼센트, 김영삼 28퍼센트, 김대중 27.1 퍼센트, 김종필 8.1퍼센트).

양김 분열은 찬란한 6월혁명에 씻을 수 없는 오점을 남겼다. 그것은 민주화 이행이 5년간 지체됐다는 것에 그치지 않는다. 우선 지적할 것은 지역주의 정치다. 지역주의 정치의 시작은 1960년대로 거슬러 올라가지만, 민주화 과정에 들어선 다음에도 지속됐을 뿐 아니라 더욱 고착화됐다. 이것은 양김 분열이 남긴 고질적 폐단이다.

이뿐만 아니다. 양김 분열은 이후의 한국 정치에서 나타난 부정적 정치 행태의 원류를 이룬다는 점에서도 그 책임은 심각하고 막중하다. 민주화 이후 한국 정치의 가장 특징적 양상은 이를테면 '정치의 사익화私益化' 현상이다. 사적 이익을 위해 권력을 사용함으로써 권력을 사유화할 뿐만 아니라, 더 나아가 정치 활동이 오직 권력추구 이상은 아닌 것으로 되어갔다. 정치 자체의 '사사화私事化'라고 할까. 이제 정치는 직업적 정치인의 개인적 또는 집단적 이익추구 그 이상은 아닌 것으로 비쳐진다. 비생산적 정쟁이 끊이지 않는 '극한 대립의 정치', '계파정치' 등은 정치 사익화의 표출에 다름 아니다. 지역정치의 고착화도 정치 사익화 현상과 결코 무관하지 않다.

정치 사익화 현상이 양김 분열 때문이라는 인과론에는 고개를 갸우뚱할지 모르지만, 적어도 이런 현상의 본격적 출발점이라는 점은 부인하기 어렵다. 누구나 개인적 이익을 생각하기 마련이지만, 대의·공익과 사적 욕구가 충돌할 때 전자를 우선시키는 것은 정치 지도자의 기본 덕목이다.

양김 분열을 보면서 반사적으로 떠오르는 이웃 일본의 인물이 있다. 사카모토 료마. '일본 1,000년의 리더'로 일컬어지는 그의 일생에 여러 극적인 장면이 있지만, 백미는 다이세이 봉환大政奉還 대목에서 드러난다. 메이지유신 전야, 막부가 스스로 통치권을 내놓게 하는, 아무도 꿈꾸지 못한 '대업'을 기획하고 실현시킨 장본인이 막상 대업의 성사를 앞두고 자신의 공을 내려놓는다. 새 정부의 기본 방침과 직제를 구상하고 요직의 인물 배치를 구상한 후 료마 자신은 훌훌 떠날 결심을 밝힌다.

시바 료타로司馬遼太郎(1923-1996)의 소설『료마가 간다龍馬がゆく』의 그 장면에서 료마는 이렇게 말한다. "나는 일본을 새로 태어나게 하고 싶었을 뿐이지, 새로 태어난 일본에서 영달을 누리고 싶은 생각은 없다." "이런 마음이 아니면 큰일을 할 수 없다." 작가는 후기에 이런 한 줄을 남겼다. "일본의 역사가 사카모토 료마를 가졌다는 것은 그 자체가 기적이었다."[4]

6월혁명과 유럽 시민혁명

1987년 6월혁명을 한국의 '시민혁명'으로 규정지을 때, 하나의 물음이 떠오른다. 한국 시민혁명을 19세기 유럽의 시민혁명과 견주면 어떤 점이 드러나는가?

한국 민주화 과정의 특징을 흔히 '운동에 의한 민주화'라고 일컫는다. 그 운동의 주동력은 누구였나? 6월혁명만이 아니라 거기에 이르는 긴 여정에서 한국 민주화의 중심 주체는 학생 및 지식인이었다. 이 점에서 19세기 전반 독일의 혁명운동이 떠오른다. 이른바 '3월 이전', 곧 1848년 3월혁명 발발 이전 19세기 전반 독일의 자유주의운동은 흔히 '강단講壇 자유주의'로 불렸다. 운동의 중심은 학생과 교수였다. 이 점에서 한국의 시민혁명과의 유사성을 떠올릴 수 있다.

그러나 독일과 한국의 차이점도 분명하다. 19세기 독일의 시민혁명은 좌절됐고, 20세기 한국의 시민혁명은 성공을 거두었다. 그 성패의 차이는 무엇에 연유하는가? 아마도 이런 차이를 생각할 수 있지 않을까. 당시 독일의 학생층은 대부분 대토지 소유자나 부유한 상공인의 자제들로 소수 엘리트 계층에 그쳤다. 시민계급의 성장이 미흡한 채 분열되었고 소수 엘리트만으로 혁명을 추동하기에는 역부족이었을 것이다.

이에 비해 20세기 후반 한국의 학생층은 훨씬 대규모로, 1980년대 후반에 이르러서는 이를테면 학생 '대중'을 형성하기에 이르렀고, 그만큼 강력한 힘을 지니고 있지 않았을까. 반면 19세기 중반 독일 시민혁명의 실패는 1960년 한국 4·19학생의거의 좌절을 연상시킨다. 양자의 배경에는 (대)학생 '대중'의 미형성未形成이라는 공통점이 있을지 모른다. 또한 양자 모두 군대의 물리력에 압도당했던 점, 그리고 그 후 권위주의적 체제에서 산업화에 성공한 역사도 닮아 있다.

한편, 87년 6월 시민혁명 이후 민주화 과도기의 과정은 프랑스혁명사를 떠올리게 한다. 1987년 7-8월, 전례 없는 대규모의 노동자투쟁이 전개되었다. 제6공화국 등장 이후에도 노동운동은 계속 그 강도를 더해갔다. 이것은 정치적으로는 어떤 과정이었나. 노태우 정부의 과도기를 거쳐 뒤이은 김영삼 정부의 등장은 구체제 잔존세력과 연합한 소산이었지만, 결과적으로는 민주화의 역행이라기보다 점진적 민주화의 과정으로 볼 수 있다.

프랑스혁명은 어떠했는가. 혁명 초기, 주도세력인 제3계급은 자유주의적 귀족과 연합했고 그 성과가 1791년 입헌군주제 헌법이었다. 이후 제3계급은 하층 민중과 연합하면서 과격화된다. 프랑스대혁명의 한 극점은 로베스피에르의 공포정치 시기였다. 그 추동력은 상퀼로트라 불린 소규모 자영상공업자·직공들 및 일부 임금노동자들이었다. 그러나 혁명의 이상을 급격히 실현하는 데 따른 대가는 엄청났다. 잔혹과 비참으로 이룬 성과는 일순이었고 엄청난 반동의 시기를 맞았다. 이런 과정은 1848년 2월혁명 이후에도 반복됐다.

이에 비해 점진적 변혁의 과정을 거친 한국의 시민혁명은 상대적으로 훨씬 적은 대가를 치르고 민주화를 정착시켜왔다. 비록 6·29 후 양김 분열로 군부 잔존세력인 노태우 정부가 등장했지만, 프랑스혁명에서도 바스티유 함락 후 바로 공화국이 등장한 것은 아니었다.

한편, 1987년 6월혁명을 '명예혁명'이라 부르기도 한다. 1689년 영국의 명예혁명에 견주어 '무혈혁명'임에 주목한 표현일 것이다. 그러나 과연 무혈·명예혁명이었나? 6월혁명에 이르기까지 긴 여정에서 숱한 희생자들과 아픔이 있었다. 이 점만이 아니다. 영국의 명예혁명을 무혈·명예혁명으로 칭하는 것 자체가 과연 타당한가? 이에 앞선 청교도혁명에서의 살육과 찰스 1세의 처형을 떼어 놓고 1689년 혁명이 과연 가능했을까?

한국의 6월 시민혁명과 유럽 시민혁명의 대비가 갖는 의미에는 근본적인 한계가 있다. 6월 시민혁명은 유럽 시민혁명보다 150-300년 뒤늦은 지체된 혁명이었다. 그 사이 국제 환경만이 아니라 모든 관련 부분의 변화는 말할 수 없을 만큼 엄청나다. 이 같은 비교 자체의 적실성 문제를 감안하고서도 그들 사이의 근본적 차이는 주목할 만하다. 유럽의 시민혁명과 달리 한국의 시민혁명은 산업화 이후에 성취되었다. 또한 한국의 시민혁명과 산업혁명은 모두 단기간에 이루어진 점 자체가 경이롭다.

87년 헌법의 키워드

'유신 이전으로'

1987년 이른바 6·29선언 이후 개헌 작업은 신속히 진행됐다. 개헌안 작업의 주체는 6월혁명의 구심점이었던 국민운동본부가 아니라 현장의 정치세력이었다. 여당인 민정당과 제1야당인 민주당의 지도부 각각 4인으로 구성된 '8인 정치회담'이 이 작업을 주도했다. 민정당 대표 4인은 권익현, 윤길중, 이한동, 최영철 의원이었고, 민주당의 4인 대표는 김영삼의 '상도동계' 2인(김동영, 박용만 의원), 김대중의 '동교동계' 2인(이중재, 이용희 의원)이 나눠 맡았다. 8인 회담과 별개로 민정당은 소수정당인 신민당 및 국민당과 회담을 진행했지만 중심은 어디까지나 8인 정치회담이었다. 한편 국회에 설치된 헌법개정특별위원회는 유명무실했고, 기껏 조문 정리 작업을 하는 데 그쳤다.

7월 31일부터 시작된 8인 정치회담은 9월 16일, 개헌안의 완전합의에 도달했다. 회담 시작 48일 만이었다. 부칙을 제외한 실

4장   87년 헌법의 탄생

질내용은 이미 8월 31일에 합의한 터였다. 불과 1달 만에 개헌안의 내용이 합의된 것이다. 핵심인 대통령직선제가 전제된 이상, 다른 사안들은 심각한 쟁점이 되지 못했다. 어떻든 여야 합의에 의한 합의개헌안이 만들어진 것이다.

1987년 헌법의 제정 과정에 대해서는 강한 비판이 제기되어 왔다. 시민혁명을 이뤄낸 시민들의 목소리 또는 이른바 '재야'의 목소리가 반영되지 않았다는 것이 비판의 핵심이다. 당시 운동권 세력 중에는 기존 국회 대신 '제헌의회'를 구성하자는 과격한 주장까지 있었지만 소수에 그쳤다.

그렇지만 일부 비판론자들이 주장하는 것처럼 민주화운동세력의 목소리가 헌법안 작성 과정에서 완전히 배제된 것은 아니었다. 8인 정치회담의 야당 대표들은 6월혁명의 중심이었던 국민운동본부와 간헐적으로나마 소통의 기회를 가졌다. 물론 짧은 협상 기간 탓에 충분한 소통은 어려웠을 것이다.

1개월 남짓한 8인 정치회담 기간이 새 헌법제정에 충분하다고는 보기 어렵다. 다만 반론의 여지도 적지 않다. 정치적 격변기에 추진되는 헌법의 제정은 신속성 자체가 미덕이다. 대통령직선제를 비롯한 민주화를 향한 국민적 요구의 핵심을 관철한 이상, 혁명의 성과를 조기에 굳히는 것이 필요했다. 시민 의사의 반영이라는 명분 아래 이념 논쟁이 예견되는 백가쟁명의 헌법 토론을 벌인다면 헌법제정은 부지하세월不知何歲月이 되었을지 모른다. 혁명이 한가로울 수는 없지 않은가.

1987년 10월 27일, 국민투표에 의해 개헌안이 확정됐다. 투표율 78.2퍼센트, 찬성률 93.1퍼센트로 나타났다. 헌법개정안에 대한 역대 국민투표 결과 중 최고의 찬성률이었다. 10월 29일의 공포에 이어, 1988년 2월 25일부터 새 헌법이 시행됐다.

87년 헌법의 기조는 무엇이었나. 그 기본 방향은 한마디로 '유신 이전으로' 돌아가자는 것이었다. 유신헌법 이전의 제3공화국 헌법으로 돌아가면 민주적 헌법의 모습을 다시 갖출 수 있다는 것이 당시 정치권의 생각이었다.

87년 헌법이 제3공화국 헌법에로의 회귀를 기본 방향으로 잡은 것은 곧 통상적인 입헌주의 원리를 회복하자는 뜻이었다. 입헌주의 원리는 개인의 기본권 보장 및 권력분립 원칙을 그 골격으로 한다. 1961년 5·16쿠데타의 소산으로 성립한 제3공화국 헌법은 규정 자체로서는 입헌주의 원리에 비추어 별다른 흠이 없는 것이었다. 이 헌법은 그 후의 유신헌법 및 제5공화국 헌법과는 성격상 차이가 있다. '유신 이전으로'의 방향 설정에 따라, 제3공화국 헌법의 골격을 바탕으로 일부 조항을 수정·보완한 것이 87년 헌법의 기조였다.

87년 헌법의 새로운 규정들, 그 현실

대통령직선제 회복 외에도 87년 헌법에는 몇몇 중요한 새로운 면모가 보인다. 유신 이전으로 돌아가자는 것이 그 기본이었지만, 제9차 개헌의 형식을 취한 87년 헌법에서 눈에 띄는 새로운 내용들을 짚어보면 다음과 같다.

첫째, 전문前文에서 대한민국 임시정부의 법통法統 계승을 명시

4장   87년 헌법의 탄생

했다.

둘째, 총강에서 국군의 정치적 중립을 명시했다.

셋째, 기본권 조항에서 입헌주의 원리를 회복하고 일부 내용을 보완했다. 언론·출판·집회·결사에 대한 허가·검열제 금지가 다시 명시되고, 적법절차 조항이 신설되었으며, 최저임금제 실시 등 사회권 조항이 보완되었다.

넷째, 제3공화국 헌법처럼 미국식 대통령제를 기본으로 하면서, 국무총리·국무위원 해임건의권 등 내각책임제 요소를 일부 혼합했다.

다섯째, 대통령 임기 5년 단임제를 규정했다. 대통령 권한 가운데 국회해산권 및 비상조치권 등 권위주의적 요소를 삭제하고 제3공화국 헌법처럼 긴급명령권을 규정했다.

여섯째, 국회의 국정감사권을 부활시키는 등 국회 권한을 강화했다.

일곱째, 대법관 임명에 국회 동의를 얻도록 했다.

여덟째, 헌법재판소를 설치했다. 특히 공권력에 의해 헌법상 기본권 침해를 당한 개인이 직접 헌법재판소에 그 구제를 청구할 수 있는 헌법소원訴願제도를 채택했다.

아홉째, 경제질서 조항을 보완해 '경제민주화' 규정을 첨가했다.

87년 헌법에 나타난 새로운 면모 가운데 특히 주목할 것은 무엇인가. 훗날 드러난 87년 헌법의 실제 운용을 보면, 가장 결정적으로 헌정에 영향을 미친 조항은 대통령 5년 단임제, 그리고 헌법재판소 신설이다.

그 밖에 전문에서 천명한 대한민국 임시정부 법통 계승 규정은 후일 '건국절' 논쟁으로 뒤늦게 부각됐다. 한편, 간간이 거론됐던 경제민주화 조항은 실제로는 종이 위의 죽은 글씨에 불과했다. 이 조항이 헌법재판에서 거의 실효적 기능을 하지 못했기 때문이다. 앞서 말한 대로, 결국 87년 헌법의 키워드는 다음 둘로 압축된다. 대통령 5년 단임제, 그리고 헌법재판소 설치.

한국 헌법사의 몇 가지 패턴

1948년 제헌헌법 이래 87년 헌법에 이른 한국 헌법사의 여러 시기를 그 특징에 따라 몇 가지 유형으로 나누어볼 수 있다.

첫째, 명목적 헌법화의 양상이다. 제1공화국과 제3공화국이 여기에 해당한다. 헌법규범은 입헌민주주의에 입각하고 있으나 헌법현실은 권위주의로 나타났다. 헌법규범과 헌법현실의 괴리가 큰 유형이다.

둘째, 권위주의체제의 양상이다. 제4공화국(유신 시대) 및 제5 공화국이 여기에 해당한다. 이 유형은 헌법규범 자체가 악법 요소를 지닌 권위주의체제이다. 특히 제5공화국 시대는 한국 헌법사의 공포정치 시기였다.

셋째, 헌정의 안정성이 심하게 떨어진 양상이다. 제2공화국이 여기에 해당한다. 헌법규범과 헌법현실이 입헌민주주의 성격을 지니고 있지만, 불안정한 헌정이 지속된 경우이다. 권력 담당자들이 입헌주의 유지 능력을 갖추지 못했을 뿐 아니라, 국민들 역시 안정적 헌정의 중요성을 인식하지 못하고 불안정을 방조하였다.

넷째, 헌법의 규범력이 확대되는 양상이다. 87년 헌법 이래의 헌정이 여기에 해당한다. 헌법규범과 헌법현실의 괴리가 좁혀지고 헌법이 현실을 규율하는 규범력이 확대되었다. 민주화가 공고화鞏固化되면서 입헌민주주의가 정착되고, 민주화와 헌법의 규범력 확대가 상호 선善순환의 관계를 보여준 시기이다. 동시에 이 시기는 헌정운영 능력의 부족을 드러낸 시기이기도 하다.

지난 30년간 87년 헌법이 운용된 현실을 어떻게 짧게 집약할 수 있을까. 그 특징은 두 가지로 요약된다. 첫째, 한편으로 대통령의 권한 남용이 두드러지면서 다른 한편으로는 여소야대 현상의 빈발 등으로 인해 대통령과 국회가 대립하고, 이로 인해 국정 정체 현상이 지속되었다. 둘째, 비정치적 권력이라 할 사법기관, 특히 헌법재판소에 의한 사법통치적 양상이 나타났다. 정치권력의 갈등과 그 자체적 해결 능력의 결여가 드러나면서, 정치적 분쟁이 헌법재판소로 이전되는 정치의 사법화 현상이 심화되었다. 이어지는 장에서 87년 헌법의 실제를 두 키워드, 곧 대통령 5년 단임제 및 헌법재판을 중심으로 살펴본다.

5장

제왕적 대통령제의 실패인가?

제왕적 대통령제인가?

87년 헌법은 실패했는가? 근년의 개헌론과 더불어 대통령제 비판론이 무성하다. 대체로 이런 논조이다. 역대 대통령들이 실패했고, 그 실패의 주된 요인은 제왕적 대통령제 때문이라는 것이다. 이런 평가는 얼마나 정당하고 또는 얼마나 부당한가? 87년 헌법은 제왕적 대통령제인가? 87년 헌법의 대통령제는 실패했는가? 어떤 이는 대통령제의 실패가 아니라, 대통령의 실패일 뿐이라고도 한다. 과연 87년 헌법의 대통령제를 어떻게 평가할 것인가?

본래 제왕적 대통령(제) 논의는 한 미국 역사학자의 저서에서 비롯됐다(아서 슐레진저Arthur Schlesinger Jr.(1917-2007), 『제왕적 대통령직The Imperial Presidency』, 1973, 1989). 이 책은 20세기 이래 미국 대통령들이 특히 전쟁수행을 위해 헌법조항을 뛰어넘거나 우회하여 권한을 확대·남용해온 점에 초점을 맞추고 있다. 근래 우리나라에서 거론되는 제왕적 대통령이라는 용어가 미국에서와 동일한 것으로 보기는 어렵다. 한국에서 제왕적 대통령 논의는 김영삼 정부 이후, 특히 김대중 정부 시대에 시작됐고, 대체로 정부 비판을 위한 수사修辭로 원용되었다. 이후 이 논의는 수그러들었지만, 근래의 개헌론과 함께 다시 재개되었다.

대통령제의 변형

'유신 이전으로'를 기본 방향으로 설정한 87년 헌법은 1962년 제3공화국 헌법을 모델로 삼았다. 어떤 이는 '박정희 헌법'이라는 이름을 붙여 폄하하기도 하지만, 제3공화국 헌법은 규정 자체로서는 민주적 성격을 갖춘 것이었다. 정부형태 등 권력구조(통치구조) 측면에서는 역대 우리 헌법 가운데 가장 미국식 대통령제에 가깝다. 미국의 한 한국학 교수에 따르면, 이 헌법의 제정 과정에서 하버드 대학 정치학 교수 에머슨Rupert Emerson(1899-1979)이 조력하였고, 당시 한국 중앙정보부가 초안 작성에 관여하였다.[1]

대통령제의 원형인 미국 헌법에 비추어보면, 대통령제의 기본 특징은 세 가지로 집약된다. 첫째, 행정권은 대통령을 정점으로 일원적으로 구성된다. 행정권 구성이 일원적이란 뜻은 행정권을 나누어 갖지 않는다는 의미이다. 둘째, 대통령은 국민의 선거에 의해 직접 선출된다. 셋째, 대통령은 임기가 보장되며 의회에 대해 정치적 책임을 지지 않는다. 위법행위를 한 경우에는 탄핵될 수 있지만, 탄핵은 법적 책임을 묻는 것이지 정치를 잘못했다는 이유로 정치적 책임을 묻는 것은 아니다.

87년 헌법의 권력구조는 이 세 특징을 모두 갖고 있다. 이 점에서 대통령제임이 분명하다. 그러나 대통령제의 전형이라 할 미국의 고전적 대통령제와 비교하면 여러 차이점이 있다. 그 차이점은 크게 두 가지 방향에서 나타난다. 첫째, 대통령의 지위와 권한이 훨씬 강화되어 있다. 우선 대통령의 지위에 관해 비록 선언적인 규정이긴 하지만, 대통령이 행정권의 수반일 뿐 아니라 "대통령은 국가원수(제66조 제1항)"라고 명시하고 있다. 나아가 "대통령은 국가의 독립, 영토의 보전, 국가의 계속성과 헌법을 수호할 책무를 진다(동2항)", "대통령은 조국의 평화적 통일을 위한 성실한 의무를 진다(동3항)"는 규정을 두고 있다.

'국가원수head of state, Staatsoberhaupt'라는 표현은 흔히 제국의 헌법에서 황제의 지위를 선언하는 조항에 나타난다. 1871년의 독일 제국 헌법, 1889년의 일본 메이지 헌법 등이 그런 예다. 오늘날의 러시아 헌법, 헝가리 헌법 등에서도 대통령의 지위를 국가원수라고 표현한 예를 볼 수 있다.

한국 헌법에서 대통령의 지위를 국가원수라고 규정한 예는 1960년 제2공화국 헌법이 처음이다(제51조). 4·19 후의 내각책임제 헌법에서 이런 규정을 둔 것은 기이하다. 그 후 국가원수 조항이 다시 나타난 것은 1972년 유신헌법에서이며, 그 이래 지금까지 유지되고 있다. 본래 국가원수라는 개념은 국가를 자연인에 견주어 이해하는 국가유기체설에서 유래한다. 오늘날 민주주의국가에서 국가원수라는 규정은 불필요하고 유해하다. '외국에 대해 국가를 대표한다'는 규정으로 족할 것이다.

추상적인 규정들뿐만 아니라, 한국 대통령에게는 미국 대통령에게는 인정되지 않는 여러 강력한 권한들이 부여되어 있다. 예컨대 긴급명령권 및 긴급재정경제명령권, 계엄선포권 등 국가적 긴급사태에 대비한 국가긴급권에 속하는 권한들(제76조, 제77조), 그리고 국가 안위에 관한 중요 정책에 대한 국민투표회부권(제72조), 헌법개정안발의권(제128조) 등이 그러하다. 긴급명령 및 긴급재정경제명령은 대통령이 발포함에도 불구하고 법률의 효력을 가진다는 점에서 예외적이다. 비상계엄하에서의 특별 조치는 헌법과 동등한 수준의 효력을 지니는 점에서 이 역시 예외적으로 강력한 권한들이다. 이들 권한은 단순한 행정권 수반의 지위에서는 도출될 수 없는 것들이다. 중요 정책에 대한 국민투표회부권도 국정을 조정하기 위해 국민을 직접 상대하는 수단인 점에서 행정권 수반의 지위를 넘는 권한으로 볼 수 있다. 이들 권한은 남북분단이라는 특수한 상황을 고려할 때 그 취지를 이해할 수 있다고 보이지만, 대통령을 단순한 행정권 수반이 아닌, 국가의 '영도자'로서 위치 지을 소지도 있다. 둘째, 내각책임제적인 여러 요소들이 첨가되어 있다는 점이다. 구체적으로 다음과 같은 사항들이 그렇다. 부통령 대신 국무총리를 두고, 그 임명에 국회 동의를 얻도록 하고 있다(제86조). 국무총리에게 국무위원 임명제청권 및 해임건의권을 인정하고 있다(제87조). 국회에 국무총리 및 국무위원 해임건의권을 인정하고 있다(제63조). 국회에 국무위원 등 출석 및 답변요구권을 인정하고 있다(제62조 제2항). 헌법에서 국회의원의 국무위원, 행정각부 장관 겸직을 금지하지 않는 동시에 법률상으로는 이를 허용하고 있다. 정부에 법률안제출권을 인정하고 있다(제52조).

대통령제를 골격으로 하면서 의원내각제적 요소를 첨가하는 것은 종래 중남미 국가들의 대통령제에서도 흔히 나타나며, 그 취지는 대통령 견제를 강화하는 데 있다. 현행 헌법의 내각책임제 요소들도 대체로 대통령 견제 강화를 위한 것이지만, 오히려 대통령 권한을 강화시키는 요소도 있다. 예컨대 정부의 법률안제출권이 그렇다. 미국 헌법에는 이런 규정이 없다. 이처럼 우리 헌법에 나타난 권력구조는 대통령제를 기본 골격으로 하면서 부분적으로 변형을 가한 '변형된 대통령제'라고 부를 수 있다. 여기에서 주목할 점이 있다. 그 변형의 요소들이 서로 상반된 방향을 지향하고 있다는 점이다. 즉, 한편에서는 미국 대통령제에서 볼 수 없는 강력한 권한들을 대통령에게 부여하면서, 다른 한편으로는 대통령 견제를 강화하는 요소들을 첨가하고 있는 것이다. 이같이 상반된 방향의 변형적 요소들이 실제의 헌법현실에서 어떻게 작동하고 있는가. 우선 첫 번째 변형 요소(대통령의 권한 강화)의 측면을 보면, 금융실명제를 위한 1997년 한 차례의 긴급재정경제명령권 행사 외에는 긴급권 행사 실례가 없다. 한편, 내각책임제적 요소 가운데 대체로 주변적 요소들이 실제로 작동되고 있는 반면 그 핵심적 요소라고 할 부분, 특히 국무총리의 국무위원 임명제청권 및 해임건의권은 유명무실한 상태다.

제왕적 요소들?

대통령 권한 가운데 제왕적 요소들이 있는가? 일부 그런 요소들이 있다. 대통령의 권한들 중에 행정권 수반이 아니라 국가원수 지위에서 나온다고 볼 수 있는 권한들이 그런 요소들이다. 긴급명령권·긴급재정경제명령권 및 계엄선포권 등 국가긴급권, 국민투표회부권, 헌법개정안발의권 등이 여기에 해당한다.

그 밖에도 제왕적이라고 볼 만한 권한들을 찾아볼 수 있다. 사면권이 대표적 예다. 대통령의 사면권은 군주제의 유물이다. 사면권 외에 대법원장·대법관 및 헌법재판소장 임명권 등 사법부 구성에 관여하는 권한들도 제왕적 요소에 해당한다. 대통령의 대법원장·대법관 임명권은 미국 헌법에서도 마찬가지이지만 제왕적 요소라고 볼 수 있다. 애당초 미국 헌법에서만이 아니라 여러 나라의 대통령직은 '공화적 군주'라는 성격을 지니고 있다.

이 같은 제왕적 요소들은 잘못된 것이며 없애야 마땅한가? 긴급명령권 등 대통령의 국가긴급권은 미국 대통령제에서 볼 수 없는 강력한 권한들임에 틀림없지만, 강력한 국가긴급권은 선진 민주국가 헌법에서도 찾아볼 수 있다. 예컨대 현행 프랑스 헌법에서 대통령에게 부여한 비상대권(제16조)은 법적으로만 보면 과거 유신헌법의 긴급조치권처럼 헌법 수준의 효력을 갖는 막강한 권한이다. 다른 나라 예를 떠나서 보더라도 남북분단 상황에서 그런 예외적 긴급권제도의 존치는 불가피하다.

한편 대통령의 사면권이나 대법원장·대법관 및 헌법재판소장 임명권 등 사법부 관련 권한은 어떻게 볼 것인가? 우선 사면권을 보자. 비록 과거 군주제의 유물이라고 하지만 현재로서도 사면제도의 존재이유를 찾아볼 수 있다. 독일 바이마르 시대의 법철학자이자 법무장관 출신인 라드브루흐가 지적한 것처럼, 실정법 질서는 완전할 수 없다. 모든 실정법에는 의심의 여지가 있기 때문이다. 획일적 정의 추구에 따르는 문제를 시정하고 구체적 형평성을 실현하는 제도는 필요하다. 다만 실제 현실에서 사면권 남용에 대한 통제 장치의 필요성은 별개로 검토할 문제이다.

반면, 대법원장·대법관 임명권 및 헌법재판소장 임명권에 관해서는 논의의 여지가 적지 않다. 지금의 제도가 비민주적이라거나 크게 잘못되었다고는 말하기 어렵지만, 현실적으로 대통령 권한의 축소가 필요하다고 본다면 개정의 필요성을 얼마든 주장할 수 있다. 그렇다고 사법부 내부에만 맡기는 것도 사법부의 민주적 정당성이라는 관점에서 바람직하지 못하다. 그렇다면 법조계 내부 의견을 반영하면서 국회의 관여 수준을 높이는 대안 등을 검토할 만하다. 그렇다면 제왕적 대통령제인가 아닌가? 긴급권 등의 예외적인 강력한 권한이 있지만 실제 남용되지는 않았다. 사법부 수장 임명권에는 국회 동의 절차라는 제한이 설정돼 있다. 다만 전반적으로 대통령 권한 축소의 필요성이 있다면 제도 개정의 여지는 있다. 사면권 남용의 시비가 있음을 감안해 법률을 통해 보완 장치를 강구하되, 헌법에서 직접 제한규정을 두는 방안도 검토할 만하다. 이렇게 보면 헌법에서 대통령에게 준 권한 자체만으로는, 제왕적 요소가 있다고 인정하더라도 그렇게 크다고 말하기는 어렵다. 다른 선진 민주국가의 대통령제에 비추어도 우리 헌법이 큰 문제라고 할 수는 없다. 대통령제 자체가 안고 있는 고유의 제왕제적 성격은 별개의 문제다.

　　　　5장　제왕적 대통령제의 실패인가?

제왕적 대통령인가?

헌법제도 자체에 큰 문제가 있는 것이 아니라면, 실제 운용이 문제라고 볼 수밖에 없다. 대통령제 운용에 문제가 있다면 어떤 면에 문제가 있는 것인가. 문제의 소재가 대통령에게 있는가? 제왕적 대통령제가 아니라 제왕적 대통령이 문제라는 말인가? 한국 대통령은 제왕적인가?

우선 이런 질문을 던져보자. 대통령의 힘은 어디서 나오는가? 한 정치학자는 그 원천을 셋으로 나누어본다. 첫째, 헌법상 부여된 권한에서 오는 힘. 둘째, 대통령이 속한 정당에서 오는 힘. 셋째, 국민에 의해 직접 선출되었다는 사실, 특히 전체 국민의 선거에 의해 선출된 유일한 공직이라는 점에서 오는 힘이다.[2]

먼저 첫 번째 힘의 원천에 관해 살펴보자. 앞에서 본 것처럼, 87년 헌법에서 대통령에게 부여한 권한이 특별히 제왕적이라고 할 만큼 비민주적은 아니다. 그럼에도 불구하고 대통령의 권한 또는 권한 행사가 제왕적이라 말하고, 또한 거기에 타당한 면이 있다고 보인다면 그것은 어떤 점에서 그런가? 제왕적 대통령상을 실감케 하는 대표적 사례는 이른바 사정司正 권한의 남용일 것이다. 검찰권, 경찰권, 과세권, 국가정보수집권 등의 남용과 이를 뒷받침하는 대통령의 인사권이야말로 대통령의 제왕적 권한 행사의 전형적 사례로 보인다. 이들 권한은 국가의 통상적 통치권의 일부인데, 문제는 이 통상적 권한이 남용된다는 점이다.

이 같은 사정 권한 및 인사권의 남용은 정부형태가 어떻든, 대통령제든 내각책임제든 이원정부제든 불문하고 발생할 수 있고,

그런 면에서는 이 점을 대통령제 특유의 문제점이라고 말하기는 힘들다. 그러나 대통령제에서 대통령이 유일하게 전 국민 직접선거로 선출된다는 점에서 오는 특수성 때문에 사정 권한 및 인사권 남용이 대통령제에서 더 증폭된다는 추정은 얼마든 가능하다(이 점은 아래에서 부연한다).

다음, 대통령의 두 번째 힘의 원천, 곧 소속 정당에서 나오는 힘은 어떠한가. 김대중 대통령 시대까지 한국 대통령은 소속 정당 총재직을 겸했다. 대통령은 이를 통해 소속 정당을 지배했고 그 직접 수단은 국회의원후보 공천권 행사였다. 정당원은 공천을 염두에 두는 한, 누구도 총재에게 '아니오'라고 말하기 어려웠다. 나아가 대통령은 소속 정당 지배에 머물지 않았다. 이른바 여소야대, 곧 분점分占정부 상황에서는 '의원 빼내오기' 등 어떻게든 편법을 동원해 여대야소로 전환시켰다. 이를 통해 대통령은 소속 정당만이 아니라 국회를 지배했고, 국회는 무력화됐다. 당시 대통령은 제왕처럼 되어갔다.

그러나 이후 상황은 달라졌다. 노무현 대통령은 이른바 대권·당권 분리를 선언하고 의원후보 공천권 행사를 자제했다. 이후의 대통령들은 노무현 대통령과 달랐지만, 대통령의 정당에 대한 영향력은 김대중 대통령 시대나 그 이전에 비해 줄어들었다고 보는 것이 일반적이다.

한편 앞에서 지적한 세 번째 힘의 원천, 곧 유일하게 전 국민이 선출한 공직에서 나오는 힘이라는 점에서 보면 어떠한가. 아마도 이 같은 심리적 차원의 힘이야말로 눈에 안 보이되 가장 강력한 대통령 권력의 원천일지 모른다. 이 점은 한국의 문화적 특성으로 인해 더욱 증폭된다. 상하 위계질서를 강조하는 유교문화의 전통은 대통령직을 군주화하는 문화적 토대가 되고 있다. 왕권을 뜻하는 '대권the prerogative'이라는 용어가 대통령직을 지칭하는 표현으로 흔히 사용되고, 대통령을 군주에 비유하는 각종 미디어의 상업적 속성은 이를 더욱 확대 재생산한다.*

이런 현상 속에서 대통령 스스로도 제왕적 대통령상을 의식적 또는 무의식적으로 내면화하는 것이 아닌가 여겨진다. 김영삼 대통령과 김대중 대통령은 박정희 대통령과의 대립·투쟁에도 불구하고 박 대통령이 만들어놓은 영도자적·군주적 대통령상을 그대로 학습한 것으로 보일 정도이다. 더욱이 민주화운동 주도에서 오는 민주적 정당성의 확신은 제왕적 권력행사에 대한 심리적 제어 동기를 압도한 것이 아닌가 풀이된다. 공화적 독재가 군주 독재보다 훨씬 가공可恐적임을 보여주는 역사적 사례는 허다하다.

이처럼 직선 대통령을 제왕으로 만드는 문화적 속성이야말로 한국의 대통령을 제왕으로 만드는 가장 심층적 요인으로 볼 수 있지 않은가. 한국 사회의 집단 활동에서 우두머리長 중심의 위계적位階的 인간관계는 보편적이다. 사회 전반의 인간관계구조가 수직적 인간관계의 형태를 벗어나지 못하고 있다. 이런 사회문화적 속성은 제왕적 대통령 출현의 온상이 된다.

---

* '대권'은 저널리즘 용어이지만 삼가야 할 어휘이다. 본래 대권大權이란, 과거 일본제국의 메이지 헌법에서 천황이 의회와 무관하게 단독으로 행사하는 권한을 가리키는 말이었다. 예컨대 천황의 군대통수에 관한 '통수대권' 등에 이 용어가 사용되었다.

다만 한 가지 유보할 점이 있다. 제왕적 대통령의 존재를 수긍한다고 하더라도 이런 호칭에 걸맞은 사례는 87년 이후 김영삼, 김대중 두 대통령의 경우 정도일 것이다. 사정 권한 및 인사권 등 행사의 남용만으로 곧 제왕적이라고 말하긴 어렵다. 김영삼, 김대중 대통령의 경우가 유별난 점은 이들이 국회권력까지 장악하려 했기 때문이다. 이들 두 대통령은 여소야대 상황을 그대로 받아들이지 않았다. '의원 빼내오기', 정당연합(DJP연합)을 통해 '여대야소'를 조작해냈다.

반면, 노무현 대통령의 경우는 전혀 다르다. 그가 남긴 어록 가운데 차라리 '식물 대통령'이 되고 싶다는 자조적 발언은 한국 대통령이 얼마나 무력할 수 있는가를 단적으로 보여준다. 비단 노무현 대통령에 한하지 않는다. 구시대의 낡은 관념에서 못 벗어났던 박근혜 대통령 역시 이런 말을 남겼다. "대통령중심제라고 하지만 대통령으로서 할 수 있는 일이 별로 없었다."[3] 여소야대 상황에서 국회권력 앞에 무력감을 느끼는 '무력한 제왕적 대통령'은 형용모순에 지나지 않는다.

전반적으로 이렇게 정리해볼 수 있겠다. 대통령을 제왕적으로 보이게 만드는 것은 헌법이나 법률을 통해 대통령에게 주어진 제도상의 권한 자체라기보다 그 권한의 남용이고, 이 권한 남용을 조장하는 것은 유일한 전 국민 선출직에서 나오는 권위 및 이를 증폭시키는 문화적 토대, 곧 위계적·수직적 인간관계의 편재遍在이다. 이런 제왕적 대통령상像은 특히 김영삼, 김대중 대통령 시대에 현저했던 것으로 보인다. 두 대통령은 국회권력까지 제압했던 점에서 제왕 칭호에 어울린다. 최근 박근혜 대통령의 몰락은 제왕적 대통령상을 되살리려는 시도가 낳은 비극이다.

결국 87년 헌법이 제왕적 대통령제라는 주장은 엄격히 말하면 잘못이다. 또한 제왕적 대통령도 더 이상 존재하지 않는다. 이 점만 떼어놓고 보면, 현행 헌법이 제왕적 대통령제라는 비판은 일부 개헌론자, 특히 대통령제 폐지론자의 과장된 수사에 불과하다는 비판이 나올 만하다.

실패한 대통령제인가?

국정의 민주성과 효율성

지금의 87년 헌법은 30년 수명을 넘기고 있다. 한국 헌정사에서 처음 있는 일이고, 세계적으로도 주목되는 드문 사례에 속한다. 20세기 이래 유럽·북미의 선진 민주국가를 제외하면 세계적으로 20년 이상 입헌민주주의를 유지한 국가는 1973년 이후 우루과이뿐이었다는 조사 결과도 있다. 최근의 헌정 위기를 현명하게 넘긴 한국은 이제 민주화 역사에서 새로운 세계사적 사례가 될 것이다.

그럼에도 불구하고 87년 헌법이 실패했다거나 이른바 '87년 체제'가 수명을 다했다는 비판론은 집요하다. 87년 헌법은 실패했는가?

민주주의의 성공 또는 성숙 여부는 두 가지 차원에서 평가될 수 있다. 그 하나는 권력형성의 민주성이고, 다른 하나는 권력행사의 민주성이다. 87년 헌법 시행 이래 권력형성의 민주성 측면에서는 상당한 성과가 있었다. 무엇보다 '문민정부'의 확립을 통해 권

5장 제왕적 대통령제의 실패인가?

력의 정당성이 증진되었다. 뿐만 아니라 평화적·수평적 정권교체 실현과 정착을 통해 권력의 민주적 정당성은 더욱 공고해졌다.

문제는 권력행사의 민주성 측면이다. 이 점에서 성공이라고 평가하기는 어렵다. 특히 검찰권을 비롯한 사정 권한과 인사권의 수많은 남용 사례는 권력행사의 비민주성을 입증하기에 충분할 것이다.

헌정체제의 성공 여부는 권력형성·행사의 민주성 기준에 그치지 않는다. 권력행사의 효율성 측면을 고려하지 않으면 안 된다. 이 측면에서 주목할 것은 5년 단임 대통령제다. 대통령제 자체라기보다 '5년 단임제'가 지닌 문제점이다.

5년 단임제의 명암

전 세계적으로 5년 단임 대통령제는 드물다. 6년 단임제 헌법으로는 멕시코와 필리핀이 있다. 왜 이런 희소한 제도를 택했는가. 87년 헌법안을 협상한 8인 정치회담에서 애초에는 의견이 갈렸다. 여당 민정당 안은 6년 단임제였고, 야당 민주당 안은 4년 중임제 및 부통령제를 제시했다. 협상 결과 어떻게 5년 단임제로 귀결됐는지 남아 있는 기록은 없다. 거기에 정략적 계산이 깔려 있지 않았을까라는 의혹이 무성할 뿐이다. 선거에 패배할 경우를 대비해 향후 집권 가능성을 염두에 뒀지 않았겠느냐는 추측이다. 사실이라면 암묵의 이해관계 일치가 있었던 셈이다. 후일 회고담에 따르면, 김대중 대통령은 적극적으로 4년 중임의 정·부통령제를 지지했고, 반면 김영삼 대통령은 5년 단임제를 선호하였다.[4]

정략적 계산 의혹에도 불구하고 대통령 5년 단임제는 상당한 정치적 성과를 거두었다. 87년 이래 헌정운용에서 가장 큰 성과는 무엇보다도 민주화의 정착이다. 민주화 정착의 가시적 징표는 평화적 정권교체에서 찾을 수 있다. 2회 이상 정권교체의 경험을 민주주의 공고화consolidation의 테스트 기준으로 보는 정치학 이론도 있다.[5] 평화적 정권교체의 구체적 기준을 어떻게 설정하든, 대통령 개인의 교체로 보든 또는 이른바 보수정권·진보정권 등 집권세력의 교체로 보든, 이 테스트 기준을 넘어선다. 어떻든 한국 헌정사에서 평화적 정권교체는 87년 헌법 이후 처음 이뤄졌고, 지금껏 이어지며 정착됐다. 최근 박근혜 정부의 퇴진도 논의의 여지는 있지만 평화적 정권교체로 보아 무방하다.

평화적 정권교체의 정착은 결코 대수롭지 않은 일이 아니다. 대통령 장기 독재의 사슬을 끊는 과업은 한국 헌정사의 오랜 숙원이었다. 87년 헌법에 이르기까지 그런 전례가 전무했음을 상기하면 더욱 그렇다. 이 예사롭지 않은 성과에 기여한 제도가 5년 단임제였다.

이른바 '87년체제'를 비판하는 쪽에서는 흔히 이렇게 말한다. "절차적 민주주의를 이루었을 뿐이고, 실질적 민주화에는 실패했다." 그러나 민주주의의 핵심 요소는 절차에 있다. 자유로운 국민 의사에 의한 통치자 선출이야말로 민주주의의 본질 요소이다. 실질적 민주주의가 무엇인지는 사람에 따라 애매하기 그지없다. 특정한 이념·가치관 또는 정책 실현을 민주주의의 목적으로 설정하고 거기에 어긋나면 민주주의 실패로 보는 것은 지나치다. 민주주

5장 제왕적 대통령제의 실패인가?

의라는 거부하기 힘든 말 속에 특정한 이념·정책을 포함시키는 것은 정직하다고 보기 어렵다. 절차적 민주주의를 통해 무엇을 이룰 것인지는 별개 문제이고 이에 관해서는 견해가 갈릴 수밖에 없다.

5년 단임제 대통령제가 초래한 최대 병폐는 국가 장기정책 추진이 어려워졌다는 점이다. 한 전직 대통령은 회고록에서 이렇게 지적했다. "5년 단임제가 정착하면서 민주화와 평화적 정권교체의 토대가 마련되었지만, 국가의 중장기적 발전 비전과 정책을 추진하기보다는 5년 임기 중 가시적인 성과를 낼 수 있는 단기적인 정책에만 치중한다는 것은 문제였다."[6]

약간의 실례를 보기로 한다. 경제성장 전략은 지속적인 장기 추진이 필요한 국가정책이다. 그러나 현실을 보면 대통령이 바뀔 때마다 경제성장 전략이 바뀐다. 노무현 정부의 '동북아 금융허브 추진' 전략, 이명박 정부의 '녹색성장' 전략, 박근혜 정부의 '창조경제' 전략은 모두 5년 수명을 넘기지 못했다.

경제성장 전략의 수시 변동에 따라 관련 정책들, 예컨대 연구·개발R&D정책 역시 5년마다 새로 시작된다. 국내총생산GDP 대비 연구개발비 수준에서 한국은 근년에 줄곧 세계 1위를 차지해왔다(EU의 공식 통계기구인 유로스타트Eurostat의 2017년 12월 1일 발표에 따르면, GDP 대비 R&D 지출 비율에서 한국은 4.23퍼센트로 전 세계 1위를 차지한다. 일본 3.29퍼센트, 미국 2.79퍼센트, 중국 2.07퍼센트, EU 2.03퍼센트이다[7]). 그러나 아무리 많은 연구개발비를 쏟아 부은들 5년 미만의 단기 연구개발에 그쳐서야 어찌 내실 있는 지속적 성과를 기대할 수 있겠는가.

최고 행정기관인 행정각부, 특히 경제 관련 부처의 조직과 명칭이 5년마다 바뀌는 현상도 문제이다. 비정상적 현상임에도 불구하고 마치 정상인 듯이 거듭 반복되고 있다.

정책의 연속성이 요구되는 대북·통일정책 역시 마찬가지다. 노태우 정부의 한민족공동체통일 방안, 김영삼 정부의 민족공동체통일 방안, 김대중 정부의 햇볕정책, 노무현 정부의 대북포용정책, 이명박 정부의 선先비핵화 원칙, 박근혜 정부의 한반도신뢰프로세스 등 정권이 바뀔 때마다 새로운 이름의 통일 방안·대북정책이 발표된다. 어느 분야보다 국민적 합의가 필요한 대북문제에서 정책의 지속성을 찾기 힘들다. 이런 폐단은 근본적으로 매 정부마다 반복되는 '이전 정부 지우기'에서 비롯한다. 과거의 잘못은 규명되어야 하지만, 무엇이든 지나치면 부작용이 생기게 마련이다. 근년에 한국의 국가 장기정책은 실종된 듯이 보인다.

근시안적 정책 추진은 실제로 5년에도 훨씬 못 미친다. 새 정부 출범 때마다 인사청문회 파동을 겪으며 정부 구성에 상당 시간을 뺏긴다. 다음 대선을 앞두고는 조기 권력누수 현상이 시작된다. 그뿐만 아니다. 대통령 임기 중에 치러지는 총선, 지방선거 등 각종 선거는 정상적 정책 추진을 방해한다. 이런 점들을 두루 고려하면 한국의 정책 수명은 3년 안팎에 불과하다.

5년 단임 대통령제는 관료제마저 무너뜨리고 있다. 한국 산업화 기적의 주역은 대통령 박정희만이 아니라 노동자, 기업인 외에 무엇보다도 우수한 관료집단이었다. 그 관료집단이 지금 붕괴되는 모습이다. 5년마다 바뀌는 정권의 향배에 휘둘리는 탓이다.

5장 제왕적 대통령제의 실패인가?

여기에 그치지 않는다. 87년 헌법 시행 이래 여소야대 현상이 빈발했다. 여소야대 상황에서 역대 대통령들은 "아무것도 할 수 없다"라고 탄식했다. 이 여소야대 현상을 유발하는 요인의 하나는 바로 5년 단임제다. 국회의원 4년 임기제와 어긋나기 때문에 대통령 임기 중 치러지는 총선은 중간선거의 성격을 갖게 되고, 그 결과는 여소야대가 통례이다. 중간선거에서는 집권당 비판 여론이 강세를 이루기 마련이다. 결국 5년 단임제는 장기정책만이 아니라 모든 국가정책 추진을 가로막는 장애물이다.

이처럼 87년 헌법의 대통령제가 적어도 부분적으로 실패했다면 그 실패의 제도적 요인은 대통령제라기보다 대통령 5년 단임제에 있다. 5년 단임제는 국정의 효율성을 해치고 국가의 장기적 전략을 실종시킨 주범이라 해도 지나치지 않다.

여소야대 빈발 현상

앞서 말한 대로, 1987년 이래의 헌정체제에서 두드러진 현상의 하나는 '여소야대' 현상의 빈발이다. 분할정부 또는 분점정부divided government로 불리는 이 현상은 1988년 총선부터 2016년 총선까지 8회의 국회의원총선 가운데 다섯 차례 발생했다. 처음 4회의 총선 (13대-16대 국회)에서는 모두 분점정부를 초래했다. 이후 2004년, 2008년, 2012년, 총 3회의 총선(17대-19대 국회)에서는 거꾸로 모두 여대야소, 곧 단일정부unified government의 결과가 나타났고, 2016년 총선에서는 다시 분점정부로 회귀했다.

여대야소의 단일정부를 가져온 3회의 총선을 보면, 모두 특별한 사정이 있었음을 간취할 수 있다. 2004년의 총선 결과는 당시 '(노무현) 대통령 탄핵 역풍'이라는 특수 상황의 소산이었을 뿐 아니라, 2005년 4·30재보선을 통해 다시 분점정부로 되돌아갔다. 2008년 4월의 총선은 전년인 2007년 12월의 대통령선거와 근접하여 이뤄진 선거였다. 2012년 4월의 총선 역시 2012년 12월의 대통령선거를 앞둔 비교적 근접한 선거로 볼 수 있다. 대통령선거와 국회의원선거의 시기가 동시에 이뤄지는 동시선거, 또는 두 선거의 선거일이 근접한 근접선거의 경우, 단일정부를 가져오는 것이 상례이다. 반대로 중간선거의 경우, 총선은 현직 대통령에 대한 불만 표출의 마당이 되고, 그 결과 분점정부를 유발하는 것이 보통이다.

분점정부 빈발은 87년 이전에는 볼 수 없던 현상이다. 87년 이후 왜 이런 현상이 자주 나타나는가. 첫째, 과거 권위주의 시대에 여대야소의 단일정부를 보장해주던 여러 장치, 특히 선거제도의 불공정성이 제거됐다. 둘째, 정당체제가 다당제로 변화한 시기가 많았다. 87년 이래 특정 지역을 기반으로 한 지역주의 정치가 다당제를 불러왔고, 그 결과 제1당의 과반수 의석 획득이 어렵게 됐다. 양당제 아래에서도 분점정부가 발생할 수 있지만, 다당제에서는 그 개연성이 훨씬 높다. 셋째, 앞서 말한 것처럼, 대통령과 국회의원 임기 불일치로 인한 중간선거가 여소야대를 유발했다.

분점정부 상태에서 헌정운용은 어떠했는가. 김영삼, 김대중, 두 대통령은 이 상태를 수용하지 않고 비정상적 수단으로 단일정부로 바꿔놓았다. 그 결과, 정당 간의 대립·갈등은 더 악화됐다. 노무현 대통령은 연정聯政을 통해 극복하려 했지만 성사되지 못했고, "대통령 못 해먹겠다"는 무력감을 토로했다. 그 후, 2016년 총선으로 야기된 분점정부 상황에서 박근혜 대통령도 이 상황에 적절히 대응하지 못하고 국회 비판에 시종했을 뿐이다. 결국 역대 대통령 모두가 분점정부 상황에서 정상적 헌정운용에 성공하지 못한 셈이다.

한편, 분점정부 빈발 현상에 대해 이것을 반드시 부정적으로 볼 것만은 아니라는 견해도 없지 않은 듯 보인다. 분점정부하에서 국회의 대통령 견제라는 삼권분립 취지를 살릴 수 있다는 것이다. 실제 분점정부하에서 대통령의 헌법기관장 임명이 좌절된 여러 사례가 있다. 1988년 노태우 정부하에서 정기승 대법원장후보의 임명동의안이 국회에서 부결되었다. 김대중 정부하에서는 2002년 7월 장상 국무총리후보자 임명이 국회에서 부결된 데 이어, 같은 해 8월에는 장대환 총리후보자 역시 임명동의를 받지 못했다. 최근의 사례로는 2017년 9월, 김이수 헌법재판소장후보자 동의안이 부결되었다. 이런 사례에 대한 평가는 정치적 입장에 따라 다를 것이다.

한편 오히려 분점정부하에서 민주적이고 효율적인 국정운영이 이뤄졌던 경험이 있다는 주장이 있다. 이런 주장을 뒷받침하기 위해 노태우 정부 초기의 경험을 원용하기도 한다. 당시 국회의 행정부 통제 기능이 강화되었고, 정당 간의 극한 대립 없이 타협의 정치가 가능했으며, 그 결과 많은 법안이 통과되는 실적을 보여줬다는 것이다. 그러나 당시의 특수한 정치 상황에서 일어난 일시적 현상을 일반화하는 오류가 아닌지 의심된다. 비록 구체제 권력이 대통령직을 차지했지만 점차 그 세력이 약화되어가고 있었고, 권위주의체제로부터 민주주의체제로 이행하는 과도 단계에서의 특수 현상으로 보아야 하지 않는가.

과연 대통령제에서 분점정부 상황에 어떻게 대응해야 할 것인가. 2016년 총선은 다시 분점정부 상황을 초래했다. 다당제체제에서 어느 정당도 과반수 의석을 차지하지 못했다. 분점정부 상황에서 어떻게 이른바 '협치'를 이뤄낼 것인지는 지난한 문제다.

본래 분점정부하에서 대통령과 의회의 대립은 대통령제가 지닌 가장 큰 취약점이다. 각각 민주적 정당성을 지닌 대통령과 의회가 끝까지 대립하는 경우, 이 '정당성의 충돌'을 제도적으로 해결할 방법이 무엇인가. 대통령제의 원형인 미국 헌법에는 이 충돌을 해결할 제도적 방법이 없다. 실제 분점정부 현상이 자주 발생하는 미국의 경우, 대통령의 리더십을 통해 이 문제에 대응하는 수밖에 없다. 의회와의 협치를 이끌어내는 대통령 리더십에 의존하는 것이다. 여기에는 대통령이 정치력을 발휘할 수 있는 기반이 있다. 미국의 정당구조는 정당 내부의 정당기율party discipline이 약하다. 이 때문에 교차표결cross voting이 가능하다. 또한 미국 정치문화는 전통적으로 타협적 정치문화를 바탕으로 한다. 이런 정당구조와 정치문화의 기반 위에서 대통령 리더십이 작동한다(다만 근년에 미국에서도 양당 대립이 심화하는 양상이 나타난다).

분점정부하에서 기본 대응 방안은 대통령의 리더십 발휘일 수밖에 없다. 그러나 과연 한국의 정당 내부구조와 정치문화에서 대통령의 리더십이 얼마나 발휘될 수 있는가. 상명하복의 정당구조, 비타협적 정치문화에서 어떻게 협치를 이끌어낼 수 있을 것인가. 정치문화는 끈질기며, 단시일에 바뀌지 않는다.

반면, 한국 헌법은 미국 헌법과 달리 대통령에게 중요 정책에 대한 국민투표회부권을 주고 있다. 이 제도는 분점정부에서 대통령과 국회가 교착 상태에 빠질 때 유효한 대응 방안이 될 수 있다. 다만 이 제도는 일상의 정치에서 자주 사용할 수 있는 해결책은 아니다. 헌법적으로도 실제로도 대립하는 모든 쟁점을 국민투표에 부칠 수는 없다.

역대 대통령 가운데 분점정부 문제의 심각성을 가장 심각하게 인식하고 대응 방안에 골몰한 이는 노무현 대통령이다. 노 대통령은 2005년 분점정부 상황에서 연정을 제안했다. 이 제안은 실현되지 못했다. 실정 책임 회피라거나 위헌적 발상이라는 비판이 따랐고, 제안 방식이 부적절하다는 지적도 있었다.

만일 실현된다면, 연정은 분점정부에 대한 유효한 대응 방안일 수 있다. 그러나 실제로 성사되기 어려운 여러 사정이 있다. 우선 연정이 한국인의 정치적 정서에 부합한다고 보기 어렵다. 이보다 더 근본 문제는 대통령제에서 연정의 성사 자체가 구조적으로 매우 어렵다는 점이다. 의원내각제에서라면 과반수 의석 획득 정당이 없을 때 연정은 불가피하다. 연정이 안 되면 행정부 구성 자체가 안 된다. 그러나 대통령제에서는 특별한 경우가 아니라면 연정을 성사시킬 유인이 약하다. 연정의 존속과 성격 등이 대통령에 의해 크게 좌우되기 쉽고, 연정에 참여하는 소수당의 지위는 대통령과 대등하기 어렵다. 아예 차기 대통령선거를 포기한 정당이거나 군소정당이 아니라면 연정은 야당에게 별 매력이 못된다.

더 나아가 연정에 따르는 또 다른 문제가 있다. 과거 김대중 대통령 시대의 'DJP연합'처럼 연정이 실현되더라도 여·야 관계는 더 격화되기 쉽다. 연정에 참여하지 않는 야당으로서는 '여대與大'의 정당성을 인정하지 않고 여·야 대립은 더 악화된다.

대통령 리더십을 통한 대응이 어렵고, 연정의 실현이 쉽지 않을 뿐 아니라 그 후과後果의 문제가 크다면 제도개혁을 통한 대응방안을 생각할 수밖에 없다. 우선 고려할 수 있는 것은 분점정부 출현의 개연성을 줄이는 것이다. 대통령선거와 국회의원선거 시기를 일치 또는 근접시키는 방안이다. 실제로 이 방안으로 효과를 보고 있는 사례가 있다. 프랑스의 경우이다.

프랑스 헌법의 권력구조는 이원정부제 또는 준準대통령제로 불리지만, 실제로는 강력한 대통령제 성격을 지닌다. 현재의 이른바 프랑스 제5공화국 헌법은 본래 대통령 임기를 7년으로 정했었지만, 지난 2000년 헌법개정을 통해 5년으로 단축했다. 하원의원 임기와 맞추기 위해서였다. 개헌과 함께 프랑스는 입법을 통해 대통령선거와 의원선거 시기를 근접시켰다. 그 이유는 종래의 이른바 '동거정부cohabitation', 곧 대통령과 수상이 서로 다른 정당에서 나오는 행정권 분점을 막기 위한 것이었다. 근접선거가 동거정부 방지 효과가 있다고 본 것이다. 프랑스 개헌 당시 대통령이던 시라크Jacques Chirac(1932-)는 개헌에 적극 동조했다. 그는 사회당 조스팽Lionel Jospin(1937-) 수상과의 동거정부하에서 국정 마비를 개탄했다.

대통령이 되기 전, 이미 그는 수상으로서 사회당 대통령 미테랑 François Mitterrand(1916-1996)과의 동거정부를 경험했었다.

미국에서도 유사한 제안이 검토된 바 있다. 우선 미국은 동시 선거를 함에도 불구하고 분점정부가 자주 출현한다는 반론이 있지만, 이것은 오해의 소산이다. 대통령 임기 4년, 상원의원 임기 6년, 하원의원 임기 2년으로 서로 불일치하기 때문에 대통령 임기 중의 중간선거가 불가피하다. 이 점이 분점정부 출현을 촉진한다.

지난 1987년, 미국 헌법제정 200주년을 맞아 '헌법제도위원회Committee on the Constitutional System'라는 한 연구단체가 연구보고서를 내놓았다. 이 보고서는 미국 헌정의 문제점을 지적하고 헌법개정을 포함한 개혁안을 제시하였다. 개혁안 가운데 이런 내용이 포함되어 있었다. "의회와 대통령의 제도화된 대립으로 인해 국정운용이 실패하고 있다. 분점정부를 막기 위해 중간선거를 없애야 하고 의원 임기를 조정해야 한다."

한편, 중간선거는 대통령 견제를 위해 필요하다는 주장이 있다. 물론 중간선거의 순기능이 있다. 그러나 그보다 분점정부로 인한 국정 정체停滯의 폐해가 훨씬 크지 않은가. 중간선거의 순기능은 국회의원선거가 아니라 지방선거를 통해 기대함이 바람직할 것이다.

한국에서 국회의원 중간선거 배제를 통해 분점정부 출현을 줄이자면 개헌을 해야 한다. 대통령 임기 4년 중임제는 한 방안이 될 것이다. 4년 중임제는 5년 단임제에서 오는 장기정책 실종의 폐해도 감소시킬 수 있다.

준합의제

분점정부의 병폐는 말할 것도 없이 국정 정체다. 대통령의 정책은 많은 경우 입법을 필요로 하고, 중요한 정책일수록 더 그렇다. 분점정부하에서 대통령·국회, 여·야의 극한 대립이 지속하는 경우, 국정 마비가 불가피하다.

국정의 정체·마비는 분점정부의 경우에만 한하지 않는다. 유사한 문제점이 여대야소, 단일정부에서도 발생할 수 있다. 87년 이래 헌정운용에서 두드러진 양상의 하나는 국회운영에서의 이를테면 준準합의제 관행이다. 현실의 국회운영은 다수결원칙이 아니라 합의제에 가깝다. 헌법에서 분명히 규정하고 있을 뿐 아니라 보편적 의사議事원칙이기도 한 다수결원칙은 합의가 이뤄진 다음에 거치는 형식적 요건일 뿐이다. 단일정부든 분점정부든, 국회운영에서 우선 정당 간의 합의가 추구된다. 문제는 합의가 성립되지 않는 경우에 발생한다.

일례를 본다. 1996년 12월 26일 오전 6시경, 국회부의장이 국회의장을 대리해 임시회 본회의를 개의했다. 당시 여당이던 신한국당 소속 의원 155인이 출석했다. 야당 의원들은 보이지 않았다. 질의·토의 없이 이의 없는지만을 묻고 출석 의원 전원찬성으로 의결하기까지 6분이 걸렸다. 이 회의에서 국가안전기획부법 개정법률안, 노동조합 및 노동관계조정법 개정법률안을 비롯해 그 밖의 노동관계법 개정법률안들이 가결됐다. 속칭 '날치기' 의안 통과의 전형적 사례.

당시 야당이던 새정치국민회의 및 자유민주연합 소속 국회의원들이 국회의장을 상대로 헌법재판소에 제소했다. 야당 의원들에게 개의시간을 통지하지 않고 비공개로 본회의를 여는 등, 헌법 및 국회법을 위반해 의안을 가결·선포한 행위가 자신들의 법률안 심의·표결권을 침해했다고 주장했다. 나아가 가결 선포 행위가 위헌무효임을 확인해달라고 청구했다. 이른바 권한쟁의權限爭議심판 청구였다.

헌법재판소 결정은 기묘했다. 재판관 3인은 청구를 각하해야 한다고 보았다. 헌법 및 헌법재판소법 규정에 비추어 국회의원은 권한쟁의심판을 청구할 법적 자격이 아예 없다는 것이었다. 다른 3인은 국회의원의 심판을 청구할 자격을 인정하고, 나아가 야당 의원들의 심의·표결권 침해를 인정하면서, 가결 선포 행위는 헌법조항(다수결원칙을 규정한 제49조) 위반이라고 판단했다. 또 다른 3인의 판단은 복잡했다. 우선 국회의원의 심판 청구 자격을 인정한 뒤, 야당 의원들의 심의·표결권 침해도 인정하면서, 그러나 가결 선포 행위의 위헌무효는 인정할 수 없다고 보았다. 결과는 이랬다. 국회의원의 심의·표결권 침해라는 점에서는 재판관 9인의 과반수 의견이 성립됐지만, 가결 선포 행위의 위헌무효 의견은 과반수에 이르지 못한 것이다. 권한쟁의심판에서 청구를 인용認容하려면 재판관 과반수가 필요하다.

결국 날치기 의안 통과가 위헌무효라는 주장은 기각됐다.[8] 청구기각을 이끌어낸 마지막 3인 재판관의 의견은 이러했다. "가결 선포 행위에는 … 국회법 위반의 하자는 있을지언정 입법 절차에 관한 헌법의 규정을 명백히 위반한 흠이 있다고 볼 수 없으므로,

이를 무효라고 할 수는 없다." 헌법에서 명시한 다수결원칙 위반은 없었다고 본 것이다. 이 결정 이후 유사한 판례가 반복됐다.

날치기 의안 통과에 부수해 폭력 충돌에 이르는 불상사가 반복되자 국회법이 개정됐다. 2012년의 속칭 '국회선진화법'이다. 소수당 보호 견지에서 의장의 본회의 직권상정 권한을 비상사태의 경우 등으로 제한하고, 시간제한 없는 무제한 토론제도 등을 두는 한편, 입법 교착 상태에서 벗어나 의안의 신속 처리를 위해서 의원 5분의 3 이상이라는 특별 의결정족수에 의해 본회의 상정이 가능하도록 하는 제도 등이 개정법률의 골자이다. 뒤이어 2013년, 국회에서의 폭력 행사를 처벌하는 국회법개정이 이뤄졌다(국회법 제166조. 국회회의방해죄).

국회선진화법 이후 물리력 충돌은 잦아들었지만 대신 의안 처리 지체가 일상화됐다. "동물국회에서 식물국회로"라는 개탄이 들렸다. 정권 교체에 따라 국회선진화법에 대한 정당의 입장 또한 바뀌었다. 국회선진화법이 헌법상 다수결원칙 위반이 아니냐는 의견이 제기됐다. 2016년 5월, 이 문제를 다룬 헌법재판소 결정이 내려졌다. 사건은 '국회의원과 국회의장 등 간의 권한쟁의' 형식으로 다뤄졌다. 헌법재판소는 절차적 요건을 이유로 청구를 각하했다. 각하의 이유를 제시하는 과정에서 재판소는 국회선진화법에서 규정한 '5분의 3'이라는 특별정족수 요건이 위헌인지 여부에 대해 밝혔다. 이 점에 관한 재판관 다수 의견을 본다.

일반정족수는 다수결의 원리를 실현하는 국회의 의결 방식 중 하나로서 국회의 의사결정 시 합의에 도달하기 위한 최소한의 기준일 뿐 이를 헌법상 절대적 원칙이라고 보기는 어렵다.

헌법 제49조에 따라 어떠한 사항을 일반정족수가 아닌 특별정족수에 따라 의결할 것인지 여부는 국회 스스로 판단하여 법률에 정할 사항이다. 국회법 제109조도 "의사議事는 헌법 또는 이 법에 특별한 규정이 없는 한, 재적의원 과반수의 출석과 출석의원 과반수의 찬성으로 의결한다"라고 규정하여 국회법에 의결의 요건을 달리 규정할 수 있음을 밝히고 있다.

다수 의견은 과반수에 의한 일반정족수가 절대적 원칙이 아니라는 데 중점을 둔다. 반면, 재판관 2인의 소수 의견은 다른 논지를 보여주고 있다.

합의체 결정기관인 국회가 공개적이고 합리적인 토론을 거치되, 최종적으로는 다수결원리에 따라 그 의사를 결정하고 이를 관철하는 것이 바로 의회민주주의를 실현하는 것이다. 국회의 소수파에게 보장된 것은, 다수결에 의한 국회의 최종적인 의사결정이 있기 전 그 의사를 형성하는 과정에 참여하여 소수파의 의견을 개진하고 영향력을 행사할 수 있는 기회인 것이지, 의안에 대한 무조건적인 거부권이나 국회의 다수파를 대신하여 의안을 결정할 수 있는 권한이 아니다.[9]

어느 의견이 타당한가. 어느 의견이 지금 정치 상황에서 더 국익에 부합하는가. 헌법 판단을 비롯해 모든 법적 판단은 대립하는 이익의 비교형량衡量에 달려 있다. 특별정족수는 그렇게 해야 할 만큼의 중요성이 인정되는 경우에 한해야 할 것이다.

국회선진화법은 우리 국회의 합의제 우선 관행을 관행 차원을 넘어 법제도로 못 박아놓았다. 법률개정이나 헌법재판소 판례변경이 없는 한 식물국회 상황은 지속될 것이다. 국정운영의 효율성이나 신속성 측면에서는 심각한 문제다. 타협적이기보다는 극한 대립적인 한국의 정치문화에 비추어 더욱 그러하다.

한국의 국회운영은 다수결제가 아니라 사실상 합의제에 가깝다. 대통령들은 국회 때문에 정책추진을 못 하겠다고 개탄한다. 대통령 리더십의 실패라고만 할 수 있겠는지 의문이다. 이른바 분권형 대통령제나 내각책임제로 바뀌면 여·야 합의가 원만히 이루어질 수 있겠는가.

대통령제 운영의 부작용

대통령제의 실패가 아니라 대통령의 실패라는 견해가 있다. 제도보다 사람이 문제요, 대통령 리더십의 실패라는 주장이다.[10]

어느 면에서든, 어떤 기준에서든 역대 대통령 누구도 성공적이라고 말하기는 어려울 것이다. 대통령 평가 기준을 민주성 및 효율성·업적의 두 측면으로 나누어, 어느 측면에서든 그렇다고 볼 수밖에 없다. 민주성 관련 측면을 보자. 늘 논란이 있었던 사정 권한 및 인사권 행사에서 성공적이라고 볼 수 있는 대통령이 있었는가. 또한 모든 대통령이 임기 말을 전후하여 가족·측근의 비리에 휘말리지 않았는가.

효율성·업적의 면에서 대통령에 따라서는 긍정적 평가를 받을 부분이 없지는 않을 것이다. 그렇지만 총체적으로 성공한 대통령은 찾기 어렵다. 우선 국가 존재이유의 양대 기둥이라 할 안보와 경제 양면에서 오늘의 상황은 어떠한가. 안보 상황은 6·25 한국전쟁 이래 최대의 위기다. 휴전 이래 지금처럼 전쟁 위험을 피부로 느낀 적은 없다. 대북·외교정책의 총체적 실패로 보지 않을 수 없다. 경제 상황은 또 어떠한가. 경제성장의 둔화는 제쳐두고라도, 특히 소득불평등 면에서 심각한 수준을 드러내고 있다. 수년 전의 한 연구 결과에 따르면, 2012년 기준으로 우리나라 상위 10퍼센트의 소득 비중은 45.51퍼센트에 달하고, 이 수치는 최악의 소득불평등 국가인 미국의 48.16퍼센트보다 불과 2.65퍼센트 낮은 수준이다. 또한 2010년 기준으로 한국의 개인소득자 3,122만 명 중, 연소득 1,000만 원 미만자가 48.4퍼센트에 달한다는 연구 결과도 있다.[11]

결론 삼아 이렇게 요약할 수 있겠다. 1987년 헌정 이래 성공한 대통령은 없었다. 그러나 제도 자체의 전반적 실패라기보다는 제도의 일부에 부작용이 있었고, 본질적으로는 제도 '운영'에 심각한 부작용이 있었다고 볼 것이다. 먼저 효율성 측면에서는 대통령제의 실패라기보다 대통령 '5년 단임제'의 부작용이 컸다고 보는 것이 정확하다. 다음, 민주성 측면에서는 '제왕적' 대통령제가 아니라 대통령제 자체가 지닌 속성, 즉 유일한 전 국민 직선에 의한 공직이라는 권위 및 위계질서를 중시하는 권위주의적 문화의 결합으로 인해 대통령제 '운영'의 부작용이 심각했다고 할 것이다.

6장

헌법재판, 비민주적 사법통치인가?

헌법재판 30년, 사법통치인가?

헌법은 헌법해석이고 헌법의 해석·적용 기능이 헌법재판이라면 헌법재판이야말로 헌법을 이해하는 열쇠이다. 헌법재판의 속성을 파악하지 못하면 헌법을 이해할 수 없다.

사법통치란 무엇인가?

2000년 전후, 구미 법학자들의 저서·논문 제목에 생경한 단어가 등장했다. 법률가통치juristocracy 또는 사법통치jurocracy라는 신조어다. 예컨대 『민주주의에서 법률가통치로? 판사들의 힘From Democracy to Juristocracy? The Power of Judges』, 『법률가통치를 향하여Towards Juristocracy』, 또는 「미국의 사법통치Jurocracy in America」가 그 예이다.[1] 법률가통치 또는 사법통치의 뜻은 이렇게 요약할 수 있다. 정치적 쟁점이나 기타 공공적 쟁점이 행정부나 의회 차원에서 해결되지 못하고 법원이나 헌법재판소 같은 사법기관을 통해 해결되는 일이 증가하는 현상, 특히 헌법재판에의 의존이 증가하는 현상을 말한다.

6장   헌법재판, 비민주적 사법통치인가?

헌법재판이란 무엇인가. 헌법규정과 관련해 분쟁이 발생한 경우, 헌법을 기준으로 유권해석하는 국가작용이다. 우리나라에서는 대부분 헌법재판소가 헌법재판을 담당하며, 일반 법원도 일부 그 기능을 담당한다(법원의 위헌법률심판제청권 및 재판을 전제로 한 명령·규칙·처분의 위헌심사권). 헌법재판의 내용은 나라에 따라 다르지만, 그 중심은 법률이나 명령 또는 처분의 위헌 여부를 심판하는 '위헌심사'이다. 그중에서도 법률의 위헌 여부를 심사하는 일이 핵심을 이룬다. 이를 '위헌법률심판'이라 부른다. 미국이나 일본처럼 따로 헌법재판소를 설치하지 않고 일반 법원에서 위헌심사를 행하는 나라도 있다. 미국에서는 위헌심사를 사법심사judicial review라고 부른다.

우리나라 헌법재판 가운데 특기할 것은 헌법소원제도다. 위헌적 공권력 행사로 인한 기본권 침해에 대해 개인이 직접 헌법재판소에 구제를 청구할 수 있는 제도로, 독일의 제도를 모델로 삼고 있다.

헌법재판의 핵심인 위헌심사제도를 갖고 있는 나라는 90개국을 상회한다. 특히 1970년대 이후 이른바 민주화의 '제3의 물결'과 함께 이 제도가 마치 민주화의 한 제도적 표현인 것처럼 전 세계로 퍼졌다. 예컨대 그리스(1975), 스페인(1978), 포르투갈(1982), 남아프리카공화국(1996), 헝가리(1989), 러시아(1991) 등. 민주화 물결과는 별개로 기존 민주주의국가에서 새로이 위헌심사제도를 채택한 국가도 여럿이다. 스웨덴(1979), 캐나다(1982), 벨기에(1985), 뉴질랜드(1990), 이스라엘(1995) 등 1970년대 이후 세계 각국에서 위헌심사제도가 자리 잡으면서 사법통치 현상도 점증했다.

사법통치 현상을 불러온 요인은 무엇인가. 첫째, 민주화에 따른 개인의 권리의식 향상이다. 헌법재판은 주로 개인의 기본권 침해를 쟁점으로 다룬다. 둘째, 의회가 대변하는 다수자 권력에 대한 불신이다. 위헌심사를 통한 '정치의 사법화司法化'는 다수가 장악하는 의회권력 불신에 바탕을 두고 있다.

셋째는 다소 특이한 이론으로, 이른바 헤게모니 유지hegemonic preservation이론이 있다. 이 이론은 과거 영국 통치하에 있던 4개 국가(이스라엘, 캐나다, 뉴질랜드, 남아프리카공화국)에서 위헌심사제를 택한 배경과 그 결과 분석에 토대를 둔다. 이 4개국은 영국법의 영향을 받았지만 영국과 달리 권리장전을 채택해 권리의 헌법화 constitutionalization of rights를 꾀하고, 나아가 위헌심사제를 택했다.

헤게모니 유지론에 따르면, 이들 나라에서 과거 사회적으로 종속적 지위에 있던 집단들이 점차 권력을 확대해가자 여기에 위협을 느낀 지배 엘리트 집단이 도입한 것이 위헌심사제다. 지배 엘리트들의 기본 가치가 장래의 다수파 권력에 침해받지 않도록 권리장전을 채택하고, 이 권리장전 침해를 심사하는 위헌심사제를 도입하게 됐다는 것이다.

이 이론은 사법통치 현상이 전 세계적인 신자유주의 경향을 반영한다고 본다. 권리장전의 핵심은 자유권 보호이고 그 핵심은 재산권 보장이다. 실제로 권리장전 채택 후 노동조합의 권리나 배분적 정의 정책이 제한당했다고 한다.[2] 그 밖에도 이른바 '보험이론'이 있다. 아래에서 한국의 헌법재판소 도입 배경과 보험이론을 살펴본다.

헌법재판소 탄생의 진실

1988년 9월 15일, 헌법재판소가 출범했다. 한동안 아무 사건이 없었다. 그 전신이라 할 제5공화국의 헌법위원회도 7년간 단 하나의 사건도 다룬 적이 없던 터였다. 당시 일화 한 토막이다. 헌법재판소의 한 재판관이 지인 변호사들을 만나 사건 제소_{提訴}를 두루 '권유'하고 다녔다는 이야기다.

30년이 지난 후 돌아보면, 87년 헌법에 담긴 비장의 장치는 헌법재판소였다. 당시 누가 이 제도가 훗날 이처럼 강력한 정치적 위력을 떨치게 될지 가늠할 수 있었을까.

헌법재판소 제도는 1960년 제2공화국 헌법에 포함돼 있었지만 실제로는 시행되지 않은 미지의 제도였다. 1987년 8월, 헌법안을 협상하던 8인 정치회담 대표들이 어떻게 전에 없던 헌법재판소 제도 채택에 합의할 수 있었는가? 당시 8인 회담의 기록은 남아 있지 않고, 몇 사람의 증언을 통해 타협 과정 일부가 알려져 있을 뿐이다. 우선 헌법재판소 측은 이런 요지의 설명을 한 적이 있다.

여당의 개헌안은 위헌법률심사권을 일반 대법원에 주고, 정치적 성격이 강한 정당해산·탄핵·권한쟁의 심판권은 독립기관인 헌법위원회에 부여하는 것이었다. 야당은 개인이 직접 헌법재판을 제소할 수 있는 헌법소원제도 도입을 위해 헌법재판소 설치안을 주장했다. 야당안은 국민운동본부 측의 요청을 받아들인 것이다.[3]

그러나 한 역사가는 여러 사료들을 제시하면서 헌법재판소의
설명이 오류라고 말한다. 그 요지는 이렇다.

헌법재판소가 말하는 여당안은 8인 정치회담 이전에 작성된 민정
당의 1986년 개헌안을 혼동한 것이다. 8인 회담 당시의 여당안은
헌법재판소 설치안이었다. 야당안은 헌법소원제도를 포함하는 것
이었고 여당이 이를 수용했다. 야당의 헌법소원 포함 주장이 국민
운동본부의 영향인지는 확인할 방법이 없다.[4]

헌법재판소 신설의 역사적 배경에 관해 한 가지 흥미로운 사
실이 있다. 여러 증언들에 따르면, 1986년 개헌 논의 시점 이후 대
법원은 위헌법률심사권 등 헌법재판 권한을 정치적 부담으로 여
겨 기피했다는 것이다. 그렇지만 이를 확인할 사료는 아직 없다.[5]
다만 대법원이 헌법재판 권한을 반기지 않았을 까닭은 추측하기
어렵지 않다. 다음과 같은 사건이 있었던 것이다.

박정희 대통령 시대, 제3공화국 헌법하에서는 헌법재판의 핵
심인 위헌법률심사권을 미국처럼 일반 법원이 가지고 있었다. 당
시 대법원이 박정희 대통령의 입장에 맞선 적이 있다. 1971년, 대
법원은 국가배상법의 한 법률조항에 대해 위헌이라고 판결했다.
군인·군속(군무원) 등이 전쟁이나 훈련 중 다른 병사의 잘못으로
신체상 피해 등 손해를 당한 경우, 특별법에 따른 보상금만 받을
뿐 일반 국민들처럼 국가를 상대로 국가배상법에 의한 손해배상
청구권을 행사할 수 없다는 법률조항이었다. 이른바 이중배상 금

6장 헌법재판, 비민주적 사법통치인가?

지 조항이다. 특별보상금은 국가배상청구권에 따라 받을 수 있는 배상금 액수에 미달하는 것이 통례였다. 피해자로서는 일반 국민보다 불리한 처우를 당하는 셈이다. 당시는 베트남전쟁에 한국군을 파병하던 시절이어서 이런 부류의 사건이 적지 않았다. 대법원의 위헌판결로 정부가 큰 부담을 안지 않을 수 없었음은 물론이다. 대법원의 이 판결은 제3공화국 10년간 법률에 대해 위헌판결을 내린 유일한 사건이었다.

1971년 이 위헌판결 직후, 세칭 '사법파동'이 일어났다. 사건은 서울지방검찰청 공안부 검사들이 서울형사지방법원의 두 판사와 입회서기에 대해 구속영장을 청구하면서 발단되었다. 피의사실은 이랬다. 어느 재판사건에서 재판부가 제주도에 증인검증 출장을 가면서 비행기 탑승료, 여관비 등을 수뢰했다는 혐의였다. 공식 출장비가 소액 책정되던 시절에 관행처럼 묵인되어오던 사실을 문제 삼은 것이다. 이에 법원은 영장 청구를 기각하였고, 이후 100여 명의 판사가 집단 사표를 제출했다. 법조계는 일대 파란을 겪었다.

이 사건의 배경이 있었다. 흔히 시국사건이라 불리던 정치성 짙은 여러 재판 결과에 대해 집권세력의 불만이 높았다. 이런 터에 국가배상법 위헌판결은 불에 기름을 부은 격이었고, 급기야 사법부 역사상 유례없는 사법파동이 터진 것이다. 파장은 여기에 그치지 않았다. 다음 해 1972년 유신헌법의 시행과 함께 새로 대법원을 구성할 때, 이 위헌판결에 찬성했던 대법원판사(지금의 대법관)들은 재임명되지 못했다. 이런 법원 역사의 한 장이 대법원의 헌법재판 기피증의 원인이지 않은가라는 추측이다.

이런 사실에 비추어보면 87년 헌법 시행 이후의 상황은 아이러니다. 헌법재판이 활성화되고 헌법재판소 위상이 점차 상승하는 가운데, 대법원과 헌법재판소가 알력을 빚는 사례들이 발생하였다. 헌법재판에 관련한 몇몇 쟁점에 관해 양자 간에 권한분쟁까지 벌인 것이다.

헌법재판, 정치적 보험제도인가?

사법통치 현상의 요인에 관해 이른바 보험이론이 있다. 헌법재판, 특히 위헌심사제는 헌정의 불확실성에 대한 대응책이 된다는 것이다. 위헌심사제는 장래 선거에서의 패자들에게 일종의 보험을 제공하며, 위헌심사제를 통해 정치적 소수세력이 다수세력에게 도전할 수 있는 기회를 갖게 된다는 이론이다. 위헌심사제가 보험처럼 위험축소 장치라는 것이다. 말하자면 헌법재판은 정치적 패자의 반격 무기라는 이론이다.

보험이론을 제시한 학자 긴즈버그Tom Ginsburg(1967-)는 한국의 헌법재판에도 정통하다. 그는 한국을 비롯한 아시아의 새로운 민주주의국가들에서 헌법재판소제도가 어떻게 작동하는지를 비교 연구한 저술로 주목을 받았다.[6] 앞서 살펴본 '헤게모니 유지론'도 보험이론과 같은 맥락이다. 과연 '87년 헌법의 아버지들'은 보험이론처럼 헌법재판소를 정치적 보험회사로 여겼던 것인가?

만일 87년 헌법안 작성 당시, 헌법재판제도가 후일 얼마나 엄청난 정치적 역할을 담당하게 될지 예상하지 못했다면, 여기에는 제5공화국 시대에 설치됐던 헌법위원회제도의 기억이 작용했을 것이다. 적어도 규정상으로는 여러 헌법재판 권한이 부여됐던 당시 헌법위원회는 문자 그대로 개점휴업 상태로 종말을 맞았다. 한 번도 권한을 행사한 적이 없었다. 처음부터 장식품처럼 설치된 기관에 불과했다. 5공 당시 헌법위원회 위원들이 한 일은 외국의 헌법재판제도 시찰뿐이었다고 전한다.

헌법재판소 탄생의 역사적 진실은 아직 불분명하다. 그 점을 떠나, 뒤에 보듯 한국의 헌법재판소는 보험이론을 뒷받침하는 사례들을 펼쳐 보인다.

마버리 대 매디슨 사건[7]: 헌법재판의 태생적 정치성

1800년 미국 대통령선거에서 토머스 제퍼슨Thomas Jefferson(1743-1826)이 당선됐다. 연방주의자당Federalist Party에서 민주당으로 정권교체가 이뤄졌다. 전임 2대 대통령 존 애덤스John Adams(1735-1826)는 퇴임 직전, 마버리William Marbury(1762-1835)라는 인물을 비롯해 많은 연방주의자들을 판사로 임명했다. 그 과정에서 해프닝이 생겼다. 국무장관 존 마셜John Marshall(1755-1835)이 실수를 저질렀다. 깜박 잊고 마버리에게 임명장 교부를 하지 않은 것이다. 마셜은 곧 대법원장 취임을 앞둔 시점이었다. 3대 대통령 제퍼슨의 취임 후 새 국무장관 제임스 매디슨은 대통령의 지시에 따라 마버리에게 임명장을 주지 않았다. 마버리는 국무장관 매디슨을 상대로 임명장 교부를 청구하는 직무이행소송을 제기했다. 이 소송은 법률에 따라 이런 종류 소송의 제1심 관할법원인 연방대법원에 제기됐다. 새로 대법원장이 된 마셜이 자신의 실수로 초래된 이 소송의 재판장을 맡게 된 것이다.

대법원장 마셜은 딜레마에 빠졌다. 만일 임명장 교부를 명하는 판결을 한다면 국무장관이 이를 무시하고 이행하지 않을 것이 예견되었다. 건국 초기 아직 정치가 불안정한 시기였다(미국에서 법원 판결이 그대로 집행되기까지는 건국 후 상당한 기간이 걸렸다). 반면 임명장을 교부하지 않음이 위법임에도 불구하고 적법하다고 판결한다면 대법원의 정치적 굴복을 의미할 뿐이었다.

대법원장 마셜은 교묘한 절충안을 고안해냈다. 마셜은 먼저 임명장 교부 거부가 위법이라고 판시하면서, 국무장관에게 직무이행을 명하는 명령장(직무이행영장, mandamus)을 통해 구제받을 수 있다고 보았다. 그러나 그는 직무이행영장을 발부하지 않았다. 그 이유를 밝히는 가운데 법에 명시되지도 않은 위헌법률심사제도가 탄생하였다. 마셜의 논지는 이러했다.

헌법에 따르면 이 사건과 같은 경우에 연방대법원은 오직 상소심만 관할할 수 있다. 반면 이 사건에 적용된 법률에서는 연방대법원이 제1심을 관할하도록 규정하였다. 이처럼 법원이 적용할 법률이 헌법과 충돌하는 경우에 법원은 이 법률을 적용할 수 없다. 법원이 적용할 법률이 위헌인지 여부에 관한 판단은 재판에 따르는 당연한 부수적 권한이다.

결국 마셜은 마버리에게 임명장을 주라는 판결을 내리지 않았다. 그 과정에서 마셜은 아무 법규정이 없음에도 불구하고 법원의 위헌법률심사권을 창설한 것이다. 헌법에 위반하는 법률을 따를 수 없다는 논리였다. 그는 한편으로 법해석·적용의 원칙 면에서 사법부 우위의 명분을 지키면서, 다른 한편 현실적으로는 행정부에 고개를 숙이는 정치적 적응을 꾀한 것이다. 법원 판결이 정치현실에서 생명을 유지하고 이를 통해 법원 자신의 생명과 권위를 보존하자면 불가피한 결정이었다. 그 도구적 논리로 뜻밖에 태어난 것이 위헌심사제도다. 헌법이나 법률에 아무 명시적 근거 없이 판례를 통해 생겨난 제도이다. 아직까지 미국 헌법전에는 법원의 위헌심사권을 명시한 규정이 없다.

오늘날 미국 대법원은 세계에서 가장 강력한 법원으로 꼽힌다. 그 힘의 바탕은 법원의 위헌법률심사권이다. 미국의 운명을 좌우한 수많은 국가적 결정이 연방대법원을 통해 나왔다. 재산권 절대보장을 고집하면서 뉴딜 입법을 위헌으로 보았던 장기간의 판례를 깨고 자유방임주의체제에서 수정자본주의체제로의 대전환을 정착시킨 판결(1937), 흑백 분리 자체를 위헌적 불평등이라고 봄으로써 흑백 분리정책을 '분리하되 평등separate but equal'이라는 논리로 호도해온 현실과 선례를 뒤엎고 흑인학교와 백인학교의 통합을 관철시킨 판결(1954) 등은 특히 두드러진 예다.*

대법원장 마셜은 그의 정치적 고려에서 나온 판결이 후일 미국 대법원을 얼마나 강력하고 위대하게 만들 것인지 조금이라도

* 다만 미국 대법원 역사에 오점들이 있고, 이를 간과할 수 없음도 물론이다. 흑백 분리정책을 합헌이라고 본 1896년 플레시 대 퍼거슨Plessy v. Ferguson 판결 외에도, 일례로 1944년 코레마츠Korematsu 판결을 들 수 있다. 태평양전쟁 중, 미군 당국이 미국 서부 연안에 거주하는 일본계 미국 시민이나 거주민을 산간 지역에 강제수용한 조치를 합헌이라고 본 판결이다

헤아려볼 수 있었을까. 헤겔을 빌려 말하면, 이성의 간지奸智가 아닐는지. 한국의 헌법재판소제도 역시 다르지 않다. 어떻든 역사상 최초의 위헌판결은 현실 정치권력에 맞선 것이 아니라 순응한 것이었다. 논리의 외피를 쓴 정치판결이었던 셈이다.

마버리 대 매디슨 판결이 나온 것은 1803년이다. 한국의 헌법재판소처럼 일반 법원과 별도로 설치되는 헌법재판소제도가 처음 등장한 것은 1차 세계대전 이후에 이르러서이다. 1920년, 법학자 한스 켈젠Hans Kelsen(1881-1973)의 주창으로 오스트리아에 헌법재판소가 설치됐다. 세계 최초의 헌법재판소 출범이었다. 켈젠은 헌법재판소가 '헌법의 수호자'라고 보았다. 2차 세계대전 후 신설된 독일(서독)의 헌법재판소는 켈젠의 기대처럼 기본권 보장을 통한 헌법수호자 역할에 충실했다고 평가받는다.

'제한적 적극주의'를 넘어

한국에서도 사법통치 현상이 나타나고 있다고 볼 것인가? 당초 예상을 넘어 헌법재판소(이하 '헌재')는 바쁜 기관이 되었고 적극적인 태도를 보여왔다. 헌재나 법원이 입법부·행정부의 결정에 대해 적극적으로 위헌판단을 내리는 사법적 태도를 흔히 사법적극주의라고 부른다. 반대로 위헌판단을 자제하는 태도를 사법소극주의 또는 사법자제司法自制, judicial restraint론이라 부른다.

1988년 9월 1일부터 2017년 9월 30일까지의 통계에 따르면, 총 처리건수 3만 1,473건 가운데 넓은 뜻의 위헌성 결정은 1,490건(4.7퍼센트)에 달한다. 위헌성 결정이란 위헌심사에서 '위헌, 헌법불합치, 한정위헌, 한정합헌, 인용'으로 결정된 사건으로, 헌법재판 청구가 받아들여진 경우를 뜻한다.

헌재는 출범 후 초기에는 훨씬 더 사법적극주의 태도를 보였다. 2006년 12월 31일까지의 통계에 의하면, 위헌법률심판 및 헌법소원심판 사건에서 위헌성 결정은 총 처리건수 1,730건 중 399건(23.1퍼센트)에 이르렀다. 이것은 엄청나게 높은 수치다.

수량적 측면에서만이 아니다. 결정의 질적 측면을 보더라도 법리적으로나 현실적으로 매우 중요한 여러 사건에서 헌재는 적극적 태도를 나타냈다. 그간 헌재가 내린 결정들 중에는 미국 연방대법원보다 더 앞서 나간 사례가 적지 않다. 예를 들면, 헌재의 영화검열 위헌결정(1996)은 법리 면에서 미국 판례보다 더 진취적이다. 미국 판례에서는 검열 자체가 위헌이 아니라 일정한 절차적 보호 장치가 갖추어 있지 않은 영화검열에 대해서만 위헌으로 본 데 비하여(1965년 프리드먼 대 메릴랜드Freedman v. Maryland 판결), 한국 헌재는 영화검열 자체가 위헌이라고 못 박았다. 또한 공무원시험에서의 제대군인 가산점 특혜에 대해서도 미국 대법원이 합헌이라고 판시한 것(1979년 매사추세츠 인사행정처 대 피니Personnel Administrator of Massachusetts v. Feeney 판결)과 달리, 헌재는 1999년 결정에서 제대군인 특혜가 여성 차별이며 위헌이라고 보았다. 그 밖에 선거구 인구 불평등에 대한 위헌결정(1995, 2001 등), 과외금지 위헌결정(2000) 등도 모두 적지 않은 정치적·사회적 변동을 가져온 획기적 결정이다. 한국의 헌재가 외국 학자들로부터 아시아 민주국가의 헌법재판제도 가운데 성공 사례로 꼽힌 것도 헌재의 적극주의 태도 때문일 것이다.[8]

헌재의 과감한 사법적극주의 결정은 계속 이어졌다. 민법의 동성동본 결혼금지 조항에 대한 헌법불합치결정(1997)[*], 민법의 호주제 조항에 대한 헌법불합치결정(2005), 형법의 간통죄에 대한 위헌결정(2015) 등이 두드러진 사례이다. 국회나 행정부가 정치적 위험부담 때문에 섣불리 손대지 못했던 논쟁적 사안들이 헌법재판소 결정을 통해 해결되고 변화의 숨통을 찾은 것이다.

이 같은 헌법재판의 활성화는 한국 헌정사에서 전례 없는 일이다. 그 요인은 어디에서 찾을 수 있을까. 헌법재판에 관여하는 주요한 세 참여자, 즉 시민, 변호사 및 재판관의 태도 변화에서 찾을 수 있을 것이다. 첫째, 민주화의 진전과 더불어 시민들의 권리의식이 높아졌다. 아울러 새로 도입된 헌법소원제도는 개인이 직접 헌법재판을 청구할 길을 열어놓음으로써 시민의 권리의식 강화에 일조했다. 둘째, 사회운동에 적극 참여하는 변호사들의 존재이다. 특히 민주화와 더불어 시민운동이 활발해지고 시민단체에 참여하는 변호사들이 헌법소송 제기에 앞장섰다.

이 두 요인 외에 이보다 더 결정적 요인은 세 번째 요인, 즉 재판관들의 태도 변화라고 할 것이다. 재판관들이 적극주의 방향에서 자신들의 역할을 설정하지 않았는가라는 점이다. 그렇다면 그러한 역할 설정을 불러온 요인은 또 무엇인가? 그것은 헌법재판을 담당하는 기관으로 일반 법원이 아닌 별도의 헌법재판소를 설치

---

[*] 헌법불합치결정이란, 심판 대상인 법률조항이 위헌이라고 하더라도 단순히 위헌결정을 하지 않고, 헌법에 합치하지 않는다는 선언에 그치면서, 해당 조항의 효력을 일정한 시점까지 존속시키는 결정이다. 광의의 위헌결정에 속한다.

했다는 점 자체에서 오는 제도적 요인이다.

미국이나 일본처럼 일반 법원에 위헌심사 기능을 맡기는 경우, 일반 법원의 주 임무는 통상적인 민사·형사소송이며, 헌법 문제는 주변적이거나 부담스러운 것으로 여겨질 수 있다. 일본의 경우, 수십 년간의 위헌심사제 역사에서 위헌판결이 내려진 사건은 수 개에 불과하다(선거구 인구 불평등에 대한 위헌판결, 형법상 존속살인죄 가중처벌에 대한 위헌판결 등).

이와는 달리, 헌법재판소 같은 별도 기관을 설치하는 경우, 만일 소극적으로 위헌결정을 자제하는 태도를 지속한다면 이 기관이 무엇 때문에 있어야 하는지, 그 존재이유에 의문이 생길 수밖에 없다. 헌법재판소 재판관들로서는 의식하든 아니든, 이를테면 '기관 이기주의'라고 부를 만한 별도의 고려를 할 소지가 적지 않다. 제5공화국 헌법하의 헌법위원회의 경우는 특별한 예에 속한다. 기관의 성격 자체가 정치적 기관으로 구성되었고, 세부 제도에 헌법재판 제기 자체를 어렵게 하는 장치를 두었을 뿐 아니라, 근본적으로 정치환경 자체가 독재체제였다. 당시는 한국 헌법사의 공포정치 시대였다. 비교법학자 중에도 미국식 사법심사제보다 유럽식 헌법재판소제도를 선호하는 경우를 볼 수 있는데, 그 이유는 앞서 지적한 것과 무관하지 않다.[9]

한편, 헌재의 적극주의 태도에는 일정한 한계가 유지되어왔다는 점이 감지된다. 흔히 말하는 '정치적으로 민감한 사건'에서 헌재는 소극주의 자세를 유지해왔다. 대표적으로, 5·18특별법 사건(1996), 노무현 대통령 탄핵(2004)을 들 수 있다. 그 밖에 1990년 국가보안법 사건, 1991년 교직원노동조합 사건, 1989년 토지거래 허가제 사건의 결정도 사법자제의 사례에 속한다. 특히 국가보안법 사건 등, 이들 여러 사건에서 '한정합헌' 또는 속칭 '5대 4 결정' 같은 '기술적 방법의 구사'는 사법자제에 따르는 재판관들의 고심을 엿볼 수 있게 한다.

한정합헌이란, 위헌심사의 대상이 된 법률조항의 해석상 여러 해석이 가능할 때 위헌이라는 해석을 배제하고 합헌으로 해석되도록 법률규정의 의미를 축소·한정시켜 위헌결정을 피하는 결정 형식이다. 예컨대 국가보안법에서 반국가단체를 '찬양·고무'하는 행위를 할 경우 7년 이하의 징역형에 처한다는 조항이 위헌인지 여부를 심판할 때, 모든 찬양·고무의 행위를 처벌한다는 뜻이 아니라, '국가의 존립·안전이나 자유민주적 기본질서에 실질적 해악을 줄 명백한 위험성이 있는 경우'에만 처벌하는 것으로 축소해석하는 한 이 조항이 위헌이 아니고 합헌이라고 결정하는 것이다(앞의 1990년 국가보안법 한정합헌결정). 이런 결정을 통해 한편으로는 문제 조항의 효력을 유지시키면서, 다른 한편으로는 법 집행자에게 앞으로의 법적용 가이드라인을 제시하는 셈이 된다.

한편, '5대 4 결정'은 재판관 9인 가운데 5인이 위헌의견이고 4인이 합헌의견으로 갈린 결정을 말한다. 위헌결정에는 6인 이상이 필요하므로 결과적으로 이 결정은 합헌결정에 속한다. 이를테면 헌법논리적 명분과 정치적 현실을 절충시키는 셈이다.

헌재의 이 같은 결정 사례들은 한 법사회학자의 '느슨한 영역 slack'이라는 개념을 떠올리게 한다. 이런 요지의 개념이다.

어떤 체계 안에서 법규범이나 기관에 대한 지지가 약해서 작은 힘의 변동으로 움직여지는 영역이 느슨한 영역이다. 다른 하나는 깊은 방어deep defense의 영역이다. 현상유지status quo는 이 두 영역으로 구성된다.[10]

이 개념을 원용하자면 헌재는 출범 후 상당 기간 느슨한 영역에서 사법적극주의 태도를 보인 반면, 깊은 방어 영역에서는 소극적인 사법자제의 자세를 취해왔다고 보인다. 이런 융통적인 사법적 태도를 '제한적 적극주의'라고 부를 수 있을 것이다.[11]

다만 우리 헌재의 이런 전반적 경향을 '제한적 적극주의'라고 부르는 것은 어디까지나 2004년 10월 21일의 '신행정수도건설 특별조치법 위헌결정(약칭 '수도 이전 위헌결정')'이 나오기 이전까지만 유효하다. 수도 이전 위헌결정은 고도의 정치적 비중을 갖는 정치권력의 결정을 사법권력이 뒤엎은 것이었다. 그때까지 헌재가 다룬 그 어느 사건보다도 강력한 사법적극주의적 결정이었다. 한국에도 법률가통치 또는 사법통치의 시대가 도래했음을 알려준 결정이라고 할까. 수도 이전 위헌결정은 선거의 패자에게 엄청난 정치보험금을 지급한 사례이기도 하다.

헌법재판소의 생존 전략?

헌재가 출범 후 상당 기간 지속한 제한적 적극주의는, 헌재로서는 일종의 생존 전략으로 보인다. 신설 기관인 헌재는 사법적극주의를 통해 자신의 존재이유를 확고히 보여주지 않으면 안 되었다. 그렇다고 감당하기 힘든 정치적 위험을 무릅쓰기에는 아직 연륜이 짧았고 축적된 권위도 견고하지 못했다. 헌재 결정의 현실적인 수용 가능성, 나아가 국가기관으로서 헌재의 생존 가능성을 고려하지 않을 수 없지 않았을까.

'87년 헌법의 아버지들'의 의도가 무엇이었든, 헌재는 정치적 소수자들에게 점차 정치적 보험기관으로 활용되어갔다. 국회에서의 속칭 '날치기 사건'에 대한 야당의 헌재 제소도 그런 일례다.[12] 헌재의 활용은 선거에서의 정치적 패자들만이 아니다. 사회적 소수자 또는 정책 결정에서의 패자들이 불복하여 헌재에 제소하는 양태는 이제 다반사처럼 되었다. 양심적 병역거부 사건[13], 이라크 국군파병 사건[14] 등 그 사례는 적지 않다.

물론 헌재에 대한 보험금 청구가 다 받아들여지는 것은 아니다. 이 사건들은 모두 보험금 청구에 실패한 사례다. 그렇지만 이를 전적인 패배로만 보기도 어렵다. 헌재는 정치적·정책적 선전의 마당으로 활용된다. 또한 앞서 보았듯, 수도 이전 위헌결정처럼 드물지만 엄청난 보험금이 지급되는 사례도 있다.

때때로 헌재의 결정은 기기묘묘한 모습을 드러냈다. 헌재가 정치적·사회적 보험기관으로 활용되는 상황에서 헌재 또한 전략적 대응이 불가피했을지 모른다. 대표적 일례로 국회 '날치기' 사건 결정을 들 수 있다.[15] 앞의 대통령제 운용에 관한 검토에서 다룬 이 사건에서 헌재의 결정은 교묘했다. 한편에서 국회법 위반을 인정하여 야당 측 주장을 수용하면서, 다른 한편에서는 헌법위반은 아니라고 결론지음으로써 여당 측의 손을 들어주고 있다. 특히 재판소장을 포함한 3인 재판관 의견의 논증구조는 기묘했다. 줄이자면, '국회법 위반은 인정되지만, 헌법위반의 명백한 하자는 없다'는 이중적 논리구조였다. 이 결정은 헌법이론가들에게 비판의 표적이 되었지만, 유사한 결정은 이후에도 반복되었다.

때로는 정권교체가 이뤄지면서 전 정부의 중요 정책이 위헌결정을 받은 사례도 있다. 종합부동산세법 위헌결정[16]이 그런 예다. 특히 이 사례는 헌재 결정 직전, 당시 기획재정부 장관이 헌법재판소와 접촉하였다는 사실이 알려짐으로써 논란이 컸던 사안이다. 헌재의 전략적 판단이 정치 상황과 연결되지 않았느냐는 의혹이 일기도 했다.

헌재 결정이 헌재 자신의 이해관계 측면에서 전략적으로 이뤄진다는 가설은 헌재의 재판관들 개개인의 정치적 성향이 결정의 견에 투영된다는 가설과 개념적으로는 구분된다. 다만 실제 상황에서는 두 가설이 혼재하여 작동할 것이다. 그런 점에서 헌재의 결정은 전략적이자 정치적인 복합적 성격을 띤다고 하겠다.

이처럼 정치세력이나 사회세력들이 헌법재판을 일종의 정치적·정책적 보험제도로 활용하는 현상은 '정치·정책의 사법화'를 초래하고, 이 현상은 다시 '사법의 정치·전략화' 현상을 불가피하게 한다. 이 상호작용이 일정한 한계를 넘어선다면, 예컨대 정치적 거래나 정치적 압박이 개재된다면, 물론 이것은 불법이다.

다만 헌재의 재량적 판단의 범위 안에서 이뤄지는 전략적 접근이라면 반드시 나무라기도 어렵다. 헌재의 전략적 접근을 통해 분쟁의 최종 해결 기관으로서의 지속적 순기능이 가능해질 것이기 때문이다. 2017년 헌재의 박근혜 대통령 탄핵결정을 통해 87년 헌법 시행 이래 최대의 헌정 위기는 고비를 넘길 수 있었다.

헌재가 기관 차원의 전략적 접근을 한다는 주장은 하나의 가설이다. 이 가설을 사실에 기초해 완벽하게 입증하기는 어렵다.[17] 헌재 결정에 앞서 재판관들이 상호 의견을 교환하는 평의評議 과정은 비공개다. 평의 과정의 비밀 유지는 재판의 독립성을 위해 물론 필요하지만, 동시에 헌재의 전략적 접근의 개연성을 뒷받침한다.

헌법재판, 비민주적인가?

헌법에 의한 민주주의 공격?

사법통치 또는 법률가통치라는 신조어 속에는 다분히 비판적 의미가 함축되어 있다. 민주주의 원리에 비추어 정치적 쟁점이 헌법재판소나 법원 같은 사법기관에 의해 결정되는 것이 비민주적이 아니냐는 비판이다. 헌법재판소나 법원은 국민의 선거로 구성된 기관이 아니다. 대통령과 의회는 국민의 선거로 선출된 기관이다. 국민에 의해 직접 선출되지 않은 사법기관이 선거에 의해 직접 선출된 의회나 행정부의 결정을 뒤엎는다는 것은 민주주의에 배치되지 않는가라는 주장은 설득력 있게 들린다. 사법통치 현상은 이런 비판론에 취약할 수밖에 없다. 프랑스에서 전통적인 사법귀족 불신 때문에 뒤늦게야 위헌심사제가 작동하기 시작한 점도 마찬가지 맥락으로 볼 수 있다.

이른바 '87년체제' 비판론 가운데에는 일부 정치학자의 '헌정주의' 비판이 자리 잡고 있다. 헌정주의의 핵심은 헌법재판이다.

이들은 '정치의 사법화'를 '다른 수단에 의한 정치'라고 말하면서, 헌법이 민주주의를 공격하는 구심적 역할을 한다고 본다. 나아가 이런 주장까지 편다. "헌법을 통한 과정은 사법부와 법 전문가 집단 나아가 엘리트들의 역할, 사회 기득이익의 특권을 증진시키기 쉽다."[18]

이런 주장에는 수긍할 점이 없지 않다. 과도한 사법통치는 민주주의 정치를 위축시킬 우려가 있을지 모른다. 또한 법률가 집단이 이른바 기득권세력에 속한다는 점도 대체적으로는 부인하기 어렵다. 그러나 자칫 이런 비판론은 비약과 과장의 잘못에 빠지기 쉽다. 헌법의 이름으로 행하는 정치 비판이 곧 민주주의 비판은 아니다. 난맥에 빠진 민주주의 정치를 헌법의 이름으로 비판할 뿐이다. 또한 '기득권세력'에 속한다고 일컬어지는 법률가 집단이 '다수의 전제'를 견제하는 것은 사회 전체적으로 결코 해롭지 않은 기능을 수행할 수 있다(한국의 법률가 집단은 경제적으로는 대체로 기득권세력에 속한다고 할 수 있지만, 정치적으로 어떤지는 단정하기 어렵다).

프랑스혁명 당시의 이론가인 토크빌Alexis de Tocqueville(1805-1859)이 명저『미국의 민주주의De la démocratie en Amérique』(1835)에서 술회한 내용은 재삼 음미할 만하다. 그는 '미국에서 다수의 전제專制를 완화하는 요인'이라는 제목의 장에서 이렇게 말한다. "법률가가 통치 과정에서 행사하는 영향력은 민주주의의 과잉에 대처하는 가장 강력한 안전장치다." 토크빌은 "법률가는 귀족과 민중의 연결고리"라고도 언급했다. 토크빌이 귀족 출신이라는 점을 감안하더라도 그의 관찰에는 지혜가 담겨 있다.[19]

6장 헌법재판, 비민주적 사법통치인가?

굳이 토크빌을 빌릴 것도 없다. 최근 한국의 박 대통령 탄핵결정의 경험은 사법통치의 긍정적 역할을 단적으로 웅변해준다. 만일 헌법재판소의 '현명한 전략'(특히 재판관 만장일치 결정)이 없었다면 그처럼 안정적인 헌정 위기 극복이 가능했을 것인가. 적어도 '정치적 중립의 외관'을 지닌 사법기관에 의한 최종 결정이 국회나 다른 정치적 기관에 의한 결정보다 상대적 안정을 가져오는 측면이 있지 않은가.

앞에서 인용한 긴즈버그 교수의 말을 덧붙인다. "위헌심사는 反다수결주의일지 모르지만 反민주주의적인 것은 아니다."[20]

사법적극주의 대 사법소극주의

사법적극주의냐 사법소극주의냐는 종래 미국 헌법이론의 중심 주제였다. 어느 쪽이 옳으냐는 이 주제를 어떻게 이해하느냐에 관련이 있다. 사법자제를 부정하는 의미에서라면 사법적극주의는 기본적으로 타당하다. 즉, 헌법규정이 추상적이고 불분명하더라도 그 의미를 헌법 전체적인 구조에 비추어 통합적으로 접근한 결과 특정한 법률이나 처분이 위헌이라고 판단되는 경우, 그대로 입법부·행정부의 결정을 뒤엎는 입장이 사법적극주의라면 그것은 옳은 사법적 태도이다.

그러나 이를테면 조잡한 사법적극주의는 배격되어야 한다. 헌법 텍스트, 헌법제정의 역사, 선례, 정치문화적 전통 등을 무시하고 자신의 주관적 가치판단에 의거해 위헌결정을 내리는 태도는 조잡한 사법적극주의일 뿐이다. 일례로 하버드 로스쿨의 진보적 헌법학 교수 터쉬넷Mark Tushnet(1945-)이 미국 헌법의 평등 조항equal protection of law을 사회주의 입장에서 해석한 경우가 있는데, 바로 조잡한 사법적극주의적 해석 태도라 하겠다.

한편 사법소극주의 또는 사법자제론은 나름의 설득력 있는 논거를 바탕으로 한다. 그 가운데에서도 중심적 논거는 사법적극주의적 위헌심사가 반反민주적이라는 주장에서 찾을 수 있다. 선거로 구성되지 않은 사법부가 선거로 선출된 의회·대통령의 결정을 뒤엎는 것은, 이를 인정하더라도 오직 명백한 위헌의 경우에 한정된다는 것이다.

사법소극주의자 가운데에는 극단적 입장도 보인다. 대표적으로 미국의 법률가 보크Robert Bork(1927-2012)를 들 수 있다. 그는 사법적극주의를 '사법병judicial disease', '사법 제국주의', '판사들의 쿠데타'라고까지 비난했다. 그는 미국 연방법원판사, 연방검사, 예일 로스쿨 교수 등을 거쳤고, 레이건 대통령에 의해 연방대법원장으로 지명됐으나 과도한 보수주의 성향 때문에 상원의 인준을 받지 못했던 인물이다.

보크류의 극단적 소극주의가 지닌 결정적 문제점이 있다. 민주주의에 대한 이해가 단순하고 편향적이란 점이다. 즉, 의회를 국민 대표라고 하면서 의회와 국민을 동일시하는 민주주의관은 너무 단순하다. 이런 입장에는 소수자 보호의 관점에서 다수의 횡포를 견제하기 위한 권력분립의 시각이 결여되어 있다.

미국 헌법제정 당시 헌법안 해설서라고 할 만한『연방주의자 논집Federalist Papers』에는 자주 인용되는 유명한 구절들이 많다. 그중 하나가 알렉산더 해밀턴Alexander Hamilton(1755-1804)의 연구이다. "사법부는 그 기능에 비추어 헌법상 권리를 침해할 위험이 가장 적다. 왜냐하면 그럴 능력이 가장 적기 때문이다. … 사법부는 칼이나 돈지갑에 대한 영향력이 없다." 사법부는 칼과 돈, 곧 힘이 없는 기관이며, 그 점에서 '가장 덜 위험한the least dangerous 기관'이다. 바로 그 점에서 사법부는 힘 있는 기관인 의회·행정부 견제에 적합하다. 이런 원론적 관점에서만이 아니다. 정부형태에 따라 차이가 있지만, 현대적 권력분립의 양상을 보면, 정당을 통한 입법부와 행정부의 결합은 보편적 현상이다. 이 같은 권력 융합의 상황에서는 사법부에 의한 통제의 필요성이 더 커진다.[21]

다만 위의 이야기는 일반론일 뿐이다. 구체적으로 한국의 경우는 어떻게 볼 것인가. 앞에서 보았듯이 일부 정치학자들의 비판적 시각은 별개로 하더라도, 헌법재판소의 출범 초기 이 신생 기관에 다소 우호적 태도를 가졌던 시기는 이제 지났다고 보인다. 헌재는 사법통치라는 표현에 점차 접근하는 것으로 보인다. 고도의 정치적 비중이 있는 사건들에서도 적극적인 위헌결정이 적지 않다는 점에서만이 아니다. '굳이 이런 사안들까지' 헌재가 개입하는 것이 과연 적절한가라는 의문을 불러일으킬 정도로 헌재는 광범하게 사법적 판단을 확대시켜왔다. 입법재량 또는 행정재량의 여지를 극히 좁게 한정시켜왔다는 말이다. 이것이 과연 바람직한가.

한편 앞에서 살펴본 헤게모니 유지이론이 지적하듯이, 사법통치가 지배 엘리트들의 재산권 보장 등 보수적 가치를 옹호하는 데 기여하고 전반적으로 신자유주의 경향을 반영하는 측면도 부인하기 어렵다. 한국의 헌법재판에 대해서도 특히 재산권 문제에서 공익을 위한 사회적 제약보다 개인의 사유재산권 보호에 치우쳐 있다는 비판이 제기되어왔다. 이제 헌재의 사법적극주의 입장을 재평가하고 재조정할 시점에 이르렀다.

헌법재판과 여론

2004년은 한국 헌법재판 역사에서 한 분기점이 될 것이다. 이 해에 헌재에서 나온 두 결정 때문이다. 신행정수도특별법 위헌결정 및 노무현 대통령 탄핵기각결정은 2017년 박 대통령 탄핵결정 사건과 더불어 헌재 역사상 최고도의 정치적 사안이었다. 이 두 결정을 계기로 헌재는 이를테면 정치적 성년에 이른 것으로 보인다. 특히 앞의 신행정수도 결정은 당시 집권자의 핵심 정책과 충돌했다는 점에서 정치적으로는 도전적이며 부담이 큰 결정이었다.

두 사건은 외견상 서로 상반된 면모를 보여준다. 두 결정 모두 노무현 정부 시대에 나온 정치적 사안이면서, 정치적 방향은 상반된다. 한 결정은 대통령 측 입장에 역행하는 것인 데 반해 다른 결정은 대통령의 손을 들어주고 있다. 그러나 두 결정의 공통점을 간취할 수 있다. 두 가지 점에서 그렇다.

첫째, 두 결정 모두에서 헌재는 그 논증에서 기존의 선례를 따르는 것이 아니라 새로이 창조적인 논증을 펼치고 있다. 어떤 점에서 창조적인가. 신행정수도특별법 결정에서는 '관습헌법' 개념을 논거로 삼고 있다. 이 개념은 결정이 나오기까지 헌법 전문가들 사이에서도 익숙한 개념은 아니었다. 한편, 탄핵기각결정에서 핵심적 논거는 '법 위반의 중대성'이라는 심판기준이다. 헌법에는 탄핵결정의 사유로 "직무집행에 있어서 헌법이나 법률을 위반한 때"라고만 규정하고 있다(제65조 제1항). 헌재는 이 조항의 해석에서 모든 법 위반 행위가 탄핵 사유가 되는 것이 아니라, '중대한' 위법행위만이 탄핵 사유가 된다고 축소해석하였다. 창조적 해석이 아닐 수 없다. 헌재는 '법 위반의 중대성'이란 '헌법질서의 수호의 관점에서의 중대성'을 의미한다고 부연하였다. 법해석·적용에서 법관이 창조적 역할을 할 여지가 있음은 어디서나 인정되고 있는 터이다(법해석·적용의 창조성에 관해서는 뒤의 '헌법재판, 정답은 있는가?'에서 다룬다).

둘째, 두 결정의 정치적 향방은 상반된 것이지만, 두 결정 모두 각각의 사안에 대한 다수 여론의 방향과 일치하고 있다는 점이다(2017년 박근혜 대통령 탄핵결정 역시 압도적 다수 여론의 방향과 일치하는 점에서 이 결정과 마찬가지이다). 그렇다면 헌재는 두 사건 각각에서 다수 여론의 향방에 부합하는 결정을 위해 각각 창조적 해석을 하는 전략을 구사한 것인가? 오직 정황만이 있을 뿐 사실에 입각한 입증은 어렵다.

여기에서 어려운 쟁점이 부상한다. 헌법재판과 여론의 관계는 어떠한가. 헌법재판과 여론의 관계는 어떠해야 하는가? 먼저 앞의 질문에 대해 살펴보자.

헌재 결정 가운데에는 이미 헌재 스스로 '국민의식'을 결정의 근거로 삼았음을 밝히고 있는 예를 볼 수 있다. 2015년 간통죄 위헌결정이 그런 일례다.[22] 이 결정에서 다수 의견인 위헌의견은 법의식 변화를 위헌 판단의 유력한 근거로 제시하고 있다.[*] 다만 다수 위헌의견에서 국민의식의 변화를 뒷받침하는 증거는 찾아볼 수 없고, 실제 설문 조사 결과 등은 간통죄 폐지에 우호적이지 않았다.[23] 물론 이는 별개의 문제다.

판결이 여론을 반영하는 경향은 이런 사례만이 아니다. 종래 미국 대법원의 판례 동향을 특히 표현의 자유를 중심으로 조감한 한 연구에 따르면, 시대 배경에 따라 동일한 법원칙이 달리 적용되어 왔음을 지적하고 있다. 예컨대 언론의 자유에 관한 '명백·현존하는 위험의 원칙'은 시대 상황에 따라 언론의 자유를 옹호하는 방향에서 또는 반대로 제한하는 방향에서 들쭉날쭉 요동하는 모습을 보였다.[24]

무릇 판결은 당시의 여론을 반영하는 경향을 띠지만, 그것이 바람직한 것이라고 말할 수는 없다. 헌법재판과 여론은 어떤 관계여야 하는가. 여론에 따라간 재판이 곧 옳은 재판은 아니다. 구체적 사례를 보자. 앞에서 언급한 1944년 코레마츠 판결이다. 전시 중 일본계 미국인들을 강제수용한 사건이다. 당시 군 당국의 이 조치에 대해 여론은 절대적 지지를 보냈다. 이 조치를 공개적으로 비판한 집단은 퀘이커 교도들뿐이었다. 대법원 판결은 전시의 급박한 상황을 강조했지만, 이를 뒷받침했던 군 당국의 문서들이 상당 부분 조작되었음이 후일 드러났다. 이 판결문을 썼던 더글러스

---

[*] '여론'과 '국민의식'은 개념상 차이가 있다. 여론은 밖으로 표출된 의견이고, 국민의식은 내면의 의식 상태이다. 그러나 실제로는 구별하기 힘들다. 내면의 의식에 관한 조사는 외면적 표현에 의거하기 때문이다. 양자를 유사 개념으로 보아 무방하다.

William O. Douglas(1898-1980) 대법관은 그 후 대표적인 진보적 대법관으로 명성을 떨쳤지만, 여론에 충실했던 이 판결은 미국 대법원 역사상 부끄러운 오점으로 남아 있다. 판결이 일시적 여론에 휩쓸려서는 안 된다는 점을 보여준 사례다.

반면, 다수 여론을 따르지 않고 시대를 앞서나가 변화를 이끈 판결들이 있다. 대표적인 사례로 미국 판례가 있다. 흑인학교와 백인학교의 분리에 위헌판결을 내린 1954년 미국 대법원 판결이다.[25] 이 판결은 여론이 결코 헌법 판단의 기준이 될 수 없다는 예증이다.

그렇다면 무엇인가. 여론을 따르는 것은 민심을 따르는 것이고 민주주의에 충실한 것이 아닌가. 헌법재판을 하는 권력도 국가권력의 일종이며, 무릇 모든 권력행사는 국민의사에 쫓아야 하는 것이 아닌가. 이런 반문이 자연스레 나오게 된다.

그러나 국민의사와 여론은 구별되어야 마땅하다. 국민의사는 그때그때 부침하는 여론을 말하는 것이 아니다. 헌법재판에서 고려할 국민의사는 여론과 구별되는 '진정한 국민의사'이다. 이 진정한 국민의사는 어디에서 찾을 수 있는가. 헌법재판의 판단 기준인 진정한 국민의사는 바로 '헌법 속에 내재한 국민의사'이다. 이 '헌법 내재적 국민의사'는 어떻게 찾을 수 있는가. 그 과정은 지난하다(뒤의 '헌법재판, 정답은 있는가?'에서 다룬다). 다만 여기에서는 이 문제에 관한 어느 미국 법률가의 소견을 인용하는 데 머문다.

워터게이트 사건에서 특별검사를 맡았던 인물이 있다. 로스쿨 교수이기도 했던 아치볼드 콕스Archibald Cox(1912-2004)이다. 미국에서 헌법재판 기능을 수행하는 대법원의 정치적 역할에 관한 강연집 말미에서 그는 이런 미묘한 표현을 보여준다.

> 헌법재판은 미묘한 공생관계에 의존한다. 대법원은 우리가 우리 자신을 아는 것보다 우리를 더 잘 알지 않으면 안 된다. 대법원의 판결문은 때로 영혼의 목소리이며, 이것은 보다 나은 우리 자신을 일깨워준다. … 그러나 그 판결의 뿌리는 이미 국민 속에 있지 않으면 안 된다. 대법원의 목소리를 통해 나타나는 열망은 이런 것이어야 한다. 즉, 공동체가 기꺼이 다짐할 뿐 아니라 종국에는 그것에 따라 살려는 그러한 열망이어야 한다. 중대한 헌법판결의 정당성은 그러한 공동의 의지를 대법원이 얼마나 정확히 지각知覺하느냐라는 지각의 정확성, 그리고 이 지각의 표현을 통해 궁극적으로 합의를 이끌어낼 수 있는 대법원의 능력에 달려 있다.[26]

이렇게 바꾸어 표현할 수 있을까. '국민과 헌법재판소는 서로 의존한다. 헌재의 결정은 국민의사에 근거를 두어야 한다. 그 국민의사가 일시적으로 표출된 국민의사는 아니다. 국민 속에 잠재된, 미래에 표출될 수도 있는 이상적 국민의사이어야 한다. 헌재는 진정한 국민의사를 올바로 인식하고, 표현하며, 종국적으로 국민의 합의를 이끌어낼 수 있어야 한다. 국민은 헌재의 결정 속에서 자신의 고양된 진정한 의사를 확인할 수 있다.'

헌법재판제도, 고칠 점은 무엇인가?

한국의 헌법재판소는 '우리보다 우리를 더 잘 아는 지각 능력', 그리고 '궁극적인 합의 도출 능력'을 갖추고 있는가? 그런 능력을 갖추려면 어떤 제도적 장치가 필요한가?

헌법재판에 관한 논쟁들은 헌법재판의 정치성에 기인한다. 헌법재판의 정치성은 세 가지 차원의 의미를 지닌다. 첫째, 헌법재판의 대상인 법률이나 처분 등이 정치적 성격을 지니며, 헌법재판의 기준인 헌법 또한 정치성을 갖는 데서 오는 정치성이다. 이것은 불가피하며 문제될 것도 없다. 둘째, 헌법재판관들의 정치적 성향이 재판에 투영되는 데에서 오는 정치성이다. 이 점을 재판관 스스로 공식적으로 드러내지는 않지만, 현실적으로는 불가피한 현상으로 보인다. 이 현실적 불가피성을 인정해야 올바른 제도 보완이 가능하다. 셋째, 앞에서 살펴보았듯 헌법재판소가 기관 차원에서 재판에 전략적으로 접근한다는 가설에 기초한 정치성이다. 법적 고려 외의 요소라는 점에서 광의의 정치성이라고 불러 무방하다.

이 같은 헌법재판의 다중적 정치성을 감안할 때, 진정한 국민의사의 지각 능력 및 합의 도출 능력을 고양하기 위해서 어떤 제도 개선책이 마련되어야 할 것인가.

첫째, 헌법재판소 재판관의 자격을 더 넓혀야 한다. 지금처럼 법관 자격을 가진 자에 한한다고 헌법에서 못 박지 말고 법률에 위임하는 것이 바람직하다.

둘째, 재판관 선출 방식에서 이른바 민주적 정당성을 더 높여야 한다. 그러자면 모든 재판관 선출을 대통령과 국회 양자에 맡기는 것이 바람직하다. 지금처럼 대법원장에게 재판관 지명권을 주는 것은 바람직하지 않다. 헌법재판소는 대법원의 하위 기관이 아니다.

셋째, 재판관에게 대통령이나 국회의원보다 장기의 임기를 보장할 필요가 있다. 재판관이 정치적 변동에 휘둘리지 않도록 해야 한다.

넷째, 재판관의 정치적·이념적 편향을 줄이는 장치가 필요하다. 재판관 선출을 위한 국회의 절차에서, 독일처럼 의회 재적의원 3분의 2 이상 찬성을 얻도록 하는 방안을 검토할 만하다.

6장   헌법재판, 비민주적 사법통치인가?

제3부 헌법의 이해와 오해

법학 공부를 처음 시작하는 이들이 법학에 대해 흔히
느끼는 점들이 있다. 그중 하나는 여러 쟁점마다
다수설, 소수설, 통설, 또는 제1·2·3설 등
여러 갈래로 학설이 나뉘곤 한다는 점이다.
헌법학 역시 마찬가지다. 헌법에 대한 기본 관점에
따라 갖가지 주제에 대한 학설의 대립이 심하다.
학설만이 아니다. 헌법재판소 결정에서 재판관들의
의견이 갈리는 예는 이제 별로 새삼스럽지 않다.
이미 프롤로그에서 간략히 언급했듯이, 헌법에는
'원리' 성격의 추상적 규정이 많기에, 그만큼 헌법에
대한 이해에도 차이가 드러난다. 때때로 오해로
보이는 견해가 뿌리 깊이 잔존하는 예도 드물지 않다.
3부에서 다루는 주제는 헌법이론에 관한 수다한
쟁점들 가운데 일부에 지나지 않는다.
대부분 논쟁적 주제들이다. 일반 시민의 입장에서
특별히 관심을 두거나 두어야 한다고 생각하는
몇 주제들에 대해 저자 나름의 견해를 밝혔다.

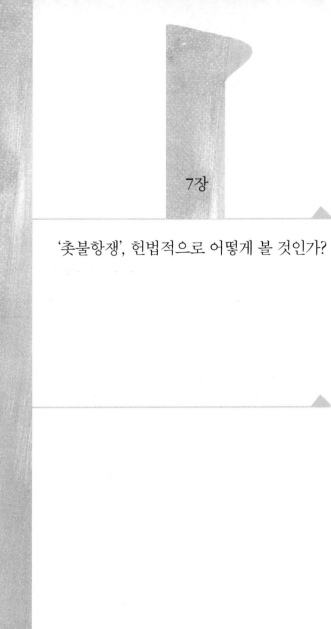

7장

'촛불항쟁', 헌법적으로 어떻게 볼 것인가?

촛불항쟁의 헌법론

'이게 나라냐'

2016년 10월 29일 토요일 저녁 6시경, 서울 청계천광장. 연단 주위는 이미 군중이 가득했다. 노동자단체들의 깃발이 여기저기 휘날리고 확성기에서는 거친 목소리가 울려 나왔다. 종이컵에 촛불을 밝힌 사람들이 앉거나 서거나 걷고 있었다. 익숙한 풍경이었다. 닷새 전 10월 24일, 한 텔레비전 방송국의 '최○○ 태블릿PC' 보도로 불붙은 촛불시위의 시작이었다. 이날이 134일 지나 '촛불혁명'으로 이끄는 첫날이 되리라고 누가 예감이라도 하였을까. '촛불혁명'의 시작은 대수롭지 않았다('촛불항쟁'이라는 제목처럼, 엄정한 뜻에서 촛불'혁명'이라고 부르는 것은 적절치 않다. 밑에서 다룬다).

예사롭지 않은 풍경은 두어 시간 뒤, 슬며시 나타났다. 어둠이 짙게 깔린 8시경, 청계천광장을 떠난 시위대가 광화문광장으로 들어섰다. 색색의 깃발들의 흔들림이 멀리서 관찰하는 어떤 사람에게는 자극적으로 비쳤다. 시위대가 이순신 장군 동상을 지나 세종

7장 '촛불항쟁', 헌법적으로 어떻게 볼 것인가?

대왕상 앞에 이르렀다. 그 너머에 경찰기동대가 포진한 모습이 보였다. 다음 순간을 주목했다. 충돌은 일어나지 않았다. 한 참여적 관찰자는 가슴을 쓸어내렸다. 시위대는 경찰기동대 앞에서 지체 없이 좌향하여 세종문화회관 계단 앞에 연좌했다. 2008년 '광우병 촛불시위' 이래 지속적으로 나타났던 폭력사태는 재현되지 않았다. 이후 20차까지 이른 매주 토요일의 시위에서 평화가 유지됐다. 이 평화야말로 시위를 '명예혁명'으로 이끈 첫 번째 요인이었음은 말할 것도 없다.

시위대의 지휘부는 왜 전례와 달리 처음부터 경찰기동대와의 충돌을 피하고 4개월여 비폭력 평화시위를 이어나갔을까. 아마도 사건의 성격이 지닌 기이함, 상식을 넘는 어처구니없음 때문에 굳이 물리력 행사의 필요를 느끼지 않은 것이 아닐까. 나아가 추위에 아랑곳없는 시민들의 참여를 보고 명예로운 승리를 직감한 것인가.

누가, 왜, 한겨울 추운 밤거리에 나와 촛불을 들었는가? 탄핵 결정에 이은 대통령선거 직후 발간된 정치학자 3인의 책자는 촛불항쟁의 주체에 관해 이런 분석을 내놓았다. "촛불집회의 주체는 '전문 시위꾼'이 아닌 '평범한 시민'이다. 참가자 중 82.9퍼센트가 1-2회 참석이었으며, 반복 참가자가 적었음에도 대규모 집회가 열린 것은 참가자들 폭이 넓었음을 의미한다.""참가자들 평균 체류 시간이 80분에 불과함은 조직적 동원이 아니었음을 뜻한다." 2016년 11월부터 2017년 3월까지 집회 참가자 2,588명을 대상으로 설문 조사 및 현장 면접을 실시한 조사 결과였다.[1]

왜 '평범한 시민'이 나섰는지는 구호와 피켓들이 말해주지만,

그것들만으로 이 기묘한 사태의 진실이 밝혀질 수 있을까. 대통령의 국가권력 사유화, 여전한 정경유착, '블랙리스트'로 상징되는 권위주의 회귀 조짐 등이 모두 평범한 시민들의 분노를 자아냈지만, 이런 사실들만으로 항쟁의 진면목이 드러나지는 않는 듯이 보인다. 피켓들 가운데 특히 눈길을 끈 것은 이것이었다. "이게 나라냐."

이 한마디의 탄식 어린 항변 뒤에 깔려 있는 것은 무엇인가. 다름 아닌, 한 영국 일간지의 기사(『가디언 The Guardian』 2017.2.26.)에서 '비선 실세 최○○'을 가리켜 "한국의 라스푸틴"이라고 표현한, 그 알 수 없는 내막의 의혹이 아닌가. 제정러시아 말기 니콜라이 2세를 농락한 요승 라스푸틴의 야사를 연상시키는, 이 샤머니즘적 비의秘義 의혹이 풀리지 않고서는 이 역사적 사건의 진실은 영구 미제로 남을지 모른다. 촛불항쟁을 야기한 '국정농단'의 실체는 정치·경제·사회적 차원의 설명만으로는 해명되기 어렵다. 거기에는 상식을 뛰어넘는, 매우 개별적이고 특수한 사건성이 내재해 있는 것으로 보인다.

촛불항쟁의 성공 뒤에는 여러 요인들을 찾아볼 수 있다. 비폭력으로 시종한 시민들의 성숙성을 우선 꼽을 수 있지만, 그 밖에도 여러 요인을 지적할 수 있다.

첫째, 시위를 이끈 지휘부 '박근혜정권퇴진비상국민행동(퇴진행동)'의 '전략'이다. 그 전략 중의 으뜸은 평화적 시위이며, 이 점은 첫 집회부터 이미 나타났다. 워낙 사건의 실체가 상식을 넘는 기이한 성격을 띠었으므로 물리력 행사의 필요성을 느끼지 않았을 것이다. 또한 평화적 시위가 아니라면 그 엄동설한에 장기간의 대규모 집회는 불가능했을 것이다. 만약 폭력적 충돌이 일어났다면 사태는 비극적으로 흘렀을지도 모른다.

둘째, 지휘부의 전략은 비폭력 원칙만은 아니었다. 여러 대중적 스타 연예인의 등장은 이 집회를 저항만이 아닌 '축제'의 장으로 만들어놓았다.

셋째, 저항의 목표물을 좁게 한정시킴으로써 폭넓은 지지를 이끌어낼 수 있었다. 일부 과격세력의 피켓이 곳곳에 등장했지만 시위의 주류를 이루었다고 보기는 어렵다.

넷째, 경찰·법원과 같은 국가기관의 대응 자세도 간과할 수 없다. 시민들만이 아니라 경찰 역시 물리력 행사를 삼갔다. 여기에 전례를 찾기 힘든 법원의 유연한 사법적 결정도 평화적 집회의 지속에 일조하였다. 애초에 광화문광장 세종대왕상 뒤에 설정되었던 경찰의 폴리스라인은 점차 청와대를 향해 후진했다. 이것을 이끌어낸 것은 법원의 가처분결정이었다.

2016년 11월 12일 3차 집회에서 시위행렬은 청와대 인근 사직로·율곡로까지 행진했다. 당초 경찰은 교통 방해를 이유로 이 지역 행진을 금지하였다. 그러나 서울행정법원 행정6부는 주최 측('퇴진행동')의 이의신청에 대한 결정에서 경찰의 행진 금지 통고에 대해 그 집행을 정지시켰다. 재판부는 이렇게 이유를 밝혔다.

"이 사건 집회는 대통령의 국정운영에 대한 우려에서 비롯된 것이다.""앞선 집회들이 지금까지 평화롭게 진행됐고, 오늘 집회도 그동안 보여준 시민의식 등에 비추어볼 때 평화적으로 진행될 것으로 예상한다.""대통령에게 국민의 목소리를 전달하고자 하는 이번 집회의 특수한 목적을 고려해 광화문 입구까지 행진을 허용한다."

　주최 측은 이날 3차 촛불집회 참가인원이 100만 명에 이른다고 발표했고, 경찰 추산은 26만 명이었다. 양측의 계산 방식은 다르다. 100만의 참가자 수는 2008년 '광우병 촛불집회'의 70만 명을 넘는다는 보도가 따랐다.

　뒤이은 5차 촛불집회에서 법원의 결정은 폴리스라인을 더 후진시켰다. 지난번과 유사한 과정이 반복됐다. 2016년 11월 25일 오후 4시부터의 5차 촛불집회를 앞두고 주최 측은 청와대 입구를 지나는 4개 경로로 행진과 집회를 하겠다고 신고했지만, 서울 종로경찰서는 청와대 방향으로의 행진을 금지시켰다. 여기에 불복해 주최 측은 집행정지 가처분신청을 냈다. 서울행정법원 행정12부는 11월 25일, 이 신청의 일부를 받아들였다. 경찰의 금지처분에 대해, 그 정지를 결정한 것이다. 법원의 이 결정으로 청와대에서 불과 200미터 거리의 청운효자동 주민센터 앞까지 행진이 허용됐다. 다만 예상 일몰 시각(오후 5시 15분)을 고려해 행진은 오후 5시 30분까지로 제한했다. 재판부는 결정 이유를 이렇게 설명했다.

　"지난 몇 주 동안 동일한 취지로 열린 대규모 집회에서, 시민들이 확인시켜준 건강한 시민의식과 질서 있는 집회문화에 비춰보면 안전사고 우려는 충분히 예방할 수 있을 것이라는 신뢰를 갖게 한다.""야간에는 질서유지가 상대적으로 어려워져 안전사고가 우발적으로 발생할 개연성도 높아질 것이고, 신고된 장소에서 대규모 집회·행진을 시도한 경험이 축적되지 않았다. 적어도 현

단계에서는 해당 장소에서 야간에 이뤄지는 집회·행진을 제한할 필요성이 있다."

12월 3일, 뒤이은 6차 집회에서 법원은 청와대 100미터 앞까지 행진을 허용했다. 이날 집회에서는 1분 소등 행사까지 진행됐다. 이날의 집회는 박근혜 대통령이 사실상 퇴진 거부를 밝힌 3차 담화 후 열렸다. 6차 촛불집회는 최대 규모였다. 주최 측은 232만 명이 참가했다고 발표했고, 경찰은 42만 명으로 추산했다. 이 집회 후 『뉴욕타임스The New York Times』는 "한국 민주주의가 성숙했다"고 보도했다(2016.12.9.). 12월 9일, 국회는 박 대통령 탄핵소추를 의결했다. 재적 300명 의원 중 234명이 찬성했다. 소추 의결정족수인 재적의원 3분의 2를 훨씬 넘긴 결과였다.

경찰과 법원의 '유연한' 대응이 '국정농단' 실상의 어이없음, 그리고 이와 대조적인 촛불시위의 경이로움에 연유함은 추측키 어렵지 않다. 법원의 결정문은 이를 당당히 밝히고 있다.

2016년 10월 29일부터 2017년 3월 11일까지 총 20차 촛불 시위에는 연인원 1,600만 시민이 참가했다(주최 측 추산). 후반에 들어서는 이에 맞서는 '태극기집회'가 점차 규모를 확대해갔다. 촛불집회와 태극기집회 두 현장을 관찰했다는 어느 작가는 이렇게 말했다. "우리 세대는 1인당 국민소득 100달러가 안 되던 시절 사춘기를 보냈다. 상사 해외주재원으로 가발을 수출하며 달러를 한국에 송금한 사람들이 내 친구들이고, 이들이 태극기집회에 나간다." "이들이 집회에서 '우리가 쌓아온 것이 다 무너져간다'고 한탄하는 건 기아와 적화赤化에 대한 두려움이 근원적인 정서가 됐기 때문이라고 생각했다."[2]

헌법재판소의 탄핵심판결정의 날이 다가오면서 상황은 긴박해져갔다. 태극기집회에서는 일부 폭력사태까지 발생했다. 2017년 2월, 양측 집회소 사이에는 충돌을 막기 위한 공간까지 마련되었다. 청계천광장 앞거리에서 시청앞광장 사이에 수십 대의 경찰기동대 버스가 긴 직사각형의 텅 빈 공간을 만들어냈다. 연결된 버스 앞머리와 버스 뒷머리 사이는 손가락 하나 못 들어갈 만큼 빈틈 없었다. 한반도 남쪽 땅에 또 하나 횡하게 '비무장지대'가 설정되었다. 그 기이한 공간을 바라보는 한 시민의 가슴속이 꽉 막힌 듯 죄어왔다.

2017년 3월 10일 오전, 헌법재판소장 대행이 대통령 탄핵결정 주문을 발표했다. 이튿날 오후에는 광화문광장에서 70만 명이 운집해 '촛불의 승리'를 자축했다. 주최 측 표현처럼, "한국 인구 3분의 1에 달하는 연인원 1,600만 명이 1년의 3분의 1에 이르는 시간 동안 싸워 이뤄낸 승리"였다. 저녁 7시경, 자축의 폭죽이 터졌다. 저녁 8시경 가수 전인권, 한영애 등이 참여한 '촛불 승리 축하 콘서트'가 열렸다. 굳이 외신 보도를 빌리지 않더라도 경이로운 승리였음에 틀림없고 축하할 일이었다. 그럼에도 불구하고 탄핵결정에 안도한 시민들 가운데에도 마냥 승리를 축하할 수만은 없다고 생각한 사람들이 적지 않았을 것이다.

혁명인가?

촛불항쟁은 혁명인가? 수사적으로 혁명이라 부르는 것은 무방할 것이다. 다만 엄정히 따져보아 혁명이라는 호칭은 적절치 않다. 왜 그런가.

촛불항쟁의 경과를 그 외양으로 보면 이렇게 정리된다. 시민들의 평화적 집회시위-국회의 대통령 탄핵소추의결-헌법재판소의 탄핵결정-집회에 적극 동참한 대통령후보의 대선 승리.

경찰과 법원의 결정을 준수한 집회시위, 국회에서의 정상적 의사 절차에 따른 대통령 탄핵소추의결, 재판소 밖의 일부 소요에도 불구하고 순조롭게 진행된 헌법재판소의 대통령 탄핵결정, 헌법조항에 따른 대통령선거, 이 모든 과정은 기존의 법절차를 따랐다. 민주적 법절차 준수에 하자가 없었다.

민주적 법절차에 충실했다고 하더라도 혁명적 변혁이 이뤄졌다면 혁명이라고 부를 소지가 생긴다. 정치학자들이 흔히 권위주의라고 부르는 독재에서 민주적 체제로의 전환이 이뤄지고, 집권자의 변동이 있었다면 혁명적 변화라고 부를 만하다. 그러나 박근혜 대통령 시기를 권위주의체제라고 단정하기는 어렵다. 유신 시대나 5공 시대와 동일시하는 것은 무리이다. 그보다는 부분적으로 유사 권위주의적 국정운영 행태가 드러난 시기라고 봄이 적절할 것이다.

저항권 행사인가?

촛불항쟁을 저항권 행사라고 보기도 어렵다. 먼저 저항권이란 무엇인가.[3]

고전적인 저항권 사상은 고대 그리스 비극에서 싹을 보인다.

소포클레스Sophocles(BC496-405)의 『안티고네Antigone』에서 신의 명령을 따라 왕명에 거역하는 장면이 나온다. 중세의 폭군 살해론을 거쳐 근대적 저항권 사상을 정립한 것은 로크에 이르러서이다. 로크는 자연권 사상과 사회계약론의 토대 위에서 저항권 사상을 폈다. 자연상태에서 인간은 생명·자유·재산의 자연권을 가지며, 그 보호를 목적으로 사회계약에 의해 권력을 정부에 신탁한다. 만일 정부의 권력행사가 그 본래의 목적을 위반하여 행사되면 그 권력은 애초에 권력을 준 사람들에게 환원되지 않으면 안 된다. 이것이 곧 저항권이다. 로크의 저항권 사상은 자연권 사상과 신탁trust이론에 기초하고 있다.

2차 세계대전 종료 후 저항권 사상은 다시 한 번 부상한다. 나치즘에 대한 반성으로, 저항권 사상에서 멀리 떨어져 있던 독일(서독)에서 이 사상이 강력하게 재생하였다. 그것은 새로운 성격의 저항권 사상이었다. 서독의 기본법은 애초에 저항권을 규정하지 않았지만, 1968년의 기본법 개정에 의해 다음과 같은 저항권을 명시하였다. "모든 독일인은 이러한 질서(민주적·사회적·연방국가적 질서)를 폐지하려고 하는 모든 자에 대하여 다른 구제 수단이 불가능한 때에는 저항할 권리를 가진다." 이 조항은 1956년 서독 헌법재판소가 판례를 통해 인정한 저항권을 헌법인 기본법에 반영한 것이었다.

이 판례에서는 저항권이 인정되는 요건으로 몇 가지를 제시했다. 첫째, 저항권은 보수적인 의미로, 즉 법질서의 유지 또는 재건을 위한 헌법 보장 수단으로서만 인정된다. 둘째, 권력행사의 불법성이 명백해야 한다. 셋째, 불법에 대한 다른 유효한 구제 수단이 없는 경우에 최후의 수단으로서만 인정된다.

이 같은 현대 헌법상의 저항권은 저항권 사상의 새로운 차원을 여는 것이다. 종래 저항권이란 기존의 실정법을 뛰어넘는 초실정법적인 것으로만 이해되어왔다.[*] 이와 달리 독일 헌법에서와 같은 현대적 저항권은 헌법 스스로가 인정하는 실정법상의 저항권이라는 점에서 새롭다.

우리 헌법에는 저항권을 직접 인정하는 명시적 규정은 없다. 그러나 1962년 제3공화국 헌법의 전문에서 "4·19의거 … 의 이념을 계승"한다고 규정하였고, 제5공화국 헌법에서 삭제된 후, 현행 87년 헌법에서 다시 "4·19민주이념을 계승"한다고 규정하였다. 4·19민주이념이 무엇인지에 관해서는 여러 견해가 있을 수 있지만, 그 핵심은 저항권의 존재를 천명한 점에 있다고 풀이된다. 이렇게 본다면 87년 헌법은 간접적으로나마 저항권을 인정한다고 볼 수 있다.

한편, "4·19민주이념을 계승"한다는 규정이 헌법 본문이 아닌 전문에 규정되어 있는 점과 관련해, 전문 규정이 어떤 법적 효력을 갖는지가 문제될 수 있다(전문의 효력에 관해서는 뒤에서 다룬다. 9장 '8·15는 건국절인가?' 참조).

우리 헌법재판소는 저항권이 헌법상 기본권으로 인정되는지

---

[*] 실정법實定法이란, 법제정의 권한 있는 자가 절차에 따라 실제로 제정한 법을 의미한다. 자연법自然法과 대비되는 개념이다. 자연법은 신의 명령이나 이성의 명령처럼 실정법을 넘어 존재한다고 보는 규범을 가리킨다.

여부에 관해 애매한 태도를 보여주고 있다. 속칭 국회 '날치기 사건'에 관한 헌법재판에서 이렇게 말하고 있다.

> 저항권이 헌법이나 실정법에 규정이 있는지 여부를 가려볼 필요도 없이 … 입법 과정의 하자는 저항권 행사의 대상이 되지 아니한다. 왜냐하면 저항권은 국가권력에 의하여 헌법의 기본 원리에 대한 중대한 침해가 행하여지고 그 침해가 헌법의 존재 자체를 부인하는 것으로서 다른 합법적인 구제 수단으로는 목적을 달성할 수 없을 때에 국민이 자기의 권리·자유를 지키기 위하여 실력으로 저항하는 권리이기 때문이다.[4]

이처럼 우리 헌법재판소는 우리 헌법에서 저항권이 인정되느냐는 문제에 확답을 피한 채, 저항권의 일반적인 의미에 관해서는 대체로 독일 판례에 따라 현대적 의미로 이해하고 있는 듯이 보인다. 다만 그 범위는 "헌법의 존재 자체를 부인"하는 불법에 대해서라고 좁혀서 한정하고 있다.

다시 촛불항쟁이 저항권 행사냐는 문제로 되돌아간다. 저항권의 의미를 헌법재판소 판례에 따라 이해한다면, 촛불항쟁은 저항권 행사로 볼 수 없다. 왜냐하면 "다른 합법적인 구제 수단으로는 목적을 달성할 수 없을 때"에 해당하지 않기 때문이다. 촛불항쟁은 "다른 합법적인 구제 수단"인 탄핵 절차에 의해 종결되었다. 촛불항쟁은 혁명도 아니고 저항권 행사도 아니었다.

새로운 주권행사 방식

복합적 주권행사

그렇다면 무엇인가? 혁명이 아니고 저항권 행사도 아니라면 촛불
항쟁은 헌법적으로 무엇인가? 헌법상 보장된 국민들의 집회시위
의 자유의 행사와 그에 잇따른 헌법상 탄핵 절차에 의한 대통령의
퇴위일 뿐인가. 그렇게 보아도 틀린 것은 아니다. 그러나 그것만으
로는 이 경이로운 사건의 헌법적 의미를 다 파악할 수 없다. 그것
을 넘은 그 무엇을 함축하고 있음에 틀림없을 것이다. 그것은 무엇
인가? 세계 헌법사에 유례를 찾기 어려운 새로운 양태의 주권행사
가 아닌가?

촛불항쟁의 새로움은 직접민주주의와 간접민주주의와 사법
제도가 결합한 복합적 주권행사 방식이란 점에서 찾아볼 수 있다.
그것은 단순한 의사 표현을 넘어선 대규모·장기간의 집회시위를
통한 직접민주주의적 항쟁, 그에 이은 대의기관 국회의 탄핵소추,
최종적으로 사법기관인 헌법재판소의 탄핵결정으로 연결되는 복

합적 성격의 주권행사 방식이었다. 이를 어떻게 설명할 수 있을 것인가? 주권이론은 한두 마디로 줄일 수 없다. 아래에서 살펴볼 것이지만, 그에 앞서 한 가지 짚고 갈 점이 있다.

촛불항쟁의 과정을 건조하게 집회시위의 자유 행사와 탄핵 절차의 결합으로만 보더라도, 그 절차의 최종 단계였던 헌법재판소의 역할에 주목하지 않을 수 없다. 앞서 살펴보았듯, 헌법재판소는 이미 당초의 예상을 넘는 긍정적 역할을 수행해왔지만, 거기에 더해서 촛불항쟁이라는 '87년 헌법' 최대의 위기에서 87년 6월혁명을 살려내는 역할을 해냈다. 헌법재판소라는 장치가 한국 민주주의를 구하는 결정적 역할을 수행한 것이다. '한국 민주주의를 배우자'는 외국 언론의 보도까지 나오게끔 만든 제도적 장치는 헌법재판소라는 헌법 수호 기관이었다.

탄핵 절차는 정치적 책임을 묻는 정치적 절차와는 성격이 다르다. 이는 현행 우리 헌법에서 규정하고 있는 국회의 국무위원 해임건의권이나 내각책임제 헌법에서 의회의 내각 불신임권처럼 정치를 잘못했다는 점에 대해 책임을 따지는 절차가 아니라, 통상의 법적 절차로 다루어서는 올바른 해결을 기대하기 어려운 고위직에 대해 법적 책임을 물어 파면하는 절차이다. 그렇기에 탄핵 사유는 헌법 또는 법률의 위반에 한한다. 탄핵 절차를 마무리하는 최종 기관인 헌법재판소 재판관도 정치적 중립 의무가 있다. 정당에 가입하거나 정치 활동을 할 수 없다.

만일 헌법재판소 같은 사법적 성격의 기관이 아니라 미국처럼 의회에서 탄핵 절차가 종결되는 제도라고 한다면(미국에서는 하원

7장 '촛불항쟁', 헌법적으로 어떻게 볼 것인가?

이 탄핵소추, 상원이 탄핵결정을 한다), 사태의 추이에 차이가 있었을지도 모른다. 정치적 중립성을 표방하는 사법기관의 최종 결정이라는 점이 조금이라도 사태의 불안정성을 줄이지 않았을까 생각해보는 것이다.

국민주권과 인민주권[5]

2016년 11월 12일 오후 7시 30분, 촛불집회가 열린 서울 종로구 내자동 로터리. 〈헌법 제1조〉 노래가 울려 퍼졌다. 대한민국 헌법 제1조 "대한민국은 민주공화국이다. 대한민국의 모든 권력은 국민으로부터 나온다"라는 내용이 노래로 만들어지고, 시위군중은 파도타기 응원하듯 〈헌법 제1조〉를 연창했다.[6] 이제 '헌법의 이름으로' 시위가 벌어지는 시대다.

헌법 제1조 제2항 첫머리는 "대한민국의 주권은 국민에게 있고"라고 규정한다. 과연 '주권'이란 무엇인가? '국민주권'이란 무엇인가? 주권과 국민, 둘 모두 매우 난삽한 개념이다. 애초에 주권 sovereignty 개념이 절대군주의 권력을 옹호하기 위해 사용된 사실은 잘 알려져 있다. 그 후 주권 개념은 국민주권이론을 통해 널리 퍼졌다. 주권이론은 주로 프랑스를 중심으로 전개됐다.

먼저 오늘날 주권이라는 말이 통상적인 헌법이론에서 어떻게 사용되고 있는지를 살펴보기로 한다. 대체로 세 가지 서로 다른 의미로 사용되고 있다.

첫째, 국가의 대외적 독립성과 대내적 최고성을 지칭하는 의미. 둘째, 국가의 통치권(입법권·행정권·사법권 등) 그 자체를 가리키는 의미. 셋째, 국가의 최고 의사 결정권을 지칭하는 의미. 헌법·헌법이론에서 주권이라는 용어는 주로 셋째의 의미, 즉 국가의사의 최고 결정권이라는 의미로 사용된다. 통치권은 주권과 구별해 보는 것이 일반적이다.

그렇다면 주권을 갖는 '국민'은 누구를 가리키는가? 개개의 시민인가, 시민의 총체인 인민인가, 혹은 또 다른 의미의 국민인가?

흔히 국민주권론의 창시자로 루소를 떠올리지만 여기에는 주의가 필요하다. 우리는 분단 이후 '인민'이라는 용어를 기피해왔다. 심지어 '노동' 대신 '근로'로 대체해오기도 했다. 그 이유는 설명할 필요가 없을 것이다. 엄격히 말하면, 루소의 주권이론은 국민주권론이 아니라 인민주권론이다. 그는 주권이 개개 시민의 총체인 인민에게 있고, 인민은 직접 현실적으로 주권을 행사한다고 보았다.

그러나 프랑스대혁명 이후, 주권이론의 주류를 이룬 이론은 루소류의 인민주권론이 아니었다. 루소를 숭배했던 로베스피에르가 단두대에서 사라지고 혁명이 퇴행의 길로 들어서자 주권이론을 장악한 것은 인민주권론 아닌 국민주권론이었다. '국민'은 누구를 가리키는가?

주류 이론에 따르면, '국민nation'은 실재하는 국민이 아니라 관념적인 존재이다. 추상적이고 관념적인 통일체로서 상정想定된 국민이다. 이와는 달리, 인민주권론에서 주권의 주체는 유권자인 시민의 총체라는 실재하는 존재이다. 인민의 주권행사는 선거와 입법안 발안 등 직접민주주의 형태로 나타난다. 그런 의미에서 인민주권론의 인민은 유권자의 집합체다. 반면, 국민주권론에서 주권의 주체는 관념적인 통일체로서의 국민이기 때문에 현실적인 주권행사 능력이 없다. 관념이 권력을 행사하지는 못한다.

이처럼 국민주권론은 인민주권론에 대항하여 만들어진 다분히 허구적인 이론이다. 국민주권론과 인민주권론의 실제적 차이는 '위임委任이론'에서 나타난다. 인민주권론에서는 인민이 인민대표에게 지시하고 명령한다. 인민대표는 인민의 지시·명령에 구속된다. 이른바 '기속羈束위임'이다. 반면 국민주권론에서는 국민이 국민대표에게 지시하고 명령할 수 없다. 관념적 존재가 지시·명령할 수는 없는 것이다. 국민대표는 일단 대표로 선임되면 자유롭다. 이른바 '자유위임'이다(이 이론들의 역사적 배경에 관해서는 앞의 프랑스혁명사를 다룬 부분을 참조).

한편, 독일에서는 19세기 후반 이래 국가주권론이 중심을 이뤘다. 군주도 국민도 아닌 국가에게 주권이 있다는 이론이다. 이 이론은 국가가 일종의 법인法人이라는 국가법인설에 기초한다. 법인으로서의 국가에 주권이 속한다고 본다. 국가주권론은 주권의 주체가 군주냐 국민이냐의 논쟁을 회피하는 정치적 의미를 띤 것으로, 이 이론은 19세기 후반 독일의 외견적外見的 입헌주의체제를 뒷받침했다.

영국에서 주권론은 의회주권parliamentary sovereignty 원리로 나타났다. 의회는 어떤 법률이든 제정할 수 있고, 누구도 의회의 입법보다 우월할 수 없음을 뜻한다. 반면, 정치적 의미의 주권자는 선거민이라고 본다. 법적 주권자는 의회이고, 정치적 주권자는 선거민이라고 보는 것이다. 다른 한편, 미국에서는 주권이론이 발전하지 못했다. 국가가 공적 영역을 독점하는 것이 아니고, 사적인 사회적 결사가 중요한 공적 역할을 맡는다는 다원주의 특성 때문이다.

'시민주권'의 행사

촛불항쟁은 새롭고 복합적인 주권행사 방식이었다. 그렇다면 여기에서 주권은 누구의 주권인가? 국민주권인가, 인민주권인가, 또다른 주체의 주권인가?

촛불항쟁의 종결은 국회의 탄핵소추와 헌법재판소의 탄핵결정이었다. 이 점을 중시하면 국민주권의 행사라는 성격이 강하다. 그러나 이것은 탄핵을 이끌어낸 촛불시위에 대한 지나친 경시다. 그렇다면 인민주권의 행사인가? 인민주권의 행사는 유권자의 투표 및 직접민주제 방식에 의한다. 촛불항쟁은 유권자 집합체의 주권행사는 아니었다. 그렇다면 누구의 주권행사인가? 촛불시위에 중점을 두는 한, 시위에 참가한 시민들, 그리고 시위에 참가하지 않았더라도 이들에 공감한 시민들에 의한 주권행사로 보아야 하지 않는가. 시민은 사회학적·정치학적 개념이며 종래의 법학적 개념은 아니지만, 시민을 헌법이론 안에 수용해 봄직하다. 어떤 형태로든 국정에 적극 참여하는 시민들의 집합적 주권행사를 '시민주권'의 행사로 불러봄직하지 않은가.

촛불항쟁은 혁명이 아니고 저항권의 행사도 아니었다. 그것은 시민들이 집회시위의 자유권을 행사한 직접민주주의적 항쟁-대의기관인 국회의 대통령 탄핵소추-사법기관인 헌법재판소 탄핵결정의 연속으로 이뤄진 새롭고도 복합적인 주권행사 방식이었다. 촛불항쟁은 시민주권의 행사였다.

박 대통령 탄핵심판결정 평석

헌법재판소의 대통령 박근혜에 대한 탄핵심판결정문 첫 머리를 그대로 옮긴다.

헌법재판소 결정

사건	2016헌나1 대통령(박근혜) 탄핵
청구인	국회
	소추위원 국회 법제사법위원회 위원장
	대리인 명단은 별지와 같음
피청구인	대통령 박근혜
	대리인 명단은 별지와 같음
선고일시	2017. 3. 10. 11:21
주문	피청구인 대통령 박근혜를 파면한다.

결정요지

다음은 헌법재판소가 직접 작성한 결정요지 가운데 주요 부분이다.

"라. ⋯ 헌법재판소법 제53조 제1항은 '탄핵심판 청구가 이유 있는 경우' 피청구인을 파면하는 결정을 선고하도록 규정하고 있다. 대통령을 탄핵하기 위해서는 대통령의 법 위배 행위가 헌법질서에 미치는 부정적 영향과 해악이 중대하여 대통령을 파면함으로써 얻는 헌법 수호의 이익이 대통령 파면에 따르는 국가적 손실을 압도할 정도로 커야 한다. 즉, '탄핵심판 청구가 이유 있는 경우'란 대통령의 파면을 정당화할 수 있을 정도로 중대한 헌법이나 법률 위배가 있는 때를 말한다.

마. ⋯ 피청구인은 최○원이 추천한 인사를 다수 공직에 임명하였고 이렇게 임명된 일부 공직자는 최○원의 이권 추구를 돕는 역할을 하였다. 피청구인은 사기업으로부터 재원을 마련하여 재단법인 미르와 재단법인 케이스포츠(다음부터 '미르'와 '케이스포츠'라고 한다)를 설립하도록 지시하였고, 대통령의 지위와 권한을 이용하여 기업들에게 출연을 요구하였다. ⋯ 피청구인의 이러한 일련의 행위는 최○원 등의 이익을 위해 대통령으로서의 지위와 권한을 남용한 것으로서 공정한 직무수행이라 할 수 없다. 피청구인은 헌법 제7조 제1항, 국가공무원법 제59조, 공직자윤리법 제2조의 2 제3항, 부패방지권익위법 제2조 제4호 가목, 제7조를 위반하였다.

바. … 대통령의 지위를 이용하여 기업으로 하여금 재단법인에 출연하도록 한 피청구인의 행위는 해당 기업의 재산권 및 기업경영의 자유를 침해한 것이다.

사. … 피청구인의 지시와 묵인에 따라 최○원에게 많은 문건이 유출되었고, 여기에는 대통령의 일정·외교·인사·정책 등에 관한 내용이 포함되어 있다. 이런 정보는 대통령의 직무와 관련된 것으로, 일반에 알려질 경우 행정 목적을 해할 우려가 있고 실질적으로 비밀로 보호할 가치가 있으므로 직무상 비밀에 해당한다. 피청구인이 최○원에게 위와 같은 문건이 유출되도록 지시 또는 방치한 행위는 국가공무원법 제60조의 비밀엄수 의무를 위반한 것이다.

차. … 세월호 참사에 대한 피청구인의 대응 조치에 미흡하고 부적절한 면이 있었다고 하여 곧바로 피청구인이 생명권 보호 의무를 위반하였다고 인정하기는 어렵다.

카. 대통령의 '직책을 성실히 수행할 의무'는 헌법적 의무에 해당하지만, '헌법을 수호해야 할 의무'와는 달리 규범적으로 그 이행이 관철될 수 있는 성격의 의무가 아니므로 원칙적으로 사법적 판단의 대상이 되기는 어렵다. 세월호 참사 당일 피청구인이 직책을 성실히 수행하였는지 여부는 그 자체로 소추 사유가 될 수 없어, 탄핵심판 절차의 판단 대상이 되지 아니한다.

타. 피청구인은 최○원에게 공무상 비밀이 포함된 국정에 관한 문건을 전달했고, 공직자가 아닌 최○원의 의견을 비밀리에 국정운영에 반영하였다. 피청구인의 이러한 위법행위는 피청구인이 대통령으로 취임한 때부터 3년 이상 지속되었다. 피청구인은 국민으로부터 위임받은 권한을 사적 용도로 남용하여 적극적·반복적으로 최○원의 사익 추구를 도와주었고, 그 과정에서 대통령의 지위를 이용하거나 국가의 기관과 조직을 동원하였다는 점에서 법 위반의 정도가 매우 중하다. 대통령은 공무수행을 투명하게 공개하여 국민의 평가를 받아야 한다. 그런데 피청구인은 최○원의 국정 개입을 허용하면서 이 사실을 철저히 비밀에 부쳤고, 그에 관한 의혹이 제기될 때마다 이를 부인하며 의혹 제기 행위만을 비난하였다. 따라서 권력분립 원리에 따른 국회 등 헌법기관에 의한 견제나 언론 등 민간에 의한 감시 장치가 제대로 작동될 수 없었다. 이와 같은 피청구인의 일련의 행위는 대의민주제의 원리와 법치주의의 정신을 훼손한 것으로서 대통령으로서의 공익실현 의무를 중대하게 위반한 것이다.

결국 피청구인의 이 사건 헌법과 법률 위배 행위는 국민의 신임을 배반한 행위로서 헌법수호의 관점에서 용납될 수 없는 중대한 법위배 행위라고 보아야 한다. 그렇다면 피청구인의 법 위배 행위가 헌법질서에 미치게 된 부정적 영향과 파급효과가 중대하므로, 피청구인을 파면함으로써 얻는 헌법수호의 이익이 대통령 파면에 따르는 국가적 손실을 압도할 정도로 크다고 인정된다.

재판관 김이수, 재판관 이진성의 보충의견

피청구인은 생명권 보호 의무를 위반하지는 않았지만, 헌법상 성실한 직책수행 의무 및 국가공무원법상 성실 의무를 위반하였다. 다만 그러한 사실만으로는 파면 사유를 구성하기 어렵다.

재판관 안창호의 보충의견

이 사건 탄핵심판은 보수와 진보라는 이념의 문제가 아니라 헌법질서를 수호하는 문제로, 정치적 폐습을 청산하기 위하여 파면결정을 할 수밖에 없다.

(헌재 2017. 3. 10. 2016헌나1)

탄핵결정 평석

탄핵제도의 특성은 법 위반을 사유로 한다는 점이다. 단지 정치를 못했다는 이유로는 탄핵할 수 없다. 그러면서도 정치적 성격이 있다. 미국 헌법에서 의회 상·하원 의결만으로 탄핵 절차를 종결시키고 있음은 이 점을 말해준다. 우리 헌법은 국회의 탄핵소추와 헌법재판소의 탄핵결정에 따르도록 하여, 정치적 성격과 사법적 성격을 혼합하고 있다.

　탄핵결정 이유에서 가장 주목할 점은 무엇인가. 헌법재판소 (이하 '헌재')가 대통령의 '헌법 위배' 여부에 초점을 맞추고 있다는 점이다. 탄핵 사유는 "직무집행에 있어서 헌법이나 법률을 위배" 했느냐 여부이다(헌법 제65조 제1항).*

　헌법 위배와 법률 위배의 차이는 무엇인가. 헌법에 담긴 규정들은 법률의 규정에 비해 더 추상적이다. 프롤로그에서 언급한 것처럼, 헌법규정들의 상당 부분은 원리의 성격을 지닌다. 규칙 성격의 규정이 양자택일인 데 비하여(예컨대 대통령 임기는 '5년'이며, 다른 해석의 여지가 없다), 원리 성격의 규정은 일도양단이 아니라 정도程度의 성격을 지니며 그 해석에서 불확정적인 영역이 넓다(예컨대 대통령 취임선서 내용 규정 가운데, "대통령으로서의 직책을 성실히 수행"한다는 규정).

탄핵결정 이유에서 구체적 예를 보자. 여러 탄핵 사유 가운데 핵심의 하나는 대통령의 수뢰혐의 관련 부분이다. 이 부분에서 헌재는 "피청구인은 직접 또는 경제수석비서관을 통하여 대기업 임원 등에게 미르와 케이스포츠에 출연할 것을 요구하였다. … 대통령의 지위를 이용하여 기업으로 하여금 재단법인에 출연하도록 한 피청구인의 행위는 해당 기업의 재산권 및 기업경영의 자유를 침해한 것이다"라고 하여 헌법 위배를 인정했다. 형사법상 수뢰죄나 유사범죄혐의 등 '법률 위배'의 문제는 직접 다루지 않았다. 이 점은 형사소송이 예상되는 상황이었으므로 헌재로서는 불가피하기도 하였다.

또 다른 예를 보기로 한다. 헌재는 이렇게 말했다. "피청구인은 최○원이 추천한 인사를 다수 공직에 임명하였고 이렇게 임명된 일부 공직자는 최○원의 이권 추구를 돕는 역할을 하였다. … 피청구인의 이러한 일련의 행위는 최○원 등의 이익을 위해 대통령으로서의 지위와 권한을 남용한 것으로서 공정한 직무수행이라

* 우리 헌법과 달리, 미국 헌법은 "반역죄, 수뢰죄, 또는 기타 범죄 및 경범죄 등"을 탄핵 사유로 규정하고 있다.

할 수 없다. 피청구인은 헌법 제7조 제1항, 국가공무원법 제59조, 공직자윤리법 제2조의2 제3항, 부패방지권익위법 제2조 제4호 가목, 제7조를 위반하였다."

여기에서 헌재는 대통령이 "공무원은 국민 전체에 대한 봉사자"라는 헌법 제7조 제1항에 위배했음을 지적하고, 이어서 법률 위배도 근거로 삼고 있다. 그렇지만 그 법률 규정들도 추상적인 원리 성격의 규정인 점에서 헌법 위배 사유와 큰 차이가 없다. 예를 들어 국가공무원법 제59조 규정을 보자. "공무원은 국민 전체의 봉사자로서 친절하고 공정하게 직무를 수행하여야 한다."

이처럼 원리 성격의 추상적 헌법규정 위배에 집중함으로써 헌재는 탄핵인용認容 여부 판단에서 상당 범위의 재량의 폭을 갖게 되었다. 원리 성격의 헌법이나 법률의 조항의 해석·적용은 늘 반론의 소지를 넓게 남기게 마련이다. 이 점은 재판관 일부의 보충의견에서 여실히 드러난다.

재판관 김이수·이진성의 보충의견은 세월호 사건과 관련한 부분에서, "피청구인은 생명권 보호 의무를 위반하지는 않았지만, 헌법상 성실한 직책수행 의무 및 국가공무원법상 성실 의무를 위반하였다. 다만 그러한 사실만으로는 파면 사유를 구성하기 어렵다"는 개별적 의견을 첨부하였다.

단지 이 부분에 국한한 것일까. 보충의견이 제시한 문제는 다른 여러 쟁점들에 관해서도 상당 부분 마찬가지로 제기될 수 있는 소지를 지닌 것이었다.

작은 문제이지만 덧붙이자면, 재판관 안창호의 보충의견은 과연 적절한지 의문이다. 이 인용문에는 빠져 있지만, 안 재판관은 보충의견에서 '현행 헌법상 권력구조의 문제점' 및 나아가 '현행 헌법상 권력구조의 개혁 과제'까지 논급하고 있다. 이것은 과도한 부가의견이다. 재판관이 과도하게 법창조적 기능을 행사하려는 경향은 결코 바람직하지 않다.

헌재는 재판관 전원일치를 이끌어냄으로써 논란의 소지를 축소시켰다. 여기에는 헌재가 탄핵심판에서 헌법위반 여부에 집중함으로써 재량의 폭을 넓게 확보했다는 점이 유리하게 작용했을 것이다.

수개월에 걸친 촛불항쟁은 자칫 30년간의 민주적 헌정의 지속을 단절시킬지 모르는 헌정 위기의 시간이기도 했다. 그러나 평화적 대규모 시위를 통한 직접민주주의적 청원-대의기관인 국회의 탄핵소추 의결-사법기관인 헌법재판소의 탄핵결정이라는 연속적 과정으로 위기를 넘겼다.

헌재의 박 대통령 탄핵결정에 대해 동의하지 않는 견해도 적지 않을지 모른다. 점차 규모를 확대해간 이른바 '태극기집회' 참여자들의 입장도 헤아려볼 필요가 있을 것이다. 대부분 중·노년인 그들 모두가 이른바 기득권세력으로 보이지는 않는다. 다만 헌재의 대통령 탄핵결정으로 헌정 위기를 극복하고 87년 6월 시민혁명의 성과를 훼손하지 않은 점은 다행이라고 하겠다.

촛불항쟁 잔상

촛불항쟁을 마냥 축복만 할 수 없는 까닭이 있다. 촛불항쟁이 정점에 이른 시기에 한국을 잘 이해하는 듯이 보이는 한 외국 언론인은 이런 요지의 우려를 피력했다. "한국 민주주의에서는 국민이 분노한 신神이다. 민심이 야수처럼 돌변하면 정부나 사법기관도 눈치를 본다. 다른 민주주의국가에서는 좀처럼 볼 수 없는 현상이다. 한국의 허약한 법치를 무너뜨릴까 걱정이다."[7]

유사한 취지의 외신 보도도 있었다. 외교 전문지 『포린폴리시 Foreign Policy』는 이런 견해를 내보이고 있다. "한국에선 군중의 감정이 어느 한계점을 넘어서면 야수로 돌변해 의사결정과 기존 법률을 제쳐버릴 정도로 사나워진다. 이걸 민심이라고 내세운다. 그러면 한국 권력기관들의 의사결정은 가두시위, 온라인 댓글, 신문기사 등에 표현된 군중의 주문에 응대해 따라간다. ⋯ 한국에선 대통령에게 막강한 권력을 부여한다. 대신 국민을 신처럼 받들 것을 요구한다. 그런데 대통령이 이단의 길로 잘못 들어서 국민이 아닌 최

7장 '촛불항쟁', 헌법적으로 어떻게 볼 것인가?

○○을 섬기고 그 앞에 머리를 조아렸다. 이에 국민이 '나 이외의 신을 섬기지 말라'는 십계의 1계명을 어겼다며 대통령에게 벌을 내리고 있는 형국이다."[8]

외국인들의 이런 시선을 그저 한국을 잘 모르는 이의 생각으로 치부할 수 있을까. 앞서 말했듯, 촛불항쟁은 새롭고 복합적인 주권행사 방식을 보여주었다. 그렇더라도 그 중심이 집회시위를 통한 직접민주주의적 의사 관철 방식이었음은 말할 것도 없다.

이런 방식은 어디까지나 예외적이어야 한다. 자칫 관습화된다면 폐해가 적지 않을 것이다. 우선 집회시위는 국민의사의 확인 방법으로서는 부적절하다. 이를테면 그 '확성 효과' 때문이다. 잘 조직된 집단의 집회시위는 국민의사를 왜곡하고 실제보다 크게 들리게 하는 효과를 지닌다.

일반적인 관점에서만 보더라도 직접민주주의의 위험성이 지적된 것은 이미 오래다. 거슬러 올라가면 이미 고대 그리스에서부터 중우衆愚정치의 폐해가 지적됐다. 최초의 근대 헌법인 미국 헌법의 제정 당시에도 마찬가지다. 필라델피아 헌법회의에 모인 미국 헌법의 아버지들이 대통령간선제를 택한 것은 직선제에서 오는 대중선동정치를 우려했기 때문이었다.

프랑스대혁명의 이념에 가장 투철했던 로베스피에르가 공포정치 끝에 결국 단두대에 선 것은 가두街頭정치의 지독한 아이러니였다. 그의 힘은 파리 시가의 일선 행동대인 상퀼로트에게서 나왔고, 결정적 순간에 그들의 우매함이 일시에 그에게 등을 돌렸을 때 몰락했다. 나폴레옹이 종신 통령에 오를 때나 뒤이어 황제에 등극

할 때 국민투표를 거쳤음은 잘 알려져 있다(당시는 공개투표였다). 이후 프랑스에서 직접민주주의제도는 독재 수단으로 인식되어왔다. 히틀러도 국민투표를 애용했다. 직접민주주의에의 의존은 그만큼 의회정치의 미숙을 뜻하고 의회정치 성숙의 기회를 막는다. 직접민주주의는 어디까지나 보조 수단으로 사용되거나 예외적 상황에서 작동될 때 의미를 지닌다.

촛불항쟁은 '성공 사례'였다. 다행히도 가두정치가 이성적 통제를 벗어나지 않았다. 그러나 거리정치가 항상 이성적 통제를 받는 것은 아니다. 촛불과 태극기의 대립에서 보듯, 한쪽의 거리정치는 다른 쪽의 거리정치를 부른다. 그뿐만 아니다. 거리정치 성공의 기억은 의회정치와 법 집행 등, 모든 국가기관의 권력행사에서 '눈치보기' 습성을 내면화할 수 있다. 이것은 때로 독毒이 될 수 있다. 거리정치의 지향점이 항상 정의도 아니고 항상 현명하지도 않다. 촛불항쟁식 주권행사 방식은 어디까지나 예외에 그쳐야 한다.

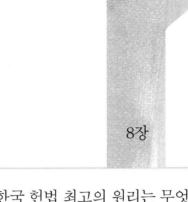

8장

한국 헌법 최고의 원리는 무엇인가?

바이마르 비극의 교훈: 한국적 수용

1929년 뉴욕 월가에서 시작된 세계적 대공황은 독일 바이마르공화국에 치명타였다. 대공황의 혼란 속에서 나치스는 크게 부상했다. 나치스는 이듬해 선거를 통해 12석의 군소정당에서 일약 107석의 제2당으로 뛰어오른다. 뒤이어 1932년 다시 치러진 선거에서는 급기야 제1당에 오른다. 히틀러는 자신의 특기인 선전전을 벌이며 좌파 언론기관을 폐쇄시킨 가운데, 1933년 3월 23일 수권법을 통과시킨다. 공화국은 막을 내리고 히틀러는 총통Führer의 자리에 올랐다. 이후 독일은 현대사 최악의 장면들을 펼친다.

히틀러는 적어도 외관상 자유민주주의의 절차에 따라 권력을 장악했다. 이것을 가능케 한 사상적 토대는 무엇이었나. 바이마르 민주주의는 철저한 가치상대주의에 기초했다. 민주주의는 특정한 가치를 절대화하지 않고 어떤 내용의 가치라도 다원주의적으로 이를 수용하며, 다양한 가치들 가운데에서의 선택은 다수결 방식

8장 한국 헌법 최고의 원리는 무엇인가?

으로 결정하면 된다고 이해하였다. 말하자면 민주주의를 매우 형식적으로 이해한 것이다. 그 결과 민주주의를 부정하는 전체주의에 대해서까지 자유의 문을 열어주었다. 제 어미의 목숨을 앗아버린 패륜아를 길러낸 격이다.

2차 세계대전 종전 후 서독 헌법인 본Bonn기본법의 기조는 분명했다. 바이마르공화국의 비극을 되풀이해서는 안 되었다. 다시는 '자유의 적에게 자유 파괴의 자유를 줄 수 없다'는 새로운 민주주의관이 떠올랐다. 이것이 바로 '방어적 민주주의wehrhafte Demokratie' 사상이다. 자유를 파괴할 자유를 주지 않고, 자유의 적과 싸워 민주주의를 지켜내겠다는 것이 방어적 민주주의 또는 전투적 민주주의streitbare Demokratie의 이념이다.

방어적 민주주의 구현을 위한 중심적 가치로 서독 기본법에서 설정한 개념이 '자유민주적 기본질서freiheitlich-demokratische Grundordnung'의 보장이다. 그리고 그 제도적 장치 가운데 핵심을 이루는 것이 바로 위헌정당해산제도이다. 자유민주적 기본질서에 위반되는 위헌정당을 헌법재판소 결정으로 해산시키는 것이다.

맥락에는 차이가 있지만, 한국 헌법도 방어적 민주주의에 입각한 제도를 도입하고 있다. 1960년 제2공화국 헌법에서 처음으로 정당해산제도를 채택했다. 이어서 1972년 제4공화국 헌법, 곧 유신헌법의 전문에서는 "자유민주적 기본질서를 더욱 공고히"한다는 표현이 처음 등장한다. 유신체제라는 한국적 파시즘체제의 헌법에서 자유민주적 기본질서 개념이 채택된 것은 심한 아이러니다. 미루어 헤아려 본다면, 1972년 남북공동성명을 통해 한편

으로 평화통일 원칙에 합의하고, 다른 편으로는 내부체제를 경화硬
化하면서, 반공정책 강화의 명분으로 '자유민주적 기본질서'를 내
세운 것이 아닌가(1972년, 북한 또한 내부통제 강화를 위한 헌법개정을 단행
했다).

독일 기본법의 방어적 민주주의 사상이 우익 전체주의 방지에
연원을 두었다면, 그 한국적 수용은 좌익 전체주의 방어를 염두에
둔 것으로 볼 수 있다. 유신체제라는 우익 유사 전체주의체제 아래
에서 방어적 민주주의의 핵심 개념을 도입했다는 사실은 아무래
도 혼란스럽다. '악인의 자식'이라고 다 악인은 아님을 말해주는
것인가. 아무튼 그 경위를 떠나, 자유민주적 기본질서의 보장을 헌
법에 명시한 것은 아래에서 보듯이 큰 의미를 지닌다. 방어적 민주
주의에 대해 더 살펴보기에 앞서 먼저 한국 헌법의 기본 원리 전반
을 두루 간략히 개관하기로 한다.

'헌법적 가치'

'헌법적 가치'란 무엇인가? 이 말은 종래 헌법이론의 용어는 아니
다. 근래 법률가 아닌 일반인들 사이에서 간간이 들리는 이 용어를
'헌법의 기본 원리' 정도로 바꾸어볼 수 있다.

헌법의 기본 원리, 줄여서 '헌법원리'란 무엇인가? 헌법원리
constitutional principles란 헌법 전체에 투영된 공동체의 기본 가치이다.
앞의 프롤로그에서 법철학자 드워킨Ronald Dworkin(1931-2013)의 이론
을 빌려 살펴보았듯이, 널리 헌법이나 법률에는 두 부류의 규정들
이 있다. 하나는 개별적 법규정으로 나타나 있는 구체적 규칙이며,

다른 하나는 원리에 속하는 규정들이다. 물론 원리도 법의 일부이다. 원리는 법규정의 형태로 명시되어 있는 경우도 있지만, 법규정들의 저류低流를 흐르며 관통하는 추상적 명제의 형태로도 나타난다. 헌법의 경우에도 마찬가지다. 헌법원리 가운데에는 조문에서 명시적으로 나타나 있는 것도 있고(예컨대, 헌법 제1조 ①대한민국은 민주공화국이다. ②대한민국의 주권은 국민에게 있고, 모든 권력은 국민으로부터 나온다.; 제10조 모든 국민은 인간으로서의 존엄과 가치를 가지며, 행복을 추구할 권리를 가진다), 그렇지 않은 것도 있다. 후자의 예로 법치주의 원리를 들 수 있다. 우리 헌법에서 법치주의라는 표현은 찾아볼 수 없지만, 그럼에도 불구하고 법치주의 원리가 우리 헌법의 기본 원리라는 점에 아무 이의가 없다.

현행 87년 헌법의 기본 원리들은 무엇인가? 간단히 줄여 열거해본다. 첫째, 국민주권주의. 헌법 제1조는 이 원리를 명시하고 있다. 그 밖에 선거권, 국민투표권에 관한 규정 등도 국민주권주의에 근거한다.

둘째, 권력분립주의. 권력분립주의는 자유주의에 기초한다. 개인의 자유를 보장하기 위한 국가권력의 조직 원리가 권력분립주의다. "입법권은 국회에 속한다(제40조)", "행정권은 대통령을 수반으로 하는 정부에 속한다(제66조 제4항)", "사법권은 법관으로 구성된 법원에 속한다(제101조 제1항)" 등의 규정들은 권력분립주의에 근거한 것이다.

셋째, 개인의 기본권 보장은 근대 헌법의 최고 원리이다. 근대 헌법의 또 하나의 원리인 권력분립주의는 개인의 기본권 보장을 위한 도구적 원리에 속한다. 헌법 제10조는 기본권 보장에 관한 원칙을, 제37조 제2항은 기본권 제한에 관한 원칙을 규정하고 있다(제37조 제2항 국민의 모든 자유와 권리는 국가안전보장·질서유지 또는 공공복리를 위하여 필요한 경우에 법률로써 제한할 수 있으며, 제한하는 경우에도 자유와 권리의 본질적 내용을 침해할 수 없다).

우리 헌법의 기본권 조항은 포괄적 기본권인 인간의 존엄 및 행복추구권을 명시한 점, 사회권(생존권) 조항들을 자세히 규정한 점, 사생활의 권리와 환경권 등 이른바 '새로운 기본권'을 다수 규정하고 있는 점이 특징적이다.

넷째, 방어적 민주주의. 그 구현을 위한 구체적 제도로 위헌정당해산제도를 두고 있다. "정당의 목적이나 활동이 민주적 기본질서에 위배"될 때 정부의 제소에 이은 헌법재판소 심판에 의해 정당을 해산시킬 수 있다(제8조 제4항). 뒤에서 좀 더 자세히 다룬다.

다섯째, 평화통일주의. 밑에서 자세히 다루므로 중복을 피한다.

여섯째, 국제평화주의. 한 국가의 대외 관계의 원칙을 헌법에 명시하는 것은 현대 헌법의 경향이다. 우리 헌법도 이 경향에 따라 침략전쟁 부인(제5조), 조약의 국내적 효력 인정 및 외국인의 지위 보장(제6조) 등 국제평화주의를 천명하고 있다.

일곱째, 수정자본주의적 경제질서. 우리 헌법은 바이마르 헌법처럼 상세한 경제질서 조항들을 두고 있다. 그 기본 원칙을 규정한 것이 제119조이다. "①대한민국의 경제질서는 개인과 기업의 경제상의 자유와 창의를 존중함을 기본으로 한다. ②국가는 균형 있는 국민경제의 성장 및 안정과 적정한 소득의 분배를 유지하고, 시장의 지배와 경제력의 남용을 방지하며, 경제주체 간의 조화를 통한 경제의 민주화를 위하여 경제에 관한 규제와 조정을 할 수 있다."

제119조 제1항에서 '경제적 자유 존중'이 경제질서의 기본이라고 밝힌 것은 곧 사유재산제와 시장경제가 우리 경제질서의 기본 원리임을 의미한다. 재산권보장과 거래의 자유는 경제적 자유의 핵심이다. 제2항은 복지국가 실현과 이를 위한 국가의 규제가 경제질서의 부차적 원리임을 의미한다. 이 같은 경제질서를 수정자본주의적 경제질서라고 부를 수 있다.

헌법재판소 판례는 우리 헌법의 경제질서를 한마디로 '사회적 시장경제질서'라고 부른다. 다수 학설도 마찬가지다. '사회적 시장경제질서'는 독일의 경제질서를 가리키는 용어인데, 이를 차용한 것이다. 그러나 이 용어는 독일 특유의 경제질서를 지칭하는 의미가 강하다. 그러므로 '수정자본주의적 경제질서'라는 더 보편적 용어를 쓰는 것이 적절하다.

여덟째, 법치주의. 법치주의는 모든 국가작용이 객관적인 법에 근거를 두고 법에 따라 행하여져야 한다는 원리이다. 근대 이래로 여기에서의 법은 의회가 제정한 법률을 의미했다. 이런 뜻에서 법치주의의 핵심은 국가작용이 의회의 제정법에 근거하고 이에 따라 행하여져야 함을 의미한다.

이미 지적했듯이 우리 헌법에는 직접법치주의를 명시한 규정이 없지만, 다음 조항들은 법치주의 원리에서 나온 것들이다. 법률에 의한 기본권 제한의 원칙(제37조 제2항), 소급입법 금지(제13조 제1항 및 제2항), 위임입법 제한(제75조), 사법권 독립(제103조) 조항 등이 그 예이다.

방어적 민주주의

앞에서 현행 헌법의 기본 원리들을 열거하였다. 그 핵심적 내용들을 한마디로 집약하면 어떻게 표현할 수 있을까. 그것은 '자유민주적 기본질서의 보장'이다. 이것은 한국 헌법 전체를 관통하는 최고의 원리이다.

현행 87년 헌법에서 자유민주적 기본질서라는 용어는 두 곳에서 보인다. 헌법 전문과 제4조의 통일 조항이다. 전문은 "자유민주적 기본질서를 더욱 확고히 하여"라고 규정하고 있다. 제4조는 "자유민주적 기본질서에 입각한 평화적 통일정책을 수립하고 이를 추진한다"고 명시한다.

한편 제8조 정당 조항에서는 '자유'라는 수식 없이 '민주적 기본질서'라는 용어를 사용하고 있다. '민주적 기본질서 위배'를 정당해산 사유로 삼고 있는 것이다. 그 의미를 '자유민주적 기본질서'와 동일하게 해석하는 것이 유력한 학설의 입장이다.

앞에서 보았듯이, 자유민주적 기본질서의 보장은 연혁적으로 독일 기본법의 방어적 민주주의 사상에 연원을 두고 있다. 자유민주적 기본질서를 보장함으로써 민주주의의 적敵으로부터 민주주의를 방어하겠다는 사상이다. 바이마르공화국의 뼈아픈 경험에서 나온 반성으로 등장한 이 사상은 독일 기본법 특유의 헌법원리이다. 이 방어적 민주주의를 제도화한 것이 독일 기본법의 위헌정당해산제도와 기본권실효失效제도다. 기본권실효제도는 일정한 기본권, 즉 언론·출판·집회·결사의 자유, 교수의 자유(가르치는 자유), 통신의 자유, 재산권, 망명권 등을 자유민주적 기본질서에 대한 공격을 위해 남용하는 자는 이 기본권의 효력을 상실한다는 제도이다. 이 결정은 헌법재판소에 의한다. 위헌정당해산제도 및 기본권실효제도는 파시즘이나 공산주의 같은 전체주의 배격에 주안점을 두고 있다.

다만 방어적 민주주의 사상과 그 제도적 구체화에도 문제는 따른다. 민주주의 방어를 지나치게 강조하다보면 자칫 교각살우의 위험이 있다. 민주주의 방어를 위해 표현의 자유 등을 지나치게 제한하면 도리어 민주주의의 가치를 훼손할 우려가 발생한다. 과잉 방어는 자기부정으로 흐를 위험이 있다.

이런 위험을 막기 위해서는 방어적 민주주의에도 일정한 한계가 있지 않으면 안 된다. 그 한계는 어디에 있는가. 추상적 기준이지만, 비례의 원칙을 지켜야 한다는 것이다. 민주주의 방어를 위한 정당해산이나 기본권실효로부터 나오는 공공적 이익이 개별적 손실보다 더 크지 않으면 안 된다. 그렇지 않으면 헌법을 지키기 위한 조치가 도리어 헌법을 침해하게 된다.

자유민주적 기본질서란 무엇인가?

방어적 민주주의는 자유민주적 기본질서를 보장하기 위한 사상이다. 그렇다면 '자유민주적 기본질서'란 구체적으로 무엇을 의미하는가? 국가보안법의 위헌 여부를 다룬 1990년 결정에서 우리 헌법재판소는 자유민주적 기본질서의 의미를 이렇게 해석했다.

> 자유민주적 기본질서에 위해를 준다 함은 모든 폭력적 지배와 자의적 지배, 즉 반국가단체의 일인독재 내지 일당독재를 배제하고 다수의 의사에 의한 국민의 자치, 자유·평등의 기본 원칙에 의한 법치주의적 통치질서의 유지를 어렵게 만드는 것이고, 이를 보다 구체적으로 말하면 기본적 인권의 존중, 권력분립, 의회제도, 복수정당제도, 선거제도, 사유재산과 시장경제를 골간으로 한 경제질서 및 사법권의 독립 등 우리의 내부체제를 파괴·변혁시키려는 것으로 풀이할 수 있을 것이다.[1]

이 결정은 국가보안법 제7조의 위헌 여부에 관한 판단의 과정에서 제시된 의견이다. 헌법재판소는 북한과 같은 반국가단체의 찬양·고무 등을 처벌하는 국가보안법 제7조가 표현의 자유 침해 등 위헌의 소지를 안고 있지만, 이 조항을 한정하여 해석·적용하면 위헌이 아니라고 결정했다. 즉 이 조항을 한정적으로 해석하여, '자유민주적 기본질서에 위해를 주는 경우'에 한하여 처벌하는 한 합헌이라는 것이다. 이른바 '한정합헌'이라는 결정 형식이다.

이 결정문에서 헌법재판소는 '자유민주적 기본질서'가 무엇인지 정의를 내리고 있다. 이 정의는 독일 연방헌법재판소 판결문의 복사판이다. 1952년, 당시 서독의 '사회주의제국당SRP'이라는 극우정당에 대한 위헌판결에서 제시된 뒤, 이어서 1956년 '독일

공산당KPD' 위헌판결에서 재확인된 개념 정의를 거의 그대로 따온 것이다.

다만 매우 중요한 한 가지 점에서 차이가 있다. 즉 '자유민주적 기본질서'의 구성 요소에 관해 한국 헌법재판소는 독일 판결에서 빠져 있는 한 가지 요소를 첨가하고 있다. 그것은 "사유재산과 시장경제를 골간으로 한 경제질서"이다. 독일 판결이 정치적 요소에 한정한 것과 달리 한국 헌법재판소는 거기에 덧붙여 경제적 요소를 포함시킨 것이다. 이 점은 헌법 제4조의 통일 조항 해석 및 제8조의 정당해산 조항의 해석과 관련해서도 중요한 의미를 지닌다.

자유민주적 기본질서의 보장은 개별 입법을 통해서도 구체화되어 있다. 국가보안법이 대표적 사례이다. 헌법재판소의 이 같은 결정 이후, 국가보안법이 일부 개정되었다. 문제가 됐던 제7조 등 여러 조항에서 "국가의 존립·안전이나 자유민주적 기본질서를 위태롭게 한다는 점을 알면서" 반국가단체나 그 구성원 등을 찬양·고무하는 행위를 처벌한다고 고친 것이다. 헌법재판소 결정을 반영한 법률개정이라고 하겠다.

한편, 우리 헌법재판소는 '통합진보당' 해산결정에서 '민주적 기본질서'의 의미 및 적용에 관해 판시했다(아래에서 별도로 다룬다).

최근 2017년 1월, 독일 연방헌법재판소는 신新나치스 정당인 독일국가민주당NPD에 대한 정당해산 청구 사건에서 자유민주적 기본질서의 의미를 다시 해석했다. 거기에서 특히 주목할 점의 하나는 '국가의 무력 사용 독점'이 그 요소에 포함된다고 본 점이다(이 판결은 '위헌정당해산'에서 다시 다룬다).

위헌정당해산

방어적 민주주의 사상을 구현하는 핵심 제도는 위헌정당해산제도
이다. 독일 기본법에서 채택한 이 제도를 우리 헌법은 제2공화국
에서 처음 도입했다. 실제로 정당해산결정이 내려진 것은 2014년
통합진보당(약칭 '통진당') 해산결정이 최초이다. 1958년의 진보당
해산은 행정청(공보실장)의 '직권에 의한 처분'이었다.

정당해산 사유는 "정당의 목적이나 활동이 민주적 기본질서
에 위배될 때"이다(헌법 제8조 제4항). 이 조항에서 '자유민주적 기
본질서'가 아니라 '민주적 기본질서'라고 규정한 점이 눈에 띈다.
'민주적 기본질서'란 무엇인가? 통합진보당 해산결정에서 헌법재
판소는 이렇게 판시하고 있다.

> 우리 헌법 제8조 제4항이 의미하는 민주적 기본질서는, 개인의 자
> 율적 이성을 신뢰하고 모든 정치적 견해들이 각각 상대적 진리성
> 과 합리성을 지닌다고 전제하는 다원적 세계관에 입각한 것으로
> 서, 모든 폭력적·자의적 지배를 배제하고, 다수를 존중하면서도
> 소수를 배려하는 민주적 의사결정과 자유·평등을 기본 원리로 하
> 여 구성되고 운영되는 정치적 질서를 말하며, 구체적으로는 국민
> 주권의 원리, 기본적 인권의 존중, 권력분립제도, 복수정당제도 등
> 이 현행 헌법상 주요한 요소라고 볼 수 있다.[2]

이 결정문에서 제시한 '민주적 기본질서'의 개념과 앞의 국가
보안법 사건에서 제시된 '자유민주적 기본질서'의 개념을 비교하

면 표면상 두 가지 차이점을 찾아볼 수 있다. 첫째, 통진당 결정에서는 보안법 결정에서와 달리, '다원적 세계관' 및 '소수 배려의 의사결정'을 개념 요소로 명시하고 있다. 둘째, 통진당 결정에서는 보안법 결정에서와 달리 '사유재산과 시장경제를 골간으로 한 경제질서'를 구성 요소로 열거하지 않고 있다.

위의 두 차이점 가운데 특히 주목할 것은 '사유재산과 시장경제' 부분이다. 이 차이를 어떻게 평가할 것인가? '민주적 기본질서'에는 '자유민주적 기본질서'와 달리 '사유재산과 시장경제를 골간으로 한 경제질서'가 포함되지 않는다고 구별해 보았기 때문인가? 그렇게 해석할 여지가 없지 않다. 그러나 반드시 그렇게 볼 것은 아니다. 다른 해석의 가능성도 있다. 통진당 결정에서도 '기본적 인권의 존중'을 민주적 기본질서의 요소로 보고 있는 만큼, '기본적 인권의 존중'에 '사유재산권 보장' 등 경제적 자유가 포함돼 있다면 두 결정 사이에 큰 차이가 있는 것은 아니라고 볼 수 있다. 근대 시민혁명 이래 기본권의 핵심은 재산권 보장이었다.

통진당 해산결정에는 재판관 1인(김이수 재판관)의 반대의견이 있었다. 이 반대의견은 정당해산의 판단 기준에 다른 의견이 있었기 때문은 아니다. 동일한 판단 기준을 사실관계에 적용함에 있어서 의견 차이가 있었던 것이다. 김 재판관의 반대의견은 통진당이 주장한 '민중주권'이 국민주권의 부정은 아니라고 보았고, 또한 통진당의 이념이나 활동이 민주적 기본질서에 실질적 해악을 끼칠 구체적 위험성이 있다고 보기에는 부족하다고 보았다. 과연 이런 판단은 타당한가.

앞에서 언급한 2017년 독일국가민주당NPD 사건에서 독일 연방헌법재판소는 과거 1956년의 공산당 해산판결과는 다른 입장을 보여주고 있다. 과거 나치스와 유사한 이 정당에 대해, "독일국가민주당의 정치적 구상은 자유민주적 기본질서를 부인하고 있다"고 인정하면서도, "헌법에 적대적인 목적을 달성하는 것은 불가능해 보인다"는 이유로 정당해산 청구를 받아들이지 않고 기각했다.[3]

과거 공산당 해산 판결에서는 특정 정당이 가까운 장래에 위헌적 의도를 실현할 가능성이 없다고 하더라도 해산시킬 수 있다고 보았었다. 이 공산당 해산판결 이후 다시 공산당이 재건되었지만, 당시 서독 정부는 그 존재가 미미함을 고려해 아예 정당해산 청구도 하지 않은 사례가 있다. 최근의 신나치스 극우정당인 독일국가민주당은 주로 구 동독 지역의 몇몇 지방자치단체 의회에 의원이 존재할 뿐이고(2014년 기준 367명), 당원 수는 5,048명으로 되어 있다(2013년 12월 기준).

우리 헌법의 위헌정당해산제도에 대해서는 비판적 견해도 없지 않다. 미국에는 위헌정당해산제도가 없지만 자유민주주의 수호에 별 문제가 없지 않느냐는 의견도 있다. 앞에서 보았듯이, 방어적 민주주의 사상에 일정한 한계가 있다는 점은 부정하기 어렵다. 그러나 한국의 특수 상황을 고려하지 않으면 안 된다. 통진당 결정에서도 바로 그런 점이 언급되었다. 미국에서는 역사적으로 사회주의가 약했다. 20세기 초반 사회주의정당의 반전反戰 활동 등이 있었으나. 유럽에 비하면 큰 차이가 있다. 이 점은 미국 헌정사의 특이한 면모이다. 반면, 미국 헌정사에는 흑백 갈등이라는 특수성이 지금껏 지속되고 있다. 모든 나라마다 그 나라 고유의 특수성이 있음을 간과하지 말아야 한다.

헌법의 핵

87년 헌법에서 자유민주적 기본질서에 관한 규정은 전문, 제4조 통일 조항, 그리고—문언文言상 차이가 있지만—제8조의 정당 조항 세 곳에 그친다. 그렇지만 방어적 민주주의 사상에 기초한 '자유민주적 기본질서의 보장'은 우리 헌법의 기본 원리를 가장 포괄적으로 집약한 최고의 원리다.

우리 헌법사를 보면 여러 대목에서 아이러니가 보인다. 앞에서 보았듯 '자유민주적 기본질서' 조항도 그중의 하나다. 이 조항 외에 유신헌법에서 평화통일 원칙이 처음 명시된 것 역시 아이러니다. 이런 역사적 아이러니와는 별개로 '자유민주적 기본질서' 조항의 중요성은 재삼 강조해야 마땅하다.

자유민주적 기본질서 보장의 원리가 한국 헌법에서 차지하는 중요성을 이렇게 정리해볼 수 있다. 첫째, 헌법제정자의 근본 결단에 해당하며, 헌법의 핵核에 위치한다. 둘째, 헌법핵은 헌법개정권력보다 우위에 있다. 헌법개정 절차에 의해서도 변경할 수 없는 헌법개정 범위의 밖이다. 셋째, 헌법 및 법령 해석의 기준이자, 입법의 지침이 된다. 넷째, 기본권 행사의 한계를 설정한다. 즉 자유민주적 기본질서를 침해할 목적으로 기본권을 남용해서는 안 된다.

헌법제정권력이란?

앞에서 헌법핵, 헌법개정권력이라는 용어가 등장했다. 그 이해를 위해서는 먼저 헌법제정권력이론에 관한 설명이 필요하다.[4] 이 이론은 시에예스에 의해 처음 제시되었다. 프랑스대혁명 당시의 이론가였던 그는 『제3신분이란 무엇인가?』라는 논저에서 국민주권론을 옹호하면서 이 개념을 체계화하였다. 그 요지는 다음과 같다.

권력에는 두 종류가 있다. '헌법제정권력pouvoir constituant'과 '헌법에 의해 조직된 권력pouvoir constitué'이다. 국가질서에는 단계가 있는데, 보통의 일반적 단계에서 권력은 헌법에 의해 규율된다. 권력이 발동되려면 먼저 헌법에 의해 조직되고 헌법의 인정을 받아야 한다. 이것이 '헌법에 의해 조직된 권력'이다. 이와 달리, 국가질서의 최고 단계에는 헌법에 의해 구속받지 않는 최고의 권력이 존재한다. 이것이 '헌법제정권력'이다. 이처럼 헌법제정권력—헌법—헌법에 의해 조직된 권력이라는 위계질서가 성립된다.

시에예스에 의하면 헌법제정권력은 국민에게 있고 국민은 무엇을 하더라도 합법적이라고 한다. 그렇다면 그가 말하는 헌법제정권력은 단순한 사실적인 힘과 다름없는가? 그렇게 보이지는 않는다. 왜냐하면 헌법제정권력의 소지자인 국민의 의사는 그 자체가 합법적이라고 보고 있기 때문이다. 말하자면 헌법제정권력은 사실적 힘인 동시에 법적인 존재라고 보는 셈이다.

독일 바이마르 시대의 헌법학자인 카를 슈미트는 시에예스의 헌법제정권력이론을 이어받아 이를 변용시켰다. 그의 대표 저서 『헌법학Verfassungslehre』(1928)에서 전개된 그 개요를 본다.

'헌법Verfassung'은 '헌법률Verfassungsgesetz'과 구별된다. 헌법률은 헌법상 개개의 규정들이며 보통의 법률과 실질적 차이가 없다. 헌법률은 그 정립의 근거가 된 사태 여하에 따라 변동되며 상대적 효력밖에 갖지 못한다. 이와 달리, 상대적인 헌법률의 정립 근거가 되고 그 효력의 바탕이 되는 것이 헌법이다. 국가는 민족의 정치적 통일체이며, 국가의 형태에 관한 전체적인 결정이 곧 헌법이다. 예컨대 민주공화제 또는 군주제라는 국가형태의 결정이 바로 헌법이다.

이 같은 의미의 헌법이 곧 절대불변은 아니다. 국가의 기본 형태인 헌법은 국가의 동일성에 영향을 주지 않고 변화될 수 있다. 이처럼 국가의 기본 형태를 결정하거나 변경하는 실체는 그 국가의 궁극적인 정치적 의지이다. 이 정치적 의지가 곧 헌법제정권력verfassungsgebende Gewalt이다. 헌법제정권력을 구속하는 규범은 존재하지 않는다. 그런 의미에서 헌법제정권력은 절대적이다. 또한 헌법제정권력은 정당성의 근거가 필요 없다. 헌법제정권력의 작용은 그 자체로 정당하다. 헌법제정권력의 주체에는 국민, 군주, 소수의 조직체라는 세 부류가 있다.

이처럼 슈미트가 말하는 헌법제정권력은 순전한 사실적 힘이고, 그 주체를 반드시 국민으로 한정하지 않는 점에서 시에예스의 개념과는 다르다. 슈미트의 이론에 따르면, 헌법제정권력이 헌법을 만든다기보다, 사실적 실력이 헌법을 만들면 그 실력이 곧 헌법제정권력이라고 해석할 수 있다.

그렇다면, 헌법핵 및 헌법개정권력은 헌법제정권력 개념과 어떻게 관련되는가. 헌법핵 개념은 헌법학에서 확립된 개념이라고 보기는 어렵지만, 여러 이론가들이 사용하고 있다. 헌법핵이란, 헌법의 규정들 가운데에서 특히 헌법 전반의 근본 토대가 되는 핵심적 규정을 가리킨다. 예컨대 국민주권에 관한 헌법 제1조(①대한민국은 민주공화국이다. ②대한민국의 주권은 국민에게 있고, 모든 권력은 국민으로부터 나온다), 또는 기본권 보장의 원칙을 규정한 헌법 제10조(모든 국민은 인간으로서의 존엄과 가치를 가지며, 행복을 추구할 권리를 가진다. 국가는 개인이 가지는 불가침의 기본적 인권을 확인하고 이를 보장할 의무를 진다) 등은 헌법핵에 해당한다. 슈미트의 헌법 개념에 비추어보면, 국가의 기본 형태인 헌법을 조문화한 규정이 곧 헌법핵이라고 말할 수 있다. 다만 논자論者에 따라서는 헌법핵의 의미를 이보다 더 넓게 설정할 수도 있을 것이다.

한편 헌법개정권력, 곧 헌법을 개정하는 권력은 헌법제정권력에 대비되는 개념이다. 시에예스의 개념에 따르면 헌법개정권력은 '헌법에 의해 조직된 권력'이다. 이 점에서 헌법제정권력보다 하위에 위치한다.

헌법개정은 헌법이 정한 절차에 따라 헌법규정을 수정, 삭제 또는 첨가하는 것이다. 헌법개정은 기존 헌법과의 동일성을 유지하면서 헌법에 변경을 가하는 점에서 헌법제정과 다르다. 기존 헌법규정을 대폭 변경하는 전면개정의 경우, 새로운 헌법제정과 어떻게 구별되는가. 기존 헌법과의 동일성을 유지하는가 여부에 따라 판단해야 할 것이다. 헌법핵이 변경되면 동일성이 깨진다고 보아야 한다. 이런 관점에서 헌법개정 절차에 따른 헌법개정은 기존 헌법의 헌법핵을 변경할 수 없다는 것이 주류 헌법이론이다. 말하자면 헌법개정의 한계를 인정하는 것이다. 헌법개정의 형식을 취하더라도 헌법핵을 변경하면 실질적인 헌법제정이라고 보아야 한다.

대법원 판례 가운데에는 헌법개정의 형식을 취한 1980년의 이른바 제5공화국 헌법을 헌법의 '제정'이라고 기술한 경우가 있다.[5] 또한 헌법재판소 결정의 소수 의견 중에 헌법규정들 상호 간의 효력상 우열을 인정한 예도 볼 수 있다.[6]

9장

8·15는 '건국절'인가?

"해방은 도둑처럼 뜻밖에 왔다." 함석헌咸錫憲(1901-1989) 선생은 『뜻으로 본 한국역사』에서 이렇게 말씀하셨다. 8·15 해방은 그러나 분단의 시작이었다.

대한민국의 건국일은 언제인가? 여러 역사학자들은 상해임시정부가 수립된 날을 건국일로 본다. 다만 그것이 언제인지에 관해서는 의견이 갈린다. '대한민국임시헌장大韓民國臨時憲章'을 결정한 1919년 4월 11일이라는 설, '대한민국임시헌장'을 내외에 정식 공포한 동년 4월 13일이라는 설, 또는 당시 국내외의 여러 임시정부가 상해임시정부로 통합된 동년 9월 16일이라는 주장도 있다.

반면, 근년에 이른바 보수 성향으로 알려진 일부 논객들은 대한민국 정부가 수립된 1948년 8월 15일을 건국일로 보고, 이날을 '건국절'이라는 이름의 국경일로 정하자는 주장을 펴왔다. 10월 3일 개천절이 건국일이라는 의견도 있다고 하지만, 개천절은 우리 민족의 시원에 관한 상징적인 국경일일 뿐이다.

9장 8·15는 '건국절'인가?

과연 대한민국의 건국일은 1919년 임시정부 수립일인가, 아니면 1948년 8월 15일 대한민국 정부 수립일인가, 또는 또 다른 어떤 날인가? 대한민국 건국일은 어떤 관점에서 보느냐에 따라 다를 것이다. 역사적 관점과 법적 관점이 다를 수 있다. 법적 관점에서 보더라도 국제법적 관점과 국내법인 헌법의 관점을 나누어볼 필요가 있다.[1]

국제법적 관점

먼저 국제법적 관점에 비추어볼 때 대한민국의 건국일은 언제인가? 보통 국제법학에서 이 문제에 관해 거론하는 것은 1933년의 '국가의 권리·의무에 관한 몬테비데오 협약Montevideo Convention on the Rights and Duties of States' 제1조이다. 이 조항은 국제법상 국가 형성의 요건으로 다음 네 요소를 들고 있다. (1)영구적 주민a permanent population, (2)확정된 영토a defined territory, (3)정부government, (4)타국과의 (외교)관계 체결 능력capacity to enter into relations with the other states. 이 가운데 '타국과의 관계 체결 능력'을 정부의 대외적 능력으로 본다면, 주민·영토·정부를 국제법상 국가 형성의 요건이라고 할 수 있다.

이 기준에 비추어본다면 대한민국의 건국일은 언제인가? '정부'의 요건을 단순히 일방적 선언이 아니라 실효적 통치권의 확립이라고 본다면, 임시정부의 노력에도 불구하고 상해임시정부 수립일을 건국일이라고 보기는 어렵다. 더욱이 상해임시정부는 어떤 국가로부터도 정부승인을 받지 못했다. 임시정부를 지원했던 중국 국민당 정부도 임시정부를 승인하지는 않았다.

그렇다면 국제법적 관점에서 대한민국 건국일은 1948년 8월 15일인가? 유력한 국제법이론의 관점에서 보면, 대한민국 정부가 수립된 이날이 건국일로 보인다. 1948년 12월 12일, 국제연합 UN총회 결의 제195(III)호에 의한 대한민국 정부승인은 이를 뒷받침한다. 정부승인은 동시에 국가승인을 의미한다. 다른 한편으로, 한국의 독립을 확인한 '샌프란시스코 대일對日강화조약' 발효일인 1952년 4월 28일을 건국일로 볼지도 모르지만, 이런 견해는 찾아보기 어렵다.

대한민국 건국일을 1948년 8월 15일로 보더라도 남는 문제가 있다. 대한민국은 대한제국 또는 대한민국 임시정부와 단절된 새로운 국가인가? 이를 긍정한다면 1948년 8월 15일은 신생국가인 대한민국 건국일이라고 할 수 있다. 그러나 그렇지 않고, 대한민국과 대한제국 또는 대한민국 임시정부가 계속성을 지닌다고 본다면 8·15가 신생 대한민국의 건국일이라고 보는 데에 문제가 발생한다. 이것은 곧 국가의 동일성 또는 계속성의 문제다.

대한민국 정부는 대한제국 및 대한민국 임시정부와 어떤 관계인가? 국제법적 관점에서 보면, 적어도 기존의 지배적인 국제법이론에 비추어본다면, 대한민국 정부와 대한제국 및 임시정부의 계속성을 주장하기는 힘들다.

국제법적 시각에 따르면, 대한제국은 1910년 '한일합병조약'에 의해 일본에 합병됨으로써 소멸된 것으로 본다. 이 합병조약이 무효라고 보는 국내의 주장에도 불구하고, 이는 대외적으로 수용되지 않고 있다.

우선 일본의 입장을 보자. 1965년 '한일기본조약' 제2조는 이렇게 규정한다. "1910년 8월 22일 및 그 이전에 대한제국과 대일본제국 간에 체결된 모든 조약 및 협정이 이미 무효임을 확인한다." 일본은 이 조항을 이렇게 해석한다. "합병조약은 한국의 독립이 이루어진 1948년 8월 15일에 실효했다. '이미 무효'라고 하는 것은, 현재의 시점에서 이미 무효가 되어 있다고 하는 객관적인 사실을 서술한 것에 지나지 않는다."

일본 측의 해석은 곧 한일합병조약은 합법이고, 35년간 일제의 한반도 강점도 합법이라는 것이다. 이 주장에 따르면 대한제국은 1910년에 소멸됐고, 대한민국 임시정부도 인정될 수 없으며, 1948년의 대한민국 건국은 새로운 신생국가의 성립이다.

물론 한국 측 입장은 위와 전혀 다르다. 우선 1965년 한일기본조약 제2조에 대한 한국 측 해석은 이렇다. "'이미 무효'라 함은 조약 체결 당초부터 소급해서 무효null and void라는 의미다." 따라서 1910년에 대한제국은 소멸하지 않았으며, 일제의 35년간 지배는 불법이다.

한편, 미국의 입장은 어떠한가. 미국은 이미 1905년 미국과 일본 간의 이른바 '가쓰라-태프트 밀약'을 통해 일본의 한국합병을 받아들였다. 또한 미국은 1945년 8·15 후 미군의 진주를 '국제법적 관점에서 무주지無主地 점령'으로 보았다. 나아가 샌프란시스코 대일강화조약에서도 '일본의 한반도에 대한 권리 포기'를 규정했을 뿐이고 35년간의 한반도 지배를 불법화하지 않았다.

이처럼 국제법적 관점에서 대한민국 건국은 신생국의 성립이었을 뿐이라고 봄이 유력한 견해다. 다만 국가의 동일성 여부에 관한 확립된 국제법규가 있다고 보기는 어렵다.[2]

헌법적 관점

국내법인 헌법의 관점에서 대한민국 건국일은 언제인가? 종래의 통상적인 국가론에서 영토·국민·주권을 국가의 성립 요건으로 보는 것은 잘 알려져 있다. 이런 기준에서 보면 상해임시정부 수립일을 건국일로 보기는 힘들다. 임시정부에 영토·국민에 대한 실효적 통치권이 있었다고 보기 어렵고, 임시정부에 대한 국민적 동의가 있었느냐에 대해서도 문제가 제기될 수 있다.

한편, 일반적인 이론 차원을 떠나, 무엇보다도 헌법규정, 특히 1948년 제헌헌법의 전문 및 현행 87년 헌법 전문의 규정에 비추어 대한민국 건국일이 언제인지 검토해보아야 한다. 1948년 제헌헌법 전문은 "우리들 大韓國民은 己未 三一 運動으로 大韓民國을 建立하여 世界에 宣布한 偉大한 獨立精神을 繼承하여 이제 民主獨立國家를 再建함에 있어서…"라고 규정한다. 현행 1987년 헌법 전문은 "우리 대한국민은 3·1운동으로 건립된 대한민국 임시정부의 법통과 불의에 항거한 4·19민주이념을 계승하고…"라고 규정하고 있다. 이러한 헌법 전문 규정이 대한민국 건국(시점)에 관하여 의미하는 것은 무엇인가?

이 물음과 더불어 우선 살펴볼 법적 문제가 있다. 헌법 전문은 법적으로 무슨 의미를 갖는가? 헌법 전문은 법적 효력을 갖는가,

또는 단순한 선언에 불과한가? 법적 효력을 갖는다면, 어느 수준의 효력인가? 본문과 차이 없는 동일한 효력을 갖는가?

우리나라 다수의 학설은 헌법 전문의 법적 성격을 인정하고 있다. 문제는 어느 정도의 효력을 인정하느냐이다. 특히 구체적인 재판규범으로 인정되느냐는 것이 논쟁점이다. 재판규범이란 무엇인가. 그 의미를 재판의 판단 기준이라는 뜻으로 넓게 풀이한다면 헌법 전문도 재판규범으로 인정할 수 있다. 다만 전문의 규정을 직접 근거로 하여 재판을 통해 구체적인 사법적 구제救濟를 청구할 수 있는가, 또는 본문과 동일한 수준의 법적 효력을 인정할 수 있느냐에 대해서는 견해가 일치하지 않는다.

헌법재판소(이하 헌재) 판례는 전문이 헌법이나 법률의 해석 기준이 된다고 보고 있다. 그러나 전문을 근거로 어떤 구체적인 특정한 기본권을 도출하고 주장할 수 있느냐 여부에 관해서 판례의 입장은 일관되어 있지 않다. 전문의 법적 성격을 다룬 판례 대부분은 전문의 '임시정부 법통 계승' 규정에 관한 것이다.

헌재의 앞선 결정들에서는 전문을 근거로 어떤 구체적인 특정한 기본권을 도출할 수는 없다고 보았다. 예컨대 전문에서 규정한 '3·1정신'을 근거로 어떤 특정한 기본권을 도출할 수는 없다고 보고, 한일어업협정의 위헌을 주장한 청구를 받아들이지 않았다.[3] 또한 마찬가지 취지에서 특정인을 독립유공자로 인정해야 한다는 청구의 근거로도 인정하지 않았다.[4]

다른 한편, 이 결정들 이후 헌법소원訴願 청구를 받아들이면서 전문 규정을 근거의 하나로 삼은 판례도 있다[5](헌법소원이란, 공권력에 의해 기본권을 침해받은 사람이 직접 그 구제를 헌법재판소에 청구하는 제도이다. 이 판례는 '임시정부 법통 계승'의 법적 의미에 관한 주요 결정으로, 뒤에서 좀 더 자세히 살펴본다). 이처럼 헌법 전문의 법적 성격에 관한 헌재 결정은 사건에 따라 상이하며 확립되어 있다고 보기는 어렵다.

이러한 전문의 법적 성격을 염두에 두면서, 대한민국 건국에 관한 전문의 규정을 어떻게 해석할 것인가? 우선 제헌헌법의 전문 규정을 다시 보도록 하자. "己未 三一 運動으로 大韓民國을 建立하여 民主獨立國家를 再建함에 있어서…"라고 하여, "대한민국을 건립"하고 "민주독립국가를 재건"한다고 규정하고 있다.

이 규정에서 '대한민국 건립'은 1919년 대한민국 임시정부 수립을 가리키고, 뒤이어 연결되는 '민주독립국가 재건'은 1948년 대한민국 재건을 지칭하는 것으로 풀이된다. 이 같은 전문 규정의 의미는 복합적이다. 앞부분인 '대한민국 건립'은 1919년 건국론의 근거가 되고, 반면 뒷부분인 '민주독립국가의 재건'은 1948년 건국론을 뒷받침한다. '재건'이라는 표현은 국가의 연속성의 단절이 있었음을 함축하고 있다. 이처럼 제헌헌법의 전문에서부터 대한민국 건국의 시점 문제가 단순치 않음을 보여주고 있다.

1919년 대한민국 임시정부와 1948년 대한민국 정부의 연속성은 제헌헌법의 전문만이 아니라 다른 여러 점에서 뒷받침된다. 우선 헌법에 표현된 국가이념과 기본 제도가 동일하다. 1919년 대한민국 임시헌장 제1조는 "대한민국은 민주공화제로 함"이며, 1948년 제헌헌법 이래 지금껏 헌법 제1조 제1항은 변함없이 "대한민국은 민주공화국이다"라는 규정이다. 또한 제헌헌법 이래의 영토 조항은 "대한민국의 영토는 한반도와 그 부속도서로 한다"라고 규정하여, 1948년 이전과 연속되어 있다. 국민의 측면에서도 국적법을 통해 1948년 이전과 이후는 연속성을 이룬다. 다만 정부의 실효적 통치권 측면에서 연속성을 이루지 못하고 있으며, 이 점에서 1919년과 1948년의 연속성에 흠결이 존재한다.

제헌헌법 이후 1962년 제3공화국 헌법부터 유신헌법을 거쳐 1980년 제5공화국 헌법까지는 그 전문에서 단순히 "3·1운동의 독립정신 계승"이라는 규정만 지속되었다. 전문의 이 부분에 변화가 나타난 것은 1987년 현행 헌법의 전문에서이다. "3·1운동으로 건립된 대한민국 임시정부의 법통 계승"을 명시한 것이다.

새롭게 '임시정부 법통 계승'이라는 문구를 삽입한 것은 어떤 취지에서였는가. 당시 국회 헌법개정특별위원회에서 헌법개정안 기초소위원회가 보고한 기록에 따르면 "'3.1운동으로 건립된 대한민국 임시정부의 법통'의 계승을 명시함으로써 일제 지배로 인한 민족사의 단절을 연결시켜 국가의 정통성을 회복하도록 하였다"는 것이다. 곧 '법통 계승'이란 '정통성 회복'이라는 취지이다. 이 문구의 신설은 87년 헌법의 제정 과정에서 제1야당인 민주당의 제안을 여당인 민정당이 수용해 이뤄진 것으로 알려져 있다(민정당의 수용에는 당시 민정당 의원이자 독립운동가 이회영李會榮(1867-1932)의 후손인 이종찬李鍾贊(1936-)의 역할이 컸던 것으로 전해진다).[6]

그렇다면 '임시정부 법통 계승'의 법적 의미는 무엇인가? 2011년의 한 결정에서 헌재는 이렇게 말하고 있다(이 결정은 '친일반민족행위자 재산의 국가귀속에 관한 특별법'의 위헌 여부를 다루고 있다. 헌재는 이 결정에서 다수 의견에 따라 합헌결정을 내렸다).

현행 헌법 전문은 "유구한 역사와 전통에 빛나는 우리 대한국민은 3·1운동으로 건립된 대한민국 임시정부의 법통을 계승"할 것을 규정하고 있는데, 여기서 '3·1운동'의 정신은 우리나라 헌법의 연혁적·이념적 기초로서 헌법이나 법률해석에서의 해석 기준으로 작용하는 것이다(헌재 2001. 3. 21. 99헌마139, 판례집 13-1, 676, 693 참조). "대한민국이 3·1운동으로 건립된 대한민국 임시정부의 법통을 계승"한다고 선언한 헌법 전문의 의미는, 오늘날의 대한민국이 일제에 항거한 독립운동가의 공헌과 희생을 바탕으로 이룩된 것이라는 점(헌재 2005. 6. 30. 2004헌마859, 판례집 17-1, 1016, 1020) 및 나아가 현행 헌법은 일본제국주의의 식민통치를 배격하고 우리 민족의 자주독립을 추구한 대한민국 임시정부의 정신을 헌법의 근간으로 하고 있다는 점을 뜻한다고 볼 수 있다.[7]

이 결정문에서 보듯이, 헌재에 따르면 '임시정부 법통 계승'의 의미는 '현행 헌법이 대한민국 임시정부의 정신을 헌법의 근간으로 하고 있다'는 점을 뜻한다. 다시 말하면 '법통 계승'이란 곧 '정신 계승'이라는 의미이다.

2011년에 내려진 헌재의 또 다른 결정은 좀 더 진전된 입장을 보여준다. '임시정부 법통 계승'이라는 문구에 더 강력한 법적 의미를 부여하고 있는 것이다. 이 결정은 일본군위안부에 관련한 사안을 다루고 있다. 청구인들인 일본군위안부의 주장에 따르면, 한

일청구권협정에 의해 일본에 대한 배상청구권이 소멸했는지 여부에 관해 정부가 위안부에 대해 아무런 보호 조치를 취하지 않고 있으며, 이것은 국가의 국민보호 의무의 위반이라는 것이다. 헌재는 이 결정에서 일본군위안부들의 청구를 받아들였다. 정부가 한일청구권협정의 분쟁 해결 절차에 따른 조치를 취하지 않았고, 이러한 국가의 부작위不作爲는 헌법위반임을 확인하였다. 이 결정문 가운데 다음과 같은 부분이 눈에 들어온다.

> 우리 헌법은 전문에서 "3·1운동으로 건립된 대한민국 임시정부의 법통"의 계승을 천명하고 있는바, 비록 우리 헌법이 제정되기 전의 일이라 할지라도 국가가 국민의 안전과 생명을 보호하여야 할 가장 기본적인 의무를 수행하지 못한 일제강점기에 일본군위안부로 강제동원되어 인간의 존엄과 가치가 말살된 상태에서 장기간 비극적인 삶을 영위하였던 피해자들의 훼손된 인간의 존엄과 가치를 회복시켜야 할 의무는 대한민국 임시정부의 법통을 계승한 지금의 정부가 국민에 대하여 부담하는 가장 근본적인 보호 의무에 속한다고 할 것이다.[8]

이 가운데 특히 "국가가 국민의 안전과 생명을 보호하여야 할 가장 기본적인 의무를 수행하지 못한 일제강점기"라는 부분이 도드라져 보인다. 이 문구에서 '국가'라는 어휘에 주목하지 않을 수 없다. 일제강점기에도 (대한민국이라는) '국가'가 존재하고 있었다고 보는 것이다. 이 점에 특히 유의할 때, 위의 결정문은 다음과 같은 의미를 함축하는 것으로 풀이된다.

첫째, 헌법 전문은 헌법 본문의 구체적 조항처럼 재판을 통한 구제 청구의 근거가 되는 법적 효력을 가진다. 둘째, 일제강점기에도 대한민국이 존속하였고, 전문의 '임시정부 법통 계승' 규정에 비추어, 제헌 후의 대한민국 정부는 임시정부를 승계한 것이다. 셋째, 나아가 1948년 정부 수립은 새로운 국가의 건설에 따른 정부 수립이 아니라 기존 대한민국의 새로운 정부 수립이라는 의미이다.

요컨대 이 판례는 1948년 건국론을 부정하고 1919년 건국론을 뒷받침하는 유력한 근거로 볼 수 있다(다만 이 결정에서 재판관 3인은 헌재의 선례, 즉 앞에서 본 독립유공자 관련 결정 등에 의거하여 반대의견을 제시하였다. 즉 전문만을 근거로 구체적 권리가 발생하지는 않는다고 보았다).

이 결정이 내려진 같은 날, 헌재는 같은 취지의 또 하나의 결정을 내렸다. 원폭 피해자들의 일본국에 대한 배상청구권에 관한 사안에서 국가가 분쟁 해결 절차를 이행하지 않은 부작위가 위헌이라고 본 것이다.[9]

한편, 이 같은 헌재 결정에도 불구하고, '임시정부 법통 계승' 규정의 법적 의미 및 효력에 관한 헌재의 결정이 반드시 확립되어 있다고 보기 힘든 점도 간과해서는 안 된다. 이 결정 이전에는 다른 취지의 결정들이 내려진 선례가 있고, 이 결정에서도 일부 재판관들의 반대의견이 제시되어 있을 뿐만 아니라, 헌재의 여러 판례들에서 용어 사용례를 보면, 1948년 정부 수립이 단지 정부 수립인지 건국인지에 관하여 '건국'과 '정부 수립'을 혼용하고 있음을 알 수 있다.[10]

9장   8·15는 '건국절'인가?

이처럼 근래 헌재 결정의 동향은 1919년 건국론을 뒷받침하는 쪽으로 기울어져 있다고 볼 수 있지만, 이 같은 헌재의 입장이 확고하게 정립되었다고는 보기 힘들다. 그렇다면 헌재의 입장을 일단 별개로 하고, 헌법 전문의 '임시정부 법통 계승' 규정을 어떻게 해석함이 옳을 것인가.

비교하자면, 이 규정의 법적 의미는 헌법의 영토 조항의 법적 의미·성격과 유사하다고 풀이할 수 있다. 다음 장에서 자세히 살펴볼 것이지만, 헌법 제3조 영토 조항에서 한반도 전체가 대한민국 영토임을 천명한 규정은 다른 헌법규정과는 다른 독특한 법적 성격을 지닌다. 즉 대한민국의 통치권이 한반도 북쪽에도 미칠 것을 당위적·규범적으로 요청하고 있지만, 현실적으로는 그 요청이 실효성 있게 준수되고 있지 못하다. 달리 표현하면 영토 조항은 규범적 타당성, 즉 법으로서 시행될 것을 요구하고 있다는 의미에서는 효력이 있지만 실효성이라는 의미에서의 효력은 제한되어 있다. 규범적 타당성 및 실효성이라는 양 측면에서 효력을 갖추지 못하고 실효성 측면의 효력은 극히 제한되어 있는 것이다(참고로 북한 주민을 대한민국 국적보유자로 본 대법원 판례가 있다).

전문의 임시정부 법통 계승 규정도 비슷한 성격으로 볼 수 있다. 법규범적으로는 대한민국 정부와 임시정부의 법적 정당성이 계속성을 유지한다고 주장하고 있지만, 법현실적으로는 단절되어 있는 것이다. 달리 말하면, 규범적 계속성과 현실적 단절이 공존하고 있는 것이다. 결국 임시정부 법통 계승 규정의 법적 의미는 한계가 있고, 따라서 1919년 건국론의 법적 밑받침도 제한되어 있다.

영토 조항은 현재와 미래를 향한 규정인 데 반하여, 임시정부 법통 계승 규정은 과거를 향해 있다는 점에서 차이가 있다. 그러나 임시정부 법통 계승 규정도 과거에 머물지 않고 현재와 미래에 이어지는 점에서는 양자 사이에 차이가 없다.

요약하면 이렇게 말할 수 있겠다. 제헌헌법 전문 및 현행 87년 헌법 전문 모두 대한민국 건국일이 1919년인지 1948년인지 여부에 대해 단일하고 명확한 답을 제시하고 있지는 않다. 헌재의 입장은 근년의 변화된 결정을 통해 1919년 건국론을 뒷받침하고 있지만, 이런 해석이 확립되어 있다고는 보기 어렵다. 결국 현실적 측면을 강조하면 1948년 건국론이 타당한 것으로 보이고, 반면 명분적·이념적 측면을 중시하면 1919년 건국론에 기울게 된다.

한편, 근래 역사학계에서는 대한민국 건국을 단일 시점이 아니라 계속적인 과정으로 보아야 한다는 견해가 설득력 있게 제시되고 있다. 다만 이 견해도 문제를 명확히 해결하는 것은 아니다. 건국의 시작을 1919년으로 보되 건국의 완성을 1948년으로 보는 것은 결국 1948년 8월 15일이 건국일이라는 주장을 부정하는 것은 아니다.

다른 한편, 대한민국과 대한제국과의 관계는 헌법적으로 어떠한가? 앞에서 본 것처럼, 1965년 한일기본조약 제2조 "1910년 8월 22일 및 그 이전에 대한제국과 대일본제국 간에 체결된 모든 조약 및 협정이 이미 무효임을 확인한다"는 조항의 해석에 관한 대한민국 정부 입장은 이러하다. '1910년 한일합병조약과 그 이전에 대한제국과 일본제국 사이에 체결된 모든 합의문서는 당초

부터 소급하여 무효이다.'

　나아가, 대한민국 정부의 실행practice에서도 대한민국 정부와 대한제국 사이의 연속성을 찾아볼 수 있다. 1987년 8월 4일, 대한민국 정부는 대한제국이 체결한 3개의 조약이 대한민국에 대해서도 효력을 가진다는 것을 확인하였다('전시 병원선病院船에 대한 국가이익을 위하여 부과되는 각종의 부과금 및 조세의 지불면제에 관한 협약'; '육전陸戰의 법 및 관습에 관한 협약'; '1864년 8월 22일자 제네바협약의 제 원칙을 해전海戰에 적용하기 위한 협약'). 이처럼 대한민국 정부는 대한제국과의 국가적 계속성을 확인해왔다. 다만 대한제국이 체결한 모든 조약이 대한민국에 대해서도 유효하다고 본 것은 아닌 점에서, 그 계속성은 제한적이라고 말할 수밖에 없다.[11] 결국 대한제국 및 대한민국 임시정부와 1948년 대한민국 정부와의 계속성은 불완전하고 제한적이다.

'건국절' 논란

이처럼 법적 건국일이 언제인지 국제법과 헌법 양면의 검토 결과에는 차이가 있다. 국제법적 관점에서 1948년 건국론이 유력하다는 점은 명백하다. 반면 헌법적 관점에서는 현실과 명분·이념 가운데 어느 측면을 중시하느냐에 따라 다르다. 다만 근년의 헌법재판소 결정을 중시한다면 헌법적 관점에서 1919년 건국론이 더 유력하다고 볼 수 있다.

　한편, 법적 의미의 건국일이 언제인가의 문제, 그리고 국경일로서의 건국절을 언제로 정할 것이냐의 문제는 서로 별개라고 할 것이다. 국가 건립에는 여러 측면이 있다. 법적 관점에서 보더라도 어느 측면을 중시하느냐에 따라 차이가 있고, 법적 관점 외에도 이념적 관점, 현실적 관점 등 여러 측면에서 국가 건립을 파악할 수 있다.

역사 해석에 따라서는 어떤 특정한 역사적 사건을 중시해 건국을 기념하는 국경일로 삼을 수도 있다. 예컨대 중화민국·중화인민공화국의 경우를 들 수 있다. 이들은 10월 10일을 기념하여 이날을 각각 '쌍십절', '신해혁명기념일'이라는 기념일로 삼고 있다. 이날은 1911년 신해혁명의 기폭제가 된 10월 10일 우창武昌봉기의 날이다. 쑨원孫文(1866-1925)을 임시대총통으로 선출하고 난징에서 중화민국 임시정부가 출범한 것은 1912년 1월이었다.

나아가 어느 관점에서 보든 꼭 건국일을 국경일로 삼을 것인가에 관해 견해가 다를 수 있다. 프랑스의 최대 국경일인 7월 14일은 1789년 바스티유감옥이 함락됐던 날이다. 이날은 이를테면 폭력혁명으로서의 프랑스혁명이 시작된 기념일이다. 한편 미국인들은 1776년 독립선언일인 7월 4일을 최고의 국민적 축제일로 여긴다. 우리에 비기면 3·1절에 해당한다고 볼 수 있다. 꼭 건국일, 꼭 법적인 건국일을 국경일로 삼는 것은 아니다.

요컨대 법적 의미의 건국일이 언제인가라는 문제와 (어느 관점에서든) 건국일을 국경일로 삼을 것인가의 문제는 별개의 문제이다. 국경일 결정은 법률로 따로 결정할 문제이고, 그 법적 결정은 기본적으로 정치적 성격의 문제이다. 대한민국의 국가이념이 처음 내외에 선포된 때인 1919년을 건국절 연도年度로 정할 것인지,

아니면 법적 존재로서의 대한민국이 실효적으로 성립한 1948년을 건국절 연도로 삼을 것인지는 법적 문제가 아니라 정치적 문제이다. 다시 말하면, 법적 관점의 건국일을 국경일로 할 것인지 또는 법적 건국의 역사적 출발점을 건국절로 경축할 것인지, 아니면 국민적 합의가 이뤄질 때까지 건국절 문제를 미결로 남길 것인지 여부는 정치적으로 결정할 문제일 뿐이다. 건국절 논쟁은 이념갈등의 표출이다. 건국일이 법적으로 언제인가의 논란은 그 갈등의 한 단면일 뿐이다. 국경일 결정은 국민적 합의의 토대 위에서 이루어져야 한다.

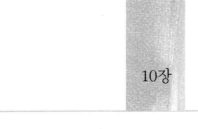

10장

남북분단, 헌법적으로 어떻게 볼 것인가?

남북한은 두 개의 국가인가?

건국절 논란의 밑바탕에는 정치적·이념적 차원의 두 가지 문제가
깔려 있다. 하나는 친일세력의 문제이고, 다른 하나는 남북한 관계
에 관한 문제이다. 1919년 건국론에서는 1948년 건국론이 친일
세력의 주장이라고 매도하고, 반면 1948년 건국론에서는 1919년
건국론이 대한민국 정통성을 부정하려는 친북론이라고 공격한다.
후자와 관련하여 여러 헌법적 쟁점을 살펴본다.

1948년 UN총회 결의 제195(III)호

청년 시절, 리영희 교수의 『전환시대의 논리』를 처음 읽었을 때 큰
충격을 받았다. 당시 많은 젊은이들이 그러했을 것이다. 충격을 준
내용 중 하나는 1948년 UN총회 결의 제195(III)호에 관한 그의
'폭로'였다.

그때까지 학교에서 배워온 것은 1948년 12월 12일의 UN총
회에서 "대한민국 정부가 한반도에 존재하는 유일한 합법정부"라

고 선언했다는 것, 그것뿐이었다. 그러나 리 교수는 이것이 잘못 알려진 것이라고 지적했다. 즉, UN총회 결의 내용은 대한민국 정부가 한반도의 유일한 합법정부라는 것이 아니라, 유엔임시위원회의 감시하에 있는 한반도 지역에서 합법성을 가지는 유일한 정부라는 것이었다. 쉽게 말하면 38선 이남에서 유일한 합법정부임을 결의했다는 것이었다. 이 내용을 처음 접했을 때의 충격은 마치 춘원 이광수가 일제 후기에 친일행각을 벌였다는 점을 학교 밖에서 처음 알았을 때와 비슷했다고 할까. 총회 결의 내용의 영문 원문 및 번역문을 아래에 옮긴다.

195 (III). The problem of the independence of Korea

The General Assembly, ... Declares that there has been established a lawful government (the Government of the Republic of Korea) having effective control and jurisdiction over that part of Korea where the Temporary Commission was able to observe and consult and in which the great majority of the people of all Korea reside; that this Government is based on elections which were a valid expression of the free will of the electorate of that part of Korea and which were observed by the Temporary Commission; and that this is the only such Government in Korea;

195 (III). 한반도의 독립 문제

총회는 … 아래와 같이 선언한다. 임시위원회가 감시·협의할 수 있었고 한반도 전체의 다수 인민이 살고 있는 한반도의 그 지역에 대해 실질적인 통제권과 관할권을 가지는 합법적인 정부(대한민국 정부)가 수립되었다. 이 정부는 유엔임시위원회에 의해 감시된 한반도의 그 지역 유권자들의 자유로운 의지의 유효한 표현인 선거에 기초하고 있다. 이 정부가 한반도에서 유일한 그러한 정부이다.[1]

이 UN총회 결의가 건국절 논쟁에서 다시 거론되었다. 1948년 건국론은 총회 결의 내용을 유력한 근거로 삼으면서, 이 결의가 대한민국 정부를 '한반도의 유일한 합법정부'임을 선언한 것으로 보고 있다(국제법상 정부승인은 국가승인의 의미를 내포한다고 보는 것이 일반적이다). 그러나 한 국제법학자는 이런 해석에 대해 "결의문 자체에 내재한 애매모호성을 적극적으로 활용한 의도적인 오역에 기초한 것"이라고 지적했다.[2]

적어도 분명히 말할 수 있는 것은, 일부 1948년 건국론자들의 주장처럼 대한민국 정부가 한반도 전체의 유일한 합법정부라는 점이 이 결의문에 명백히 규정되어 있다고 해석될 수 없다는 점이다. 이 같은 애매모호성이 의도된 결과라는 지적이 있다. 미국이 주도한 이 결의안을 지지한 UN 회원국들 사이에서도 의견 불일치가 있었고 이것이 애매모호한 문구로 나타났다는 것이다.[3]

영토 조항이 의미하는 것

"대한민국의 영토는 한반도와 그 부속도서로 한다(헌법 제3조)." 우리 헌법은 제헌헌법 이래 이 영토 조항을 계속 유지하고 있다. 나라에 따라서는 헌법에 영토에 관한 규정을 두지 않는 경우도 적지 않다. 우리 헌법이 이 조항을 고집하는 것은 무엇 때문인가.

1948년 제헌헌법 초안 작성 과정에서 중심적 역할을 한 것으로 알려진 유진오는 이렇게 말한다. "대한민국 헌법은 남한에만 시행되는 것이 아니고 우리나라 고유의 영토 전체에 시행되는 것임을 명시하기 위하여 특히 본 조항을 설치한 것이다."[4]

대한민국 헌법이 북한 지역을 포함한 한반도 전 지역에 시행된다는 것은 무슨 의미인가. 엄격히 말하면 '시행된다'가 아니라, '시행되어야 한다' 또는 '시행될 것을 요구한다'라고 해야 할 것이다. 무릇 헌법이든 법률이든 어떠한 법이 효력을 갖는다는 뜻은 두 가지 의미를 포함한다. 하나는 '시행되어야 한다' 또는 '시행될 것을 요구한다'라는 뜻이고, 다른 하나는 실제로 '시행되고 있다'는 뜻이다. 전자를 '규범적 타당성'이라 하고, 후자를 '실효성'이라 한다. 법의 효력이 완전하기 위해서는 양자 모두 갖추어야 한다.

결국 영토 조항은 북한 지역에서 규범적 타당성이라는 뜻의 효력은 있지만, 실효성이란 뜻의 효력은 없다. 말하자면 불완전한 제한적 효력을 갖는다고 말할 수 있다. 그렇다면 영토 조항은 남북한의 법적 관계에 대해 어떤 의미를 지니는가? 이 물음에 대해서는 여러 견해가 있다.

제1설은 '북한 불법단체설'이라 이름 붙일 수 있다. 이는 유진오의 해석에 기초하여 논리적으로 연역한 것이다. 영토 조항에 따라 대한민국 정부가 한반도에서 유일한 합법정부이고, 북한 지역은 불법적으로 점령당한 미수복未收復 지역일 뿐이다. 이 견해는 국가보안법의 헌법적 근거가 되고 있다.

제2설은 '정치적 선언설'이라 명명할 수 있다. 영토 조항의 엄격한 법적 효력을 부인하고, 한반도 전체에 대해 정통성을 주장하는 정치적 선언으로 이해한다.

제3설은 제1설에 일정한 변경을 가한 것이다. 여기에도 여러 견해가 나뉜다. 그 가운데 하나는 '헌법변천變遷설'이라 부를 수 있다. '헌법의 변천'이란, 헌법조항을 변경하지 않았음에도 불구하고 헌법의 실제 운용을 통해 본래의 의미가 변화하는 현상을 말한다(예컨대 일본의 자위대 설치가 일본 헌법 평화 조항 위반이 아니라고 본 법원 판례를 통해 평화 조항 본래의 의미를 변질시킨 사례).

헌법변천설은 헌법의 영토 조항이 변천을 겪었다고 본다. 1972년 7·4남북공동성명 이래 일련의 조치들, 특히 1991년의 남북한 UN 동시 가입, 1992년 남북기본합의서 발효 등에 의해 영토 조항 본래의 의미가 거의 상실됐다고 본다.

그렇다면 판례는 어떤 입장에 서 있는가. 대법원 판례는 일찍부터 일관되게 제1설의 입장을 취해왔다. 대법원은 국가보안법 사건에서 영토 조항을 해석하면서 북한 지역에서 대한민국 주권과 부딪치는 어떠한 국가단체도 인정할 수 없고, 북한은 국가보안법에서 말하는 반국가단체라고 보았다[5](국가보안법에 북한이 반국가단체라는 직접적 규정은 없지만, 국가보안법에서 규정하는 반국가단체에 북한이 해당된다고 보는 것이 판례의 일관된 해석이다).

그 후 북한 주민의 국적을 대한민국이라고 본 판례도 있었다. 중국 주재 북한대사관에서 북한의 해외공민증을 받은 사람을 외국인처럼 한국에서 강제 퇴거시킬 수 없다고 판시한 것이다. 이 대법원 판결의 판결 요지를 아래에 옮긴다.

조선인을 부친으로 하여 출생한 자는 남조선과도정부법률 제11호 국적에 관한 임시조례의 규정에 따라 조선 국적을 취득하였다가 제헌헌법의 공포와 동시에 대한민국 국적을 취득하였다 할 것이고, 설사 그가 북한법의 규정에 따라 북한 국적을 취득하여 중국 주재 북한대사관으로부터 북한의 해외공민증을 발급받은 자라 하더라도 북한 지역 역시 대한민국의 영토에 속하는 한반도의 일부를 이루는 것이어서 대한민국의 주권이 미칠 뿐이고, 대한민국의 주권과 부딪치는 어떠한 국가단체나 주권을 법리상 인정할 수 없는 점에 비추어볼 때, 그러한 사정은 그가 대한민국 국적을 취득하고 이를 유지함에 있어 아무런 영향을 끼칠 수 없다고 한 원심 판결을 수긍한 사례.[6]

요약하면, 학설은 다양하지만 판례의 입장은 다음과 같이 정리된다. 첫째, 북한은 대한민국 주권을 침해하는 '반국가단체'다. 둘째, 대한민국의 헌법과 법령이 북한 지역에도 효력을 미친다. 셋째, 북한 주민도 대한민국 국적을 가진다(한편 헌법재판소 결정 가운데 직접 영토 조항의 의미를 해석한 예는 찾기 힘들다).

이 같은 대법원 판례의 입장과 관련해 한 가지 의문이 떠오를 수 있다. 한국 정부가 종래 취한 대북 조치, 특히 1992년의 남북기본합의서의 내용이 영토 조항에 저촉되지 않느냐는 문제다. 남북기본합의서에 이런 규정이 있다. "남과 북은 서로 상대방의 체제를 인정하고 존중한다(제1조)." 또한 상대방에 대해 무력을 사용하지 않을 것과 불가침을 합의하고 있다(제9조). 합의서 전문에는 이런 내용도 들어 있다. "쌍방 사이의 관계가 나라와 나라 사이의 관계가 아닌 통일을 지향하는 과정에서 잠정적으로 형성되는 특수 관계"이다.

이처럼 기본합의서는 남북한 관계를 '국가 간의 관계가 아닌 잠정적 특수 관계'라고 봄으로써 적어도 북한을 국가로 승인하고 있지는 않다. 그러나 상호존중과 불가침 합의는 북한을 불법단체로 보는 인식과는 상충된다. 곧 영토 조항 위반이라는 것이다. 그런데 대법원 판례는 기본합의서가 법적 구속력이 없다고 판시했다.[7] 헌법재판소 역시 기본합의서가 '일종의 공동성명 또는 신사협정'에 불과하다고 보았다.[8]

한편 국제법 관점에서 남북한 관계는 어떤 법적 관계인가? 남북한은 UN에 동시 가입하였다. UN헌장에 의하면 가입 자격은 국가이며, 가입국은 헌장 준수의 의무가 있다. 적어도 UN은 북한을 국가로서 승인하고 있는 것이다. 이처럼 국제관계에서 북한은 국제법상 국가임을 부정할 수 없다.

요컨대 이렇게 정리된다. 국제법상 남북한은 각각 별개의 국가이다. 그러나 대한민국 헌법의 관점에서 북한 정권은 불법단체일 뿐이며 국가가 아니다. 다만 남북기본합의서처럼 법적 구속력이 없는 한국 정부의 실행에서는 북한을 국가도 아니고 불법단체도 아닌 특수 존재로 본 사례들이 있다. 이처럼 남북한의 법적 관계는 매우 복합적이다.

완전헌법과 잠정헌법

헌법 제3조의 영토 조항은 분단의 현실을 그대로 수용하지 않는다. 제4조의 통일 조항을 보지 않고서는 헌법에서 한반도의 분단 현실은 드러나지 않는다. 특히 제헌헌법은 통일에 관한 조항을 두지 않고 영토 조항만 두었다. 제헌헌법은 분단 현실을 전혀 법적으로 수용하지 않은 '완전헌법'의 외양을 띠고 있었다. 1962년 제3공화국 헌법에서 부칙 조항을 통해 분단 현실을 처음으로 헌법에 반영했지만, 영토 조항은 그대로 유지되었고 지금까지 변함이 없다.

독일 통일 이전, 서독은 우리와 달랐다. 서독의 헌법은 분단 현실을 그대로 법적으로도 수용하였다. 이른바 '잠정헌법'의 형태를 취한 것이다. 서독 헌법의 잠정적 성격은 여러 점에서 나타난다. 첫째, 동서독 분단의 현실을 감안해 서독 헌법의 공식 명칭에 '헌법'이라는 용어를 피했다. 그 대신 공식적으로 '기본법'이라는 용어를 사용했다. 둘째, 기본법의 적용 지역이 서독 내의 각 주에 한정된다고 명시했다. 셋째, 기본법의 시간적 효력을 한정하여 새로운 헌법의 발효 시에 기본법의 효력이 상실된다고 명시하였다.

한편 기본법은 장래 통일의 방식에 관하여 두 가지 상이한 방식을 예정해놓았다. 그 하나는 동독 지역이 서독에 가맹하는 방식이다. 다른 하나는 새로운 통일헌법의 제정에 의한 통일 방식이다. 실제 독일의 통일은 앞의 방식으로 이루어졌다. 이처럼 서독의 기본법은 기본법의 장소적, 시간적 효력의 면에서 통일 시까지의 잠정적 헌법임을 스스로 명시하였고, 이 점에서 우리 헌법과는 여러 면에서 대조적이다.

두 유형 가운데 어느 것이 바람직하다고 볼 것인가? 일견 한국 헌법의 영토 조항은 비현실적이고 맹목적·대결적인 태도인 것처럼 보인다. 더구나 서독 기본법의 현실적 입장이 실제로도 독일 통일에 임하여 유용한 법적 장치임이 드러났던 점에 비추어 더욱 그러할지도 모른다.

그러나 결코 그렇게 단순히 볼 일은 아니다. 독일과 한국의 분단에 관한 역사적 상황은 공통점도 있지만 다른 점도 적지 않다. 그 다른 점의 성격이 어떠한지는 한국전쟁의 경험이 사후적으로 극명히 드러내주었다. 그뿐만 아니라 미래의 시각에서도 그렇다. 장래의 통일을 염두에 두면, 영토 조항은 이제 법적 관점에서도 소중한 존재가 되었다. 통일 실현의 상황에서 중국이 취할 입장을 염두에 두면, 국제법적으로도 영토 조항은 유력한 도움으로 작용할 수 있다. 북한 내부에 정변이 발생하는 경우, 중국이 북한과의 조약을 내세워 중국군을 북한 지역에 투입할 것이라는 예상이 적지 않다. 이런 상황에서 북한 지역을 장악하려는 대한민국 정부와 충돌 내지 분쟁이 예상된다. 그런 경우에 헌법의 영토 조항은 한국 정부의 입장을 뒷받침하는 법적 장치가 될 수 있다. 분단국가 사이에 적용되는 국제법은 아직 정립되어 있지 않다.

흡수통일, 위헌인가?

평화통일

6·25 한국전쟁 후 이승만 정부는 '북진통일'을 부르짖었다. 북진
北進, 곧 북으로 진격해 통일을 이루자는 것이었다. 당시 초등학교
학생들은 6·25에 즈음해 크레파스로 이런 포스터를 그렸다. '상
기하자 6·25' 또는 '북진통일'이라는 구호가 등장하는 포스터다.
당시 평화통일 주장은 금기였다.

　　1958년 1월, '진보당 사건'이 일어났다. 조봉암이 이끄는 진
보당이 북한의 주장과 유사한 평화통일을 주장했다는 혐의로 정
당등록이 취소되고 위원장 조봉암이 사형을 당했다. 죽산竹山 조봉
암은 일제하에서 공산주의자로 항일운동을 벌였고, 8·15 해방 후
전향하여 대한민국 초대 농림부장관과 국회부의장을 지냈다. 그
는 자신이 이끌던 진보당 사건에서 국가보안법 위반으로 1959년
11월 처형됐다. 50여 년이 지난 2011년, 대법원은 재심에서 조봉
암에게 무죄판결을 내렸다.

진보당 사건 14년 후, 1972년 박정희 정부 아래에서 7·4남북 공동성명이 발표됐다. 이 성명에서 밝힌 조국통일 원칙에는 이런 내용이 들어가 있었다. "통일은 서로 상대방을 반대하는 무력행사에 의거하지 않고 평화적 방법으로 실현하여야 한다." 7·4남북공 동성명이 있던 그해, 유신헌법이 제정되고 이 헌법에서 평화통일 원칙이 조문화됐다. 헌법에서 평화통일 원칙을 밝힌 것은 이때가 처음이다. 거듭 말하지만, 유신헌법에서 평화통일 원칙이 명시된 것은 아이러니다.

현행 87년 헌법은 제4조에 통일 조항을 신설했다. "대한민국은 통일을 지향하며, 자유민주적 기본질서에 입각한 평화적 통일 정책을 수립하고 이를 추진한다." 이 조항은 통일에 관한 세 가지 원칙을 천명하고 있다. 첫째, '통일 지향'을 밝힘으로써 국가에 통일 실현의 의무를 부과하고 있다. 둘째, 통일의 방법에 관하여 무력에 의하지 않는 평화통일이어야 함을 명시하고 있다. 셋째, 통일 정책은 "자유민주적 기본질서에 입각"해야 함을 밝히고 있다.

자유민주적 기본질서에 입각한 통일정책이란 무엇인가? 이 규정은 통일의 방법 및 절차가 자유민주적 기본질서에 입각해야 함을 뜻하는 것인가, 아니면 거기에서 더 나아가 통일 한국의 체제가 자유민주적 기본질서에 입각해야 한다는 것까지 포함하는가? 견해가 갈릴 소지가 없지 않다. 그러나 제4조의 문의文意에 의하거나, 헌법 전문의 "자유민주적 기본질서를 더욱 확고히" 한다는 규정에 비추어 통일 한국의 체제가 자유민주주의체제여야 한다는 의미가 포함된 것으로 보아야 한다.

합의 형식에 의한 흡수통일

통일의 방법은 크게 두 가지로 나눠 볼 수 있다. 흡수통일과 합의통일이 그것이다. 흡수통일은 남북한 일방이 타방의 통치권 아래에 흡수되는 통일 방식이다. 반면 합의통일은 남북한의 합의에 의해 새로운 통일 한국을 이루는 방안이다. 이른바 연방제 통일은 합의통일의 한 방안이지만 '자유민주적 기본질서에 입각'한다는 헌법의 요청에 부합하지 않는다. 그러므로 연방제 통일 방안은 헌법 위반이다. 한편 독일의 경우처럼, 합의의 형식을 통해 일방이 타방에 흡수되는 통일 방안은 실질적 관점에서 흡수통일로 보는 것이 타당하다.

흔히 평화통일 방안은 곧 합의통일 방안을 의미하는 것으로 생각하기 쉽다. 그 이상적 그림은 이런 것이다. 남북한이 협상을 통해 통일 한국의 헌법을 제정하여 통일을 이루는 방식이다. 그러나 평화통일 방안에는 흡수통일 방안도 포함되어 있다. 독일의 통일 방식은 평화통일 방식이면서, 형식적으로는 합의통일 방식이며 실질적으로는 흡수통일 방식이었다. 요컨대 흡수통일은 무력에 의한 방식만이 아니라 평화적 방식에 의해서도 가능하다.

통일 조항과 영토 조항의 상충?

헌법 제3조 영토 조항과 제4조 통일 조항은 서로 어떤 관계인가? 영토 조항과 통일 조항을 모두 충족시키는 통일 방안은 무엇인가? 합의통일은 헌법에 부합하는가?

영토 조항과 통일 조항의 관계, 특히 양 조항이 서로 충돌하는가 여부에 관해서는 견해가 갈린다. 이 문제는 영토 조항의 법적 의미에 관한 견해와 직결되어 있다. 영토 조항과 통일 조항의 관계에 관한 여러 견해를 살펴보자.

첫째, 영토 조항의 의미에 관한 제1설, 곧 '북한 불법단체설'에 입각한다면 영토 조항과 통일 조항의 상충 여부는 경우에 따라 다르다. 먼저 양 조항이 충돌하지 않고 조화될 수 있는 경우가 있다. 대한민국 헌법하의 평화적 흡수통일은 양 조항을 모두 충족한다. 반면 남북한이 대등한 지위에서 합의에 의한 통일을 이루는 경우, 즉 합의통일은 통일 조항에는 합치하지만 영토 조항은 위반한다. 합의통일의 경우에 영토 조항과 통일 조항은 충돌한다. 곧 합의통일은 영토 조항 위반이다.

둘째, 제2설, 곧 정치적 선언설에 의하면 영토 조항과 통일 조항은 충돌하지 않는다.

셋째, 제3설 가운데 '헌법변천설'에 따르는 경우에도 양 조항은 충돌하지 않는다.

결국 대법원 판례가 입각하고 있는 제1설, 그런 의미에서 유권적인 제1설에 따르면, 영토 조항과 통일 조항은 상충하는 경우와 그렇지 않은 경우가 있다. 중요한 것은 유권적인 '북한 불법단체설'에 따를 때에도 양 조항이 조화되는 경우가 있다는 점이다. 곧 독일식 통일과 같은 평화적 흡수통일이 그것이다.

반면 합의통일, 곧 남북한이 서로 대등한 지위에서 합의하여 통일헌법을 만들고 통일을 이루는 방식은 통일 조항에는 부합하지만 영토 조항과는 충돌한다. 영토 조항에 따르면 남북한은 결코 대등한 당사자가 아니다.

결국 이렇게 요약할 수 있다. 헌법의 영토 조항과 통일 조항을 모두 충족시키는 통일 방식, 그것은 오직 한 가지, '평화적 흡수통일' 방식뿐이다. 대법원 판례에 충실한 영토 조항의 해석 및 평화적 자유민주주의 통일정책을 명시한 통일 조항 모두에 부합하는 통일 방안은 독일식 흡수통일 외에는 없다.

다만 전혀 이견의 여지가 없지는 않다. 역대 한국 정부의 통일 방안에 비추어 그렇다. 노태우 정부의 한민족공동체 통일 방안을 비롯해 이후 한국 정부의 통일 방안은 남북합의에 의한 평화통일 방안이었다. 이것은 위에서 밝힌 우리 헌법의 영토 조항과는 어긋난다. 이러한 실제의 헌법현실, 즉 헌법의 의미를 떠난 현실의 국정운용을 감안할 때 위와 같은 헌법해석을 어떻게 볼 것인가.

앞에서 본 것처럼, 헌법이론 가운데 '헌법의 변천Verfassungswandlung'이라는 개념이 있다. 영토 조항의 해석에 관한 제3설은 헌법변천의 개념을 원용한다. 헌법변천설에 의하면 남북한 UN 동시 가입, 남북기본합의서 체결 등에 의해 영토 조항 본래의 의미가 변질 또는 상실되었다고 본다. 이런 해석에 따른다면 남북한 합의에 의한 통일헌법 제정은 헌법에 위반하지 않는다.

그러나 과연 영토 조항에 대한 헌법변천 개념의 적용이 타당한지는 의문이다. 북한 주민을 대한민국 국민으로 본 대법원 판례에 비추어볼 때, 과연 영토 조항이 본래 의미를 상실했다고 볼 수 있는가.

남북한 관계의 이중성

한편, 헌법재판소 결정 가운데 영토 조항과 통일 조항의 관계에 대해 직접 명시적으로 판단한 예는 찾아볼 수 없다. 다만 남북한의 법적 관계에 대해 주목할 의견을 밝힌 결정은 있다. 국가보안법과 남북교류협력법의 충돌 여부를 다룬 1997년 결정이 그것이다.[9]

헌법재판소는 이렇게 말했다. "(북한이) 평화적 통일을 위한 대화와 협력의 동반자임과 동시에 대남적화 노선을 고수하면서 우리 자유민주체제의 전복을 획책하고 있는 반국가단체라는 성격도 함께 갖고 있음이 엄연한 현실"이다. 이런 현실 인식을 기초로 헌법재판소는 국가보안법과 남북교류협력법이 서로 충돌하지 않는다고 보았다. 이 결정은 이른바 '남북한 관계의 현실적 이중성'을 그대로 반영한 것으로 이해된다.

남북한 관계는 일면 화해·협력과 평화공존을 추구하며, 타면 적대적 대립 관계가 혼재된 이중적 관계다. 현실의 남북한 관계는 양면성을 띠고 있다. 그러나 현실에서는 이중성이 사실로서 존재하더라도, 사실이 아닌 법규범의 세계에서 이중성은 용인되기 어렵다. 법의 세계에서 상대가 '적敵이며 적이 아니다'라고 말할 수는 없는 것이 아닌가. 북한을 '불법단체이면서 동시에 합법단체'라고 말할 수는 없다. 더욱이 북한의 핵개발 이후, 오늘날의 남북한 관계는 적대적 관계라는 일면이 도드라져 보인다. 남북정상회담 등, 평화적 해결의 전망을 거둘 수 없게 하는 다른 국면도 혼재하지만 섣부른 판단은 금물이다. 국가안보 문제에서 희망적 예측만을 앞세우는 태도는 맹목이며, 자칫 파국을 불러들일 것이다.

통일·역사·현실

평화적 합의통일은 더없이 이상적이다. 헌법의 규정처럼 자유민
주적 기본질서에 입각하는 한, 남북한이 협상을 통해 통일에 합의
하고 통일헌법을 제정하는 방식은 아름답다. 그러나 불행히도 분
단국가의 역사에서 그런 이상적 통일이 성공한 예는 없다. 베트남
은 무력에 의해 통일됐다. 독일은 평화적이었지만 서독에 의한 흡
수통일이었다. 예멘은 역사상 최초로 평화적 합의통일에 성공하는
듯 보였지만 잠시였다. 다시 내전이 일어났고 종내 무력에 의해 통
일됐으며 갈등이 끊이지 않는다. 아직 성공한 사례가 없으므로 새
로운 세계사를 써보자는 의지는 존경받을 만한 것인지 모른다. 그
러나 역사의 현장에서 동기나 의도의 순수성은 짓밟히기 일쑤다.

통일 문제에 관한 헌법해석을 하노라면 항상 불편한 느낌이
남게 마련이다. 통일과 같은 역사적 대업 앞에 법해석 따위가 무슨
대수냐는 생각이다. 현실 세계에서 어떤 장면에는 법을 뛰어넘는,
또는 법이 부재하는 듯한 순간들이 있음을 부정하기 어렵다. 때때
로 역사의 어느 순간은 법의 공백 상태에서 법을 창조해내는 순간
이다.

나아가 생각해보면, 궁극적으로 모든 법이 생성되는 계기도
사실의 세계에 기초한다. 법규범은 하늘에서 떨어지거나 힘 있는
자의 가슴 속에서 솟아오르는 것이 아니라, 사실의 세계에서 싹을
틔우는 것이 아닌가. 사람들이 법이라고 받아들임으로써 비로소
법이 생성되고 법으로서 존재하는 것이 아닌가. 사실과 규범은 전
혀 별개의 세계라는 철학이 있지만, 시간의 어느 시점에서 사실로

부터 규범이 나오는 것을 확인하게 된다. 사실에는 규범을 생성하는 힘이 있다.

통일 문제는 법을 넘은 영역처럼 보인다. 다만 통일에 이르는 과정에서 논리와 논리의 겨룸이 있게 마련이고 그런 자리에서 통일 문제의 헌법해석이 무의미하지는 않을 것이다.

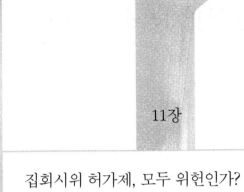

11장

집회시위 허가제, 모두 위헌인가?

'명백·현존하는 위험'의 원칙

거짓말로 '불이야!'는 안 된다

센크Charles T. Schenck(1877-1964)는 미국 사회당 사무총장이었다. 미국
이 1차 세계대전 참전을 결정하자 그는 반전운동을 벌였다. 연합
국 군대가 러시아에 파병되는 경우, 미국이 러시아혁명에 개입할
것을 우려했기 때문이었다. 한편, 의회는 방첩법Espionage Act을 통과
시켰다. 전쟁수행 노력을 방해하거나 반전을 권유·선동·옹호하
는 행위를 범죄로 규정했다. 센크는 징병 대상자들에게 징병에 불
응할 것을 권유하는 전단을 배포했고, 방첩법 위반으로 유죄판결
을 받았다. 그는 대법원에 상고하면서, 헌법이 보장한 표현의 자유
침해라고 주장했다.

홈스 대법관이 주심을 맡았다. 올리버 홈스가 누구인가. 그는
미국 대법원 역사에서 전설적 대법관으로 추앙받는 인물이다. 그
는 대법원 전원일치 의견을 통해 센크에 대한 하급심 유죄판결을
인용하면서 이렇게 말했다.

평상시라면 피고인들이 전단에서 말한 모든 것을 여러 장소에서 이야기하더라도 그것은 헌법상 권리의 범위 내의 것임을 인정한다. 그러나 모든 행위의 성격은 그것이 행해진 상황에 달려 있다. 언론자유를 아무리 엄격히 보호한다고 하더라도 극장에서 거짓말로 "불이야"라고 소리쳐서 혼란을 야기하는 사람까지 보호하지는 않을 것이다. 언제나 문제는 무엇인가 하면, 누가 어떤 말을 했을 때 의회가 그 방지 권한을 갖는 중대한 해악substantive evil을 가져올 명백하고 현존하는 위험clear & present danger을 발생시키는 상황에서 행하여졌는가, 그리고 그런 성질의 것인가 여부이다. 그것은 근접도proximity와 정도degree의 문제이다.

Schenck v. U.S., 1919

이 판결은 미국 대법원의 언론자유에 관한 최초의 주요 판결로 꼽힌다. 1차 세계대전과 러시아 사회주의혁명, 이로 인한 적색공포red scare가 일어나기까지 미국 헌법의 언론자유 조항은 재판에서 거의 아무 역할도 하지 않던 상태였다.

비로소 이 판결을 통해 언론자유에 대한 기본적 헌법원리가 제시됐다. 미국 헌법의 언론자유 조항은 마치 언론출판의 자유가 절대적 자유인 것처럼, 즉 어떤 경우에도 법률로 제한할 수 없는 것처럼 되어 있다(헌법 수정 제1조. 의회는 … 언론 또는 출판의 자유를 제한하거나 평온하게 집회할 권리를 침해하는 법률을 제정할 수 없다). 그러나 미국 헌법제정자들이 실제로 의도한 것은 검열 등 언론출판의 사전事前제한을 금지한다는 취지였다. 언론출판의 자유에 대한 침해에는 두 형태가 있다. 하나는 사전 제한이고 다른 하나는 사후 제한이다. 사전 제한은 검열제나 허가제처럼 표현을 사전에 막는 것이다. 반면 사후 제한은 일단 표현이 이뤄진 후에 이를 처벌하는 것이다.

1791년 미국 헌법 수정 제1조의 제안 당시, 언론출판의 자유란 곧 검열 금지를 의미하는 것이었고, 일단 언론출판이 이뤄지고 난 후의 사후 처벌은 허용되는 것으로 인식되고 있었다. 이런 상황에서 위 셴크 판결은 수정 제1조의 언론출판의 자유 조항이 사전 제한만이 아니라 사후 제한에 대해서도 일정한 제약을 가한다고 본 것이다. 즉 사후 처벌을 아무 제한 없이 할 수 있는 것이 아니라, 거기에도 일정한 한계가 있다고 본 것이다. 다만 이 사건에서 유죄 판결을 인정함으로써 셴크의 처벌이 헌법의 인정 범위 내의 것, 곧 합헌이라고 선언했지만, 원리상에서 보면 사후 처벌에도 제약이 있다고 본 것이다.

나아가 위 셴크 판결은 언론출판에 대한 사후 제한에 관해 그때까지 적용돼왔던 판례상의 원칙을 변경시켰다. 종래의 법원칙은 이른바 '해로운 경향bad tendency'의 원칙이었다. 어떤 표현이 어떤 일정한 금지된 결과를 가져올 경향만 있더라도 처벌할 수 있다고 보았다. 그러나 셴크 판결은 그것만으로는 부족하고 '명백하고 현존하는 위험'이 있을 때에만 처벌이 가능하다고 본 것이다.

셴크 판결이 법원칙상 새로운 기준을 제시했음에도 불구하고, 이 사건 자체만 보면 전시 상황에서 언론출판의 자유보다 국가안보를 우선시한 판결임을 주목하지 않을 수 없다. 이 점은 '명백·현존하는 위험'의 원칙이 반드시 언론출판의 자유를 옹호하는 것만은 아님을 의미한다. 그런 뜻에서 명백·현존하는 위험의 원칙은 중립적이다. 종래 마치 이 원칙이 친親표현의 자유 법리인 것처럼 인식되어온 것은 오해이다.

'명백·현존하는 위험'의 원칙, 그 부침

센크 판결은 이후 곧 따돌림을 받게 된다. 같은 해에 미국 대법원이 내린 다른 판결(Abrams v. U.S., 1919)에서도 센크 사건과 유사한 내용을 다뤘지만, 에이브럼스 사건에서 다수 재판관의 의견은 과거의 '해로운 경향'의 원칙을 적용해 유죄판결을 내렸다. 이 사건에서 홈스 대법관과 또 한 사람의 대법관은 반대의견을 개진했다. 홈스는 특히 피고인이 전쟁수행을 방해할 구체적 의도가 없었음을 지적하면서, 저 유명한 '사상의 자유시장marketplace of ideas' 논리를 펼쳤다.

> 사상의 자유로운 소통free trade in ideas에 의해 바람직한 긍정적인 선善에 더 잘 도달할 수 있다. 즉 진리에 대한 최선의 검증은 시장의 경쟁 속에서 사상이 자신을 수용시키는 힘에 있다.

'사상의 자유시장'이론은 홈스의 창작물은 아니다. 이미 영국 청교도혁명 당시 밀턴John Milton(1608-1674)의 『아레오파지티카Areopagitica』*에서 시작해, 밀J. S. Mill(1806-1873)의 『자유론On Liberty』에서

---

* 'Areopagus'는 고대 아테네의 언덕 이름으로, 의회가 있었던 곳이다. 'Areopagitica'는 기원전 5세기 아테네의 웅변가 이소크라테스Isocrates의 연설문에서 따온 것이다.

이어졌던 자유주의 언론 사상이다.

셴크 판결 이후 1920년대 미국 대법원은 명백·현존 위험의 원칙을 배제했다. 1930년대 후반 이 원칙이 다시 대법원의 다수 의견을 차지했지만, 시대 상황과 맞물려 이 원칙은 부침을 거듭한다. 1950년대 냉전을 배경으로 매카시즘McCarthyism 선풍과 함께 명백·현존 위험 원칙은 다시 퇴행의 길을 걷게 된다.

이후 1960년대 미국 사회의 전반적 진보의 물결과 함께 이 원칙도 부활의 계기를 맞는다. 명백·현존 위험의 원칙이 결정적으로 재등장한 것은 1960년대 말의 한 사건을 통해서다. 이 사건은 악명 높은 인종차별주의 집단 KKK에 관한 사건이었다. 오하이오주의 이 집단 지도자가 집회에서 정부를 비난하고 의사당에로의 행진 계획을 밝혔다. 주법은 사회변혁의 수단으로 폭력 등 불법적 방법을 주장하는 것을 금지했다. 대법원은 하급심의 유죄판결을 파기했다. 대법원은 명백·현존 위험이라는 용어를 쓰지는 않았지만, 유사한 논리로 이렇게 말했다.

> 폭력이나 불법 수단을 사용하자고 말하는 경우, 이것이 어떤 임박한 불법행동의 선동incite이나 그 발생을 겨냥하고, 또한 그러한 행동을 선동하거나 발생시킬 개연성이 있는 경우가 아니면 이를 금지할 수 없다.
>
> Brandenburg v. Ohio, 1969

이런 논리로 대법원은 오하이오주법이 위헌이라고 판결했다.

이 판결은 오랫동안 '해로운 경향'의 원칙에 의해 사실상 대체되어왔던 명백·현존 위험의 원칙을 되살린 점에서 주목되었다.

이 판결에서 표현의 자유 제한에 관한 두 가지 기준이 제시됐다. 첫째, 언어의 객관적 내용이라는 측면에서 '원리'의 주장이 아닌 '임박한imminent 행동'의 선동에 해당하는가. 둘째, 언어의 효과라는 측면에서 해악 발생의 개연성이 있는가. 이 두 요건을 충족할 때만 그 언어의 표현을 제한할 수 있다는 것이다.

현실의 눈에서 보면 브랜던버그 판결은 아이러니하기 그지없다. 표현의 자유에 관한 헌법 원칙 면에서만 본다면, 이 판결은 실질적으로 명백·현존 위험의 원칙을 소생시켰다. 반면 현실적으로는 인종차별주의 집단을 옹호해준 결과가 되었다. 진보적 원칙에 의해 반동의 손을 들어준 것이다. 판결을 내린 대법원은 이른바 '워렌 대법원(1953-1969)'이었다. 대법원장 워렌Earl Warren(1891-1974)은 공화당 아이젠하워 대통령에 의해 임명된 인물로, 취임 후 예상을 뒤엎고 미국 대법원 역사상 가장 진보적 대법원 시대를 열었다.

브랜던버그 판결의 취지는 그 후 1970년대 판례에서도 유지됐다. 그렇지만 1970년대 이후 미국에서 명백·현존 위험의 원칙을 재확인하는 판례는 찾아보기 힘들다. 이 원칙의 부침은 법 또는 법원의 태도가 상황에 따라 얼마나 유동적인가를 여실히 보여준다. 같은 이름의 원칙 아래에서 전혀 반대의 결론들을 이끌어낸 것이다.

한국 판례에서의 유사 원칙

우리나라에서 종래 명백·현존하는 위험의 원칙은 언론자유 보장을 강화하는 법원칙으로 흔히 이해되어왔다. 앞서 지적했듯이 이것은 잘못이다. 이 원칙의 핵심 요소에 따르면 최종 판단은 상황과 정도degree에 달려 있다. 홈스 대법관에 의해 이 원칙이 처음 등장했던 사건에서도 이 원칙의 적용 결과, 피고인에 대한 처벌이 합헌이라는 것이었다. 이 원칙의 적용만으로 그 결과를 예측하기는 어렵다.

우리나라 판례에서도 이 원칙과 유사한 법리를 찾아볼 수 있다. 앞에서도 언급한 국가보안법 제7조의 '반국가단체 찬양·고무 등'에 대한 처벌 조항이 위헌이 아니냐는 문제를 다룬 사건에서 헌법재판소는 이렇게 판시했다. "국가의 존립안전이나 자유민주적 기본질서에 무해한 행위는 처벌에서 배제하고, 이에 실질적 해악을 미칠 명백한 위험성이 있는 경우로 처벌을 축소 제한하는 것이 헌법 … 에 합치하는 해석일 것이다."[1] 이 결정문에서 "실질적 해악을 미칠 명백한 위험성"은 명백·현존하는 위험과 대동소이하다.

한편 대법원 판례에서는 소수 의견 중에 유사한 법리를 찾아볼 수 있다. 역시 국가보안법 제7조를 적용한 사건에서 대법원 소수 의견은 "구체적이고 가능한 위험"이 있는 경우에만 이 조항이 적용된다고 보았다.[2] 이 소수 의견은 당시 대법관 이회창의 의견이었다.

명백·현존하는 위험의 원칙의 근본 출발은 사상의 자유시장론이다. 언어의 문제는 언어로 대응하자는 것이다. 이것은 말하자면 기존 체제 측의 자신감에서 나온 것이다. 그런 자신감이 없는 한, 또는 그런 자신감이 허용되지 않는 상황에서는 이 원칙이 제대로 작동하기 어렵다.

집회시위법의 헌법적 재해석[3]

헌법의 조문을 한 번이라도 눈여겨본 사람이면, 이 장章의 제목에서 금방 이런 의문이 생길 것이다. '아니, 헌법에서 분명히 집회 허가제를 금지하고 있지 않은가'라고. 그럼에도 왜 이런 제목을 내걸었는지를 따져보기 앞서 집회시위에 관한 일반적인 문제들부터 살펴보기로 한다.

집회시위의 특수성, 새로운 상황

흔히 언론·출판·집회·결사의 자유를 뭉뚱그려 표현의 자유라고 한다. 이 가운데 집회·결사의 자유는 2인 이상의 표현 행위에 의한다는 점에서 집단적 표현의 자유이다. 그중에도 특히 옥외집회·시위는 공공장소에서 이뤄진다는 점에서 특유의 속성을 지닌다. 공공장소를 점유함으로써 다른 사람들의 사용을 배제하는 것이다 (시위는 일종의 집회다. 장소를 이동하며 이뤄지는 옥외집회가 시위다).

집회시위가 표현의 수단으로서 갖는 의미는 독특하며, 또한 시대 변화와 함께 그 의미도 변질되고 있다. 우선 집회시위가 지녀온 전통적 의미의 특수성을 살펴보자. 첫째, 집회시위는 집단적 행위이기 때문에 국가안보·질서유지에 대한 위험성이 더 크다. 따라서 1인에 의한 표현 행위보다 그 제한의 필요성이 더 크다. 둘째, 반면에 적어도 최근처럼 IT기술이 발전하기 전에는 집회시위가 갖는 특유의 중대성이 있었다. 신문·방송 등 대중매체의 대형화 및 독점화 현상과 더불어 상대적으로 집회시위가 지니는 중요성도 더 크게 부각된 것이다. 대중매체는 영향력이 크지만 이를 통한 표현은 쉽지 않다. 더욱이 독점화된 대중매체를 통해 자신의 의사를 사회에 전달하기 어려운 사람들, 특히 소수자들이 그 의사를 효과적으로 사회에 전하는 데 집회시위는 유용한 수단이다. 이 점에서는 집회시위를 더 강하게 보장할 필요가 있다.

이처럼 집회시위의 자유는 한편에서 그 제한의 필요성이 크고 다른 한편에서는 반대로 그 보장의 필요성이 크다는, 이를테면 상충하는 이중적 성격을 지니고 있었다. 이 때문에 서로 충돌하는 이중적 성격을 어떻게 조화시키느냐는 것이 집회시위의 법리에 관한 기본적 난점이었다.

이 같은 상황에서 새로운 현상이 전개됐다. 최근 IT기술의 경이적 발전에 따라 인터넷, 소셜네트워크서비스 등을 통한 의사 표현의 기회가 대폭 확대되었다. 이것은 일반 대중 개개인이 자신의 의사를 효과적으로 사회에 전달할 수 있는 수단이 확보됐다는 점에서 가히 혁명적이다. 특히 소수자들에게는 더욱 그러하다. 이에 따라 집회시위와 같은 집단적 표현 수단에 의거할 필요성은 대폭

11장 집회시위 허가제, 모두 위헌인가?

감소되었다고 할 수 있다. 그와 함께 집회시위의 부정적 측면, 곧 질서유지에 대한 위험성이 일면적으로 더 도드라진다. 이제 집회시위는 순전한 의사 표현 수단에 앞서 물리적 수단으로서의 측면이 압도적으로 부각된다. 이 점을 제대로 인식하고 평가하기 이전에는 집회시위 문제를 올바로 대응하기 어렵다.

집시법의 기본 틀

'집회 및 시위에 관한 법률', 약칭 집시법集示法의 기본 틀은 이렇게 요약할 수 있다. ①일정한 범위의 집회와 시위를 아예 금지하거나 제한한다. ②옥외집회와 시위는 관할 경찰서장에게 사전 신고해야 한다. ③관할 경찰서장은 금지 또는 제한의 대상이라고 인정되는 경우에 금지 또는 제한 통고를 한다. ④신고하지 않거나 금지 통고에 위반하면 처벌한다. ⑤한편 경찰서장의 처분에 이의가 있으면 상급 경찰서에 이의신청을 할 수 있고, 여기에도 불복하는 경우 법원에 구제를 청구할 수 있다.

어떤 집회가 금지 대상인가. 다음에 해당하는 집회시위는 금지된다. "①헌법재판소의 결정에 따라 해산된 정당의 목적을 달성하기 위한 집회 또는 시위. ②집단적인 폭행, 협박, 손괴損壞, 방화 등으로 공공의 안녕 질서에 직접적인 위협을 끼칠 것이 명백한 집회 또는 시위(집시법 제5조)."

이 조항에서 특히 주목되는 부분이 있다. 금지 대상이 되는 집회시위로, "공공의 안녕 질서에 직접적인 위협을 끼칠 것이 명백한 집회 또는 시위"라고 규정하고 있는 것이다. 본래 미국 판례를 통해 제시된 '명백·현존하는 위험'의 원칙은 표현의 자유에 대한 사후 제한에 적용되었다. 그런데 위의 집시법 조항에서는 사전 제한에 해당하는 '금지 통고'의 대상을 규정하면서, 명백·현존 위험의 원칙과 유사한 내용을 기준으로 삼고 있다.

한편 집시법은 특히 옥외집회·시위의 장소·시간에 관한 제한, 그리고 주요 도로에서의 교통 소통을 위한 제한 규정을 두고 있다(집시법 제10, 11, 12조).

허가제 금지

표현의 자유에 대한 제한은 크게 두 형태로 대별된다. 사전 제한과 사후 제한이다. 사전 제한은 검열제, 허가제처럼 어떤 표현이 이루어지기 전에 미리 통제를 가한다. 사후 제한은 일단 표현이 된 후에 처벌 등 통제를 가한다. 이 둘 가운데 어느 것이 더 강한 제한이라고 볼 것인가. 사후 제한은 일단 표현은 이뤄진다는 점에서, 표현을 미리 봉쇄하는 사전 제한이 더 중대한 제한이라고 볼 수 있다.

역사적으로도 표현의 자유는 검열제·허가제의 폐지, 곧 사전 제한 폐지로 이해되어왔다. 미국 헌법에서 "언론·출판의 자유 또는 평화적 집회의 권리를 제한하는 법률을 제정할 수 없다"고 규정한 취지도 바로 검열법·허가제 금지의 의도였다.

우리 헌법은 "집회·결사에 대한 허가는 인정되지 아니한다(제21조 제2항 후단)"고 규정한다. 우선 이 조항의 문장은 이상하다. 집회·결사에 대한 허가가 인정되지 않는 것이 아니라 '허가제'가 인정되지 않는다는 취지일 것이다(헌법조문의 국어 표현이 제대로 잘됐는가의 검토는 별개의 과제다).

앞에서 본 것처럼 집시법은 옥외집회와 시위를 사전 신고하도록 규정하고 있는데, 이 규정이 헌법의 허가제 금지에 위반하지 않는다고 해석하는 것이 보통이다. 사전 신고제는 허가제가 아니라고 보기 때문이다. 그러나 이 같은 일반적 해석은 잘못이라는 것이 필자의 견해다. 어째서 그런가. 다음 내용은 약간 복잡한 구조를 띤다.

본래의 의미의 신고제에서 '신고'는 어떤 행위를 할 수 있기 위한 요건이 아니다. 신고는 단순히 행정기관의 행정적 편의를 위한 것일 뿐이다. 그렇기 때문에 보통 신고 규정 위반에 대해 형벌이 아닌 과태료를 부과하는 데 그친다. 과태료는 법적 제재의 일종이지만, 이른바 '행정질서벌'이라 하여 형벌과는 구별된다.

옥외집회·시위에 대한 집시법의 신고제는 본래의 의미의 신고제와는 다르며 표현만 '신고'라고 되어 있을 뿐이다. 집시법의 신고제의 실질은 허가제나 다름없다. 신고하더라도 경찰서장의 금지 통고를 받는 경우에는 집회를 할 수 없고, 그 위반에 대해서는 형벌이 부과되기 때문이다. '금지 통고'는 허가의 거부와 실질적으로 차이가 없다. 이렇게 보면 집시법의 신고제 및 금지통고제 규정을 한데 묶어 허가제로 볼 수 있다.

그렇다면 실질적인 허가제인 신고·금지통고제는 헌법이 명시하는 대로 위헌이라고 볼 것인가? 그렇게 볼 것이 아니라 헌법의 허가제 금지 조항 자체를 새로이 해석하여야 한다.

미국을 비롯하여 이른바 민주주의 선진국에서는 모두 옥외집회나 시위에 대해 허가제를 규정하고 있다. 왜 그런가? 집회시위는 언론출판의 자유와 달리 공공의 장소를 사용하고 질서유지에 특별한 위험을 미치기 때문이다.

그러면 미국의 경우, 그 헌법에서 "평화적 집회의 권리를 제한하는 법률의 제정을 금지한다"고 규정한 점에 비추어 집회시위허가제가 위헌이 아니냐는 의문이 제기될지 모른다. 우선, 미국에서 집회시위 규제는 연방 법률이 아니라 각 시市의 조례에서 규정하고 있다. 옥외집회·시위 허가제를 규정한 조례의 위헌 여부에 대해 미국 대법원 판례는 이렇게 말하고 있다. "허가제 자체가 위헌은 아니다. 다만 허가의 기준이 협소하고 명확해야 한다. 광범한 재량을 부여한 '자의적恣意的' 허가제는 위헌이다."[4] 요컨대 허가제 자체가 위헌은 아니지만, 허가당국에게 광범한 재량을 부여한 자의적 허가제는 위헌이라는 것이다.

이런 점들에 비추어 우리 헌법의 허가제 금지 조항도 다음과 같이 재해석되어야 한다. 즉, 헌법의 허가제 금지 조항은 모든 허가제를 금지하는 것이 아니라 자의적 허가제를 금지하는 것으로 한정적 해석을 해야 한다. '자의적 허가제'란 무엇인가. 그 핵심은 집회시위를 통해 표현하고자 하는 그 내용에 따라 집회시위의 가부를 결정할 수 있도록 광범한 재량이 주어진 허가제에 있다고 볼 것이다. 즉 국가기관이 선호하지 않는 특정한 내용의 의사표시만 금지시킬 수 있게 되어 있는 허가제만 금지된다는 것이다. 현행 집시법의 신고제·금지통고제 및 시간장소 제한 규정의 위헌 여부도 이 기준에 따라 판단해야 한다.

11장 집회시위 허가제, 모두 위헌인가?

헌법재판소는 이 문제를 어떻게 보고 있는가. 헌재는 처음에 집시법의 야간 옥외집회 금지 조항을 합헌으로 보았으나, 그 후 판례변경을 하여 위헌결정의 일종인 헌법불합치결정을 내렸다.[5] 이 결정에서 5인 재판관은 집시법 제10조의 야간 옥외집회 금지 조항이 허가제로 기능하기 때문에 위헌이라는 의견을 개진했지만, 위헌결정 정족수인 6인에는 미치지 못하였다. 다만 다른 2인 재판관은 이 조항이 허가제는 아니지만, 지나치게 광범한 제한을 두고 있다는 이유로 위헌결정의 일종인 헌법불합치의견을 제시했다('위헌'의견은 '헌법불합치'의견보다 더 강하다고 할 수 있으므로, 위헌의견 5인 및 헌법불합치의견 2인의 결정은 헌법불합치결정의 요건인 6인 이상을 충족시킨다).

이후 헌재는 다시 집시법의 야간 옥외집회 금지 조항의 위헌 여부를 다루었다. 2014년 결정에서는 이 조항이 허가제가 아니라고 보았다. 다만 이 조항이 "일몰 시간 후부터 같은 날 24시까지의 옥외집회 또는 시위"에 적용되는 한 헌법에 위반된다고 하여, 위헌결정의 일종인 '한정위헌'결정을 내렸다. "현대사회의 생활형태 등을 고려하지 아니하고 목적 달성을 위해 필요한 정도를 넘는 지나친 제한을 가하는 것"이란 점이 그 이유였다.[6]

그 밖에도 헌재는 집시법 조항에 대한 여러 주요 결정들을 내렸다. 헌재는 외교기관 부근에서의 옥외집회·시위 금지 조항에 대해 위헌결정을 내렸다.[7] 반면, 헌재의 다수 의견은 법원·국회의사당 인근에서의 옥외집회·시위의 절대적 금지를 합헌이라고 보았다.[8]

옥외집회·시위의 의미가 변했다

1960년 4·19학생의거로 이승만 대통령이 물러난 후, 당시 한국 사회는 집회시위로 몸살을 앓았다. 심지어 초등학교 학생들까지 서울 광화문거리에 나서 시위를 벌였다. 혼란은 이듬해 5·16을 불렀다.

2016년 가을부터의 촛불항쟁은 옥외집회와 시위에서 발단됐다. 그 전말은 보통의 집회시위와 달리 대통령 탄핵 사태에까지 이르렀지만, 시작은 집회시위였다. 한국 정치에서 집회시위는 헌정 전반에 걸쳐 특별한 의미를 지닌다. 단순한 의사 표현 수단에 그치지 않는다. 촛불항쟁의 성공은 자칫 집회시위의 만연과 부작용을 불러올 수도 있다. 집회시위에 관한 올바른 헌법적 이해는 이 점에서 각별한 의미를 띤다.

통신기술의 경이적 발전으로 인해 집회시위가 갖는 의미는 이제 종래와는 큰 차이가 있다. 이 점을 간과한 주장은 전혀 설득력이 없다. 집회시위의 법리에 대한 새로운 접근이 필요하다. 새로운 통신기술의 등장과 이를 통한 의사 표현의 혁명적 변화로 말미암아 집회시위를 특별히 보호해야 할 사정은 이제 거의 사라졌다.

촛불항쟁은 평화로웠고 그 때문에 성공을 거둘 수 있었지만, 이것은 각별하고도 새로운 경험이었다. 촛불항쟁을 불러일으킨 사건의 발단이 워낙 기이했으므로 시위에서 물리력이 동원되지 않더라도 충분히 세간의 주목을 받을 만했을 것이다. 그러나 촛불항쟁 2년 전만 해도 사정은 전혀 달랐다.

2015년 '민중총궐기대회'라는 이름으로 서울 도심 한복판에

11장 집회시위 허가제, 모두 위헌인가?

서 대규모 시위가 벌어졌다. 시위대는 '노동개악 저지', '세월호 진상규명' 등을 외쳤다. 이 시위에서 한 농민 지도자가 경찰의 물대포를 맞고 사망한 불상사가 일어났다. 한편, 이 시위의 폭력적 양상은 예사롭지 않았다. 시위대는 철제 사다리와 쇠파이프, 죽봉, 철재 새총 등을 사용했다. 경찰 버스를 밧줄로 묶어 흔들어댔다. 경찰관 113명이 부상당했고, 경찰 버스 50대가 파손됐다.

이미 앞서 지적했듯이, 오늘날 집회시위가 갖는 표현 수단으로서의 의미는 근본적으로 재검토되어야 한다. 인터넷, 소셜네트워크서비스 등의 폭발적 발달로 인해 종래 미디어의 환경은 급변하고 있다. 이제 더 이상 집회시위는 소수자의 불가피한 표현 수단이 아니다. 소수자가 효과적으로 자신의 의사를 사회에 전하기 위한 매체는 널려 있다. 이런 상황에서 집회시위는 표현 수단으로서의 의미보다 물리력 행사로서의 성격이 두드러진다. 이제 종래 집회시위에 대해 베풀어졌던 특별한 법리적 배려는 재검토되어야 한다. 헌재의 결정문에서 이런 고려는 찾아볼 수 없다. 그 점에서 국회도 마찬가지다.

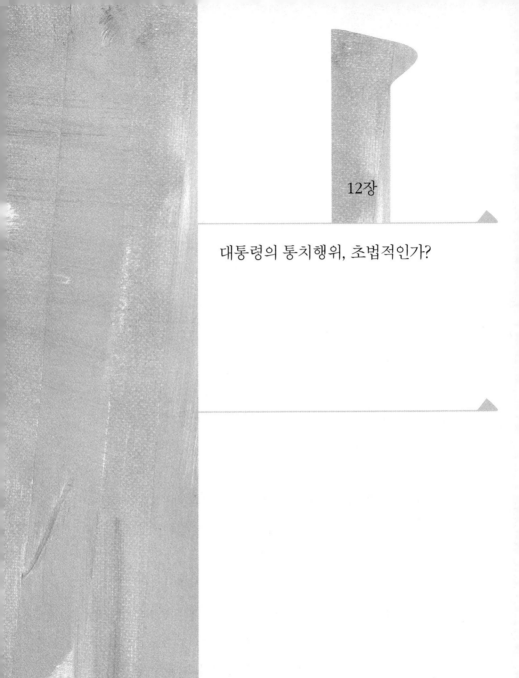

12장

대통령의 통치행위, 초법적인가?

'통치행위'처럼 잘못 이해되고 있는 법적 개념도 없을 것이다. 아래의 검토에서 드러나듯, 심지어 대법원의 대법관들까지도 이 통치행위의 개념을 올바로 인식하고 있는지 의심이 갈 정도이다. 하물며 법률가가 아닌 일반인들은 말할 것도 없다. 먼저 1993년 한일간지의 기사 일부를 본다.

> 감사원은 평화의 댐 감사 과정에서 전직 대통령의 직무수행 내용도 통치행위라는 면죄부에서 벗어나 감사의 대상이 된다는 선례를 남겼다.[1]

위 기사에 '통치행위'라는 용어가 등장한다. 대통령의 어떤 직무를 '통치행위'라고 부르고 마치 법적 면죄부를 받는 행위였던 것처럼 표현하고 있다. 비단 이 기사만은 아니다. 대통령의 직무와 관련해 그 법적 문제가 제기될 때 흔히 통치행위라는 말이 등장하

　　　　　　　12장　대통령의 통치행위, 초법적인가?

는 것을 본다. 과연 통치행위란 무엇인가? 통치행위는 법적 통제를 넘어선 초법적인 것인가?[2]

판례 1. 이라크 파병 사건

2. 이 사건 파견 결정이 헌법에 위반되는지의 여부, 즉 국가안보에 보탬이 됨으로써 궁극적으로는 국민과 국익에 이로운 것이 될 것인지 여부 및 이른바 **이라크전쟁이 국제규범에 어긋나는 침략전쟁인지 여부 등에 대한 판단은 대의기관인 대통령과 국회의 몫**이고, 성질상 한정된 자료만을 가지고 있는 우리 재판소가 판단하는 것은 바람직하지 않다고 할 것이며, 우리 재판소의 판단이 대통령과 국회의 그것보다 더 옳다거나 정확하다고 단정 짓기 어려움은 물론 재판 결과에 대하여 국민들의 신뢰를 확보하기도 어렵다고 하지 않을 수 없다.

3. 이 사건 파병 결정은 대통령이 파병의 정당성뿐만 아니라 북한 핵 사태의 원만한 해결을 위한 동맹국과의 관계, 우리나라의 안보 문제, 국·내외 정치관계 등 국익과 관련한 여러 가지 사정을 고려하여 파병 부대의 성격과 규모, 파병 기간을 국가안전보장회의의 자문을 거쳐 결정한 것으로, 그 후 국무회의 심의·의결을 거쳐 국회의 동의를 얻음으로써 헌법과 법률에 따른 절차적 정당성을 확보했음을 알 수 있다. 그렇다면 **이 사건 파견 결정은 그 성격상 국방 및 외교에 관련된 고도의 정치적 결단을 요하는 문제로서, 헌법과 법률**

465

이 정한 절차를 지켜 이루어진 것임이 명백하므로, 대통령과 국회의 판단은 존중되어야 하고 헌법재판소가 사법적 기준만으로 이를 심판하는 것은 자제되어야 한다. 이에 대하여는 설혹 사법적 심사의 회피로 자의적 결정이 방치될 수도 있다는 우려가 있을 수 있으나 그러한 대통령과 국회의 판단은 궁극적으로는 선거를 통해 국민에 의한 평가와 심판을 받게 될 것이다.[3] (굵은 글씨체는 필자에 의함)

위 헌법재판소 결정문에 "이 사건 파견 결정은 그 성격상 국방 및 외교에 관련된 고도의 정치적 결단을 요하는 문제로서, … 대통령과 국회의 판단은 존중되어야 하고 헌법재판소가 사법적 기준만으로 이를 심판하는 것은 자제되어야 한다"라는 부분이 있다. '국방 및 외교에 관련된 고도의 정치적 결단을 요하는 문제' 가운데 '대통령과 국회의 판단을 존중'하여 '헌법재판소가 사법적 기준으로 심판하는 것은 자제'해야 할 영역이 있다고 보는 것이다.

이처럼 '고도의 정치성을 띠는 법적 문제에 대해 사법기관이 사법적 판단을 자제하는 영역'을 판례상 또는 법이론상 종래 '통치행위'라고 불러왔다. 또한, 외교 문제 등 대외 관계에 관한 영역이 이 통치행위에 속하는 대표적 예로 흔히 언급되어왔다. 우선 유의할 것은, 이것은 헌법이나 법률에서 직접 제시된 개념이 아니라는 점이다. 과거에 법원이 사법적 판단을 회피한 영역이 있었고, 이를 법원 스스로 또는 이론상 통치행위라고 불러왔던 것이다.

통치행위 개념의 핵심은 어떤 문제에 법적 쟁점이 있음에도 불구하고, 그 쟁점에 대한 판단을 하지 않는다는 데에 있다. 예컨

12장 대통령의 통치행위, 초법적인가?

대 위 사건에서처럼 대통령과 국회의 국군파병 결정이 헌법이나 법률에 위반되는지 여부의 쟁점이 있는데도 불구하고, 이 쟁점에 대한 법적 판단을 하지 않는 것이다.

위 결정문을 보면, "이라크전쟁이 국제규범에 어긋나는 침략 전쟁인지 여부 등에 대한 판단은 대의기관인 대통령과 국회의 몫"이라는 부분이 있다. 파병이 국제규범에 어긋나는지, 우리 헌법에 위반하는지 여부는 분명 법적 쟁점임에도 불구하고,* 헌재는 판단을 피하고 있다. 법적 쟁점이 있음에도 불구하고 헌재가 판단을 피할 수 있다거나 피해야 한다고 지시하는 헌법이나 법률의 규정은 없다. 헌재 자신이 스스로 판단을 하지 않을 뿐이다.

판례 2: 대북송금 사건

아래 대북송금 사건의 대법원 판결은 위 헌재의 결정과 차이가 있다. 약간의 차이라고 보일 수 있지만 중요한 차이이다. 왜 그러한지 살펴보자.

> 가. 입헌적 법치주의국가의 기본 원칙은 어떠한 국가행위나 국가 작용도 헌법과 법률에 근거하여 그 테두리 안에서 합헌적·합법적으로 행하여질 것을 요구하며, 이러한 합헌성과 합법성의 판단은 본질적으로 사법의 권능에 속하는 것이다.
> 다만 국가행위 중에는 고도의 정치성을 띤 것이 있고, 그러한 고도

---

* 우리 헌법은 침략전쟁을 부인하고 있고, 또한 일반적으로 승인된 국제법규가 국내법적 효력을 지닌다고 규정하고 있다. 헌법 제5조, 제6조.

의 정치행위에 대하여 정치적 책임을 지지 않는 법원이 정치의 합목적성이나 정당성을 도외시한 채 합법성의 심사를 감행함으로써 정책 결정이 좌우되는 일은 결코 바람직한 일이 아니며, 법원이 정치 문제에 개입되어 그 중립성과 독립성을 침해당할 위험성도 부인할 수 없으므로, **고도의 정치성을 띤 국가행위에 대하여는 이른바 통치행위라 하여 법원 스스로 사법심사권의 행사를 억제하여 그 심사 대상에서 제외하는 영역이 있다.**

그러나 이와 같이 **통치행위의 개념을 인정한다고 하더라도 과도한 사법심사의 자제가 기본권을 보장하고 법치주의 이념을 구현하여야 할 법원의 책무를 태만히 하거나 포기하는 것이 되지 않도록 그 인정을 지극히 신중하게 하여야 하며,** 그 판단은 오로지 사법부만에 의하여 이루어져야 하는 것이다.

…

다. 그리고 원심은 위 공소사실을 유죄로 인정하면서, 위 피고인들의 대북송금행위 및 이에 수반된 각 행위들은 남북정상회담에 도움을 주기 위한 시급한 필요에서 비롯된 이른바 통치행위로서 사법부에 의한 사법심사의 대상이 되지 않는다는 피고인들의 주장에 대하여, **남북정상회담의 개최는 고도의 정치적 성격을 지니고 있는 행위라 할 것이므로 특별한 사정이 없는 한 그 당부當否를 심판하는 것은 사법권의 내재적·본질적 한계를 넘어서는 것이 되어 적절하지 못하지만,** 남북정상회담의 개최 과정에서 위 피고인들이 공모하여 재정경제부장관에게 신고하지 아니하거나 통일부장관의 협력사업 승인을 얻지 아니한 채 위와 같이 북한 측에 사업권의 대가 명목으로

4억 5,000만 달러를 송금한 행위 자체는 헌법상 법치국가의 원리와 법 앞에 평등 원칙 등에 비추어볼 때 사법심사의 대상이 된다고 판단하였는바, 원심의 위와 같은 판단은 앞서 본 법리에 비추어 정당한 것으로 수긍되고, 거기에 주장과 같은 이른바 헌법상 통치행위에 대한 법리 오해의 위법이 있다고 할 수 없으므로, 피고인 김○○, 임○○의 이 부분 상고는 이유 없다.[4] (굵은 글씨체는 필자에 의함)

위 대법원 판결문은 "남북정상회담의 개최는 고도의 정치적 성격을 지니고 있는 행위라 할 것이므로 특별한 사정이 없는 한 그 당부를 심판하는 것은 사법권의 내재적·본질적 한계를 넘어서는 것"이라는 원심 판결을 인용하고 있다. 즉 대법원 판결도 원심 판결처럼 남북정상회담의 개최가 마치 통치행위인 것처럼 보고 있는 것이다.

그런데 살펴보자. 남북정상회담을 하고 안 하고의 문제에 법적 쟁점이 있는가? 대법원은 그 쟁점이 무엇인지 밝히지도 않은 채 사법적 심판의 대상이 아닌 통치행위인 것처럼 말하고 있다. 과연 남북정상회담 개최 자체가 위헌 또는 위법이라는 문제를 발생시키는가? 남북정상회담을 하든 안 하든 그 자체는 대통령의 재량에 속하는 정치외교적 사안일 뿐이다. 거기에 위헌이나 위법 여부의 문제가 있다고 할 수 없다. 말하자면 남북정상회담을 열든 안 열든, 그 개최 여부는 헌법이나 법률에 위반하지 않는다. 곧 합헌이요 합법이다.

그럼에도 대법원 판결은 남북정상회담 개최 자체에 마치 위헌이나 위법 여부의 쟁점이 있는데도 불구하고 이를 통치행위라 하여 사법적 판단을 자제하고 있는 것처럼 말하고 있다. 이 점은 앞의 헌재 결정문에서 구체적으로 파병이 국제법에 어긋나는 침략전쟁인지 여부의 법적 쟁점을 지적하면서 그 판단을 회피한 것과 다르다. 대북송금 사건에서 대법원은 남북정상회담을 통치행위에 속한다고 볼 것이 아니었다. 남북정상회담을 하는 것 자체는 법적으로 문제될 것이 없다. 만일 회담 추진 과정에서 위법이 의심되는 행위가 있었다면(예컨대 외환거래법 위반 여부) 그 위법 여부만 다루면 될 것이었다. 만일 외환거래법상 위법 여부의 문제가 존재함에도 불구하고 그 판단을 회피하였다면 이것은 본래의 통치행위 개념에 해당한다. 대법원은 위 판결에서 대북송금에 관련한 위법 여부가 통치행위에 해당하지 않는다고 보았고, 그렇다면 아예 통치행위 개념은 거론될 것도 없는 것이었다. 대북송금에 관한 조치들이 통치행위에 해당하지 않는다고 보면 그만이었다. 그럼에도 불구하고 남북정상회담 자체가 마치 통치행위에 해당하는 것처럼 말하고, 그러면서도 대북송금 관련 행위의 위법 여부는 사법판단의 대상이 된다고 보았다. 여기에서 남북정상회담 개최가 통치행위인 것처럼 언급한 부분은 전혀 부적절한 언급이다.

바로 이 점이다. 통치행위에 속한다고 흔히 생각하는 국방외교 문제의 대부분은 고도의 정치성을 띤 외교 문제로서 합법적 영역에 속한다. 예컨대, 어떤 국가와 외교 관계를 맺을 것인가 여부는 정치성이 강한 문제이지만 곧 통치행위는 아니다. 흔히 착각하는 까닭은 국방외교 문제 대부분이 고도의 정치성을 띤다는 점 때

12장 대통령의 통치행위, 초법적인가?

문이다. 그러나 고도의 정치성을 띠고 있다고 하여 모두 통치행위에 속하는 것이 아니다. 법적 쟁점이 있음에도 불구하고 고도의 정치성을 띠고 있기 때문에, 바로 그 고도의 정치성을 이유로 사법적 판단을 피하는 것이 통치행위론이다.

그 밖의 판례들

통치행위를 인정한다고 하더라도 그 영역이 대외 문제에만 국한된 것은 물론 아니다. 대내적 영역에서 통치행위 여부를 다룬 과거 판례들을 간추려본다.

대통령의 비상계엄 선포가 헌법과 계엄법에 합치하는지 여부에 관해 대법원은 그 일부 문제가 통치행위에 해당한다고 보았다. 한일회담 반대를 위한 1964년 '6·3데모' 때 비상계엄을 선포한 것이 헌법과 계엄법의 요건에 부합하는지 논란이 된 사건에서, 대법원은 이렇게 말했다. "당연무효로 판단할 수 없는 계엄에 대하여서는 그 계엄의 옳고 그른 것은 국회에서 판단하는 것이고 법원에서 판단할 수 없다."[5] 즉 비상계엄 선포는 전혀 사법 심판 대상이 아니라는 것이 아니라, 당연무효라고 할 정도가 아니라면 판단을 자제한다는 것이다.

대법원의 이런 입장은 그 후 1979년 '10·26사태'에서 발동된 비상계엄 선포에 대해서도 이어졌다.[6] 이후 '전두환·노태우 5·18내란행위'에 관한 판례에서는 위 입장을 견지하면서도, 다음과 같이 새로운 부분을 첨가하고 있다. 즉 "비상계엄의 선포나 확대가 국헌문란의 목적을 달성하기 위하여 행하여진 경우에는 법원은 그 자체가 범죄행위에 해당하는지의 여부에 관하여 심사할 수 있다."[7]

한편, 헌재는 금융실명제를 위한 대통령의 긴급재정경제명령 발동이 사법 심판의 대상이 되는지 여부에 관해 이렇게 말했다. 다음은 그 결정 요지이다.

대통령의 긴급재정경제명령은 국가긴급권의 일종으로서 고도의 정치적 결단에 의하여 발동되는 행위이고 그 결단을 존중하여야 할 필요성이 있는 행위라는 의미에서 이른바 통치행위에 속한다고 할 수 있으나, 통치행위를 포함하여 모든 국가작용은 국민의 기본권적 가치를 실현하기 위한 수단이라는 한계를 반드시 지켜야 하는 것이고, 헌법재판소는 헌법의 수호와 국민의 기본권 보장을 사명으로 하는 국가기관이므로 비록 고도의 정치적 결단에 의하여 행해지는 국가작용이라고 할지라도 그것이 국민의 기본권 침해와 직접 관련되는 경우에는 당연히 헌법재판소의 심판 대상이 된다.[8]

위 헌재의 입장은 대통령의 긴급권 발동이 원칙적으로 통치행위에 해당한다고 보면서도, 기본권 침해의 경우에는 심판 대상이 된다고 하여 그 적용에 제한을 가하고 있다. 이런 입장은 통치행위에 관한 학설상의 주류적 견해를 반영한 것으로 보인다. 이를 바탕으로 위 사건에서 헌재는 당해 사건 긴급명령이 "헌법이 정한 절차와 요건에 따라 헌법의 한계 내에서 발포된 것이고 따라서 이 사건 긴급명령 발포로 인한 청구인의 기본권 침해는 헌법상 수인受忍

의무의 한계 내에 있다"라고 결정하였다. 보통의 사건처럼 심사한 결과, 청구를 기각한 것이다.

그 밖에 '신행정수도 건설' 사건에서 헌재는 신행정수도 건설이나 수도 이전의 문제가 "정치적 성격을 가지고 있는 것은 인정할 수 있지만, 그 자체로 고도의 정치적 결단을 요하여 사법심사의 대상으로 하기에는 부적절한 문제라고까지는 할 수 없다"고 판단했다.[9]

진정 통치행위와 비진정 통치행위

종래의 통념에 따라 말하면, 통치행위란 고도의 정치성이 있는 국가기관의 행위로서 사법적 심사의 대상에서 제외되는 행위를 가리킨다.

각국의 법원은 헌법이나 법률에 명시적인 근거 규정이 없음에도 불구하고 고도의 정치성이 있는 국가기관의 행위를 재판 대상에서 배제하여왔다. 그리고 이를 통치행위라 부르며 스스로 정당화했다. 독일에서는 '통치행위Regierungsakt', 영국에서는 '대권행위prerogative', 미국에서는 '정치문제political question'라고 불러왔다. 다만 미국의 경우는 조금 특수한 면이 있다. 미국 판례를 통해 제시되어온 '정치문제'는 반드시 국가기관의 행위에 한정하지 않고, 예컨대 정당 내부의 분쟁 등 제소된 사안의 성질이 고도의 정치성을 지니면 '정치문제'라고 불러온 점에서 약간의 차이가 있다.

왜 통치행위 개념이 법률가들 사이에서도 오해되기 쉬운가. 종래 통치행위라는 하나의 이름 아래 서로 다른 성질의 두 행위가 뒤섞여 혼재했고, 그 혼재의 사실을 인식하지 못했기 때문이다.

　그 하나의 부류는 행정부 또는 의회와 같은 정치적 기관의 행위가 헌법상 또는 법률상의 요건이나 제한을 위반했다는 주장에 대해 법원이 그 위헌 또는 위법 여부의 판단을 회피하는 경우이다. 이 경우, 종래 각국의 법원은 법원이 심사할 성질이 아니라고 하여 판단을 회피해왔다. 이것이 '진정眞正 통치행위'이다.

　다른 하나의 부류는 법원이 어떤 국가기관의 행위가 위헌이나 위법이 아니라는 전제 위에서, 그 행위가 적절하고 타당한 것인지는 정치적인 문제이므로 관여할 바가 아니라고 판단하는 경우이다. 이 경우에 더러 법원 스스로 통치행위라고 칭하며 판단을 삼간다. 그러나 실은 위헌이나 위법이 아니라고 판단해야 마땅한 경우이다. 앞에서 살펴본 대북송금 사건에서 대법원이 남북정상회담 개최의 당부가 통치행위인 것처럼 말한 것이 바로 그런 예다. 흔히 통치행위에 속한다고 보는 외교적 사안이 실은 대부분 이 부류에 속한다. 이를 '비非진정 통치행위'라고 부를 수 있다.

　위의 두 경우 가운데 후자, 즉 비진정 통치행위는 법적 성질상 '자유재량행위'에 해당한다. 자유재량 성격의 행위이되 그 내용이 정치적이기 때문에 흔히 통치행위인 것처럼 잘못 이해되어온 것이다. 법원이 어떤 행위가 자유재량행위라고 판단하는 경우, 이때 법원은 사법적 판단을 하지 않은 것이 아니라 위법하지 않다는 사법적 판단을 내린 것이다.

　요약하면 이렇다. 오직 진정 통치행위만이 통치행위이다. 비진정 통치행위는 정치성이 강한 자유재량행위일 뿐이다. 어떤 행

　　　　　12장　대통령의 통치행위, 초법적인가?

위가 자유재량행위라는 판단은 그 행위가 합법이라는 사법적 판단이다.

통치행위 인정의 근거

법원은 왜 정치성 강한 일정한 국가기관 행위에 대해 그 합법성 여부를 판단하지 않는가? 그 근거는 무엇인가? 종래 대체로 세 부류의 견해들이 제시되어왔다.

첫째, 사법권의 '내재적內在的 제약설'이라 불리는 견해다. 내재적이라 함은 성질상 당연하다는 뜻이다. 권력분립의 원리에 비추어 통치행위는 사법적 판단 대상이 아니라고 보는 것이 사법권의 성질상 당연하다는 논리다. 이 견해에 따르면, 통치행위에 대해 사법적 판단을 하지 말아야 하며 판단할 수 없다.

둘째, '사법자제自制설'이라 불리는 견해다. 통치행위에 대해서도 사법적 판단이 가능하지만, 권력분립에 비추어보거나 '사법의 정치화'를 피하기 위해 사법적 판단을 자제하는 것이 바람직하다는 것이다. 이 견해는 사법적 판단을 할 수도 있지만 자제한다는 것이다. 이 점에서 앞의 '내재적 제약설'이 통치행위에 대해 사법적 판단을 할 수 없고 하지 말아야 한다는 견해와 다르다.

말하자면 내재적 제약설에 따르면 통치행위에 대해 재판해서는 안 된다는 것이고, 사법자제설에 의하면 재판할 수 있지만 재판하지 않는다는 것이다. '할 수 없다'와 '하지 않는다'는 차이이다.

그 밖에 '자유재량행위설'이 있다. 자유재량행위는 아예 통치행위로 볼 수 없다는 점은 이미 지적한 대로이다.

통치행위를 긍정한 우리 판례는 위의 세 부류의 논거 가운데 어떤 입장인가? 한일회담 반대 6·3데모 비상계엄 사건의 판례는 자유재량행위설에 속하고, 10·26사태 비상계엄 사건은 내재적 제약설에 따르고 있다. 한편 이라크 파병 사건의 판례에서는 사법 자제설에 입각하고 있다.

어떤 논거가 타당한가? 내재적 제약설은 권력분립론을 경직 하게 인식하는 것이며, 권력분립론의 핵심이 견제와 균형에 있음 을 올바로 이해하지 못한 데에서 나온 것이다. 자유재량행위설의 오류는 이미 지적했다. 통치행위를 인정하는 한, 그 논거는 사법자 제설에서 찾는 것이 타당하다.

비판적 결론

통치행위를 인정할 것인가? 인정한다면 그 논거는 무엇인가? 어 떤 행위를 통치행위로 볼 것인가?

학설에 따라서는 통치행위를 인정하지 않는 입장도 있다. 그 러나 이런 견해는 사법권 과신이다. 사법권은 비선출직이라는 본 질적 특성을 지닌다. 고도의 정치성을 지닌 사안에서 특히 사법적 판단의 기준이 명료하지 않은 경우, 즉 준칙rules이 아닌 원리principles 성격의 기준에 의거해야 하는 경우에는 행정부나 의회의 결정에 맡기는 것이 적절한 경우도 있을 것이다. 이런 경우에 사법적 판단 을 자제함이 권력분립론에 비추어 타당하다.

어떤 경우를 통치행위로 볼 것인가? 우리 판례에서 실제로 통 치행위로 인정한 사례는 두 경우이다. 하나는 대통령의 비상계엄

선포, 다른 하나는 국군 해외파병 결정이다. 이 두 사례 가운데 앞의 경우에 대해서는 논란의 소지가 있다. 비상계엄 선포에 대해서는 헌법과 법률에 그 요건이 명시되어 있을 뿐 아니라 직접 기본권 침해에 관련되기 때문이다(검열제 실시, 집회 금지 등). 1964년 6·3데모 사태 때의 사건에서 대법원이 명백한 당연무효인 경우에는 통치행위로 볼 수 없다고 한 판결은 적절하다고 본다. 한편, 외국 정부승인 등 외교적 행위의 대부분은 정치적 성격이 강한 자유재량행위일 뿐이며 비진정 통치행위에 불과하다.

이렇게 보면, 대통령의 직무행위 중 엄밀하게 '초법적인 통치행위'라고 인정된 것은 오직 국군 해외파병 사안뿐이다. 여기서 '초법적'이란 뜻은 법원이나 헌법재판소가 그 위헌·위법 여부를 판단하지 않는다는 의미이다.

유의할 점이 있다. 종래 대통령의 통치행위로 일컬어지던 여러 행위들이 기실其實 대통령의 자유재량행위이며, 따라서 그 행위들은 합법적 행위이지만, 자유재량행위에도 한계가 있다는 점이다. 재량의 한계를 넘어 권한 남용에 이르면 위법행위로 된다. '남용' 여부는 불명확한 영역이다. 법의 해석·적용, 특히 헌법의 해석·적용에는 불명확성의 폭이 넓다. 여기에서 '법 앞에 불평등', '정치 보복' 논란 등 현실의 숱한 문제들이 발생한다.

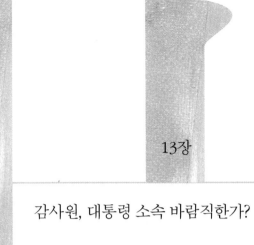

13장

감사원, 대통령 소속 바람직한가?

일본의 텔레비전 프로그램 중에 별난 드라마가 있었다고 한다. 일본의 감사원 격인 '회계검사원會計檢査院'의 활동을 소재로 하는 드라마다. 일본의 회계검사원이 이 드라마 제작을 적극 후원했을 것임은 짐작하기 어렵지 않다. 일본의 회계검사원은 내각이나 의회에 속하지 않는 독립기관이다. 독립기관의 장점은 말할 것도 없이 그 독립성에 있다. 문제는 힘이 있느냐는 것이다. 감사기관의 힘이 미약하면 감사 자체가 쉽지 않고 감사 결과에 힘이 실리기 어렵다. 독립기관이 그 힘을 기르려면 국민들로부터 신뢰를 쌓는 길밖에 없다. 그러자니 재미있는 드라마까지 만들게 된다.

한국의 감사원은 일본의 회계검사원과 사정이 다르다. 감사를 받는 기관, 곧 피감기관에 대해 권위가 강하고, 감사 결과의 실효성도 높다. 그 중요한 까닭은 감사원이 대통령 소속이기 때문이다. 근래 개헌 논의에서 감사원 개편론을 보면 그 실효성이 아니라 독립성이 논란의 핵심이다. 과연 현재의 감사원제도는 특히 독립성 측면에서 어떤 제도적 문제점이 있으며, 그 개선안은 무엇인가?

'대통령 소속 기관' 대 '직무의 독립성'

감사원은 '헌법기관'이다. 법률에 근거해 설치된 기관이 아니라 감사원의 존립과 기본 골격을 헌법에서 직접 규정하고 있다.

지금과 같은 감사원제도가 시작된 것은 1962년 제3공화국 헌법에서부터이다. 이전까지 각기 별개로 존재하던 심계원審計院과 직무감찰기관을 통합해 헌법에 그 근거를 두고 설치된 것이 지금의 감사원이다. 심계원은 제헌헌법 당시부터 헌법기관으로 설치된 회계검사기관이었다. 회계검사와 별도로 직무수행의 합법성이나 타당성을 감사하는 직무감찰기관으로는 '감찰위원회'가 별도로 법률에 의해 설치되어 있었다. 두 기관을 통합한 취지는 첫째, 회계검사와 직무감찰이 성질상 불가분 관계이며, 둘째, 양 기관의 경합으로 인한 중복 감사의 폐단을 없앤다는 것이었다.

지금의 감사원은 다음과 같은 헌법상 지위를 지닌다. 첫째, 국가 최고 감사기구supreme audit institution이다. 개개 행정기관은 내부의 자체 감사기구를 통해 감사 기능을 수행한다. 감사원은 이들 자체 감사기구를 지도·지원한다. 둘째, 헌법기관이다. 이 때문에 법률로써 그 존립 등을 변경할 수 없다. 셋째, 대통령 소속 기관이다. 헌법은 감사원이 대통령 소속하에 있음을 직접 규정하고 있다(제97조).

감사원이 '대통령 소속 기관'이라는 의미가 무엇인지는 명백하지 않다. 그 해석에는 두 가지 문제가 있다.

첫째, '대통령' 소속이라고 할 때 대통령은 '국가원수'로서의 지위인가 또는 '정부수반'으로서의 지위인가? 이 문제에 관해 국가원수로서의 지위라고 보는 견해가 있다. 그렇게 해석함이 감사원의 독립성 보장에 비추어 바람직하다는 것이 이 견해의 취지이다.

그러나 이 견해는 헌법의 체제라는 측면에서 문제를 지닌다. 헌법의 감사원 조항들을 보면 '제4장 정부'의 '제2절 행정부'하에 '제4관 감사원'으로서 위치하고 있다. 감사원은 헌법체제상 행정부의 한 기관으로 설정되어 있는 것이다. 이 점에서 보아 감사원이 국가원수로서의 대통령 소속이라는 해석은 무리이다.

둘째, 대통령 '소속하'에 감사원을 둔다는 법적인 의미가 무엇인가? 일반적으로 어느 기관의 소속하에 있다는 것은 그 기관의 지휘·감독을 받는다는 의미로 이해된다. 그러나 감사원이 대통령 소속이라는 것은 그런 뜻으로 볼 수 없다. 감사원 직무의 독립성 때문이다. 감사원법은 "감사원은 대통령에 소속하되, 직무에 관하여는 독립의 지위를 가진다"고 규정하고 있다(제2조 제1항).

그렇다면 감사원이 대통령 소속이라는 의미는 무엇인가? 단순히 형식적으로 조직체계상 대통령 소속하에 있다는 의미에 그치는가, 아니면 이를 넘는 실질적 의미를 갖는가? 만일 후자라면 그 의미는 무엇인가? 이 문제는 감사 직무의 독립성에 비추어 쉽지 않은 문제이다.

구체적으로 이런 문제가 있다. 감사원법에 따르면 대통령은 광범하게 감사원 직원 임면권 등 인사권을 갖는다. "제18조(직원의 임면) ①사무총장, 고위감사공무원단에 속하는 공무원 및 4급 이상의 공무원은 감사위원회의의 의결을 거쳐 원장의 제청으로 대통령이 임면한다. ②5급 공무원은 원장의 제청으로 대통령이 임면하며, 6급 이하의 공무원은 원장이 행한다."

이 같은 대통령의 감사원 직원 임면권에 대한 헌법적 평가는 관점에 따라 다르다. 감사원이 대통령 소속이라는 점과 감사 직무의 독립성 보장 가운데 어느 것을 중시하느냐에 따라 차이가 있다는 말이다. 양자 가운데 어느 것이 우위에 있는가?

감사원의 대통령 소속이 헌법에 직접 규정되어 있는 점에 비해, 감사 직무의 독립성 보장은 헌법이 아니라 감사원법이라는 법률에 규정되어 있는 점에 비추어보면 전자가 우위에 있는 것처럼 보인다. 이런 관점에 따르면 대통령에게 감사원 직원 임면권을 광범하게 주고 있는 법률조항은 별 문제가 되지 않는 것으로 볼 수 있는지 모른다. 그러나 그렇게만 볼 것은 아니다. 그 근거는 이러하다.

첫째, 감사원에 관한 헌법의 규정들을 보면 감사 직무의 독립성 보장의 취지에서 나온 것임을 알 수 있다. 예컨대, 우선 감사원을 헌법기관으로 설정한 점, 감사원장 임명에 국회 동의를 거치게 한 점, 감사원장과 감사위원의 임기를 헌법에서 명시한 점 등이 그렇다.

둘째, 감사 직무의 독립성은 감사 직무의 고유한 속성 자체에서 나온 것이며, 이 점에서 '헌법 내재적內在的 원칙'이라고 할 수 있다. 비록 헌법에 감사 직무의 독립성을 명시하고 있지 않지만, 독립성 보장은 당연한 헌법상 원칙이라는 말이다.

이런 관점에서 보면, 대통령의 감사원 직원 임면권은 감사 직무의 독립성을 해치지 않는 수준에서 제한되어야 할 것이다. 법률에서 대통령에게 감사원 직원 임면권을 과도하게 광범할 정도로 부여하고 있다면 헌법 취지에 부합하지 않는다. 감사원 직원의 인사권을 감사원 외부에 주는 한, 직무의 독립성을 기대 바라기 어렵다.

감사원제도의 골격

감사원은 합의제 기관이다. 감사 직무의 공정하고 신중한 처리를 위한 취지이다. 감사원 조직은 크게 두 부분, 즉 감사위원회와 사무처로 이뤄진다. 감사위원회는 감사원장을 포함한 5인 이상 11인 이하의 감사위원으로 구성된다. 현행 감사원법에서는 원장 포함 7인으로 구성하고 있다. 감사위원회 의장은 감사원장이며, 재적 과반수 찬성으로 의결한다. 한편 사무처는 원장의 지휘·감독 하에 감사원의 행정사무를 처리한다. 사무처에 사무총장 1명과 그 밖의 직원을 둔다.

감사원은 결산검사권, 회계검사권, 직무감찰권 및 이에 부수하는 권한을 가진다. 우선 감사원은 매년 결산을 검사하여 대통령과 국회에 그 결과를 보고한다.

회계검사는 회계경리의 비위 등 합법성감사legality audit에 그치지 않고, 근래에는 재정 활동의 경제성·효율성 등 성과감사performance audit에까지 확장되는 경향이다.

직무감찰은 행정기관과 그 소속 공무원의 비위 등을 적발하고 나아가 행정운영의 개선을 추구하는 감사 활동이다. 직무감찰도 회계검사와 마찬가지로, 종래 비위 여부 등 합법성 심사 중심이었지만, 근래 성과감사의 영역까지 확대되고 있다. 이것은 세계적 추세이다.

국회는 특정 사안에 대해 감사원에 감사 청구를 할 수 있다(국회법 제127조의 2). 국회의 요구가 있으면 감사를 해야 한다. 한편, 국민들도 직접 국민감사 또는 공익감사를 청구할 수 있다('부패방지 및 국민권익위원회의 설치와 운영에 관한 법률' 제72조; 감사원 훈령 '공익사항에 관한 감사원 감사청구처리에 관한 규정' 제4조).

감사 결과 처리에는 여러 형식이 있다. 변상辨償책임 판정, 징계 요구, 위법·부당한 사실의 시정·주의 요구, 법령·제도·행정상 개선 요구, 업무 개선의 권고·통보 등. 또한 감사 결과 범죄혐의가 드러나면 수사기관에 고발해야 한다.

감사원제도의 유형

세계 주요 국가의 감사원제도는 다음 세 가지 형태로 나뉜다.

첫째, 의회 소속 기관 또는 의회 협력 기관의 형태. 미국, 영국이 이에 속한다. 미국의 감사원Government Accountability Office, GAO은 법률상 어디에도 속하지 않은 독립기관처럼 되어 있지만, 사실상 의회 소속처럼 의회와 긴밀한 협력관계에서 의회 업무를 지원한다. 미국 감사원은 회계검사원General Accounting Office으로 출발했으나, 직무에 대한 합법성감사 및 성과감사 등으로 기능을 확대하면서 기관 명칭도 변경되었다.

영국의 감사원National Audit Office, NAO은 법률상 의회 소속으로 되어 있지만, 사실상 어느 기관에도 속하지 않는 독립기관에 가깝다.

둘째, 어느 기관에도 속하지 않은 독립기관의 형태. 독일, 일본이 여기에 속한다. 독일 감사원Bundesrechnungshof과 일본의 회계검사원은 모두 독립된 헌법기관이다. 본래 회계검사기구로 출발한 독일 감사원도 근래 직무감사를 수행하며 영역을 확장하고 있다.

셋째, 행정부 소속 기관의 형태. 프랑스 감사원Cour des Comptes이 여기에 해당한다. 한국도 물론 이 형태에 속한다. 우리나라 감사원처럼 행정부 소속이면서 회계검사권만 아니라 광범한 직무감찰권도 갖고 있는 감사기구는 세계적으로도 드물다. 그만큼 한국 감사원은 강력한 감사기구이기도 하다.

한편, 한국 감사원은 행정부 소속이면서도 국회의 감사 요구에 대해 의무적으로 감사를 실시하도록 되어 있는데, 이 점에서는 행정부 소속 형태와 의회 소속 형태의 절충 형태라고 할 수 있다. 이런 예는 OECD 국가 중 유일하다.

국가감사기구의 형태를 세계적으로 보면 어떤 형태가 주류인가? OECD 35개 국가 가운데 독립기관이 18개, 의회 소속이 15개를 차지한다. OECD 국가는 모두 하나의 단일한 국가감사기구를 운영하고 있다. 이원화된 감사기구를 두는 나라는 없다.

아시아의 일부 국가는 회계검사기구와 감찰기구를 이원적으로 별도 설치하고 있다. 중국은 종래 국무원 안에 감찰부와 심계서審計署를 두어왔다. 2018년 3월 11일, 중국은 헌법개정을 통해 주석의 임기제한 철폐와 함께 '국가감찰위원회'라는 더 강력한 사정기구를 신설하기로 결정하였다. 중국처럼 베트남도 회계검사기구와 감찰기구를 별도로 두고 있다. 대만은 감찰원監察院을 제4부인

독립기관으로 설치하여, 감찰 업무와 심계審計 업무를 함께 수행하고 있다.

한편, 정부형태가 대통령제냐 의원내각제냐는 감사기구 형태와의 직접 관련성이 미미한 것으로 평가되고 있다.

무엇이 문제인가? 어떻게 고칠 것인가?

2016년, OECD는 한국을 비롯해 미국, 프랑스 등 10개국 감사원을 '선도적 감사원'으로 선정했다. 또한 한국의 감사원은 국제적으로도 실효성 높은 강력한 감사원으로 평가받는다. 그 요인의 하나는 감사원이 대통령 소속이기 때문일 것이다. 이 점에서 일본 회계검사원처럼 국민적 지지를 얻기 위해 텔레비전 드라마 제작을 지원할 필요는 없다.

그렇다면 무엇이 문제인가? 근래 개헌 논의에서 감사원 개편 논의도 거론되고 있다. 그 배경은 두 가지다. 하나는 대통령 권한을 축소하는 방안의 하나로 감사원을 독립시키거나 국회에 소속시키자는 것이다. 다른 하나는 감사원이 대통령 소속하에 있기 때문에 그 직무의 독립성이 저해된다는 우려이다. 이 배경 내지 논거는 모두 나름의 타당성을 지닌 것으로 보인다.

다른 한편, 아울러 고려해야 할 점이 있다. 대통령 소속에서 오는 강점이 있지 않으냐는 관점이다. 한국 감사원이 강력한 힘을 지니는 원천의 하나가 대통령 소속인 만큼, 이를 바꾼다면 그 실효성이 저하될 것이라는 우려가 있다. 대통령 소속이라는 점은 여러모로 감사원에 힘을 부여한다. 우선 감사 과정에서 감사를 받는 피감자被監者의 협력을 이끌어내기 수월하다. 또한 감사 결과를 이행시키는 데에 유리하다.

구체적으로 근래의 개헌 논의에서 감사원 개편의 방향으로 세 가지 대안이 제시되어 있다. 제1안은 감사원을 독립기관으로 설치하는 안이다. 민간기구인 '대화문화아카데미'의 2016년 개헌안에서 이 입장을 취한다. 제2안은 감사원 기능을 분리해 회계검사원 및 감찰원을 각각 독립기관으로 설치하는 안이다. 2014년 국회 '헌법개정자문위원회'가 채택한 안이다. 제3안은 국회 소속의 회계검사원과 행정부 소속의 감사원을 각각 설치하는 안이다. 2009년 국회 '헌법연구자문위원회'의 방안이다.

제2안 및 제3안은 현재의 감사원 기능을 회계검사와 직무감찰로 분리하자는 방안이다. 분리안은 나름의 이점을 안고 있다. 회계검사원을 별도로 설치하면 회계검사 기능이 활성화될 것이라는 기대가 있다. 이 점은 수긍할 만하다. 그러나 분리안은 찬성하기 어렵다. 회계와 직무는 동전의 앞뒤처럼 서로 밀착된 것이다. 마찬가지로 그 감사 역시 서로 얽혀 있다. 특히나 현대의 행정 기능은 예산을 수반하기 때문에 양자가 결합된 사안이 대부분이다. 따라서 감사 기능 역시 회계검사와 직무감찰이 혼재되어 있다.

구체적 실례를 보자. 2015년도 감사원의 부문별 감사 비중을 살펴본다. 감사 부문을 회계검사, 행정사무감사, 대인對人감찰로 나눠보면, 회계검사 15.1퍼센트, 행정사무감사 12.1퍼센트, 대인감찰 9.9퍼센트로 나타나며, 회계검사와 행정사무감사의 중첩 영역이 62.9퍼센트를 차지한다. 여기에서 보듯, 회계검사와 직무감찰을 통합적으로 수행할 때 효율적인 종합 감사가 가능하다.

또한 분리안을 택하는 경우, 감사기구 간의 경쟁으로 말미암아 과잉 감사가 행하여지기 쉽고, 이에 따라 피감자로서는 중복 감사로 인한 폐해가 증가할 우려가 있다. 구미의 국가감사기구들이 회계검사 기능과 더불어 점차 직무감사 및 성과감사의 영역에로 감사 영역을 확장시켜온 것은 이 때문이다.

특히 분리안 가운데 제3안, 즉 회계검사기관을 국회 소속으로 하는 안은 국회 소속에 따른 장단점을 지닌다. 국회의 결산심의 기능이 충실해지는 이점이 있는 반면, 독립성 측면에서는 상당한 문제점을 지닐 것이다. 국회의원들로부터의 영향력이 적지 않을 것이기 때문이다.

종합해보면 제1안, 즉 독립기관 형태가 바람직하다. 다만 감사원의 힘이 약해질 우려가 적지 않다. 이것은 모든 독립기관, 특히 '칼자루나 돈가방' 같은 집행 수단을 갖지 못한 모든 독립기관이 안고 있는 취약점이다. 결국 독립기관으로서의 감사원은 국민만 바라볼 수밖에 없다. 국민의 신뢰에 바탕을 두고 힘을 기르는 데에는 시간이 걸릴 수밖에 없다.

덧붙일 점이 있다. 감사원장의 임기 문제다. 직무의 독립성, 정치적 중립성을 지키자면 정권 변동과 관련 없이 직무를 수행할 수 있어야 한다. 그러자면 임기를 장기화해야 한다. 지금의 감사원장 임기는 4년이며 한 번 중임할 수 있다. 외국의 예를 보자. 미국 15년, 독일 12년, 영국 10년, 캐나다 10년, 일본 7년으로 되어 있다.[1]

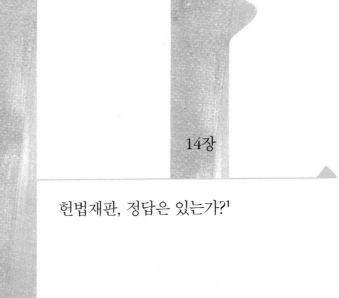

14장

헌법재판, 정답은 있는가?[1]

법은 확정적인가?

재판은 수학인가?

2013년 11월, 세칭 '두 개의 판결문 사건'이 일어났다. 이 사건 피고인은 경찰관 폭행혐의로 1심에서 징역 10월의 형을 선고받은 후 항소했다. 항소심 공판이 서울중앙지방법원에서 열렸다. 피고인 최후진술이 끝난 뒤, 해프닝이 벌어졌다. 재판장이 "판결문을 두 개 써왔다"고 말한 다음, 징역 10월, 집행유예 2년으로 감형 선고했다. 재판장이 주심 판사와 상의한 뒤 항소기각 판결문과 집행유예 판결문 가운데 후자를 골랐다는 사실이 뒷날 밝혀졌다.

항소심에서 감형하는 사례는 드물지 않다. 그러나 판사의 법정 언행으로서 부적절했다는 비판이 따랐다. 그뿐만 아니라, 합의부 재판에서 합의 과정의 공개를 금지한 법원조직법 위반이라는 지적까지 나왔다. 이 사건을 두고 한 유력 신문에 이런 칼럼기사가 실렸다.

14장 헌법재판, 정답은 있는가?

몇 해 전 만난 법조계 원로의 말을 떠올렸다. 법원 고위직을 거치며 30년 넘게 재판을 한 그는 "재판은 수학과 같다"고 했다. "수학에서 1 더하기 1은 2이지 3이 될 수 없는 것처럼 재판이 추구하는 정답도 오로지 하나일 뿐 둘이 될 수 없다."[2]

과연 재판에서 수학처럼 정답은 하나인가? 그런 주장의 역사는 오래다. 일찍이 19세기 말, 미국 로스쿨 교육을 정립했다고 일컬어지는 랭델Christopher Columbus Langdell(1826-1906)이 그 일례다. 1870년부터 25년간 하버드 로스쿨 학장이던 그는 법을 수학의 공리처럼 일정한 원리들로 구성된 것으로 보았고 법학을 과학으로 이해하였다.

이 같은 형식주의적 법이론은 곧 반론에 부딪쳤다. 미국 대법원의 전설인 홈스 대법관은 랭델류의 법사상에 강한 일격을 가했다(그의 파격적이고 전향적인 저술에 대해서는 앞에서도 언급했다. 프롤로그, '헌법은 헌법해석'). 홈스는 판사가 되기 전 하버드 로스쿨 교수 취임을 앞두고 출간한 저서 『보통법The Common Law』(1881)에서 이렇게 말했다.

법의 생명은 논리가 아니라 경험이다. … 법은 한 국가의 수세기에 걸친 발전의 이야기를 체화體化하고 있으며, 마치 수학 책에서의 공리들과 그 추론들처럼 다루어질 수는 없다.[3]

홈스는 후일 『법의 길』에서 더 나아갔다. 매사추세츠 대법원장 시절 보스턴 로스쿨에서 행한 강연에서 그는 이렇게 갈파했다.

"확실성이란 일반적으로 환상일 뿐이다."[4] 과연 법은 숫자이고 재판은 수학인가, 아니면 법과 재판의 확실성은 환상일 뿐인가?

법발견인가, 법창조인가

재판의 일차적 관건은 사실事實 인정의 문제다. 사실 인정 차원에는 정답이 있다. '갑이 을을 살해하였는가, 아닌가'의 문제에는 엄연히 객관적인 정답이 존재한다. 다만 증거에 입각해 도달하는 '사법적 사실', 곧 법원이 인정한 사실이 반드시 '역사적 사실', 곧 정답이 아닐 때가 있을 뿐이다. 그러나 사실 인정의 과정에 정답이 있더라도 아직 재판에 정답이 있다고 단정하기는 이르다. 법해석·적용의 과정이 남아 있기 때문이다. 법해석·적용에도 정답이 있는가?

법규정 가운데에는 '임기 5년', '100킬로미터 속도제한' 규정처럼 명확하게 보이는 규정도 있지만, '공공복리', '신의성실'처럼 극히 추상적인 규정도 있다. 나아가 추상적이지 않고 일견 명백하게 보이는 규정도 실제 사건에 부딪치면 애매해지는 경우가 적지 않다. 세칭 '땅콩 회항回航' 사건도 그런 일례다. 항공법의 '항로변경'에 관한 규정이 지상에서의 비행기 이동에도 적용되는지가 중요 쟁점이었다. 1심 법원은 항로변경에 해당한다고 보아 유죄로 판결했지만, 항소심 법원은 무죄라고 보았다(2015.5.22.). '지상 이동은 항로변경이 아니다'라고 달리 해석한 것이다. 최종 대법원 판결은 대법관 전원합의체에 의해 내려졌다. 항소심 판결을 그대로 인용했지만 3인 대법관은 반대의견을 냈다. 지상 이동에도 항로변경 규정이 적용된다고 본 것이다(2017.12.21.). 이런 사례는 언제 어디서

나 드물지 않다.

법해석의 여러 가능성이 생길 때, 어떻게 할 것인가. 법제정자의 의도intention에 따르자는 주장이 있다. 법제정자가 무슨 의도로 해당 법조항을 만들었는지를 찾아보고 거기에 따르자는 것이다. 이른바 '제정자 의도설'이다. 이 주장에는 나름의 미덕이 있다. 법해석의 객관성을 지킬 수 있다는 점이다. 그러나 이내 여러 의문이 떠오른다. 제정자가 누구를 지칭하는지부터 간단치 않으며, 특정한 조항을 설치한 제정자의 의도가 무엇인지 확인하는 일은 쉽지 않다. 의도 자체가 불명하거나 아예 없을 수도 있다. 예컨대, 헌법의 언론·출판의 자유 조항은 인터넷의 출현을 예상 못하던 시대에 만들어졌다. 이런 경우에는 제정자의 의도가 부재하다.

나아가 더 큰 의문이 생긴다. 왜 제정자의 의도에 구속되어야 하는가. 제정자의 의도에 매이기보다는 후세의 새로운 시대 상황에 맞추어 법의 의미를 새롭게 살리는 해석이 더 바람직하지 않은가.

제정자 의도설에 따르면 법해석의 본질은 법의 의미를 찾아내는 것, 곧 법발견이다. 그러나 앞에서 보았듯이 이 주장은 유지되기 힘들다. 여기에서 '법창조설'이 등장한다. 법해석은 법의 발견이 아니라 새로운 법을 만들어내는 법창조라고 본다. 그러나 법해석에 법창조적 성격이 내재함을 인정하더라도 이를 무한정 인정할 수는 없다. 극단적으로 가면 자칫 법의 해체에 가까워질 수도 있다. 결국 중간적인 절충적 입장에 서지 않을 수 없다. 뒤에서 자세히 살피는 법철학자 드워킨의 해석론은 근래의 대표적인 절충적 해석이론이다.

이처럼 어떤 법해석의 방법을 취할지는 어려운 문제이지만, 법해석에 여러 가능성이 있고 선택의 여지가 남을 때 어떤 해석 방법에 의하든 하나를 선택할 수밖에 없다. 선례가 있으면 그에 따르지만, 선례가 없는 경우도 있고, 드물지만 선례 변경의 필요가 있는 경우도 있다. 보통의 단순한 사건이 아닌, 넓은 해석의 여지가 남는 '어려운 사건'에서 법해석의 선택 폭은 더 넓어 보인다. 다양한 법해석의 가능성이 있다면 그 가운데 하나를 선택할 수밖에 없다. 이 선택은 재량적인 것인가? 아니면 어느 하나만이 정답인가? 만일 선택이 재량적이라면 어떤 선택을 하든 그 선택은 법에 부합한다. 그렇지 않고 어느 하나만이 정답이라면, 당연히 다른 선택은 틀린 선택이다.

요컨대, 만일 법해석의 정답이 존재하지 않는다면 재판에 정답이 없다는 결론이 된다. 과연 법해석의 정답은 존재하는가? 재판에 정답이 있는가?

법의 불확정성: 비판법학

법해석과 재판에 정답이 없다는 주장은 홈스의 후예들에 의해 줄기차게 제기되어왔다. 그 선봉은 1980년대 이후 이른바 '법의 불확정성legal indeterminacy'을 강조한 비판법학critical legal studies이었다. 비판법학은 1970년대 후반 미국 법학계의 이단처럼 등장한 법학 '운동'이다. 이 운동의 주도자들은 1960년대 명문 로스쿨 학생으로서 흑인민권운동이나 베트남전 반전운동에 적극 가담했던 경험을 공유하고 있었고 이후 대부분 로스쿨 교수로 진출한 젊은이들이었다. 이들이 단일한 이론체계를 가지고 있던 것은 아니었지만, 공통된 기본 과제가 있었다. 기존의 지배적인 주류 법이론을 그 근본에서부터 비판하고 그 정체를 폭로debunk하자는 것이었다. 이들은 그 표적을 자유주의적 법이론liberal legalism, legal liberalism이라고 불렀다. 자유주의 법이론에 대한 이들의 비판에서 공통된 몇 가지를 추출해볼 수 있다.

첫째, 법적 논증legal reasoning은 궁극적으로 불확정적이라고 본다. 자유주의 법이론에서 여전히 지속되는 개념주의적, 형식주의적 법관념을 배격하고, 법과 법적 논증의 불확정성을 강조한다. 성문법이든 판례법이든 법규범이 특정한 결론을 결정짓는 것은 아니며, 개개 사건에서 표준적인 법적 논증을 통하더라도 전혀 상반된 결론이 나올 수 있다는 것이다. 법적 논증에서 객관적으로 옳은 결과란 있을 수 없고, 궁극적으로는 상이한 가치들 사이의 선택이 불가피하다고 본다.

다만 비판법학운동 내부에서도 강온의 차이는 있다. 온건파 입장, 예컨대 로베르토 웅거Roberto Mangabeira Unger(1947-)의 경우, 법해석에 가치 선택이 불가피함을 인정하면서도 법의 존재의미를 전혀 부정하는 데까지는 나아가지 않았다.* 반면 강경한 일파들은 극단적으로 나아갔다. 이들은 법적 담론의 핵심적 개념들은 '빈

---

* 웅거는 독특한 법학자다. 브라질 출신으로 23세에 하버드 로스쿨 조교수가 되어 법철학 강의를 시작했다. 미국 대통령 오바마Barack Obama(1961-)는 그의 제자였다. 웅거는 오바마를 지지했지만 그가 재선에 나섰을 때는 지지를 철회했다. 브라질 룰라Lula da Silva(1945-) 대통령 당시 전략문제장관을 맡았고 그 후 브라질에서 실험적 정치 활동을 벌이기도 했다. 근년에 종교론과 우주론을 다룬 저서들을 출간했다.

그릇empty vessels'일 뿐이며, 재판 같은 법적 결정의 궁극적 토대는 사회적·정치적 판단이라고 본다[5](일례로, '신의성실의 원칙'을 규정한 한국 민법 제2조를 보면 좋을 것이다. 제2조 ①권리의 행사와 의무의 이행은 신의에 좇아 성실히 하여야 한다. ②권리는 남용하지 못한다).

심지어 미국의 저명한 법학 교수의 입에서 이런 주장까지 나왔다. 미국 헌법 수정 제14조의 평등 조항("… equal protection of laws")에 대해 사유재산제 폐지의 사회주의적 입장에서 해석할 수 있다는 것이다. 이런 주장은 헌법전 전체의 맥락과 헌법제정자의 의도를 도외시하고 해석자 자신의 주관적 가치관을 삽입한 것임은 말할 것도 없다. 이런 일탈적 해석을 감행한 터쉬넷이란 사람이 하버드 로스쿨의 헌법학 교수라는 점에서 고개가 더 갸우뚱해진다. 터쉬넷의 해석은 한마디로 법 텍스트의 해체에 가깝다.

둘째, 비판법학은 근본적으로 '법은 정치다'라고 본다. 이에 따르면 법은 정치와 분리될 수 없고, 법적 논증은 객관적이거나 중립적인 과정이 아니다. 법적 결정은 곧 정치적 결정이다.

셋째, 법은 기존의 위계적 구조를 정당화하는 도구라는 것이다. 법은 자신의 논리와 구조를 가지고 있지만, 이것은 기존의 권력관계에서 형성된 것이다. 법은 기본적으로 현상유지 기능을 한다고 본다.

법의 개방적 구조

법과 법해석의 불확정성은 비단 일부 과격한 이론가들의 주장만은 아니다. 영미 주류 법철학의 거목으로, 법실증주의legal positivism

14장 헌법재판, 정답은 있는가?

의 맥을 이어왔던 하트H.L.A Hart(1907-1992) 역시 유사한 입장이다. 그의 이 주제에 관한 소견은 매우 분석적이다. 그의 대표작『법의 개념The Concept of Law』(1961)에서 이른바 '법의 개방적 구조'에 관한 부분을 간추려본다.

규칙의 영역만이 아니라 모든 경험적 영역에서, 일반적 언어가 제공할 수 있는 지침에는 언어의 본질에 내재하는 한계가 있다. 해석의 규준規準, canons은 불확실성을 축소시킬 수 있을 뿐이지 이를 제거할 수는 없다. 이들 규준 자체도 언어 사용에 관한 일반적 규칙이며, 그 자체가 해석을 요구하는 일반적 용어들을 사용하고 있기 때문이다. 간단한 사건a plain case, 즉 해석을 필요로 하지 않는 일반적 용어들이 사용되고 있는 경우, 그리고 그런 경우를 인식하는 데에 아무 문제가 없거나 자동적인 경우들은 오직 익숙한 경우들이다. 예컨대 '탈 것vehicle'이라고 표현하는 경우, 자동차는 그 탈 것이다. 이것은 유사한 상황에서 지속적으로 재발하는 경우이며, 이 경우에는 일반적 용어들의 적용 가능성에 관한 판단에 일반적 합의가 있다.
그러한 익숙한 경우가 아니라면 일반적 용어의 적용에 찬반이 갈리는 경우가 생기고(자전거나 비행기 또는 롤러스케이트는 '탈 것'인가?), 이 경우에는 개방된 여러 대안들 사이에서 선택할 수밖에 없다. 이를 해결해야 할 사람이 할 수 있는 것은 당해 사건이 간단한 사건과 '여러 관련된 점에서' '충분히' 유사한지 여부를 고려하는 것이다. 이렇게 언어에 의해 그 사람에게 남겨진 재량은 매우 넓을 수 있으며, 그가 규칙을 적용하는 경우 그 결론이 자의적이거나 비합리적이지 않더라도 결과적으로 그것은 선택인 것이다.

선례이든 또는 입법이든, 행동 기준의 소통을 위한 모든 장치는 아무리 수많은 보통 사건들에서 부드럽게 작동하더라도, 그 적용이 문제되는 어떤 지점에서 불확정적indeterminate임이 드러날 것이다. 이른바 '개방적 구조open texture'를 갖는 것이다.

이같이 개방적 구조를 갖는 언어에 의존한다는 점을 떠나서 보더라도, 선택은 불가피하다. 왜냐하면 우리는 사람이지 신은 아니기 때문이다. 우리가 어떤 영역의 행위들을 일반적 기준에 의해 미리 전원합의로 규율하려고 할 때, 특정한 개별적 경우에 더 이상의 공식적 지시 없이 이를 규율하려고 한다면, 언제나 두 가지 서로 연관된 핸디캡에 부딪치게 된다. 이것은 인간적 한계가 갖는 속성이고, 입법 또한 마찬가지다. 그 첫째 핸디캡은 사실fact에 관한 우리의 상대적 무지이다. 만일 우리가 살고 있는 이 세계가 한정된 수의 속성들로 이루어지고, 그 속성들의 모든 결합 양식과 더불어 이것들이 우리에게 알려져 있다면, 모든 가능성에 대비한 규정이 미리 만들어질 수 있을 것이다. 이것은 '기계적' 법학에 적합한 세상이다. 그러나 그것은 분명 우리가 사는 세상이 아니다. 사람인 입법자는 미래에 닥칠 모든 상황들을 미리 알 수 없다.

이 핸디캡은 두 번째 핸디캡을 가져온다. 즉 목표aim의 상대적 불확정성이다. 어떤 일반적 행동규칙을 설정하려는 경우(예컨대 '공원 안에서 탈 것을 금지한다'), 분명히 금지 범위 안에 일정한 범위의 분명한 예들(자동차, 버스, 자전거)이 있고, 입법의 목표는 여기까지 확정적이다. 공원 안에서 이런 탈 것들을 배제하고 평온과 조용함을 유지해야 한다는 선택을 했기 때문이다. 반면, 처음에 상정하지 않았거나 할 수 없었던 사항들(예컨대 전기로 작동하는 장난감 자동차)에 관한 한, 공원 안에서의 평온 유지라는 일반적 목표는 아직 불확정적인 것이다. 왜냐하면 어린이들의 즐거움과 재미를 희생하면서까지 공원의 평온을 지킬 것인지의 문제는 해결하지 않았기 때문이다. 이 경우에 서로 상충하는 이익들 사이에서 선택을 해야 하고, 이 선택을 통해 우리의 처음 목표는 더 확정적으로 된다. 형식주의formalism 또는 개념주의conceptualism라고 불려온 법이론의 해악은 그런 선택의 필요성을 숨기거나 최소화하려는 태도에 있다.

모든 법체제는 두 가지 사회적 필요성 사이에서 타협한다. 그 하나는 확실한 규칙의 필요성이다. 다른 하나는 후일의 선택에 따라 개방적으로 남겨두는 필요성이다. 이 문제에 관한 법이론들은 법적 규칙의 불확정성the indeterminacies of legal rules을 무시하거나 또는 과장하기 일쑤이다. 이 양 극단을 오가는 것을 피하기 위해서는, 불확정성의 뿌리에 있는 인간의 미래 예측 무능력이 행위 영역에 따라 그 정도가 다르며 법체제는 여기에 여러 기법으로 대응하고 있음을 재확인할 필요가 있다. 그 기법의 하나는 입법자가 매우 일반적인 기준을 설정하고 행정입법에 위임하는 것이다. 이것은 개별적 사건들의 특성이 사회적으로 중요하면서도 예측 불가하게 변화하기 때문에 미리 통일적 규칙들을 마련할 수 없는 경우에 사용된다.

다른 하나의 기법은 무엇이 '합리적'인가에 관한 통상적 판단을 법에서 사용하는 것이다. 이 기법은 다음과 같은 경우에 사용된다.

즉 통일적으로 하거나 하지 말아야 할 일단의 행동을 특정하여 하나의 규칙으로 규율하기는 불가능하지만, 그런 상황의 범위가 가변적이면서도 보통 경험하는 익숙한 속성들인 행동 영역에서이다. 이 기법은 사회적 요구들 간에 합리적 형량衡量, balance을 이루어내야 할 과제를 개인들에게 남겨두되, 법원의 수정에 따르도록 하는 것이다. 영미법에서 이런 기법의 가장 유명한 예는 과실過失, negligence에 관한 사건에서 '적정한 주의due care'라는 기준을 사용하는 것이다. 이런 기법들은 단지 주변적인 개방적 구조만 남겨놓고, 광범한 행위 영역을 처음부터 규칙에 의해 성공적으로 통제할 수 있음을 드러내 보인다.

법의 개방적 구조가 의미하는 것은, 사건마다 무게가 다른 경쟁적 이익들을 상황에 비추어 형량하는 법원 또는 공무 담당자들에게 많은 것을 맡겨야 할 행위 영역들이 정말로 존재한다는 점이다. 그럼에도 불구하고, 대부분의 경우에는 확정적 규칙들에 의해 공무 담당자들 및 사인私人들 양자에게 지침을 줄 수 있다는 데에 법의 생명이 존재한다. 이 확정적 규칙들은 가변적 기준들의 적용과는 달리, 사건마다 새로운 판단을 요구하지 않는다. 사회생활에서의 이 뚜렷한 사실은 구체적 사건에서 (성문법이든 선례에 의한 것이든) 어떤 규칙의 적용 가능성에 관한 불확실성이 불거져 나올지라도, 여전히 진실로 남아 있다. 바로 여기 규칙들의 가장자리, 그리고 선례 이론에 의해 개방된 채 남아 있는 영역에서 법원은 규칙 생산rule-producing 기능을 수행한다. 선례구속의 원칙stare decisis이 인정되는 법체제에서 법원의 이 같은 기능은 행정기관에 의한 위임명령제정권

과 매우 흡사하다.[6]

위에서 정리한 하트의 견해는 법의 개방적 구조가 단지 언어의 문제가 아니라 근본적으로 인간 능력의 한계에 뿌리박고 있다고 지적한다. 또한 법의 불확정성 문제에 대한 대응에 있어서 형식주의만이 아니라 그 반대의 극단 역시 경계한다는 점에서 주목할 만하다. 근본적으로 하트의 이론은 법의 불확정성을 부인하지 않으면서도 법의 존재의미를 옹호하는 논리로서 상당한 설득력을 지닌다.

헌법 해석·적용의 특수성

헌법은 강한 이념성, 추상성, 정치성을 갖는다. 법률, 명령 등 다른 어떤 법형식보다도 원리 성격의 규정들로 가득하다. 때문에 헌법의 해석·적용의 불확정성은 크게 증폭된다. 헌법재판에서 재판관들 의견이 갈리는 경우가 많을 수밖에 없다.

일례를 보자. 형법의 간통죄 처벌 조항이 위헌인지 여부에 관해 헌법재판소 결정은 변경을 거듭해왔다. 2015년 2월 27일, 결국 헌법재판소는 재판관 7대 2의 의견으로 형법의 간통죄 처벌 조항이 위헌이라고 결정했다. 이 조항의 위헌 여부에 관한 이전의 다섯 차례 결정 가운데 처음 네 차례 결정에서는 합헌결정이 내려졌고, 그다음 다섯 번째 결정, 즉 2015년의 위헌결정 직전의 결정에서는 위헌 의견이 5명으로 다수였지만, 위헌 정족수 6명에서 1명이 모자랐다. 그렇다면 과연 정답은 무엇이었나? 최종 위헌결정이 정답이고, 과거의 결정들은 틀린 결정이었나? 아니면 과거엔 합헌 결정이 정답이었고, 이제는 위헌결정이 정답인가? 그것도 아니라면 정답이란 애당초 존재하지도 않았던 것인가?

근본모순론

비판법학의 핵심 인물 중 하나로 하버드 로스쿨 교수 던컨 케네디 Duncan Kennedy(1942-)가 있다. 그의 자유주의 법체계 비판은 이른바 근본모순fundamental contradiction이론에 입각한다. 그 요체는 이러하다.

> 자유주의적 공동체의 원리들 사이에는 서로 병존할 수 없는 근본 모순이 있다. 개인의 자율과 공동체의 힘 사이, 자유와 안전 사이에 는 근본모순이 존재한다. 자유주의적 법원리의 일부는 개인주의적 이고 이기적 이념으로부터 나온 것인 데 반하여, 다른 일부는 공동 체주의적이고 이타주의적 이념에서 나온 것이다. 이들 상호 간에 는 필연적으로 근본적 모순 관계가 존재한다.
>
> 개인의 자유는 이를 성취하기 위한 공동체의 강제에 의존하는 동 시에 이것과 양립할 수 없다. 특히 사법私法의 여러 법적 원리는 일 관되어 있지 못하며 상호 모순적인 가치들을 옹호하고 있다. 개인 주의와 이타주의, 자유주의와 집단주의의 갈등이 법원리의 전개과 정에 반영되어 있다. 이 같은 모순은 모든 사회문제에 편재한다. 모 든 법적 문제들은 하나의 단순한 딜레마, 즉 개인적 자기결정에 대 립하는 집합적 자기결정은 어느 정도가 적절한가의 문제로 환원될 수 있다.[7]

14장 헌법재판, 정답은 있는가?

비판법학의 또 다른 중심인물인 로베르토 웅거도 근본모순론을 채택한다. 역시 하버드 로스쿨 교수인 그는 근대 계약법이 상호 모순된 일단의 이념들 사이의 갈등의 표현이라고 보면서, 나아가 현존의 법원칙들은 이러한 모순의 존재를 가리고 부인하는 역할을 하고 있다고 말한다.

예를 들어 민법의 최고 원리로 '법률행위 자유의 원칙', 또는 '계약 자유의 원칙'이 있지만, 이와 대립하는 다른 최고 원리도 병존한다. 예컨대 한국 민법 제103조의 다음과 같은 규정도 그 일례이다. "선량한 풍속 기타 사회질서에 위반한 사항을 내용으로 하는 법률행위는 무효로 한다."

어느 비판법학자에 관한 에피소드 한 토막이다. 비판법학이 강한 목소리를 내던 당시, 필자가 한 젊은 미국 로스쿨 교수에게서 들은 이야기다. 비판법학에 관한 의견을 물었더니 비판법학자들은 다분히 위선적이라는 대답이 돌아왔다. 그러면서 이런 일화를 곁들여 들려줬다. 비판법학의 강경파 던컨 케네디가 하버드 로스쿨 도서관 행정책임을 맡았을 때 직원들에게 매우 고압적이고 관료적이었다는 것이다. 도처에서 말과 행동의 거리를 볼 수 있다.

정답은 뚜렷한가?

'정답은 있다': 드워킨의 재판이론

'어려운 사건'에도 정답이 있다는 주장이 있다. 로널드 드워킨은 이런 입장의 대표적 이론가이다. 그는 앞서 언급한 하트와 더불어 영미 법철학의 쌍벽을 이루어왔다. 하트가 법실증주의legal positivism 의 대표 학자였다면, 드워킨은 비非실증주의 법철학의 거물이었다.

법실증주의가 무엇인지는 그 이해가 다양하지만 일정한 공통 요소를 찾아볼 수 있다. 경험적으로 인식할 수 있는 법, 곧 실정법 만을 법으로 인정할 수 있으며, 이른바 자연법처럼 실정법을 초월 하는 보편적 법의 존재는 인정할 수 없다는 것이다. 일반적으로 법 실증주의에 따르면 첫째, 법은 인간이 정한 것 특히 인간이 명령한 것이고, 둘째, 법과 도덕은 구별되며 양자 사이에 필연적 관계가 있는 것은 아니다. 즉 '있는 법'과 '있어야 할 법'은 구별해야 한다. '나쁜 법'이라고 해서 법이 아니라고 할 수는 없다. 대체로 법실증 주의자들은 법해석의 본질을 단순히 법의 인식이라고 본다.

14장   헌법재판, 정답은 있는가?

비실증주의자인 드워킨의 법철학에서 중심을 이루는 것은 재판이론이다. 그는 어떤 논거로 애매하게 보이는 어려운 사건에서도 정답이 있다고 주장하는가. 먼저 그의 초기작인 논문집『권리존중론*Taking Rights Seriously*』(1977)에 나타난 재판이론을 요약해본다.

기존의 재판이론에 따르면 어려운 사건, 즉 기존의 규칙들이 어느 쪽으로도 결정을 지시하지 않을 때 판사는 어느 쪽으로든 결정할 재량discretion을 갖는다. 이 이론은 이런 식으로 전개된다. 우선 판사는 다른 기관이 이미 만들어놓은 법을 적용해야 하며, 그들이 새로운 법을 만들어서는 안 된다. 그렇지만 이것은 이상일 뿐이며, 여러 이유로 실제로는 완전히 실현될 수 없다. 성문법률이나 판례상의 규칙들은 애매한 경우가 많으며 이를 적용하기 이전에 해석하지 않으면 안 된다. 때로는 기존의 규칙들을 확대하거나 재해석하더라도 해결할 수 없는 신기한 사건들이 발생한다. 이런 경우 판사는 은밀하게 또는 명시적으로 새로운 법을 만들지 않으면 안 된다. 이 경우에 판사는 '입법자의 대리인'으로서 행동해야 한다. 즉 입법자가 그 문제를 다루었다면 입법하였으리라고 생각하는 식으로 법을 만들어야 한다. 또한 판사는 입법자의 대리인으로서만이 아니라 '부副입법자'로서 행동한다. 즉 입법자가 입법 시 고려하는 이유들에 근거하여 법을 만드는 것이다. 입법자는 입법을 할 때 원리를 고려할 뿐 아니라 정책을 고려한다. 정책은 원리와 구별된다. 정책은 공동체가 도달할 목표를 제시하며, 보통 경제적, 정치적 또는 사회적 요소들의 증진으로 표시된다. 결국 어려운 사건에서 입법자에 종속하여 행동하는 판사의 결정은 정책 또는 원리에 의해서 나올 수 있다.

이 같은 기존의 재판이론은 부적절하다. 어려운 사건에서 재량적으로 법을 새로 만들어 이를 소급적으로 적용할 것이 아니라, 어려운 사건에서도 정답을 찾는 것은 판사의 의무이다. 그 정답은 당해 사건에 관련된 법원리를 고려하여 도달할 수 있다.[8]

어려운 사건에서 판결은 정책이 아니라 법의 일부인 법원리에서 나올 수 있다는 것이 드워킨의 새로운 재판이론이다. 이것은 어떻게 가능한가? 그의 대표작이라 할 『법의 제국Law's Empire』(1986)에서 전개되고 있는 그의 법해석이론을 아래에서 요약한다.

법이 무엇인지는 법이라는 대상의 해석에 달려 있다. 기존의 규칙이나 선례에 의해 명백한 대답이 나오지 않는 '어려운 사건'에서 올바른 하나의 정답은 존재하는가? 이런 경우 판사는 실제로 법 밖에서의 어떤 기준에 따라 결정을 하게 되고, 올바른 해답보다는 여러 해답이 있을 뿐이라고 생각하는 것이 보통이다. 그러나 어려운 사건에도 정답은 있다.

규칙만이 아니라 원리도 법의 일부라고 할 수 있다. 법원리는 전체로서의 법 안에 투영된, 한 공동체의 도덕적, 정치적 가치이며, 이것은 구체적 규칙 뒤에서 적용 규칙을 지시해준다. 어려운 사건에서 판사는 제 마음대로 사법적 재량을 행사하는 것이 아니라 지도적인 법원리에 비추어 규칙을 해석한다. 법원리는 순수하게 판사의 재량적인 발명품이 아니라 그 자체의 역사를 통해 발전·적용·해석되어온 것이다.

법원리의 적용 과정에서 판사가 약간의 재량적이고 창조적인 판단을 내리는 것은 부인되지 않는다. 그러나 판사가 법을 '만드는' 것은 아니다. 그는 기존의 규칙의 토대 위에서 결정을 내리는 것이며, 이 규칙은 법원리를 표현하는 것이자 동시에 법원리에 의해 지도된다.

판사의 임무는 전체로서의 기존의 법체계의 내용을 이해하고 그의 최대한 능력으로 이를 구체적 판단을 통해 실현시키는 것이다. 이 과정에서 창조적 성격이 존재하지만, 그것은 입법자의 그것과는 다르다. 입법자는 정책에 의해 움직이는데, 이 정책은 공동체의 목표를 달성하기 위한 기준이며 법체계 밖에서 법을 지시하는 것이다.

널리 해석interpretation에는 세 가지 종류가 있다. 첫째, '과학적' 해석이다. 이것은 대상에 대한 인과적 설명이다. 둘째, '담화적conversational' 해석이다. 이것은 발언자의 의도에 비추어 의미를 부여하는 목적적 설명이다. 셋째, '창조적creative' 해석이다. 이것은 일정한 대상을 그 대상이 속하는 장르의 최상의 것으로 만들기 위해 그 대상에 목적을 부여하는 것이다. 예술작품이나 사회적 관행practice에 대한 해석이 여기에 해당하며, 법의 해석도 여기에 속한다. 창조적 해석은 해석자의 목적과 대상 사이의 상호작용을 통한 형성적constructive 해석*이다.

---

* '구성적' 해석이라고 번역되기도 한다.

형성적 해석에서 열쇠가 되는 것은 '통합성으로서의 법law as integrity' 관념이다.* 법에 있어서 통합성은 일관성coherence을 바탕으로 하면서 실질적인 도덕적 이념인 정의, 공정성, 적정 절차를 추구하며, 이들 사이에 긴장이 있더라도 이를 융합하는 이념이다.

판사의 임무는 여러 작가들이 연쇄하여 작품을 이어가는 옴니버스 소설에서 한 장章을 맡은 작가의 임무에 비유할 수 있다. 허큘리스Hercules(가상의 이상적인 판사)는 통합성의 이념에 따라 일련의 일관된 원리들 속에서 공동체의 정치적 구조와 법원칙에 대한 최상의 형성적 해석을 찾아내려 한다. 이 과정에서 허큘리스의 두 가지 차원의 판단이 개입한다. 그 하나는 부합성fit에 관한 것이다. 부합성이란 법해석이 구체적 규칙과 다른 판결들을 포함한, 주어진 법적 사실들에 부합해야 함을 뜻한다. 이 점에서 이것은 사실 차원의 판단이며, 법해석이 거쳐야 할 첫 번째 판단이다. 다른 하나는 정당화justification에 관한 판단이다. 부합성을 갖춘 여러 법해석이 가능한 경우에 하나를 선택해야 하는데, 그 선택은 실질적인 정치철학의 관점에서 공동체의 최상의 구조를 보여주는 방향으로 이루어져야 한다. 이것은 가치의 차원이다. 요컨대 "전체적인 법적 관행을 가장 잘 정당화하는 데에 법은 존재한다." 그리고 "대부분의 어려운 사건에 이성과 상상으로 찾아야 할 올바른 해답은 존재한다."[9]

드워킨은 『법의 제국』에서 비판법학의 '근본모순론'을 강하

---

* 'integrity'를 '정합성' 또는 '통일성'으로 번역하는 학자도 있다.

14장 헌법재판, 정답은 있는가?

게 반박한다. 그는 다음과 같이 비판법학이 두 가지 점에서 오류를 범하고 있다고 비판한다.

첫째, 자유주의적 법원리가 기초하고 있는 자유주의 원리에 대한 이해와 설명이 잘못되어 있다는 것이다. 자유주의 원리에 근본모순이 있다고 주장하는 것은 자유주의에 대한 왜곡된 이해 때문이다. 비판법학자들은 자유주의 원리가 마치 원자론적 개인주의에 입각하고 있는 것처럼 보는데, 이것은 잘못이다. 자유주의자들도 통상적으로 사람들이 타인의 운명에 관심을 갖고 있음을 인식하고 있다.

둘째, 비판법학은 법원리 사이의 경쟁competition과 모순contradiction을 구별하지 못하고 있다는 것이다. 예컨대 사고 발생에 대한 배상책임의 법원리를 보자. 가해자의 결과 예견 가능성의 범위 내에서 책임을 인정하는 원리와 일정한 경우 결과 예견 가능성 여부를 불문하고 책임을 묻는 원리가 대립하고 있는데, 비판법학자들은 이 원리들을 상호 모순적이라고 보고 있다. 전자가 개인주의적 사회관에 입각하고 있는 데 비하여 후자는 집단주의적 사회관에 의거하고 있으며, 그 어느 원리를 택하느냐는 개인적 선호에 달려 있을 뿐이라는 것이다. 그러나 위의 두 원리를 서로 모순적인 사회관에 의거하고 있다고 보는 것은 억지이며 근거가 없다. 위의 두 원리는 손해의 위험을 배분하는 데 있어서 차이가 있을 뿐이며, 그 배분에 관하여 서로 다른 경우에 상이한 원칙을 선택한다고 해서 이것이 도덕적으로 정신분열증적인 것은 아니다. 이들 원리의 공존은 세계의 복잡성에 대한 적절한 대응의 불가피한 측면이다. 법원리들이 때때로 경쟁하지만 모순적인 것은 아니다.

나아가 드워킨에 의하면 법의 이해와 해석에 관하여 일부 비판법학자들은 그 최선의 상태가 아닌 최악의 상태를 보여주려 하고, 실제로 길이 열려 있음에도 닫혀 있는 것처럼 보이게 해서 어떤 밝히지 않는 목적을 위해 새로운 신비화에로 향하고 있다.[10]

원리와 원리의 충돌: 양심적 병역거부 사건

드워킨의 통합성이론과 비판법학의 근본모순론 사이의 대립을 어떻게 볼 것인가? 서로 다른 여러 원리들 사이에 우열의 경쟁은 있으나 양립할 수 없는 모순적 관계는 없는 것인가?

우선 실제 판례의 검토를 통해 가늠해보기로 하자. 논란이 많았던 양심적 병역거부 사건이다. 종교적 신념 등 양심에 반한다는 이유로 입영거부를 한 데 대해 병역법 위반으로 처벌하는 것은 양심의 자유에 대한 위헌적 침해인가?

위헌론에서는 그 헌법적 근거로서 "모든 국민은 양심의 자유를 가진다"는 헌법규정(제19조)을 내세우고, 합헌론에서는 헌법상 보호받는 공익으로서 국가안보를 내세운다. 국가안보라는 공익은 "국민의 모든 자유와 권리는 국가안전보장·질서유지 또는 공공복리를 위하여 필요한 경우에 법률로써 제한할 수 있으며"라는 헌법규정(제37조 제2항 전단) 및 별도로 규정된 "모든 국민은 법률이 정하는 바에 의하여 국방의 의무를 진다"는 헌법조항(제39조 제1항)에 명시되어 있다. 요컨대 한쪽에서는 개인의 양심의 자유 보장이라는 헌법적 원리, 다른 쪽에서는 국가안보라는 공익 보호의 헌법적 원리가 각각 대립하고 있다.

이 대립된 두 헌법적 원리는 서로 상하 우열 관계에 있는 것인가 또는 대등한 수준의 것인가? 만일 대등한 수준이라면, 각기 양립하여 조정할 수 있는 것인가 또는 서로 충돌하는 모순적 관계인가? 헌법재판소의 결정을 보자.[11]

양심적 병역거부자에게 아무 특별한 고려를 하지 않는 병역법 규정이 위헌인가에 관해 7대 2로 합헌결정이 내려졌다. 합헌의견의 재판관들 사이에도 그 이유에 관해 의견이 갈렸다. 합헌의견 7인 중 5인이 다수 의견을 형성했고, 나머지 재판관 2인이 각각 별개 의견을 제시했다. 결국 결정의 이유에 관한 의견은 5대 1대 1대 2로 쪼개진 것이다.

다수 의견과 소수 의견의 갈림길은 대체복무제를 둘러싼 쟁점이었다. 대체복무제는 양심적 병역거부자로 하여금 국가기관, 공공단체, 사회복지시설 등에서 공익적 업무에 종사케 함으로써 군복무를 갈음하는 제도다. 이 제도는 양심과 병역 의무라는 상충하는 법익을 이상적으로 조화시키는 방안으로서 고려되어왔다.

다수 의견에 따르면, "양심의 자유는 단지 국가에 대하여 가능하면 개인의 양심을 고려하고 보호할 것을 요구하는 권리일 뿐, 양심상의 이유로 법적 의무의 이행을 거부하거나 법적 의무를 대신하는 대체 의무의 제공을 요구할 수 있는 권리가 아니다. 따라서 양심의 자유로부터 대체복무를 요구할 권리도 도출되지 않는다." 나아가, "현 단계에서 대체복무제를 도입하기는 어렵다고 본 입법자의 판단이 현저히 불합리하다거나 명백히 잘못되었다고 볼 수 없다"고 결론짓는다.

반면 소수 의견에 의하면, "이 사건 법률조항의 위헌 여부는 국방의 의무를 전제로 입영 대상자들에게 일반적으로 적용되는 이 사건 법률조항에 대해 양심 실현의 자유를 이유로 한 예외를 인정하더라도 국방에 지장이 없는지, 대안으로 논의되는 대체복무제가 부정적 파급효과를 방지하고 평등 문제를 해소할 적절한 대안인지 여부와 이러한 사항들이 모두 인정됨에도 불구하고 입법자가 이를 위한 최소한의 노력도 기울이지 않았는지 여부에 의하여 결정될 것이다"라고 본 뒤, "이 문제에 관한 입법자의 재량 정도에 비추어볼 때, 입법자에게 대안의 마련 등으로 양심의 자유와 병역 의무의 평등한 이행 등의 갈등 관계를 해소하여 조화를 도모할 수 있는 방안을 모색할 의무가 생겼으며 현실적으로 그 이행도 충분히 가능하다고 본다"고 말한다.

결국 소수 의견은 이렇게 결론짓는다. "입법자가 이 사건 법률조항에 의해 구체화된 병역 의무의 이행을 강제하면서 사회적 소수자인 양심적 병역거부자들의 양심의 자유와의 심각하고도 오랜 갈등 관계를 해소하여 조화를 도모할 최소한의 노력도 하지 않고 있다고 판단하므로, 이들에게도 일률적으로 입영을 강제하고 형사처벌을 하는 범위에서는 이 사건 법률조항이 위헌임을 면치 못한다고 생각한다."

요컨대 대체복무제 등 양심적 병역거부자에 대한 특별한 고려를 해야 할 입법 의무의 존부에 관하여 다수 의견과 소수 의견은 상반된 결론을 내리고 있다. 그 근거에 관한 양측 의견은 이렇다.

다수 의견은 "한국의 안보 상황, 징병의 형평성에 대한 사회적 요구, 대체복무제를 채택하는 데 수반될 수 있는 여러 가지 제약적 요소 등을 감안할 때, 대체복무제를 도입하더라도 국가안보라는 중대한 헌법적 법익에 손상이 없으리라고 단정할 수 없는 것이 현재의 상황이라 할 것인바, 대체복무제를 도입하기 위해서는 남북한 사이에 평화공존 관계가 정착되어야 하고, 군복무 여건의 개선 등을 통하여 병역기피의 요인이 제거되어야 하며, 나아가 우리 사회에 양심적 병역거부자에 대한 이해와 관용이 자리잡음으로써 그들에게 대체복무를 허용하더라도 병역 의무의 이행에 있어서 부담의 평등이 실현되며 사회통합이 저해되지 않는다는 사회공동체 구성원의 공감대가 형성되어야 하는데, 이러한 선행조건들이 충족되지 않은 현 단계에서 대체복무제를 도입하기는 어렵다고 본 입법자의 판단이 현저히 불합리하다거나 명백히 잘못되었다고 볼 수 없다"고 한다.

이에 대해 소수 의견은 "우리 군의 전체 병력 수에 비추어 양심적 병역거부자들이 현역집총병역에 종사하는지 여부가 국방력에 미치는 영향은 전투력의 감소를 논할 정도라고 볼 수 없고, 이들이 반세기 동안 형사처벌 및 유·무형의 막대한 불이익을 겪으면서도 꾸준히 입영이나 집총을 거부하여온 점에 의하면 형사처벌이 이들 또는 잠재적인 양심적 병역거부자들의 의무 이행을 확보하기 위해 필요한 수단이라고 보기는 어렵다." "국방의 의무는 단지 병역법에 의하여 군복무에 임하는 등의 직접적인 집총병력형성 의무에 한정되는 것이 아니므로 양심적 병역거부자들에게 현역 복무의 기간과 부담 등을 고려하여 이와 유사하거나 보다 높은 정도의 의무를 부과한다면 국방 의무 이행의 형평성 회복이 가능하다. 또한 많은 다른 나라들의 경험에서 보듯이 엄격한 사전 심사 절차와 사후 관리를 통하여 진정한 양심적 병역거부자와 그렇지 않은 자를 가려내는 것이 가능하며, 현역 복무와 이를 대체하는 복무의 등가성을 확보하여 현역 복무를 회피할 요인을 제거한다면 병역기피 문제도 효과적으로 해결할 수 있다. 그럼에도 불구하고 우리 병역제도와 이 사건 법률조항을 살펴보면, 입법자가 이러한 사정을 감안하여 양심적 병역거부자들에 대하여 어떠한 최소한의 고려라도 한 흔적을 찾아볼 수 없다"고 반박한다.

이처럼 대체복무제 입법 의무의 존부에 관한 양측의 의견 차이는 대체복무제 도입 여건에 관한 사실 인식의 차이에 연유하는 것으로 나타나 있다. 그러나 사실 인식의 차이라는 외견에도 불구하고, 이것이 단순한 사실 인식의 차이에 불과한 것일까? 그 인식의 배후에는 양심의 자유라는 개인적 이익의 중요성과 국가안보라는 공익의 중요성에 대한 가치판단의 차이, 그리고 이에 따른 정책적 판단의 차이가 자리 잡고 있는 것은 아닌가? 사실의 인식과 그 사실에 대한 평가의 배후에 가치판단이 작용하고 있지 않은가? 결국 다수 의견과 소수 의견의 대립은 양심적 병역거부라는 국면에서 근원적으로 상충하는 두 헌법적 이익에 관한 가치판단의 충돌에 기인한다고 볼 수 있지 않은가?*

여기에서 원리들 사이의 경쟁 또는 모순이라는 관점에서 위 판례를 볼 때 특히 다수 의견에서 눈에 띄는 대목이 있다. 다수 의견은 그 의견 전개의 과정에서 다음과 같이 말하고 있다.

> 양심의 자유 중 양심형성의 자유는 내심에 머무르는 한 절대적으로 보호되는 기본권이라 할 수 있는 반면, 양심적 결정을 외부로 표현하고 실현할 수 있는 권리인 양심실현의 자유는 법질서에 위배되거나 타인의 권리를 침해할 수 있기 때문에 법률에 의하여 제한될 수 있는 상대적 자유라 할 것이다. …
>
> 양심실현의 자유의 보장 문제는 '양심의 자유'와 양심의 자유에 대한 제한을 통하여 실현하고자 하는 '헌법적 법익' 및 '국가의 법질서' 사이의 조화의 문제이며, 양 법익 간의 법익형량의 문제이다.
>
> 그러나 양심실현의 자유의 경우 법익 교량 과정은 특수한 형태를 띠게 된다. 수단의 적합성, 최소 침해성의 여부 등의 심사를 통하여 어느 정도까지 기본권이 공익상의 이유로 양보해야 하는가를 밝히

---

* 이익형량利益衡量의 문제는 그 자체 별도의 문제이다. 별도의 문제일 뿐만 아니라 법에 관한 가장 근본적인 궁극의 문제이며, 엄청나게 난해한 문제이기도 하다. 모든 재판이 그렇듯, 헌법재판은 대부분 이익형량의 결과에 따라 갈린다. 헌법재판의 중심인 기본권 제한의 쟁점은 공공적 이익과 개인적 이익 사이의 형량, 곧 공익과 사익 간의 저울질에 따른다.
문제는 그 저울질의 근거가 무엇이냐는 것이다. 객관적으로 측량하기 어려운 이익의 수량을 무슨 방법으로 저울질한다는 것인가? 실제 헌법재판소 결정을 보면, 가장 결정적인 대목인 이익형량의 지점에서 그 근거가 터무니없을 정도로 빈약하다. 재판관의 직감에 의거했다고밖에 볼 수 없다.
이익형량의 근거가 부실함은 꼭 우리나라 헌법재판소만의 문제는 아니다. 나아가 헌법재판만이 아니라 모든 재판이 결국 이익형량에 의거하건만, 그 이익형량의 근거가 충분하기 어려움은 모든 법적 판단이 안고 있는 보편적 문제이다. 그렇다고 하더라도 우리 헌재의 많은 결정에서 이익형량의 근거가 심각하게 부실하다는 점은 깊이 새길 문제이다. 이익형량의 어려움, 특히 화폐가치로 환산할 수 없는 이익형량의 궁극적 어려움에 관해서는 필자가 따로 다룬 바가 있다.[12]

는 비례원칙의 일반적 심사 과정은 양심의 자유에 있어서는 그대로 적용되지 않는다. 양심의 자유의 경우 비례의 원칙을 통하여 양심의 자유를 공익과 교량하고 공익을 실현하기 위하여 양심을 상대화하는 것은 양심의 자유의 본질과 부합될 수 없다. 양심상의 결정이 법익 교량 과정에서 공익에 부합하는 상태로 축소되거나 그 내용에 있어서 왜곡·굴절된다면, 이는 이미 '양심'이 아니다. … 따라서 **양심의 자유의 경우에는 법익 교량을 통하여 양심의 자유와 공익을 조화와 균형의 상태로 이루어 양 법익을 함께 실현하는 것이 아니라, 단지 '양심의 자유'와 '공익' 중 양자택일 즉, 양심에 반하는 작위나 부작위를 법질서에 의하여 '강요받는가 아니면 강요받지 않는가'의 문제가 있을 뿐이다.**(굵은 글씨체는 필자에 의함)

우선 위 결정문에서 말하는 '비례의 원칙'에 관해서 간략히 정리해본다. 헌법재판의 대부분은 개인의 기본권에 관한 것인데, 기본권을 제한하는 법률의 위헌 여부 결정에 적용되는 거의 천편일률의 방식이 '비례의 원칙'이다. '과잉금지의 원칙'이라고도 불린다. 독일에서 도입된 것으로 알려져 있지만, 유사한 내용은 일찍이 미국 판례에서도 채택되어 왔다.

이 원칙에 따르면, 다음 네 가지 요소가 충족되어야 합헌으로 인정된다. 첫째, 목적의 정당성이다. 즉 입법의 목적이 전체 법체제에 비추어 그 정당성이 인정되어야 한다. 둘째, 방법의 적절성이다. 목적 달성을 위한 방법이 효과적이고 적절해야 한다. 셋째, 피해의 최소성이다. 목적이 정당하고 방법이 적절하더라도, 나아가

14장 헌법재판, 정답은 있는가?

기본권 제한은 필요 최소한에 그쳐야 한다. 넷째, 법익法益의 균형성이다. 입법에 의해 보호하려는 공익과 그 입법에 의해 침해되는 사익을 비교·형량衡量하여 공익이 사익보다 커야 한다.

위의 네 가지 요소 가운데 목적의 정당성 및 방법의 적절성을 갖추지 못하는 입법은 실제로 거의 드물다. 중요한 것은 피해의 최소성과 법익의 균형성의 요소이다. 이 가운데 피해의 최소성에 관한 판단은 사실에 관한 판단인 데 비해, 법익의 균형성에 관한 판단은 본질적으로 가치판단의 성격을 피하기 어렵다. 이렇게 보면 위헌 여부를 가리는 데 가장 결정적인 관건은 법익의 균형성에 관한 판단이다. 과연 법익의 균형성에 관한 판단은 얼마나 주관적 성격을 피할 수 있는가.

위의 양심적 병역거부 사건에서 다수 의견과 소수 의견의 궁극적인 갈림길은 정부가 대체복무제 입법을 할 의무가 있느냐 여부에 관한 판단, 그리고 그 배후에 있는 국가안보라는 공익과 개인의 양심의 자유라는 사익 사이의 이익형량이었다. 이 이익형량, 즉 저울질에서 다수 의견과 소수 의견 중에 어느 의견이 저울질을 잘한 것인가? 어떤 근거에서 저울이 이쪽 또는 저쪽으로 기울었는지에 관한 논증은 각각 얼마나 설득력을 지니는가?

다시 앞에서 인용한 다수 의견의 한 대목으로 돌아가자. 헌재 결정 인용문의 마지막 굵은 글씨 부분은 양심의 자유와 공익의 법익형량이 양자택일의 문제라고 말하고 있다. 이것은 무슨 뜻인가. 양심의 자유와 공익의 대립은 상호 모순적 대립 관계임을 말하는 것이 아닌가. 양자택일의 관계란 곧 모순적 충돌의 관계에 다름 아니다.

이와 관련해 위 인용문에서 짚고 갈 부분이 있다. 다수 의견은 양심의 자유와 공익 사이의 양자택일 관계가 양심의 자유의 경우에 특유한 것처럼 말하고 있다. 과연 그런 것인가?

예컨대 표현의 자유의 경우를 생각해보자. 표현의 자유가 보장되지만 타인의 명예를 훼손하는 표현은 허용되지 않는다. 구체적으로 표현의 자유와 타인의 명예가 충돌하는 국면에서 양 법익을 이익형량하여 조정하는 것이 종래 입법과 판례의 태도이다. 피해자가 이른바 공적 인물public figure인가 아닌가, 표현 내용이 공적 사안인가 아닌가에 따라 표현의 자유의 보장 범위가 달라진다. 또한, 형법은 "진실한 사실로서 오로지 공공의 이익에 관한 때에는 처벌하지 아니한다"고 규정하고 있으며, 표현 내용이 진실하지 않다고 하더라도 진실하다고 오인한 데에 정당한 이유가 있는 때에는 죄가 성립하지 않는다는 것이 판례의 입장이다.

이처럼 표현의 자유는 타인의 명예 보호와의 관계에서 그 보장 범위가 신축적이다. 상대방에 따라, 또는 사안의 성격에 따라 표현의 자유의 보호 정도가 확대되기도 하고 축소되기도 한다. 이 점에서 보면 마치 양심의 자유의 경우와는 다른 것처럼 보인다.

그러나 넓게 표현의 자유라는 범주에서 그 보호 범위가 신축적으로 조정되는 것으로 보일 뿐이지, 개개의 구체적인 표현 행위의 자유는 공익과의 관계에서 언제나 양자택일적으로 보호받거나 보호받지 못하며, 그런 점에서는 양심의 자유와 다를 것이 없지 않은가. 예를 들어, 공적 인물을 공개적으로 평가할 자유, 공적 인물이 아닌 보통 사람에 대해 공개적으로 평가할 자유, 공공의 이익에 관한 사항에서 타인을 평가할 자유, 공공이익과 무관한 사항에서 타인을 평가할 자유 등 널리 표현의 자유에 속하는 개별적 표현 행위의 헌법상 보장 여부는 각각 개별적 경우마다 그 보장 여부가 양자택일적으로 선택될 뿐이다. 개인적 이익과 공익과의 충돌에서 어느 쪽을 우선할 것인가는 모든 구체적이고 개별적 경우에 언제나 양자택일적이라는 말이다.

요컨대 개인의 자유의 보호 여부가 양자택일적이냐 신축적이냐 여부는 개인의 자유의 범주를 넓게 또는 좁게, 어떻게 설정하느냐에 따르는 문제이지 어떤 특정한 자유만의 특별한 경우는 아니라는 뜻이다. 이렇게 보면 개인의 자유와 공익 간의 충돌은 모든 개개의 경우에 양자택일적 관계이자 곧 모순적 대립 관계라고 볼 수 있는 것은 아닌가?

과연 정답은 있는가?

과연 여러 법원리들을 모순 없이 아우르는 일관된 통합성은 가능한 것인가? 재판에서 정답이 있다는 주장이 설득력을 지니려면 이 질문에 그렇다는 대답을 할 수 있어야 한다. 드워킨은 그렇다고 대답하지만, 근본모순론은 이를 부정한다. 드워킨은 근본모순론이 원리들 간의 경쟁을 곧 모순으로 보고, 경쟁과 모순의 구별을 무시한다고 반박한다. 이 같은 그야말로 근본적 논란을 어떻게 볼 것인가?

우선, 경쟁과 모순의 구별 문제를 어떻게 볼 것인가? 모순은 두 개의 명제 또는 사물이 서로 상반되어 양립 불가능한 관계이고, 경쟁이란 서로 다르되 공존과 조정이 가능한 관계라는 점에서 개념상 구분할 수 있을 것이다. 그런데 공존과 조정이 가능하려면 어떤 공통된 기준에 의해 각각을 측정·비교할 수 있어야 한다. 만일 어떤 사안에 적용될 하나의 원리와 또 다른 원리를 공통 기준으로 측량하고 비교할 수 있다면 이들의 관계는 모순이 아닌 경쟁 관계일 뿐이며, 따라서 통합된 원리에 이를 수 있다고 볼 것이다. 원리들 사이의 관계가 이 같은 경쟁 관계의 성격을 지닌 경우가 있을 것이다.

그러나 위의 판례에서 보듯이 경쟁을 넘어 모순 관계인 경우도 있는 것이 아닌가? 위의 예 말고도 서로 전혀 이질적으로 상충하기 때문에 측량하여 비교할 수 없는 경우라면, 이것은 양립할 수 없는 모순 관계라고 보아야 하지 않는가? 말하자면, 원리와 원리 사이에 이른바 '통약가능성通約可能性, commensurability'이 없다면, 이때의 서로 상충하는 원리들의 관계는 경쟁 관계가 아니라 모순 관계라는 말이다. 통약가능성이란, 두 개의 개념이나 사물이 공통의 기준으로 측정하고 비교할 수 있음을 말한다. '통약불가능한 incommensurable' 원리들은 공존과 조정이 불가능하다.

이 문제와 관련해서 이런 질문을 할 수 있다. 어떤 특정한 원리들의 상호 관계가 경쟁인지 모순인지 명확한 구별은 가능한 것인가? 예컨대 헌법상 개인의 기본권은 최대한 보장돼야 한다는 원리, 그리고 국가의 안전보장과 질서유지 또는 공공복리를 침해해서는 안 된다는 원리는 서로 경쟁 관계인가 또는 모순 관계인가? 이 원리들은 서로 공존과 조정이 가능한가?

또 다른 예를 보자. 민법의 대원칙으로서 '법률행위 자유의 원칙'이 있다. 개인의 사적私的 생활에 관해 국가는 개입하지 않으며 개인은 그 의사에 의해 다른 사람과 자유로이 법률관계를 형성할 수 있고, 국가는 그 효과를 그대로 인정한다는 원칙이다. 이와 달리 민법 제2조는 "①권리의 행사와 의무의 이행은 신의에 좇아 성실히 하여야 한다. ②권리는 남용하지 못한다"는 신의성실의 원칙을 규정하고, 이어서 제103조는 "선량한 풍속 기타 사회질서에 위반한 사항을 내용으로 하는 법률행위는 무효로 한다"고 규정하고 있다. 법률행위 자유의 원칙과 신의성실·권리남용 금지의 원칙은 서로 경쟁 관계인가 모순 관계인가?

이 문제와 관련해 또 이런 식의 질문이 제기될 수 있다. 원리들 간의 관계가 제로섬인 경우, 즉 한쪽의 원리를 일보 전진시키면 다른 쪽 원리를 일보 후퇴시켜야 하는 경우라면, 이런 관계는 경쟁인가 모순인가? 이런 관계일지라도 이를 경쟁 관계로 보아 통합성의 틀 안에서 조정될 수 있는 것으로 볼 것인가? 만일 이를 긍정한다고 하더라도 이때의 통합성은 그만큼 질적으로 저하된 것이라고 보아야 하지 않는가?

위와 같은 기본적인 쟁점을 떠나서, 이런 질문을 던져본다. 만일 통합성의 원리에 따른 형성적 해석을 통해 정답에 도달할 수 있다고 하더라도, 정답 여부는 어떻게 확인할 수 있는가? 여기에서의 정답은 객관적으로 확인할 수 있는 성격이 아니라 다만 도덕적 판단의 우열을 따진 결과라고 할 것인가? 드워킨은 통합성의 여러 요소들 사이의 긴장이 있을 수 있고, 그로 인한 법적 판단의 대립이 있을 수 있음을 인정하고 있다.

정답 여부의 확인이 궁극적으로 도덕적 판단의 우열 여부에 달려 있을 뿐이고, 그 우열 여부의 판단도 갈리기 십상이라면, 정답이 있다는 것은 현실적으로 무슨 의미를 지니는가? 정답이 없음을 공인하는 데에서 오는 사법적 무정부 상태를 피한다는 보수적이고 방어적인 현실적 미덕인가? 실제 재판의 현실은 재량적 선택일 수밖에 없지만, 당위적으로는 정답이 있다는 자세로 법을 해석·적용해야 한다는 정도의 현실적 의미를 지닐 뿐인가?

여기에서 통합성이론에 대한 이런 반론이 나올 수 있다. 원리상의 우열 판정이 어렵고, 이 때문에 통일성의 원리 구축이 난망하다면, 미래 지향적인 판단, 곧 결과를 중시한 정책적 고려는 왜 안 되는 것인가. 드워킨은 선례 등 과거의 결정과의 일관성이 중요한 덕목이라고 주장하고, 이를 무시하는 미래 지향의 실용주의적 법이론을 비판한다. 그러나 과거를 전적으로 도외시하는 극단적 자세가 아니라 이를 감안하되 상대적으로 미래 지향적인, 이를테면 유연한 실용주의적 태도라면 이를 왜 마다해야 하는 것인가?

드워킨의 통합성 법이론을 전반적으로 어떻게 볼 것인가? 이 이론은 명쾌한 이론은 아니다. 어렵고 힘든 사건에서도 정답이 있다고 주장하며 그 정답에 도달하는 길을 설명하고 있지만, 그가 보여주는 길 안내는 흐릿하다. 그가 구축한 '법의 제국'을 둘러보고 나온 느낌은 이를테면 이런 것이다. '과거와 미래를 앞뒤로 살피면서, 공동체의 모든 성원이 받아들일 모든 추상적인 정치적 및 도덕적 덕목들을 빠짐없이 적절하게 두루두루 고려하여, 종합적으로 근사하게 판단하자'는 훈시가 아닌가. 냉소적 풍자라면 이렇게 쏘아붙일지도 모르겠다. '지당하신 말씀으로 들리는데, 그 말씀대로 각자가 내놓는 답을 보면 한곳으로 모일 것 같지는 않고, 누가 옳은지 갑론을박하는 논란은 여전히 남게 되는, 막상 손에 잡히는 것이 없는 말씀이 아닌가.'

이런 점을 감안하면, 드워킨의 '통합성integrity'이라는 용어는 '종합성'이라는 말과 얼마나 다른가? 우리의 판결문이나 학설에서 흔히 보는 "종합적으로 고려하여 판단한다"는 식의 두루뭉술한 논거를 자유주의 정치철학의 전통에 따라 세부적으로 정치精緻하게 이론화한 것으로 볼 수 있지 않은가? 어떻든 딱히 틀렸다거나 아니라고 반박하기 쉽지 않은 위세를 풍기는 점은 부인하기 어렵지만, 그러나 근본적으로 법 속에 '통약불가능한' 요소들이 혼재한다고 본다면 그대로 수긍하기는 어렵지 않은가?

'어려운 사건에서도 정답은 있다'는 드워킨의 주장은 법의 자기완결성의 소망에서 나온 것으로 보인다. 이런 소망은 종종 '법의 물신숭배legal fetishism'로 빠지기 쉽다. 또한 현실적으로 이 같은 규범적 법관法觀 또는 재판관裁判觀은 상대적으로 질서와 안정을 지향하는 효과를 지니게 될 것이다. 본질적으로 법의 기능은 질서와 안정에 있다고 본다면 이것은 미덕으로 평가될 수 있다. 다만 더 미래 지향적 관점에서 보면, 실속 없는 불투명한 이론이 아니냐는 비판을 감수해야 할 것이 아닌가.

정답이 있다는 '믿음'

어려운 사건에서도 정답은 있는가, 없는가? 어떻게 결론을 맺을 것인가? 무릇 모든 법적 논증에 정답이 있는지는 흐릿하다. 정답이 있다고 가정하더라도 그 정답이 명확하거나 확정적인 형태라고 볼 수는 없다. 그럼에도 불구하고 법적 결정에 임하는 사람이라면 모름지기 법적 결정에 정답이 있다는 '믿음'의 자세를 가져야할 것이다. 이것이 재판을 포함해 모든 법적 결정을 앞에 둔 사람의 기본적 책임이라고 믿는다.[13]

15장

이원정부제란 무엇인가?[1]

G7 정상회담장의 진풍경

1986년 5월, 일본 도쿄에서 G7 정상회담이 열렸다. 개회 전날 열린 각국 정상들의 만찬에 프랑스 대통령 미테랑은 다른 나라 정상들처럼 혼자 참석했다. 정상은 하나이므로 당연했다. 다음 날 무역 문제를 다루는 회담장에서는 풍경이 달랐다. 미테랑 대통령 옆자리에 수상 시라크가 동석했다. 무역을 다루는 의제는 수상의 관할이라고 본 것이다. 이 일화는 이른바 '동거정부cohabitation' 상태였던 당시 프랑스 이원정부제 현실의 일면을 보여준다. 동거정부는 대통령과 수상의 소속 정당이 다를 때 벌어지는 현상이다.

프랑스는 본래 내각책임제(의원내각제) 전통의 국가였다. 1875년 제3공화국부터 1946년 제4공화국을 거쳐, 1958년 현재의 제5공화국이 시작되기 전까지 프랑스는 장기간 내각책임제를 유지해 왔다.

이 전통은 드골의 등장과 함께 변용을 겪는다. 그의 헌법관憲

法觀을 담은 1958년 '드골 헌법'은 기존의 내각책임제 요소를 상당 부분 유지하면서도 대통령중심주의를 투입시키는 정부형태를 취했다. 이후 1962년 대통령직선제로의 변칙적인 개헌을 통해 대통령중심주의가 더욱 강화된 것이 오늘의 프랑스 정부형태이다. 학자들은 프랑스의 정부형태 및 이와 유사한 정부형태를 '이원정부제二元政府制, the dual executive system'라고 부른다. 이원정부제 가운데에서도 특히 프랑스의 정부형태를 '준準대통령제semi-presidential government'라고 부른 학자도 있다.[2]

이원정부제의 특징

이원정부제는 대통령제와 내각책임제를 혼합하되, 특수한 형태로 혼합한 정부형태이다. 과거 우리나라에서 '이원집정부제'라는 용어도 쓰였지만 정확한 표현은 아니다.

행정권이 이원화된 이원정부제의 원형은 일찍이 프랑스 1830년 7월혁명 후의 정부형태에서 찾아볼 수 있다. 오를레앙공 루이 필리프 1세가 왕위에 올랐던 당시의 이른바 '오를레앙식 내각책임제'가 그것이다. 1919년 독일 바이마르공화국의 정부형태도 이원정부제에 속한다(앞의 프랑스 헌법사 및 독일 헌법사 부분 참조). 오늘날 이원정부제를 취하고 있는 나라로는 프랑스 외에 핀란드, 오스트리아, 포르투갈, 아일랜드, 아이슬란드 등을 들 수 있다.

이원정부제는 프랑스의 경우처럼 내각책임제의 결함을 회피하기 위해, 즉 다당제와 강한 의회-약한 내각으로 인한 정국 불안정을 피하려는 취지로 시도되었다. 전통적인 의회 중심의 정치제도를 기반으로 하면서 보통의 내각책임제와 달리 국민이 선출하는 대통령에게 일정한 실질적 권한을 부여하는 제도다.

이원정부제의 특징으로 다음 세 가지 요소를 들 수 있다. 첫째, 행정권이 대통령과 내각에 이원적으로 분할된다. 이원정부제라는 이름은 바로 이 특징에 연원을 둔다. 둘째, 대통령은 국민에 의해 선출된다. 대체로 국민 직선에 의하지만, 1958-1962년 사이의 프랑스, 1991년 개헌 전의 핀란드처럼 간선제에 의한 예도 있다. 셋째, 수상을 수반으로 하는 내각은 의회에 대해 책임을 진다. 즉 의회는 내각을 불신임할 수 있다.

이처럼 이원정부제는 대통령제와 내각책임제의 요소를 혼합하고 있다. 대통령을 국민이 선출하고 대통령이 일정한 실질적 권한을 갖는 점에서 대통령제 성격을 갖는다. 반면 의회가 내각불신임권을 갖는 점에서는 내각책임제의 성격을 지닌다.

보통 대통령제와 내각책임제를 혼합한 절충적 정부형태는 양자 가운데 어느 하나를 기본으로 하면서 다른 요소를 부분적으로 혼합한 것이다. 이 점에서 이들 절충적 정부형태의 대부분은 대통령제나 내각책임제 중 어느 하나에 속하는 정부형태라고 할 수 있다. 예컨대 현행 한국 헌법도 일부 내각책임제 요소를 두고 있지만(예컨대 국무총리제 채택 및 정부의 법률안제출권 인정 등), 기본적으로 대통령제라고 부를 수 있다.

그러나 이원정부제라는 혼합 정부형태는 대통령제나 내각책임제 어느 하나에 속한다고 보기 힘들다. 그 가장 결정적 이유는 실질적 행정권이 둘로 나뉘어 있기 때문이다. 대통령제와 내각책임제 구분의 결정적 요소는 입법부와 행정부의 성립과 존속이 상호 독립되어 있느냐 또는 상호 의존하느냐에 있다. 그런데 이원정부제의 경우, 행정권이 이원화되어 그 일부(대통령의 권한)는 입법부로부터 독립한 반면, 다른 일부(내각의 권한)는 입법부에 의존한다. 이 때문에 이원정부제는 다른 절충적 정부형태와는 달리, 독특한 특징을 갖는 독자적 정부형태라고 봄이 타당하다.

한국의 제2공화국 장면張勉(1899-1966) 정부 시대에도 이원정부제와 유사한 동거정부 양상이 나타난 적이 있다('에필로그' 참조). 이후 1980년 초, 개헌 논의 과정에서 이원정부제 채택이 논의된 적이 있다. 그 후 1998-1999년, 김대중 정부하에서 이른바 '공동정부'라는 이름으로 이원정부제와 유사한 헌정운영을 경험하였다. 이후에도 현행 헌법의 일부 조항, 특히 국무총리의 국무위원제청권 등을 매개로 하는 이원정부제적 운영의 가능성이 간헐적으로 논의되었다.

이원정부제의 유형

이원정부제에서 실질적 행정권을 대통령과 내각이 분점하되, 실제로 누가 우월한가에 따라 두 유형으로 나누어볼 수 있다. 첫째 유형은 내각 우월의 이원정부제, 둘째 유형은 대통령 우월의 이원정부제다.

현실의 이원정부제 대부분은 내각 우월의 이원정부제다. 오스트리아, 포르투갈, 아일랜드, 아이슬란드 등이 여기에 속한다. 오스트리아의 경우, 대통령이 헌법에서 부여받은 권한마저 실제로 자제하는 이른바 '역할 포기'를 통해 내각책임제처럼 운영된다. 핀란드는 이들 네 나라에 비해 대통령 권한이 강화되어 있었지만 개헌을 통해 전반적으로 내각책임제에 가까운 형태로 되었다. 유럽연합에서 핀란드를 대표하는 역할도 대통령이 아닌 수상이 맡는다.

프랑스는 이원정부제 국가 중에도 특수한 경우다. 우선 프랑스의 이원정부제는 다른 어느 나라보다 대통령 권한이 강한 대통령 우월의 이원정부제다. 또한 그 실제의 운영에서 특수한 양상을 보여주었다. 1986년까지 실질적인 행정부 수반은 대통령이었다. 그러나 1986년 의회선거의 결과, 사회당의 미테랑 대통령하에 반대당의 시라크가 수상이 되어 이른바 동거정부가 등장하면서 사정은 바뀌게 되었다. 외교와 국방에 관한 일부 영역을 제외하고는 수상이 실질적으로 행정부 수반의 지위를 차지하게 된 것이다. 1986-1988년의 이러한 상황은 1993-1995년 및 1997-2002년의 동거정부하에서 반복되었다.

프랑스의 정치학자 모리스 뒤베르제Maurice Duverger(1917-2014)는 이런 프랑스의 특수한 경우를 가리켜, 정치 상황에 따라 대통령제와 내각책임제를 오가는 정부형태라고 지칭하였다. 즉 대통령 소속 정당과 의회 다수당이 일치하는 경우에는 대통령제로 운영되고, 양자가 불일치하는 경우에는 내각책임제로 운영된다는 것이다. 이를테면 '가변적 이원정부제'라고 부를 만하다.

다만 프랑스는 이 같은 동거정부 상황을 피하기 위한 조치들을 취했다. 2000년의 개헌을 통해 대통령 임기를 7년에서 5년으로 변경하여 하원의원 임기와 동일하게 하였고, 또한 입법 조치를 통해 의원선거의 시기를 대통령선거 1개월 후에 실시하도록 정하였다. 이른바 근접선거 실시를 통해 동거정부 출현을 방지하지 위해서였다. 이후 동거정부는 재현되지 않고 있다. 이제 프랑스는 강력한 대통령제와 다름없다. 내각책임제 당시의 고질적인 정국 불안을 생각하면 수차례 교정을 거친 프랑스의 이원정부제는 성공 사례라 할 만하다.

이원정부제가 실제로는 다른 유형으로 나타나는 것은 정부형태의 작동을 좌우하는 여러 요인들, 특히 의원선거제도, 정당제도 및 궁극적으로는 정치문화의 차이에 기인한다.

이원정부제의 아킬레스건

바이마르공화국의 이원정부제는 실패한 이원정부제로 꼽힌다. 비례대표제 선거의 결과, 의회 다수당 성립이 어려웠다. 바이마르 시대를 통틀어 하나의 정당이 과반수 의석을 점한 경우는 한 차례도 없었다. 내각의 평균수명은 1년을 넘기지 못했다. 내각이 불안정하게 되자 내각은 국민 직선의 대통령에게 의존했다. 대통령은 예외적 권한인 긴급명령권을 남발했고, 의회 다수파 성립을 위해 국회해산권을 남용했다. 내각이 추진한 법안이 의회에서 부결되면 대통령의 긴급명령을 통해 입법화를 시도했고, 의회가 다시 긴급명령의 사후승인을 거부하자 대통령은 의회를 해산했다. 이런 과정이 거듭됐다.

대통령이 마땅한 수상을 찾지 못한 끝에, 급기야 공화국 14년 (1933)에 이르러 히틀러의 제3제국이 등장한다. 바이마르 헌법의 아버지들은 평시의 내각책임제적 운영과 비상시 직선 대통령의 중재적 권한 행사를 통한 위기 극복을 기대했지만 의도는 전혀 빗나갔다.

오늘날의 이원정부제에서도 여러 가지 부작용들을 볼 수 있다. 일례로 프랑스는 동거정부 상황에서 국정운영의 심한 혼란을 겪었다. 특히 제3차 동거정부 시기가 그러했다. 1995년, 과거 좌파 미테랑 대통령 시기에 수상을 지냈던 우파의 시라크가 대통령에 당선됐다. 하원도 우파가 장악하고 있었다. 대통령 시라크는 역시 우파인 알랭 쥐페Alain Juppé(1945-)를 수상에 임명했다. 적어도 1998년에 예정된 하원선거까지는 우파 행정부가 지속될 수 있었다. 시라크가 재정적자를 줄이기 위해 사회보장 축소정책을 추진하자 노조가 반발해 파업을 벌였다. 1997년, 시라크는 개혁정책의 지속을 위해 하원을 해산하고 선거를 앞당겼다. 선거 결과 기대와 달리 좌파가 다수를 점했다. 시라크는 사회당의 조스팽을 수상에 임명할 수밖에 없었다. 우파 대통령과 좌파 수상의 동거정부가 2002년까지 5년간 지속됐다. 최장의 동거기간이었다. 좌파 내각은 근로시간 단축 입법 등을 추진했고 대통령은 지켜볼 수밖에 없었다. 시라크는 이 시기를 국정의 '마비' 상태라고 불렀다. 하지만 미테랑-시라크의 제1차 동거정부 당시, 그 자신은 일부 외교 문제에까지 개입을 시도했던 터였다.

핀란드의 경우, 1980년대 초반까지 대통령과 수상 사이의 갈등으로 연정이 붕괴되면서 수상의 교체가 잦았다. 수상의 재임 기간은 대부분 1년 내외가 고작이었다. 포르투갈에서도 1975-1987년 사이에 11개의 내각이 오갔다. 소선거구제를 택한 프랑스를 예외로 하고, 비례대표제와 다당제가 보편적인 이원정부제 국가에서는 대부분 연정의 형태로 내각이 구성되며 그 변동이 잦다.

이뿐만 아니다. 행정권의 이원화는 그 자체 갈등의 소지를 안고 있다. 흔히 외교·국방 등 외치外治는 대통령이, 나머지 내치內治는 수상의 권한으로 분할되는 것처럼 알려져 있지만 그렇게 단순하지는 않다. 프랑스의 경우, 국방 문제는 내각의 관할로 되어 있다. 핀란드에서 대통령은 외교 문제에서 수상과 협의해야 한다.

특히 프랑스처럼 헌법상 권한 배분이 불명확한 경우, 동거정부에서 대통령과 수상의 갈등은 불가피하다. 설사 헌법규정상 권한 배분을 명확히 명시했다고 하더라도 이원정부제에서 갈등의 소지는 여전하다. 예컨대 외교 문제라고 하더라도 내정과 획연히 구분할 수 있는 것은 아니다. 외교정책에 소요되는 재정을 고려하지 않을 수 없다. 국방정책의 경우에는 더욱 그러하다. 대부분의 국정 의제들은 상호 연관되어 있고, 이에 대한 협의 없이 원활한 국정수행은 불가능하다. 동거정부에서는 말할 것도 없고, 대통령과 수상이 동일 정당에 소속되어 있다 하더라도 정치지형에 따라 양자 간의 갈등 소지는 언제나 상존한다. 행정권의 이원화는 그 자체가 갈등의 불씨나 다름없다.

이원정부제는 본질적으로 내각책임제 전통의 산물이다. 내각책임제 운용에서 나타난 문제들의 대응 방안으로 나타난 정부형태다. 그 구조는 복잡하고 섬세하다. 내각책임제 경험이 전무하거나 일천한 국가에서 섣불리 시험 삼아 시도해볼 그런 정부형태는 아니다.

개헌에 대한 다른 생각

개헌, 필요한가

2007년 전후, 개헌론의 불씨가 피어오르기 시작했다. 정치가 잘못됐고, 그 주된 원인이 헌법 때문이라는 것이었다. 그러나 정치의 무엇이 잘못이고 무엇을 고쳐야 할 것인지에 대해서는 생각이 갈렸다. 한쪽에서는 '대통령 못해 먹을' 정치를 벗어나기 위해 대통령 5년 단임제를 부분적으로 고쳐야 한다는 것이고, 다른 쪽에서는 '제왕적 대통령'이 문제이며 대통령제 자체를 바꿔야 한다는 것이었다. 전자는 대통령 쪽, 후자는 주로 국회 쪽 의견이었다. 이후 권력구조·정부형태만이 아니라 다른 여러 사안들에 걸쳐 폭넓고 다양한 개헌론들이 펼쳐져왔다.

과연 개헌은 필요한가. 이 물음에 답하기 위해서는 먼저 두 가지 질문에 답해야 한다. 첫째, 정치 잘못의 소재가 어디인가. 대통령인가 국회의원들인가, 또는 그들 모두인가. 둘째, 정치 잘못의 원인은 무엇인가. 사람의 잘못인가 제도의 잘못인가, 또는 제도와 사람 모두의 잘못인가. 개헌론 시비가 제대로 이루어지려면 이 두 물음에 대해 살펴보아야 한다.

첫째 물음에 대한 답변은 그렇게 어렵지 않을 것이다. 1987년 헌법 시행 이래 '성공한 대통령'을 찾아보기 힘들다는 데 별 이견이 없고, 국회의원들에 대한 국민 신뢰도는 늘 바닥을 면치 못한다. 대통령과 그 주변에 힘이 집중되면서 권한 남용을 피하지 못했고, 국회는 늘 그들만의 정쟁에 골몰하였다. 그 결과 국가 발전은 정체되고, 국정운영을 미래보다 과거가 지배했다. 대통령과 국회의원 모두 그 의식·행태가 잘못되었다는 비판을 피하기 어려웠다.

문제는 두 번째 물음이다. 그 초점은 제도가 문제인가, 아니면 그 운영이 문제인가에 모인다. 이 문제는 이미 앞의 '5장. 제왕적 대통령제의 실패인가?'에서 살펴보았다. 그 결론적 요지를 다시 옮긴다.

87년 헌정 이래 성공한 대통령은 없었다. 그러나 제도 자체의 전반적 실패라기보다는 제도의 일부에 부작용이 있었고, 본질적으로는 제도 '운영'에 심각한 부작용이 있었다고 볼 것이다. 먼저 효율성 측면에서는 대통령제의 실패라기보다 대통령 '5년 단임제'의 부작용이 컸다고 보는 것이 정확하다. 다음, 민주성 측면에서는 '제왕적' 대통령제가 아니라, 대통령제 자체가 지닌 고유의 속성, 즉 유일한 전 국민 직선에 의한 공직이라는 대통령직의 권위, 및 위계질서 중시의 권위주의적 문화의 결합으로 인해 대통령제 '운영'에 부작용이 심각했다고 할 것이다.

헌정운영의 현실을 이렇게 진단할 때 개헌은 필요한가. 우선 부작용을 일으키는 제도의 일부, 구체적으로는 대통령 '5년 단임제'의 변경이 필요하다. 예컨대 대통령 4년 중임제로의 개헌을 검토할 만하다. 이를 통해 국정운영의 효율성을 높일 수 있다. 5년 미만이던 정책 수명을 늘리고 여소야대 발생 빈도를 줄일 수 있기 때문이다.

다음, 제도 운영에 기인하는 문제점의 대응책으로도 제도 변경을 고려할 필요가 있다. 대통령제의 '제왕적 운영'에 대한 제도적 대응책의 방향은 권력분립 관점에서 대통령에 대한 견제 장치를 강화하는 것이다. 예컨대 대법원이나 헌법재판소 등 헌법기관의 구성에서 대통령의 관여를 축소하는 방안, 또는 대통령의 사면권 행사에 대한 통제 방안 등이다. 이를 통해 국정운영의 민주성을 높일 수 있다.

이처럼 개헌은 필요하다. 다만 개헌을 통한 제도 변경의 효과에 너무 큰 기대를 걸 수는 없다. 헌정운영의 난맥상이 제도 자체의 문제점보다 그 운영에 기인한다고 보기 때문이다. 다만 약간의 효과를 위해서라도 개헌을 통해 개선해보자는 자세는 필요하다. 이렇게 본다면 개헌이 필요하고, 필요한 개헌을 추진함이 바람직하지만, 개헌 과정 자체에 큰 부담이나 손실이 따라서는 곤란하다. 개헌 추진에 무리가 따라서는 안 된다. 이 점을 달리 이렇게 말할 수도 있겠다. 개헌의 내용이나 범위는 어디까지나 국민 대다수가 합의할 수 있는 사안에 한정하여 추진해야 한다.

에필로그 개헌에 대한 다른 생각

권력구조 논쟁, 관점을 바꿔야 한다

개헌 논의의 현실은 정부형태를 비롯한 권력구조 문제에 집중되어 있다. 구체적으로는 이른바 '분권형 대통령제'라는 이름의 이원정부제, 그리고 대통령 4년 중임제가 대안으로 대립하고 있다.

이 두 대안의 선택에서 기본적으로 고려해야 할 점이 있다. 대안의 긍정적 효과보다는 그 부정적 효과, 순기능의 경우보다는 역기능의 관점에서 대안들을 대조해보아야 한다는 점이다. 왜 그러한가. 왜 잘되는 경우보다 못되는 경우를 상정해 비교해보아야 하는가. 지금의 헌정운영의 문제점이 제도 자체보다 운영상의 잘못에서 오는 부분이 크며, 그러한 운영상의 잘못은 근본적으로 정치문화적 풍토에서 온다고 보기 때문이다.

문화적 풍토는 쉽게 바뀌지 않으며, 바뀌더라도 그 변동에는 장구한 시간이 필요하다. 민주적이고 효율적인 국정운영에 필요한 정치문화적 풍토가 구축되지 않는 한, 어느 제도든 그 제도의 순기능을 발휘하기 힘들다. 타협적이고 합리적인 정치문화는 민주적이고 효율적인 정치제도 운영의 필수요건이다. 종래 우리의 정치문화가 과연 그러한가. 도리어 분열 지향적이고 극렬한 비타협적 정치문화에 가깝지 않은가. 우리의 정치 행태에서 드러난 정치문화를 감안한다면, 어느 대안이든 그 대안이 잘못 기능하는 경우를 상정해 현행 제도 및 다른 대안과 비교해보아야 한다. 선택기준을 제도의 역기능 상황을 놓고 설정해야 한다는 말이다.

이원정부제라는 대안은 대통령의 제왕적 권한행사에서 오는 비민주적 폐해를 없애주리라는 기대를 안고 있다. 그러나 이 제도는 행정부 내부에서 대통령과 국무총리의 갈등과 분열의 위험성을 안고 있다. 또 대부분의 이원정부제 국가에서 헌정운영의 현실이 내각책임제에 가까운 점을 염두에 둔다면, 내각책임제에서 오는 부정적 폐해를 고려해보아야 한다.

한편 대통령 4년 중임제라는 대안은 5년 단임제에서 오는 폐해를 축소해주리라는 기대를 품고 있다. 그러나 실제로는 자칫 대통령제가 지닌 제왕적 운영 폐해의 연장일 뿐일 수 있다. 두 대안의 부정적 폐해 발생을 비교하여 어느 것이 덜 나쁜지를 선택 기준으로 삼아야 한다.

최악의 입장은 자신이 옹호하는 정부형태에 대해서는 그 순기능만을 보고, 반대하는 정부형태에 대해서는 역기능만을 보는 사시적斜視的 관점이다. 국회발發 '분권형 대통령제'라는 포장의 이원정부제 주장은 사시적 관점의 소산이 아닌지 우려된다. 이원정부제 또는 내각책임제의 역기능에 관해서는 외면하고 그 순기능만을 보면서, 대통령제에 대해서는 그 역기능만을 강조하고 있지 않은가.

이런 관점에서 더 생각해보자. 앞에서 언급했듯이 우리의 정치문화가 분열 지향적이고 비타협적이라고 본다면, 이런 정치문화 아래에서 어느 정부형태가 더 위험성이 큰 것일까. 내각책임제나 이원정부제는 타협적이고 합리적 정치문화 위에서만 제대로 기능할 수 있다. 분열적이고 비타협적 정치문화에서 이 제도의 역기능은 치명적일 수 있다.

구체적 일례를 본다. 기본 골격에서 유사한 정부형태를 취했던

에필로그　개헌에 대한 다른 생각

프랑스 제3·4공화국과 영국은 정치현실에서 서로 전혀 상반된 결과를 가져왔다. 영국이 강한 내각과 약한 의회, 그리고 정치 안정을 보여준 것과 달리, 프랑스는 약한 내각과 강한 의회, 그리고 정치 불안을 초래했다. 이 차이를 가져온 직접 요인은 무엇이었나. 양국의 정당체제 차이 때문이었다. 영국의 양당제 전통과 달리 프랑스는 오랫동안 심한 다당제에 시달렸다. 그렇다면 두 나라의 정당체제 차이는 무엇에 연유하는가. 궁극적으로는 영국과 프랑스의 민족적 기질, 곧 문화적 차이라는 고전적 분석이 있다(프랑스의 헌법학자이자 정치학자인 뒤베르제). 한국의 정치문화는 어디에 더 가까운가.

한편 내각책임제에 비할 때, 대통령제는 분열적·비타협적 문화에서도 행정부의 상대적 안정성을 기대할 수 있다. 일정한 임기가 보장되기 때문이다. 다만 임기 보장이 제왕적 권한 행사의 보장일 수 있다. 이 점을 감안하면, 제도의 역기능 상황에서 어느 제도가 덜 나쁠 것인가.

덧붙여 고려해야 할 중요한 요소가 있다. 지금은 과거 어느 때보다 한반도의 전쟁 발발 위험성이 커져가는 위기 상황이다. 위기에서는 무엇보다도 국정운영의 신속성 등 그 효율성이 중요하다. 이런 관점에서 두 대안의 역기능 발생 시 어느 대안이 상대적으로 덜 나쁜지 판단해야 한다.

'분권형 대통령제' 제안의 실상

우선 '분권형 대통령제'라는 신조어부터 부적절하다. 왜 그런가. 약간의 설명이 필요하다. 이 용어의 시발始發은 2009년 8월, 당시 국회의장 자문기구의 연구보고서인 「헌법연구자문위원회 결과보고서」이다. 이 보고서는 정부형태로서 제1안 이원정부제, 제2안 대통령제 4년 중임제를 내놓으면서 제1안인 이원정부제를 '분권형 대통령제'라고 홍보했다. 이후 2014년 5월, 또 다른 국회의장 자문기구인 '헌법개정자문위원회'가 이번에는 조문화된 새 헌법안을 제시했다. 이 개헌안은 그 정부형태를 '분권형 대통령제'로 명명했다.

분권형 대통령제라는 용어는 이 신조어의 제안자들 스스로 인정하듯이 학술용어 이원정부제를 대체한 것이다. 왜 대체하였을까. 이원정부제라는 말이 대중적이지 못한 탓일지 모른다. 그렇다고 하더라도 이것을 대통령제의 일종처럼 이름 붙인 것이 과연 적절하고 타당한가.

앞서 보았듯이, 이원정부제는 실제로 대부분 내각책임제에 가깝게 운영되고 있다. 대통령제처럼 운영되는 예는 프랑스 외에 찾아보기 힘들다. 그럼에도 불구하고 대통령제의 일종인 듯이 명명한 것은 납득하기 어렵다. 혹시 프랑스처럼 실제 운영에서 대통령제처럼 작동하기를 기대했다면 모르겠지만, 그렇게 보이지는 않는다. 도리어 이원정부제 지지자들 상당수가 본래부터 이원정부제를 이상적 정부형태로 본 것이 아니라 본시 내각책임제 지지였으며, 내각책임제의 대체물로 고안한 것이 이원정부제로 알려져 있다. 내각책임제에 찬성하면서도 우리 역사의 경험 등 때문에 워낙 이 제도에 대한 일반국민의 지지가 낮은 탓에, 이를테면 그 전단계로 이원정부제를 주장하지 않는가라는 추정이다. 사정이 이렇다면 분권형 대통령제라는 명명은 정직하다고 말하기 어렵다.

이원정부제로의 개헌 발상에는 이런 배경이 있는 것으로 보인다. '현행 헌법의 대통령직선제는 1987년 시민혁명으로 거둔 대표적 성과인 만큼, 대통령직선의 기본 틀을 벗어버리기는 힘들다. 대통령직선을 전제한다면 대통령에게 일정한 실권을 주지 않을 수 없다. 동시에 내각책임제적 제도의 골격이 필요하다.' 이런 구상에 부합하는 것이 바로 이원정부제이다. 그리고 그 실체에 대통령제의 포장을 씌운 것이 바로 '분권형 대통령제'가 아닌가.

국회중심주의의 위험성: 장면 정부 비극의 잔영

제2공화국 장면 정부 시대는 우리 헌정사에서 유일한 국회중심주의 시대였다. 그 시대의 정부형태와 그 실제에 관해 짧게 뒤돌아보기로 한다. 1960년 4·19학생의거의 희생 위에 들어선 제2공화국의 정부형태는 내각책임제라고 할 수 있지만, 부분적으로 이원정부제에 가까운 요소들이 있었다. 그뿐만 아니라 민주당 정부 초기 헌정운영의 실제는 이원정부제의 '동거정부' 형태에 가까웠다.

제2공화국 헌법은 국회 양원합동회의에서 선출되는 대통령에게 단순히 의례적이고 형식적인 권한만 부여한 것이 아니라 일부 실질적인 권한도 주었다. 우선 대통령은 국무총리지명권을 가진다. 대통령은 2차에 걸쳐 국무총리를 지명할 수 있고, 이렇게 지명된 총리는 하원인 민의원民議院 재적의원 과반수의 동의로 임명된다. 민의원 동의를 얻지 못하면 민의원에서 선출한다(제69조).

또한 대통령은 계엄선포거부권을 가진다. 계엄은 국무회의의 의결에 의해 대통령이 선포하지만, 계엄선포가 부당하다고 인정될 때 대통령은 국무회의 의결에도 불구하고 계엄선포를 거부할 수 있다(제64조). 그 밖에도 정당해산 절차에서 정부의 정당소추에 대한 승인권(제13조 제2항) 및 헌법재판소 심판관 9인 중 3인 선임권을 가진다(제83조의 4. 당시 헌법재판소제도는 실행되지 못했다). 또한 대통령은 국군통수권을 갖는데, 이것이 대통령의 실질적 권한인지 여부에 관하여 당시에 이미 논란이 있었다(제61조 제1항. 대통령은 헌법과 법률의 정하는 바에 의하여 국군을 통수한다).

위와 같은 대통령의 일부 실질적 권한 가운데 실제로 헌정운영을 크게 좌우한 것은 국무총리지명권이었다. 이승만에 대항하여 1955년에 출범한 민주당은 4·19의거 이전부터 이른바 구파와 신파의 대립으로 당 내부 갈등이 심한 상태였다. 1960년 7·29총선에서 민주당은 민의원 총의석의 3분의 2를 넘는 압도적 대승을 거뒀지만 내분은 심화됐다. 국회는 먼저 대통령에 구파의 윤보선 尹潽善(1897-1990)을 선출했다. 대통령으로 선출된 윤보선은 국무총리에 역시 구파인 김도연을 지명했지만 3표 부족으로 민의원의 동의를 얻지 못했다. 2차로 윤보선은 신파의 장면을 지명했고, 2표 초과로 당선됐다. 이처럼 민주당 정부는 구파 대통령과 신파 국무총리의 동거정부로 출범했다.

8월 23일 장면 총리가 신파 일색의 첫 내각을 구성하면서 갈등은 심화됐다. 8월 31일, 국회 교섭단체 등록에서 구파는 '구파동지회'로, 신파는 '민정구락부'로 등록했다. 첫 조각 후 한 달도 못 된 9월 12일, 대폭 개각이 단행되면서 구파 인사 5명이 각료로

　에필로그　개헌에 대한 다른 생각

임명됐다. 그러나 내홍은 깊어갔다. 급기야 10월 18일, 구파 가운데 분당파가 떨어져 나가 신민당新民黨을 창당했다.

그뿐만 아니었다. 민주당 내부에서도 분파가 일어나 노장파, 소장파, 합작파로 갈렸다. 장면 정부는 근근이 목숨을 이어가고 있었다. 이듬해 1961년 1월 20일 2차 개각에 이어, 5월 3일 3차 개각이 있었다. 5·16쿠데타로 막을 내리기까지 장면 정부 8개월간 세 차례 개각을 했다.

내각책임제의 최대 난점은 내각 불안정이다. 프랑스 제3·4공화국(1875-1958)의 80년 넘는 내각책임제하에서 매년 평균 1회 이상 개각이 있었다. 일본 역시 근년에 극심한 내각의 불안정을 겪었다. 자민당 장기 집권이 끝난 1993년부터 2012년까지 19년간 총리 13명이 교체됐다. 행정권을 양분하는 이원정부제는 그 구조 자체가 내각책임제에서보다 더 큰 행정부 불안정의 요인을 안고 있다. 1차 세계대전 후 독일 바이마르공화국의 정부형태도 이원정부제였다. 바이마르 비극의 정치제도적 요인은 이원정부제와 비례대표제, 및 직접민주주의제도에 있었다. 바이마르공화국 14년간 20회의 내각 교체를 겪었다.

장면 정부 시대의 비극적 종말에는 여러 요인들이 있을 것이다. 그 가운데 정치제도 측면의 핵심 요인은 이원정부제 요소가 가미된 내각책임제, 그리고 그 권력구조하에서 극심했던 정당 내분과 정치 불안이었다. 그 잔영殘影은 쉽게 지워지지 않는다. 이것은 지나간 풍경일 뿐인가. 그저 50여 년 전 옛날이야기에 지나지 않는가.

모든 문화적 현상은 끈질기다. 정치문화 역시 마찬가지다. 87년 헌법 시행 후 30년간의 정당정치 행태에서 무엇이 달라졌는가. 정치인 자신을 위한 '사익정치', 지역을 볼모로 한 '지역정치', 끼리끼리의 '패거리정치'에 시종하고 있지 않은가. 정당 내의 분파와 정당의 이합집산은 여전하지 않은가.

대통령제하의 분점정부 상황은 내각책임제나 이원정부제하의 다수당 부재 상황과 유사하다. 민주화 과정에 들어선 이래 여소야대의 분점정부하에서 안정적 국정운영의 경험이 한 번이라도 있었는가. 국가적 위기 상황에서 내부 분열이 지속된다면 어찌 될 것인가. 이미 시작된 한반도의 위기 상황 속에서 어떤 권력구조가 덜 위험할 것인지 숙고해야 한다.

'대통령 4년 중임제' 제안의 보완책

앞에서 보았듯이 제도의 역기능 상황을 고려하면, 즉 제도가 제대로 작동되지 않는 경우를 상정한다면 내각책임제나 이원정부제보다는 대통령제가 덜 위험하지 않은가라고 예측해볼 수 있다. 그렇더라도 대통령 4년 중임제 개헌안 역시 그것만으로는 안 된다. 자칫 제왕적 대통령의 임기 연장뿐이라는 결과를 피하려면 여러 보완책이 반드시 필요하다. 무엇보다도 대통령 견제 장치를 강화해야 한다.

첫째, 대법원과 헌법재판소 같은 사법기관의 대통령 견제권을 강화해야 한다. 그러자면 대통령의 사법권 개입을 줄여야 한다. 사법권 독립을 강화하는 것은 동시에 검찰권 통제를 의미한다. 검찰권은 대통령 권한 남용의 핵심 수단으로 알려져왔다.

구체적으로는 먼저 대법원장·대법관, 헌법재판소장·헌법재판관의 임명에 대통령의 개입을 축소해야 한다. 위의 직위 모두 각추천위원회의 추천에 의한 복수 후보자를 대상으로 대통령이 지명하되 국회에서 결정하는 방법을 검토해야 한다. 국회 의결에는 재적 3분의 2 이상의 동의를 받도록 하여 정치적 편향성을 줄이는 방안을 검토할 필요가 있다.

대통령 견제 강화의 관점에서 사법부 구성에 대한 대통령의 관여를 아예 없애고 모두 국회에서 선출하자는 의견도 있다. 그러나 이것은 바람직하지 않다. 중립적 권력을 표방하는 사법권의 구성을 국회나 행정부 어느 일방에 맡기는 것은 현명하지 못하다. 더욱이 국회권력에 대한 국민 불신이 강한 터에 사법권을 국회에만 종속시키는 것은 위험하다.

나아가 대법원장·대법관, 헌법재판소장·헌법재판관의 임기를 대통령보다 훨씬 장기로 할 필요가 있다. 중립성이 필요한 자리는 정권 변동에 휘둘리지 않게 해야 한다.

둘째, 대통령의 사면권을 헌법에서 직접 제한해야 한다. 사면제도는 사법권을 손상하는 제도지만 나름의 존재이유가 있다. 사면제도는 본래 군주제의 유물임에도 불구하고 오늘날에도 의미가 있다. 재판에서 적용하는 법, 그리고 재판 과정은 결코 완전무결하지 않고, 그 불완전함을 사면제도에 의해 보완할 수 있기 때문이다. 다만 대통령의 일방적 결정은 통제할 필요가 있다. 과거처럼 대통령 임기 말에 편향적인 정치적 사면을 하던 폐해를 막아야

한다. 그 방안의 하나로, 특별사면의 경우 대법원 의견을 반영하는 절차를 마련할 필요가 있다.[1]

셋째, 앞에서 지적했지만 감사원을 대통령 소속이 아니라 독립기관으로 만들어야 한다. 지금과 같은 대통령의 후광이 없어진다면 감사원의 힘이 떨어질 수 있고, 독립기관으로서 감사원이 실효적인 감사 기능을 수행할 수 있기까지에는 시간이 걸릴 것이지만, 독립성 확보를 위한 불가피한 비용으로 감내해야 한다. 정치적 중립성과 직무의 독립성은 감사 업무의 최고 원리이다.

넷째, 사정司正권력의 남용과 더불어 대통령 권한 남용의 주요 수단은 인사권의 남용이었다. 대통령의 광범한 인사권은 헌법규정만이 아니라 수많은 법률규정에 의거한다. 법률개정을 통해 대통령 인사권의 폭을 줄이고 각 기관장의 자율적 인사의 폭을 넓혀야 한다. 특히 업무의 중립성·독립성이 필요한 기관의 인사제도가 우선적으로 개혁되어야 한다.

다섯째, 행정부의 기구 조직에 대해 근본적 재검토를 해보아야 한다. 지금의 행정부 상층 조직은 이중적으로 중복되어 있다. 대통령 비서실 등 청와대 기구와 내각의 2층 구조이다. 실질적으로 보면, 형식적 직급과 관계없이 청와대 기구가 위층이고 내각은 아래층이다. 종래 중요 정책의 결정권은 위층에서 나왔고, 아래층은 그 시행기관처럼 되어왔다. 그렇게 하려면 위층의 인사들이 해당 부문의 최고 실력가들이어야 한다. 그렇지 못하다면 위층의 인력과 힘을 대폭 축소해야 한다. 행정권 분권의 시작은 내각을 비롯한 각 집행기관에 대폭 권한을 위임하는 것이다.

에필로그 개헌에 대한 다른 생각

여섯째, 대통령 임기 중의 중간선거는 국회의원선거가 아니라 지방선거가 적절하다. 대통령의 중임을 인정하는 제도만으로도 대통령의 책임을 묻는 의미를 지니지만, 4년 임기 중에도 대통령 중간 평가의 수단이 필요하다. 종래와 같은 대통령 임기 중의 국회의원선거 실시는 국정의 효율성 면에서 바람직하다고 볼 수 없다. 의원선거는 국정의 일시 정지 상태를 유발한다. 그 대체 수단으로 대통령 임기 중에 지방선거를 실시하는 방안을 검토할 필요가 있다.

그 밖의 쟁점들: 지방분권을 위한 개헌?

개헌 논의에는 권력구조 외에 많은 쟁점들이 있다. 그 주요 쟁점 몇 가지를 살펴본다.

첫째, 헌법전의 전면 개헌이냐 아니면 부분적인 소폭 개헌이냐의 문제다. 전면 개헌은 커다란 정치적 변혁기에 이뤄진다. 지금은 그런 시기라고 볼 수 없다. 더욱이 안보 위기 상황에서 백가쟁명은 전혀 바람직하지 않다. 전면 개헌은 부적절하다. 헌법 전문, 기본권 조항, 경제 조항 등의 개정에는 이념적 대립과 갈등이 따르기 마련이다. 국론 집약과 사회 통합이 절실한 시기에 가급적 국론 분열의 소지는 피해야 한다.

둘째, 특히 기본권 조항 개정과 관련해 유의할 점이 있다. 선언적 의미의 기본권 조항 개정은 적어도 법적 관점에서는 큰 의미가 없다. 예컨대 현행 헌법의 환경권 조항은 그 설치 이전과 대비해 실질적인 법적 실효성에 차이가 없다. 원리 차원의 기본권 조항은 해석하기 나름이며, 구체적인 법률 및 시행 조치 차원의 개선이 중요하다.

다만, 기본권 조항 가운데에도 원리 성격의 규정이 아니라 규칙 성격의 규정에 대해서는 개정이 법적 의미를 가질 수 있다. 예컨대, 영장제도에 관한 헌법조항을 들 수 있다. "체포·구속·압수 또는 수색을 할 때에는 적법한 절차에 따라 검사의 신청에 의하여 법관이 발부한 영장을 제시하여야 한다(제12조 제3항)." 이 조항에 따르면 영장 청구는 반드시 검사가 해야 한다. 만일 검사만이 아니라 이를테면 경찰에게도 영장 청구의 길을 열어놓으려 한다면 이 조항을 개정해야 한다. 그 타당성과 실현 가능성을 떠나, 이런 류의 규칙 성격의 기본권 조항 개정은 법적으로도 의미가 있다는 뜻이다. 물론 국민적 합의가 전제되어야 한다.

경제 조항에 관해서도 사정은 비슷하다. 한편에서는 시장경제 중시의 방향에서 개정해야 한다고 말하고, 다른 편에서는 '경제민주화' 등 사회정의 실현의 방향에서 개헌을 주장한다. 특히 '토지공개념'의 헌법화 주장이 대두되고 있다. 그러나 현행 헌법에도 경제민주화 조항이 있지만 이 조항은 실제로 법적인 힘을 발휘하지 못하고 있다. 헌법재판소의 대부분 경제 관련 사건은 주로 재산권 조항의 해석을 통해 결정되고 있다.

한편, 규칙 성격의 기본권 조항이나 경제 조항의 개정에는 신중을 기해야 한다. 예컨대 양심적 병역거부는 검토할 만한 사안이지만, 뜨거운 감자 같은 이 논쟁거리를 헌법에 못 박으려 한다면 개헌 과정 자체가 순탄치 못할 것이다.

셋째, 권력구조에 관한 개헌은 선거제도, 특히 국회의원선거제도와 연결하여 고려되어야 하지만, 여기에 딜레마가 있다. 의원선거제도 개편론은 대부분 현행 소선거구제도를 고쳐 중·대선거구제로 바꾸거나 또는 비례대표제를 확대하자는 것이다. 정부형태를 내각책임제나 이원정부제로 변경한다면, 그런 전제하에 이 같은 선거제도 변경은 고려할 만하다. 그러나 대통령제를 유지하는 한, 중·대선거구제나 비례대표제는 문제가 있다. 이들 중·대선거구제나 비례대표제는 다당제를 유발하거나 심화하고 결과적으로 분점정부 출현 가능성을 높이기 때문이다. 대통령제하에서 분점정부는 국정을 발목 잡는 최대의 골칫거리다. 이 점을 도외시한 채 다른 관점에서만 선거구제도 개혁을 주장하는 것은 부적절하다.

넷째, 국민발안, 국민소환 등 직접민주주의제도를 강화하는 것도 위험하다. 그 폐해는 앞의 곳곳에서 지적한 대로이다. '촛불항쟁'의 성취에도 불구하고 광장·가두정치의 길고 긴 여파는 87년 시민혁명이 남긴 그늘의 한 단면이다. 광장과 거리의 격정이 안보와 빵을 해결해주지는 않는다.

다섯째, 지방분권 강화를 위한 개헌 주장에도 큰 함정이 있다. 여기에 눈감고 관념적 이상론만으로 지방분권 강화를 위해 개헌을 추진하는 것은 위험하다. 왜 그런가. 지금의 지방자치 현실이 지방분권의 이념에 비추어 크게 미흡한 것은 사실이다. 그간 국가사무의 지방 이양은 양적으로나 질적으로나 기대에 미치지 못했음을 부정할 수 없다. 앞으로 지방분권은 강화되어야 한다. 그러나 그 방향과 속도를 설정하기에 앞서 필요한 선결 과정이 있다. 먼저 지방자치 현실에 관한 철저한 점검이 선행되어야 한다. 특히 지방자치단체의 기강 실태를 파악하여야 한다. 그런 연후 필요한 대책이 실행되어야 한다. 그 전에 일방적으로 지방분권을 강화한다면 자칫 지방 비리의 확대만 초래하게 될 것이다. 지자체 기강 실태를 중심으로 지방행정의 현실을 살펴본다(아래의 내용은 지방자치 현실에 관한 감사원 백서 등에서 그 요지를 간추린 것이다).

민선자치의 가장 큰 병폐는 재정 여건을 감안하지 않고 사업의 타당성 검토가 이루어지지 않은 대형 사업을 추진하거나 주민의 표를 의식하여 선심성으로 재정을 집행하는 것이다. 지방자치단체의 예산 낭비 사례로는 지방자치단체 청사 신축, 국제행사 경비, 경전철 사업 등을 들 수 있다.

지역토착비리 근절을 위한 감사원의 감사 결과, 문제점이 크게 증가하고 있는 것으로 나타났다. 매년 유사·동일한 문제가 반복되어 지적되고 있다. 반복적인 지적 사항은 회계검사 사항 53.3퍼센트, 직무감찰 사항 46.7퍼센트로 나타났다. 직무감찰 사항의 지적 실태를 보면, 가장 빈번히 지적된 사항은 인허가 분야이다. 그 원인으로는 단체장의 부당 지시나 인허가 기준의 문제 등이 제도적 요인으로 작용하고 있다.

지방자치단체 공직 부패 상황을 보면, 권한이 지방으로 이양되면서 공직사회의 부패도 중앙에서 지방으로 이양되고 구조화되고 있다. 청렴도 변화 추이를 보면 전반적인 청렴도 수준은 개선되었으나 지방자치단체의 청렴도는 2009년 이후 하락 추세를 보이고 있다. 국가공무원의 범죄 건수가 감소한 데 비해 지방공무원들의 범죄 건수는 두드러지게 증가하는 양상이다. 범죄행위 유형별로 보면, 직무유기, 증뢰·수뢰, 공금횡령, 향응수수, 직권남용 등으로 처벌받은 것으로 나타났다.

지방자치단체 부정부패의 특성이 있다. 그 대부분 지방공직자(단체장 및 공무원)와 토착세력(지역업체·토호세력 등)이 유착·결탁하여 이루어지는 '지역토착비리'이다. 지역토착비리는 각종 이권사업이 관주도로 이뤄지는 지역경제의 특성상 행정조직을 중심으로 이권 주체들(행정조직, 지역업체, 토호세력)이 연고주의를 매개로 연결되어 상호공생적 관계를 유지하며 고착화되는 경향이 있다.

민선 자치단체장의 경우, 각종 권한을 이용하여 인사, 입찰·계약, 인허가는 물론 선거자금 및 운동 등에 대한 보상적 특혜를 제공하고, 대부분 해당 지역 출신으로 구성된 지방공무원은 혈연, 학연, 지연 등 연고주의의 영향에 노출되어 있어 토착세력과 밀착하여 각종 이권에 개입하거나 부정한 청탁을 받고 행정력을 이용하여 사적 민원을 해결(단속 무마, 세금 감면 등)해준다.

지역업체 등 토착세력의 경우, 지역 내 이권 취득을 위한 각종 금품 및 향응·접대는 물론이고, 선거를 지원하거나 정치자금 등을 제공하는 구조로 부정부패가 발생한다.

열악한 지방재정을 도외시한 선심성 사업, 단체장의 인사전횡, 인허가·계약 비리 등의 문제가 계속해서 발생하고 있다.[2]

이 같은 지방자치 실태를 그대로 둔 채, 지방분권 강화를 위한 개헌이 과연 타당한가. 자칫 지방 부패·비리의 확산만 초래할 위험이 크지 않은가. 그 대책도 없이 개헌부터 하자는 주장은 성급하다.

헌법은 현재진행형

종잇장 위에 쓰인 헌법조문들은 잠든 모습처럼 고정되어 있지 않다. 시대 상황에 따라 그 의미는 약화되거나 강화되고, 변천을 겪는다. 헌법은 해석되고 재해석되는 지속적 과정을 거치며 새로운 의미를 지니면서 새롭게 형성되고 재형성되어 간다.

그렇지만 헌법의 해석·재해석을 통한 헌법운용에 한계가 드러난다면 개헌을 마다하지 말아야 한다. 87년 헌법의 30년은 헌정운영 능력의 태부족을 드러낸 시기였다. 때로는 대통령의 권한 남용, 때로는 국회·대통령 간의 대립으로 인한 국정 정체停滯가 반복됐다. 다른 한편, 정치권력의 갈등을 스스로 해결하지 못하고 사법기관으로 이전했다. 정치가 사법화하고 사법통치 경향이 심화됐다. 이런 문제점들의 대응책으로, 필요하다면 개헌을 주저해서는 안 된다.

개헌의 핵심은 대통령의 '제왕적' 권한 행사에 관한 문제이다. 다시 강조하지만, 종래 대통령들이 행사해온 권한들 자체가 제도상 제왕적 권한이라기보다는 권한 남용이 문제였고, 그 남용의 깊은 원인은 유일한 전 국민 선출직이라는 데에서 오는 대통령의 권위와 이를 뒷받침한 사회 전반의 권위주의적 문화였다. 이 점을 간과하거나 외면해서는 옳은 처방이 나올 수 없다.

지금껏 들려온 큰 목소리는 대통령의 권한을 쪼개 국무총리와 나누자는 것이지만 이것은 위험한 도박처럼 보인다. 반면 대통령

에필로그　개헌에 대한 다른 생각

4년 중임제만으로는 대통령의 권한 남용에 대한 대응책이 못되며, 대통령에 대한 외부 견제를 강화하는 보완책이 필수적이다.

아울러 개헌을 곧 전면 개헌과 동일시하는 데에서 벗어나야 한다. 이제는 개량적 목적의 부분적 개헌을 적극 검토해야 한다. 87년 헌법이 전면 개정되어야 할 만큼 많은 문제가 있는 것은 아니다. 더구나 지금의 한반도 상황은 평상시는 아니다. 개헌의 공론 장이 국론분열의 백가쟁명으로 흘러서는 안 된다.[3]

앞에서 필립 보빗의 시장국가론을 살펴보았다(3장. 시장국가란 무엇인가?-미래 헌법이 가는 길). 군사전략과 헌법질서의 상호관련성에 주목하면서 미래의 대응 방향을 모색하는 그 나름의 혜안은 우리에게도 큰 시사를 준다. 과연 우리는 새로운 시장국가 시대에 대응한 우리 나름의 헌법질서를 모색하고 있는가? 오히려 시대를 역행하고 있는 것은 아닌가? 여전히 정부의 힘을 과신하고 정부 역할의 확대에 골몰하고 있지 않은가? 서구 선진국들은 국민국가 시대의 퇴조와 함께 이미 복지국가정책을 재조정하는 전략적 변화의 흐름을 보여주고 있다. 여기에서 교훈을 찾고 후발 주자로서의 이점을 살려야 할 것이 아닌가.

최근의 한반도 상황에 비추어보면 더욱 그렇다. 북한의 핵위협은 한반도를 세계에서 가장 위험한 지역으로 만들고 있다. 이런 상황에서야말로 전쟁전략과 법질서의 상관관계라는 관점이 절실하지 않은가.

새로운 헌법질서는 꼭 헌법전의 조문 변경을 통해서만 가능한 것은 아니다. 미국은 20세기 전반 자유방임적 자본주의 경제질서로부터 수정자본주의 경제질서에로의 대변혁을 판례 변경의 방법으로 실현했다. 필요한 개헌은 추진해야 한다. 그러나 그보다 더 중요한 것은 실질적 헌법질서의 새로운 정립이며, 그 방향에서의 꾸준한 실행이다. 헌법의 의미는 지금도 생성·변화 중이다. 헌법은 현재진행형이다.

대한민국 헌법

[시행 1988.2.25.] [헌법 제10호, 1987.10.29., 전부개정]

유구한 역사와 전통에 빛나는 우리 대한국민은 3·1운동으로 건립된 대한민국 임시
정부의 법통과 불의에 항거한 4·19민주이념을 계승하고, 조국의 민주개혁과 평화
적 통일의 사명에 입각하여 정의·인도와 동포애로써 민족의 단결을 공고히 하고,
모든 사회적 폐습과 불의를 타파하며, 자율과 조화를 바탕으로 자유민주적 기본질
서를 더욱 확고히 하여 정치·경제·사회·문화의 모든 영역에 있어서 각인의 기회를
균등히 하고, 능력을 최고도로 발휘하게 하며, 자유와 권리에 따르는 책임과 의무를
완수하게 하여, 안으로는 국민생활의 균등한 향상을 기하고 밖으로는 항구적인 세
계평화와 인류공영에 이바지함으로써 우리들과 우리들의 자손의 안전과 자유와 행
복을 영원히 확보할 것을 다짐하면서 1948년 7월 12일에 제정되고 8차에 걸쳐 개
정된 헌법을 이제 국회의 의결을 거쳐 국민투표에 의하여 개정한다.

제1장 총강

제1조 ①대한민국은 민주공화국이다.

②대한민국의 주권은 국민에게 있고, 모든 권력은 국민으로부터 나온다.

제2조 ①대한민국의 국민이 되는 요건은 법률로 정한다.

②국가는 법률이 정하는 바에 의하여 재외국민을 보호할 의무를 진다.

제3조 대한민국의 영토는 한반도와 그 부속도서로 한다.

제4조 대한민국은 통일을 지향하며, 자유민주적 기본질서에 입각한 평화적 통일 정책을 수립하고 이를 추진한다.

제5조 ①대한민국은 국제평화의 유지에 노력하고 침략적 전쟁을 부인한다.

②국군은 국가의 안전보장과 국토방위의 신성한 의무를 수행함을 사명으로 하며, 그 정치적 중립성은 준수된다.

제6조 ①헌법에 의하여 체결·공포된 조약과 일반적으로 승인된 국제법규는 국내법과 같은 효력을 가진다.

②외국인은 국제법과 조약이 정하는 바에 의하여 그 지위가 보장된다.

제7조 ①공무원은 국민전체에 대한 봉사자이며, 국민에 대하여 책임을 진다.

②공무원의 신분과 정치적 중립성은 법률이 정하는 바에 의하여 보장된다.

제8조 ①정당의 설립은 자유이며, 복수정당제는 보장된다.

②정당은 그 목적·조직과 활동이 민주적이어야 하며, 국민의 정치적 의사형성에 참여하는데 필요한 조직을 가져야 한다.

③정당은 법률이 정하는 바에 의하여 국가의 보호를 받으며, 국가는 법률이 정하는 바에 의하여 정당운영에 필요한 자금을 보조할 수 있다.

④정당의 목적이나 활동이 민주적 기본질서에 위배될 때에는 정부는 헌법재판소에 그 해산을 제소할 수 있고, 정당은 헌법재판소의 심판에 의하여 해산된다.

제9조 국가는 전통문화의 계승·발전과 민족문화의 창달에 노력하여야 한다.

제2장 국민의 권리와 의무

제10조 모든 국민은 인간으로서의 존엄과 가치를 가지며, 행복을 추구할 권리를 가진다. 국가는 개인이 가지는 불가침의 기본적 인권을 확인하고 이를 보장할 의무를 진다.

제11조　①모든 국민은 법 앞에 평등하다. 누구든지 성별·종교 또는 사회적
신분에 의하여 정치적·경제적·사회적·문화적 생활의 모든 영역에
있어서 차별을 받지 아니한다.

②사회적 특수계급의 제도는 인정되지 아니하며, 어떠한 형태로도 이를
창설할 수 없다.

③훈장등의 영전은 이를 받은 자에게만 효력이 있고, 어떠한 특권도 이에
따르지 아니한다.

제12조　①모든 국민은 신체의 자유를 가진다. 누구든지 법률에 의하지
아니하고는 체포·구속·압수·수색 또는 심문을 받지 아니하며, 법률과
적법한 절차에 의하지 아니하고는 처벌·보안처분 또는 강제노역을 받지
아니한다.

②모든 국민은 고문을 받지 아니하며, 형사상 자기에게 불리한 진술을
강요당하지 아니한다.

③체포·구속·압수 또는 수색을 할 때에는 적법한 절차에 따라 검사의
신청에 의하여 법관이 발부한 영장을 제시하여야 한다. 다만, 현행범인인
경우와 장기 3년 이상의 형에 해당하는 죄를 범하고 도피 또는
증거인멸의 염려가 있을 때에는 사후에 영장을 청구할 수 있다.

④누구든지 체포 또는 구속을 당한 때에는 즉시 변호인의 조력을 받을
권리를 가진다. 다만, 형사피고인이 스스로 변호인을 구할 수 없을
때에는 법률이 정하는 바에 의하여 국가가 변호인을 붙인다.

⑤누구든지 체포 또는 구속의 이유와 변호인의 조력을 받을 권리가
있음을 고지받지 아니하고는 체포 또는 구속을 당하지 아니한다. 체포
또는 구속을 당한 자의 가족등 법률이 정하는 자에게는 그 이유와
일시·장소가 지체없이 통지되어야 한다.

⑥누구든지 체포 또는 구속을 당한 때에는 적부의 심사를 법원에 청구할
권리를 가진다.

⑦피고인의 자백이 고문·폭행·협박·구속의 부당한 장기화 또는 기망
기타의 방법에 의하여 자의로 진술된 것이 아니라고 인정될 때 또는
정식재판에 있어서 피고인의 자백이 그에게 불리한 유일한 증거일
때에는 이를 유죄의 증거로 삼거나 이를 이유로 처벌할 수 없다.

제13조　①모든 국민은 행위시의 법률에 의하여 범죄를 구성하지 아니하는

행위로 소추되지 아니하며, 동일한 범죄에 대하여 거듭 처벌받지
아니한다.

②모든 국민은 소급입법에 의하여 참정권의 제한을 받거나 재산권을
박탈당하지 아니한다.

③모든 국민은 자기의 행위가 아닌 친족의 행위로 인하여 불이익한
처우를 받지 아니한다.

제14조 모든 국민은 거주·이전의 자유를 가진다.

제15조 모든 국민은 직업선택의 자유를 가진다.

제16조 모든 국민은 주거의 자유를 침해받지 아니한다. 주거에 대한 압수나
수색을 할 때에는 검사의 신청에 의하여 법관이 발부한 영장을
제시하여야 한다.

제17조 모든 국민은 사생활의 비밀과 자유를 침해받지 아니한다.

제18조 모든 국민은 통신의 비밀을 침해받지 아니한다.

제19조 모든 국민은 양심의 자유를 가진다.

제20조 ①모든 국민은 종교의 자유를 가진다.

②국교는 인정되지 아니하며, 종교와 정치는 분리된다.

제21조 ①모든 국민은 언론·출판의 자유와 집회·결사의 자유를 가진다.

②언론·출판에 대한 허가나 검열과 집회·결사에 대한 허가는 인정되지
아니한다.

③통신·방송의 시설기준과 신문의 기능을 보장하기 위하여 필요한
사항은 법률로 정한다.

④언론·출판은 타인의 명예나 권리 또는 공중도덕이나 사회윤리를
침해하여서는 아니된다. 언론·출판이 타인의 명예나 권리를 침해한
때에는 피해자는 이에 대한 피해의 배상을 청구할 수 있다.

제22조 ①모든 국민은 학문과 예술의 자유를 가진다.

②저작자·발명가·과학기술자와 예술가의 권리는 법률로써 보호한다.

제23조 ①모든 국민의 재산권은 보장된다. 그 내용과 한계는 법률로 정한다.

②재산권의 행사는 공공복리에 적합하도록 하여야 한다.

③공공필요에 의한 재산권의 수용·사용 또는 제한 및 그에 대한 보상은
법률로써 하되, 정당한 보상을 지급하여야 한다.

제24조 모든 국민은 법률이 정하는 바에 의하여 선거권을 가진다.

제25조 모든 국민은 법률이 정하는 바에 의하여 공무담임권을 가진다.

제26조 ①모든 국민은 법률이 정하는 바에 의하여 국가기관에 문서로 청원할
권리를 가진다.

②국가는 청원에 대하여 심사할 의무를 진다.

제27조 ①모든 국민은 헌법과 법률이 정한 법관에 의하여 법률에 의한 재판을
받을 권리를 가진다.

②군인 또는 군무원이 아닌 국민은 대한민국의 영역안에서는 중대한
군사상 기밀·초병·초소·유독음식물공급·포로·군용물에 관한 죄중
법률이 정한 경우와 비상계엄이 선포된 경우를 제외하고는 군사법원의
재판을 받지 아니한다.

③모든 국민은 신속한 재판을 받을 권리를 가진다. 형사피고인은 상당한
이유가 없는 한 지체없이 공개재판을 받을 권리를 가진다.

④형사피고인은 유죄의 판결이 확정될 때까지는 무죄로 추정된다.

⑤형사피해자는 법률이 정하는 바에 의하여 당해 사건의 재판절차에서
진술할 수 있다.

제28조 형사피의자 또는 형사피고인으로서 구금되었던 자가 법률이 정하는
불기소처분을 받거나 무죄판결을 받은 때에는 법률이 정하는 바에
의하여 국가에 정당한 보상을 청구할 수 있다.

제29조 ①공무원의 직무상 불법행위로 손해를 받은 국민은 법률이 정하는 바에
의하여 국가 또는 공공단체에 정당한 배상을 청구할 수 있다. 이 경우
공무원 자신의 책임은 면제되지 아니한다.

②군인·군무원·경찰공무원 기타 법률이 정하는 자가 전투·훈련등
직무집행과 관련하여 받은 손해에 대하여는 법률이 정하는 보상외에
국가 또는 공공단체에 공무원의 직무상 불법행위로 인한 배상은 청구할
수 없다.

제30조 타인의 범죄행위로 인하여 생명·신체에 대한 피해를 받은 국민은 법률이
정하는 바에 의하여 국가로부터 구조를 받을 수 있다.

제31조 ①모든 국민은 능력에 따라 균등하게 교육을 받을 권리를 가진다.

②모든 국민은 그 보호하는 자녀에게 적어도 초등교육과 법률이 정하는
교육을 받게 할 의무를 진다.

③의무교육은 무상으로 한다.

④교육의 자주성·전문성·정치적 중립성 및 대학의 자율성은 법률이
정하는 바에 의하여 보장된다.

⑤국가는 평생교육을 진흥하여야 한다.

⑥학교교육 및 평생교육을 포함한 교육제도와 그 운영, 교육재정 및
교원의 지위에 관한 기본적인 사항은 법률로 정한다.

제32조　①모든 국민은 근로의 권리를 가진다. 국가는 사회적·경제적 방법으로
근로자의 고용의 증진과 적정임금의 보장에 노력하여야 하며, 법률이
정하는 바에 의하여 최저임금제를 시행하여야 한다.

②모든 국민은 근로의 의무를 진다. 국가는 근로의 의무의 내용과 조건을
민주주의원칙에 따라 법률로 정한다.

③근로조건의 기준은 인간의 존엄성을 보장하도록 법률로 정한다.

④여자의 근로는 특별한 보호를 받으며, 고용·임금 및 근로조건에 있어서
부당한 차별을 받지 아니한다.

⑤연소자의 근로는 특별한 보호를 받는다.

⑥국가유공자·상이군경 및 전몰군경의 유가족은 법률이 정하는 바에
의하여 우선적으로 근로의 기회를 부여받는다.

제33조　①근로자는 근로조건의 향상을 위하여 자주적인 단결권·단체교섭권 및
단체행동권을 가진다.

②공무원인 근로자는 법률이 정하는 자에 한하여 단결권·단체교섭권 및
단체행동권을 가진다.

③법률이 정하는 주요방위산업체에 종사하는 근로자의 단체행동권은
법률이 정하는 바에 의하여 이를 제한하거나 인정하지 아니할 수 있다.

제34조　①모든 국민은 인간다운 생활을 할 권리를 가진다.

②국가는 사회보장·사회복지의 증진에 노력할 의무를 진다.

③국가는 여자의 복지와 권익의 향상을 위하여 노력하여야 한다.

④국가는 노인과 청소년의 복지향상을 위한 정책을 실시할 의무를 진다.

⑤신체장애자 및 질병·노령 기타의 사유로 생활능력이 없는 국민은
법률이 정하는 바에 의하여 국가의 보호를 받는다.

⑥국가는 재해를 예방하고 그 위험으로부터 국민을 보호하기 위하여
노력하여야 한다.

제35조　①모든 국민은 건강하고 쾌적한 환경에서 생활할 권리를 가지며, 국가와

국민은 환경보전을 위하여 노력하여야 한다.

②환경권의 내용과 행사에 관하여는 법률로 정한다.

③국가는 주택개발정책등을 통하여 모든 국민이 쾌적한 주거생활을 할 수 있도록 노력하여야 한다.

제36조 ①혼인과 가족생활은 개인의 존엄과 양성의 평등을 기초로 성립되고 유지되어야 하며, 국가는 이를 보장한다.

②국가는 모성의 보호를 위하여 노력하여야 한다.

③모든 국민은 보건에 관하여 국가의 보호를 받는다.

제37조 ①국민의 자유와 권리는 헌법에 열거되지 아니한 이유로 경시되지 아니한다.

②국민의 모든 자유와 권리는 국가안전보장·질서유지 또는 공공복리를 위하여 필요한 경우에 한하여 법률로써 제한할 수 있으며, 제한하는 경우에도 자유와 권리의 본질적인 내용을 침해할 수 없다.

제38조 모든 국민은 법률이 정하는 바에 의하여 납세의 의무를 진다.

제39조 ①모든 국민은 법률이 정하는 바에 의하여 국방의 의무를 진다.

②누구든지 병역의무의 이행으로 인하여 불이익한 처우를 받지 아니한다.

제3장 국회

제40조 입법권은 국회에 속한다.

제41조 ①국회는 국민의 보통·평등·직접·비밀선거에 의하여 선출된 국회의원으로 구성한다.

②국회의원의 수는 법률로 정하되, 200인 이상으로 한다.

③국회의원의 선거구와 비례대표제 기타 선거에 관한 사항은 법률로 정한다.

제42조 국회의원의 임기는 4년으로 한다.

제43조 국회의원은 법률이 정하는 직을 겸할 수 없다.

제44조 ①국회의원은 현행범인인 경우를 제외하고는 회기중 국회의 동의없이 체포 또는 구금되지 아니한다.

②국회의원이 회기전에 체포 또는 구금된 때에는 현행범인이 아닌 한 국회의 요구가 있으면 회기중 석방된다.

제45조   국회의원은 국회에서 직무상 행한 발언과 표결에 관하여 국회외에서
          책임을 지지 아니한다.
제46조   ①국회의원은 청렴의 의무가 있다.
          ②국회의원은 국가이익을 우선하여 양심에 따라 직무를 행한다.
          ③국회의원은 그 지위를 남용하여 국가·공공단체 또는 기업체와의
          계약이나 그 처분에 의하여 재산상의 권리·이익 또는 직위를 취득하거나
          타인을 위하여 그 취득을 알선할 수 없다.
제47조   ①국회의 정기회는 법률이 정하는 바에 의하여 매년 1회 집회되며,
          국회의 임시회는 대통령 또는 국회재적의원 4분의 1 이상의 요구에
          의하여 집회된다.
          ②정기회의 회기는 100일을, 임시회의 회기는 30일을 초과할 수 없다.
          ③대통령이 임시회의 집회를 요구할 때에는 기간과 집회요구의 이유를
          명시하여야 한다.
제48조   국회는 의장 1인과 부의장 2인을 선출한다.
제49조   국회는 헌법 또는 법률에 특별한 규정이 없는 한 재적의원 과반수의
          출석과 출석의원 과반수의 찬성으로 의결한다. 가부동수인 때에는 부결된
          것으로 본다.
제50조   ①국회의 회의는 공개한다. 다만, 출석의원 과반수의 찬성이 있거나
          의장이 국가의 안전보장을 위하여 필요하다고 인정할 때에는 공개하지
          아니할 수 있다.
          ②공개하지 아니한 회의내용의 공표에 관하여는 법률이 정하는 바에
          의한다.
제51조   국회에 제출된 법률안 기타의 의안은 회기중에 의결되지 못한 이유로
          폐기되지 아니한다. 다만, 국회의원의 임기가 만료된 때에는 그러하지
          아니하다.
제52조   국회의원과 정부는 법률안을 제출할 수 있다.
제53조   ①국회에서 의결된 법률안은 정부에 이송되어 15일 이내에 대통령이
          공포한다.
          ②법률안에 이의가 있을 때에는 대통령은 제1항의 기간내에 이의서를
          붙여 국회로 환부하고, 그 재의를 요구할 수 있다. 국회의 폐회중에도 또한
          같다.

③대통령은 법률안의 일부에 대하여 또는 법률안을 수정하여 재의를 요구할 수 없다.

④재의의 요구가 있을 때에는 국회는 재의에 붙이고, 재적의원과반수의 출석과 출석의원 3분의 2 이상의 찬성으로 전과 같은 의결을 하면 그 법률안은 법률로서 확정된다.

⑤대통령이 제1항의 기간내에 공포나 재의의 요구를 하지 아니한 때에도 그 법률안은 법률로서 확정된다.

⑥대통령은 제4항과 제5항의 규정에 의하여 확정된 법률을 지체없이 공포하여야 한다. 제5항에 의하여 법률이 확정된 후 또는 제4항에 의한 확정법률이 정부에 이송된 후 5일 이내에 대통령이 공포하지 아니할 때에는 국회의장이 이를 공포한다.

⑦법률은 특별한 규정이 없는 한 공포한 날로부터 20일을 경과함으로써 효력을 발생한다.

제54조 ①국회는 국가의 예산안을 심의·확정한다.

②정부는 회계연도마다 예산안을 편성하여 회계연도 개시 90일전까지 국회에 제출하고, 국회는 회계연도 개시 30일전까지 이를 의결하여야 한다.

③새로운 회계연도가 개시될 때까지 예산안이 의결되지 못한 때에는 정부는 국회에서 예산안이 의결될 때까지 다음의 목적을 위한 경비는 전년도 예산에 준하여 집행할 수 있다.

1. 헌법이나 법률에 의하여 설치된 기관 또는 시설의 유지·운영

2. 법률상 지출의무의 이행

3. 이미 예산으로 승인된 사업의 계속

제55조 ①한 회계연도를 넘어 계속하여 지출할 필요가 있을 때에는 정부는 연한을 정하여 계속비로서 국회의 의결을 얻어야 한다.

②예비비는 총액으로 국회의 의결을 얻어야 한다. 예비비의 지출은 차기국회의 승인을 얻어야 한다.

제56조 정부는 예산에 변경을 가할 필요가 있을 때에는 추가경정예산안을 편성하여 국회에 제출할 수 있다.

제57조 국회는 정부의 동의없이 정부가 제출한 지출예산 각항의 금액을 증가하거나 새 비목을 설치할 수 없다.

제58조 국채를 모집하거나 예산외에 국가의 부담이 될 계약을 체결하려 할 때에는 정부는 미리 국회의 의결을 얻어야 한다.

제59조 조세의 종목과 세율은 법률로 정한다.

제60조 ①국회는 상호원조 또는 안전보장에 관한 조약, 중요한 국제조직에 관한 조약, 우호통상항해조약, 주권의 제약에 관한 조약, 강화조약, 국가나 국민에게 중대한 재정적 부담을 지우는 조약 또는 입법사항에 관한 조약의 체결·비준에 대한 동의권을 가진다.
②국회는 선전포고, 국군의 외국에의 파견 또는 외국군대의 대한민국 영역안에서의 주류에 대한 동의권을 가진다.

제61조 ①국회는 국정을 감사하거나 특정한 국정사안에 대하여 조사할 수 있으며, 이에 필요한 서류의 제출 또는 증인의 출석과 증언이나 의견의 진술을 요구할 수 있다.
②국정감사 및 조사에 관한 절차 기타 필요한 사항은 법률로 정한다.

제62조 ①국무총리·국무위원 또는 정부위원은 국회나 그 위원회에 출석하여 국정처리상황을 보고하거나 의견을 진술하고 질문에 응답할 수 있다.
②국회나 그 위원회의 요구가 있을 때에는 국무총리·국무위원 또는 정부위원은 출석·답변하여야 하며, 국무총리 또는 국무위원이 출석요구를 받은 때에는 국무위원 또는 정부위원으로 하여금 출석·답변하게 할 수 있다.

제63조 ①국회는 국무총리 또는 국무위원의 해임을 대통령에게 건의할 수 있다.
②제1항의 해임건의는 국회재적의원 3분의 1 이상의 발의에 의하여 국회재적의원 과반수의 찬성이 있어야 한다.

제64조 ①국회는 법률에 저촉되지 아니하는 범위안에서 의사와 내부규율에 관한 규칙을 제정할 수 있다.
②국회는 의원의 자격을 심사하며, 의원을 징계할 수 있다.
③의원을 제명하려면 국회재적의원 3분의 2 이상의 찬성이 있어야 한다.
④제2항과 제3항의 처분에 대하여는 법원에 제소할 수 없다.

제65조 ①대통령·국무총리·국무위원·행정각부의 장·헌법재판소 재판관·법관·중앙선거관리위원회 위원·감사원장·감사위원 기타 법률이 정한 공무원이 그 직무집행에 있어서 헌법이나 법률을 위배한 때에는 국회는 탄핵의 소추를 의결할 수 있다.

②제1항의 탄핵소추는 국회재적의원 3분의 1 이상의 발의가 있어야 하며, 그 의결은 국회재적의원 과반수의 찬성이 있어야 한다. 다만, 대통령에 대한 탄핵소추는 국회재적의원 과반수의 발의와 국회재적의원 3분의 2 이상의 찬성이 있어야 한다.

③탄핵소추의 의결을 받은 자는 탄핵심판이 있을 때까지 그 권한행사가 정지된다.

④탄핵결정은 공직으로부터 파면함에 그친다. 그러나, 이에 의하여 민사상이나 형사상의 책임이 면제되지는 아니한다.

제4장 정부

제1절 대통령

제66조 ①대통령은 국가의 원수이며, 외국에 대하여 국가를 대표한다.

②대통령은 국가의 독립·영토의 보전·국가의 계속성과 헌법을 수호할 책무를 진다.

③대통령은 조국의 평화적 통일을 위한 성실한 의무를 진다.

④행정권은 대통령을 수반으로 하는 정부에 속한다.

제67조 ①대통령은 국민의 보통·평등·직접·비밀선거에 의하여 선출한다.

②제1항의 선거에 있어서 최고득표자가 2인 이상인 때에는 국회의 재적의원 과반수가 출석한 공개회의에서 다수표를 얻은 자를 당선자로 한다.

③대통령후보자가 1인일 때에는 그 득표수가 선거권자 총수의 3분의 1 이상이 아니면 대통령으로 당선될 수 없다.

④대통령으로 선거될 수 있는 자는 국회의원의 피선거권이 있고 선거일 현재 40세에 달하여야 한다.

⑤대통령의 선거에 관한 사항은 법률로 정한다.

제68조 ①대통령의 임기가 만료되는 때에는 임기만료 70일 내지 40일전에 후임자를 선거한다.

②대통령이 궐위된 때 또는 대통령 당선자가 사망하거나 판결 기타의 사유로 그 자격을 상실한 때에는 60일 이내에 후임자를 선거한다.

제69조 대통령은 취임에 즈음하여 다음의 선서를 한다.

"나는 헌법을 준수하고 국가를 보위하며 조국의 평화적 통일과 국민의

자유와 복리의 증진 및 민족문화의 창달에 노력하여 대통령으로서의
직책을 성실히 수행할 것을 국민 앞에 엄숙히 선서합니다.˝

제70조 대통령의 임기는 5년으로 하며, 중임할 수 없다.

제71조 대통령이 궐위되거나 사고로 인하여 직무를 수행할 수 없을 때에는
국무총리, 법률이 정한 국무위원의 순서로 그 권한을 대행한다.

제72조 대통령은 필요하다고 인정할 때에는 외교·국방·통일 기타 국가안위에
관한 중요정책을 국민투표에 붙일 수 있다.

제73조 대통령은 조약을 체결·비준하고, 외교사절을 신임·접수 또는 파견하며,
선전포고와 강화를 한다.

제74조 ①대통령은 헌법과 법률이 정하는 바에 의하여 국군을 통수한다.
②국군의 조직과 편성은 법률로 정한다.

제75조 대통령은 법률에서 구체적으로 범위를 정하여 위임받은 사항과 법률을
집행하기 위하여 필요한 사항에 관하여 대통령령을 발할 수 있다.

제76조 ①대통령은 내우·외환·천재·지변 또는 중대한 재정·경제상의 위기에
있어서 국가의 안전보장 또는 공공의 안녕질서를 유지하기 위하여
긴급한 조치가 필요하고 국회의 집회를 기다릴 여유가 없을 때에 한하여
최소한으로 필요한 재정·경제상의 처분을 하거나 이에 관하여 법률의
효력을 가지는 명령을 발할 수 있다.
②대통령은 국가의 안위에 관계되는 중대한 교전상태에 있어서 국가를
보위하기 위하여 긴급한 조치가 필요하고 국회의 집회가 불가능한 때에
한하여 법률의 효력을 가지는 명령을 발할 수 있다.
③대통령은 제1항과 제2항의 처분 또는 명령을 한 때에는 지체없이
국회에 보고하여 그 승인을 얻어야 한다.
④제3항의 승인을 얻지 못한 때에는 그 처분 또는 명령은 그때부터 효력을
상실한다. 이 경우 그 명령에 의하여 개정 또는 폐지되었던 법률은 그
명령이 승인을 얻지 못한 때부터 당연히 효력을 회복한다.
⑤대통령은 제3항과 제4항의 사유를 지체없이 공포하여야 한다.

제77조 ①대통령은 전시·사변 또는 이에 준하는 국가비상사태에 있어서
병력으로써 군사상의 필요에 응하거나 공공의 안녕질서를 유지할 필요가
있을 때에는 법률이 정하는 바에 의하여 계엄을 선포할 수 있다.
②계엄은 비상계엄과 경비계엄으로 한다.

대한민국 헌법

③비상계엄이 선포된 때에는 법률이 정하는 바에 의하여 영장제도, 언론·출판·집회·결사의 자유, 정부나 법원의 권한에 관하여 특별한 조치를 할 수 있다.

④계엄을 선포한 때에는 대통령은 지체없이 국회에 통고하여야 한다.

⑤국회가 재적의원 과반수의 찬성으로 계엄의 해제를 요구한 때에는 대통령은 이를 해제하여야 한다.

제78조　대통령은 헌법과 법률이 정하는 바에 의하여 공무원을 임면한다.

제79조　①대통령은 법률이 정하는 바에 의하여 사면·감형 또는 복권을 명할 수 있다.

②일반사면을 명하려면 국회의 동의를 얻어야 한다.

③사면·감형 및 복권에 관한 사항은 법률로 정한다.

제80조　대통령은 법률이 정하는 바에 의하여 훈장 기타의 영전을 수여한다.

제81조　대통령은 국회에 출석하여 발언하거나 서한으로 의견을 표시할 수 있다.

제82조　대통령의 국법상 행위는 문서로써 하며, 이 문서에는 국무총리와 관계 국무위원이 부서한다. 군사에 관한 것도 또한 같다.

제83조　대통령은 국무총리·국무위원·행정각부의 장 기타 법률이 정하는 공사의 직을 겸할 수 없다.

제84조　대통령은 내란 또는 외환의 죄를 범한 경우를 제외하고는 재직중 형사상의 소추를 받지 아니한다.

제85조　전직대통령의 신분과 예우에 관하여는 법률로 정한다.

제2절 행정부

제1관 국무총리와 국무위원

제86조　①국무총리는 국회의 동의를 얻어 대통령이 임명한다.

②국무총리는 대통령을 보좌하며, 행정에 관하여 대통령의 명을 받아 행정각부를 통할한다.

③군인은 현역을 면한 후가 아니면 국무총리로 임명될 수 없다.

제87조　①국무위원은 국무총리의 제청으로 대통령이 임명한다.

②국무위원은 국정에 관하여 대통령을 보좌하며, 국무회의의 구성원으로서 국정을 심의한다.

③국무총리는 국무위원의 해임을 대통령에게 건의할 수 있다.

④군인은 현역을 면한 후가 아니면 국무위원으로 임명될 수 없다.

제2관 국무회의

제88조 ①국무회의는 정부의 권한에 속하는 중요한 정책을 심의한다.

②국무회의는 대통령·국무총리와 15인 이상 30인 이하의 국무위원으로 구성한다.

③대통령은 국무회의의 의장이 되고, 국무총리는 부의장이 된다.

제89조 다음 사항은 국무회의의 심의를 거쳐야 한다.

1. 국정의 기본계획과 정부의 일반정책

2. 선전·강화 기타 중요한 대외정책

3. 헌법개정안·국민투표안·조약안·법률안 및 대통령령안

4. 예산안·결산·국유재산처분의 기본계획·국가의 부담이 될 계약 기타 재정에 관한 중요사항

5. 대통령의 긴급명령·긴급재정경제처분 및 명령 또는 계엄과 그 해제

6. 군사에 관한 중요사항

7. 국회의 임시회 집회의 요구

8. 영전수여

9. 사면·감형과 복권

10. 행정각부간의 권한의 획정

11. 정부안의 권한의 위임 또는 배정에 관한 기본계획

12. 국정처리상황의 평가·분석

13. 행정각부의 중요한 정책의 수립과 조정

14. 정당해산의 제소

15. 정부에 제출 또는 회부된 정부의 정책에 관계되는 청원의 심사

16. 검찰총장·합동참모의장·각군참모총장·국립대학교총장·대사 기타 법률이 정한 공무원과 국영기업체관리자의 임명

17. 기타 대통령·국무총리 또는 국무위원이 제출한 사항

제90조 ①국정의 중요한 사항에 관한 대통령의 자문에 응하기 위하여 국가원로로 구성되는 국가원로자문회의를 둘 수 있다.

②국가원로자문회의의 의장은 직전대통령이 된다. 다만, 직전대통령이 없을 때에는 대통령이 지명한다.

③국가원로자문회의의 조직·직무범위 기타 필요한 사항은 법률로
정한다.

제91조   ①국가안전보장에 관련되는 대외정책·군사정책과 국내정책의 수립에
관하여 국무회의의 심의에 앞서 대통령의 자문에 응하기 위하여
국가안전보장회의를 둔다.

②국가안전보장회의는 대통령이 주재한다.

③국가안전보장회의의 조직·직무범위 기타 필요한 사항은 법률로
정한다.

제92조   ①평화통일정책의 수립에 관한 대통령의 자문에 응하기 위하여
민주평화통일자문회의를 둘 수 있다.

②민주평화통일자문회의의 조직·직무범위 기타 필요한 사항은 법률로
정한다.

제93조   ①국민경제의 발전을 위한 중요정책의 수립에 관하여 대통령의 자문에
응하기 위하여 국민경제자문회의를 둘 수 있다.

②국민경제자문회의의 조직·직무범위 기타 필요한 사항은 법률로
정한다.

제3관 행정각부

제94조   행정각부의 장은 국무위원 중에서 국무총리의 제청으로 대통령이
임명한다.

제95조   국무총리 또는 행정각부의 장은 소관사무에 관하여 법률이나 대통령령의
위임 또는 직권으로 총리령 또는 부령을 발할 수 있다.

제96조   행정각부의 설치·조직과 직무범위는 법률로 정한다.

제4관 감사원

제97조   국가의 세입·세출의 결산, 국가 및 법률이 정한 단체의 회계검사와
행정기관 및 공무원의 직무에 관한 감찰을 하기 위하여 대통령 소속하에
감사원을 둔다.

제98조   ①감사원은 원장을 포함한 5인 이상 11인 이하의 감사위원으로
구성한다.

②원장은 국회의 동의를 얻어 대통령이 임명하고, 그 임기는 4년으로

하며, 1차에 한하여 중임할 수 있다.

③감사위원은 원장의 제청으로 대통령이 임명하고, 그 임기는 4년으로 하며, 1차에 한하여 중임할 수 있다.

제99조　감사원은 세입·세출의 결산을 매년 검사하여 대통령과 차년도국회에 그 결과를 보고하여야 한다.

제100조　감사원의 조직·직무범위·감사위원의 자격·감사대상공무원의 범위 기타 필요한 사항은 법률로 정한다.

제5장 법원

제101조　①사법권은 법관으로 구성된 법원에 속한다.

②법원은 최고법원인 대법원과 각급법원으로 조직된다.

③법관의 자격은 법률로 정한다.

제102조　①대법원에 부를 둘 수 있다.

②대법원에 대법관을 둔다. 다만, 법률이 정하는 바에 의하여 대법관이 아닌 법관을 둘 수 있다.

③대법원과 각급법원의 조직은 법률로 정한다.

제103조　법관은 헌법과 법률에 의하여 그 양심에 따라 독립하여 심판한다.

제104조　①대법원장은 국회의 동의를 얻어 대통령이 임명한다.

②대법관은 대법원장의 제청으로 국회의 동의를 얻어 대통령이 임명한다.

③대법원장과 대법관이 아닌 법관은 대법관회의의 동의를 얻어 대법원장이 임명한다.

제105조　①대법원장의 임기는 6년으로 하며, 중임할 수 없다.

②대법관의 임기는 6년으로 하며, 법률이 정하는 바에 의하여 연임할 수 있다.

③대법원장과 대법관이 아닌 법관의 임기는 10년으로 하며, 법률이 정하는 바에 의하여 연임할 수 있다.

④법관의 정년은 법률로 정한다.

제106조　①법관은 탄핵 또는 금고 이상의 형의 선고에 의하지 아니하고는 파면되지 아니하며, 징계처분에 의하지 아니하고는 정직·감봉 기타 불리한 처분을 받지 아니한다.

②법관이 중대한 심신상의 장해로 직무를 수행할 수 없을 때에는 법률이

정하는 바에 의하여 퇴직하게 할 수 있다.

제107조 ①법률이 헌법에 위반되는 여부가 재판의 전제가 된 경우에는 법원은 헌법재판소에 제청하여 그 심판에 의하여 재판한다.

②명령·규칙 또는 처분이 헌법이나 법률에 위반되는 여부가 재판의 전제가 된 경우에는 대법원은 이를 최종적으로 심사할 권한을 가진다.

③재판의 전심절차로서 행정심판을 할 수 있다. 행정심판의 절차는 법률로 정하되, 사법절차가 준용되어야 한다.

제108조 대법원은 법률에 저촉되지 아니하는 범위안에서 소송에 관한 절차, 법원의 내부규율과 사무처리에 관한 규칙을 제정할 수 있다.

제109조 재판의 심리와 판결은 공개한다. 다만, 심리는 국가의 안전보장 또는 안녕질서를 방해하거나 선량한 풍속을 해할 염려가 있을 때에는 법원의 결정으로 공개하지 아니할 수 있다.

제110조 ①군사재판을 관할하기 위하여 특별법원으로서 군사법원을 둘 수 있다.

②군사법원의 상고심은 대법원에서 관할한다.

③군사법원의 조직·권한 및 재판관의 자격은 법률로 정한다.

④비상계엄하의 군사재판은 군인·군무원의 범죄나 군사에 관한 간첩죄의 경우와 초병·초소·유독음식물공급·포로에 관한 죄중 법률이 정한 경우에 한하여 단심으로 할 수 있다. 다만, 사형을 선고한 경우에는 그러하지 아니하다.

제6장 헌법재판소

제111조 ①헌법재판소는 다음 사항을 관장한다.

1. 법원의 제청에 의한 법률의 위헌여부 심판

2. 탄핵의 심판

3. 정당의 해산 심판

4. 국가기관 상호간, 국가기관과 지방자치단체간 및 지방자치단체 상호간의 권한쟁의에 관한 심판

5. 법률이 정하는 헌법소원에 관한 심판

②헌법재판소는 법관의 자격을 가진 9인의 재판관으로 구성하며, 재판관은 대통령이 임명한다.

③제2항의 재판관중 3인은 국회에서 선출하는 자를, 3인은 대법원장이

지명하는 자를 임명한다.

④헌법재판소의 장은 국회의 동의를 얻어 재판관중에서 대통령이
임명한다.

제112조 ①헌법재판소 재판관의 임기는 6년으로 하며, 법률이 정하는 바에 의하여
연임할 수 있다.

②헌법재판소 재판관은 정당에 가입하거나 정치에 관여할 수 없다.

③헌법재판소 재판관은 탄핵 또는 금고 이상의 형의 선고에 의하지
아니하고는 파면되지 아니한다.

제113조 ①헌법재판소에서 법률의 위헌결정, 탄핵의 결정, 정당해산의 결정 또는
헌법소원에 관한 인용결정을 할 때에는 재판관 6인 이상의 찬성이 있어야
한다.

②헌법재판소는 법률에 저촉되지 아니하는 범위안에서 심판에 관한 절차,
내부규율과 사무처리에 관한 규칙을 제정할 수 있다.

③헌법재판소의 조직과 운영 기타 필요한 사항은 법률로 정한다.

제7장 선거관리

제114조 ①선거와 국민투표의 공정한 관리 및 정당에 관한 사무를 처리하기
위하여 선거관리위원회를 둔다.

②중앙선거관리위원회는 대통령이 임명하는 3인, 국회에서 선출하는
3인과 대법원장이 지명하는 3인의 위원으로 구성한다. 위원장은
위원중에서 호선한다.

③위원의 임기는 6년으로 한다.

④위원은 정당에 가입하거나 정치에 관여할 수 없다.

⑤위원은 탄핵 또는 금고 이상의 형의 선고에 의하지 아니하고는
파면되지 아니한다.

⑥중앙선거관리위원회는 법령의 범위안에서 선거관리·국민투표관리
또는 정당사무에 관한 규칙을 제정할 수 있으며, 법률에 저촉되지
아니하는 범위안에서 내부규율에 관한 규칙을 제정할 수 있다.

⑦각급 선거관리위원회의 조직·직무범위 기타 필요한 사항은 법률로
정한다.

제115조 ①각급 선거관리위원회는 선거인명부의 작성등 선거사무와

국민투표사무에 관하여 관계 행정기관에 필요한 지시를 할 수 있다.

②제1항의 지시를 받은 당해 행정기관은 이에 응하여야 한다.

제116조 ①선거운동은 각급 선거관리위원회의 관리하에 법률이 정하는 범위안에서 하되, 균등한 기회가 보장되어야 한다.

②선거에 관한 경비는 법률이 정하는 경우를 제외하고는 정당 또는 후보자에게 부담시킬 수 없다.

제8장 지방자치

제117조 ①지방자치단체는 주민의 복리에 관한 사무를 처리하고 재산을 관리하며, 법령의 범위안에서 자치에 관한 규정을 제정할 수 있다.

②지방자치단체의 종류는 법률로 정한다.

제118조 ①지방자치단체에 의회를 둔다.

②지방의회의 조직·권한·의원선거와 지방자치단체의 장의 선임방법 기타 지방자치단체의 조직과 운영에 관한 사항은 법률로 정한다.

제9장 경제

제119조 ①대한민국의 경제질서는 개인과 기업의 경제상의 자유와 창의를 존중함을 기본으로 한다.

②국가는 균형있는 국민경제의 성장 및 안정과 적정한 소득의 분배를 유지하고, 시장의 지배와 경제력의 남용을 방지하며, 경제주체간의 조화를 통한 경제의 민주화를 위하여 경제에 관한 규제와 조정을 할 수 있다.

제120조 ①광물 기타 중요한 지하자원·수산자원·수력과 경제상 이용할 수 있는 자연력은 법률이 정하는 바에 의하여 일정한 기간 그 채취·개발 또는 이용을 특허할 수 있다.

②국토와 자원은 국가의 보호를 받으며, 국가는 그 균형있는 개발과 이용을 위하여 필요한 계획을 수립한다.

제121조 ①국가는 농지에 관하여 경자유전의 원칙이 달성될 수 있도록 노력하여야 하며, 농지의 소작제도는 금지된다.

②농업생산성의 제고와 농지의 합리적인 이용을 위하거나 불가피한 사정으로 발생하는 농지의 임대차와 위탁경영은 법률이 정하는 바에

의하여 인정된다.

제122조 국가는 국민 모두의 생산 및 생활의 기반이 되는 국토의 효율적이고 균형있는 이용·개발과 보전을 위하여 법률이 정하는 바에 의하여 그에 관한 필요한 제한과 의무를 과할 수 있다.

제123조 ①국가는 농업 및 어업을 보호·육성하기 위하여 농·어촌종합개발과 그 지원등 필요한 계획을 수립·시행하여야 한다.
②국가는 지역간의 균형있는 발전을 위하여 지역경제를 육성할 의무를 진다.
③국가는 중소기업을 보호·육성하여야 한다.
④국가는 농수산물의 수급균형과 유통구조의 개선에 노력하여 가격안정을 도모함으로써 농·어민의 이익을 보호한다.
⑤국가는 농·어민과 중소기업의 자조조직을 육성하여야 하며, 그 자율적 활동과 발전을 보장한다.

제124조 국가는 건전한 소비행위를 계도하고 생산품의 품질향상을 촉구하기 위한 소비자보호운동을 법률이 정하는 바에 의하여 보장한다.

제125조 국가는 대외무역을 육성하며, 이를 규제·조정할 수 있다.

제126조 국방상 또는 국민경제상 긴절한 필요로 인하여 법률이 정하는 경우를 제외하고는, 사영기업을 국유 또는 공유로 이전하거나 그 경영을 통제 또는 관리할 수 없다.

제127조 ①국가는 과학기술의 혁신과 정보 및 인력의 개발을 통하여 국민경제의 발전에 노력하여야 한다.
②국가는 국가표준제도를 확립한다.
③대통령은 제1항의 목적을 달성하기 위하여 필요한 자문기구를 둘 수 있다.

제10장 헌법개정

제128조 ①헌법개정은 국회재적의원 과반수 또는 대통령의 발의로 제안된다.
②대통령의 임기연장 또는 중임변경을 위한 헌법개정은 그 헌법개정 제안 당시의 대통령에 대하여는 효력이 없다.

제129조 제안된 헌법개정안은 대통령이 20일 이상의 기간 이를 공고하여야 한다.

제130조 ①국회는 헌법개정안이 공고된 날로부터 60일 이내에 의결하여야 하며,

대한민국 헌법

국회의 의결은 재적의원 3분의 2 이상의 찬성을 얻어야 한다.

②헌법개정안은 국회가 의결한 후 30일 이내에 국민투표에 붙여 국회의원선거권자 과반수의 투표와 투표자 과반수의 찬성을 얻어야 한다.

③헌법개정안이 제2항의 찬성을 얻은 때에는 헌법개정은 확정되며, 대통령은 즉시 이를 공포하여야 한다.

부칙 〈제10호, 1987.10.29.〉

제1조　이 헌법은 1988년 2월 25일부터 시행한다. 다만, 이 헌법을 시행하기 위하여 필요한 법률의 제정·개정과 이 헌법에 의한 대통령 및 국회의원의 선거 기타 이 헌법시행에 관한 준비는 이 헌법시행 전에 할 수 있다.

제2조　①이 헌법에 의한 최초의 대통령선거는 이 헌법시행일 40일 전까지 실시한다.

②이 헌법에 의한 최초의 대통령의 임기는 이 헌법시행일로부터 개시한다.

제3조　①이 헌법에 의한 최초의 국회의원선거는 이 헌법공포일로부터 6월 이내에 실시하며, 이 헌법에 의하여 선출된 최초의 국회의원의 임기는 국회의원선거후 이 헌법에 의한 국회의 최초의 집회일로부터 개시한다.

②이 헌법공포 당시의 국회의원의 임기는 제1항에 의한 국회의 최초의 집회일 전일까지로 한다.

제4조　①이 헌법시행 당시의 공무원과 정부가 임명한 기업체의 임원은 이 헌법에 의하여 임명된 것으로 본다. 다만, 이 헌법에 의하여 선임방법이나 임명권자가 변경된 공무원과 대법원장 및 감사원장은 이 헌법에 의하여 후임자가 선임될 때까지 그 직무를 행하며, 이 경우 전임자인 공무원의 임기는 후임자가 선임되는 전일까지로 한다.

②이 헌법시행 당시의 대법원장과 대법원판사가 아닌 법관은 제1항 단서의 규정에 불구하고 이 헌법에 의하여 임명된 것으로 본다.

③이 헌법중 공무원의 임기 또는 중임제한에 관한 규정은 이 헌법에 의하여 그 공무원이 최초로 선출 또는 임명된 때로부터 적용한다.

제5조 이 헌법시행 당시의 법령과 조약은 이 헌법에 위배되지 아니하는 한 그 효력을 지속한다.

제6조 이 헌법시행 당시에 이 헌법에 의하여 새로 설치될 기관의 권한에 속하는 직무를 행하고 있는 기관은 이 헌법에 의하여 새로운 기관이 설치될 때까지 존속하며 그 직무를 행한다.

대한민국 헌법

대한민국 헌법개정안
제출자 대통령 문재인

(2018년 3월 26일)

유구한 역사와 전통에 빛나는 우리 대한국민은 3·1운동으로 건립된 대한민국 임시
정부의 법통과 불의에 항거한 4·19혁명, 부마민주항쟁과 5·18민주화운동, 6·10
항쟁의 민주이념을 계승하고, 조국의 민주개혁과 평화 통일의 사명을 바탕으로 정
의·인도와 동포애로써 민족의 단결을 공고히 하고, 모든 사회적 폐습과 불의를 타
파하며, 자치와 분권을 강화하고, 자율과 조화를 바탕으로 자유민주적 기본질서를
더욱 확고히 하여 정치·경제·사회·문화의 모든 영역에서 개개인의 기회를 균등히
하고, 능력을 최고도로 발휘하게 하며, 자유와 권리에 따르는 책임과 의무를 완수하
게 하여, 안으로는 국민생활의 균등한 향상과 지역 간 균형발전을 도모하고 밖으로
는 항구적인 세계평화와 인류공영에 이바지함으로써 자연과의 공존 속에서 우리들
과 미래 세대의 안전과 자유와 행복을 영원히 확보할 것을 다짐하면서 1948년 7월
12일에 제정되고 9차에 걸쳐 개정된 헌법을 이제 국회의 의결을 거쳐 국민투표에
의하여 개정한다.

제1장 총강

제1조 ①대한민국은 민주공화국이다.

②대한민국의 주권은 국민에게 있고, 모든 권력은 국민으로부터 나온다.

③대한민국은 지방분권국가를 지향한다.

제2조 ①대한민국의 국민이 되는 요건은 법률로 정한다.

②국가는 법률로 정하는 바에 따라 재외국민을 보호할 의무를 진다.

제3조 ①대한민국의 영토는 한반도와 그 부속도서(附屬島嶼)로 한다.

②대한민국의 수도(首都)에 관한 사항은 법률로 정한다.

제4조 대한민국은 통일을 지향하며, 자유민주적 기본질서에 바탕을 둔 평화통일 정책을 수립하여 추진한다.

제5조 ①대한민국은 국제평화를 유지하기 위하여 노력하고 침략적 전쟁을 부인한다.

②국군은 국가의 안전보장과 국토방위의 신성한 의무를 수행함을 사명으로 하며 그 정치적 중립성은 준수된다.

제6조 ①헌법에 따라 체결·공포된 조약과 일반적으로 승인된 국제법규는 국내법과 같은 효력을 가진다.

②외국인에게는 국제법과 조약으로 정하는 바에 따라 그 지위를 보장한다.

제7조 ①공무원은 국민 전체에게 봉사하며, 국민에 대하여 책임을 진다.

②공무원의 신분은 법률로 정하는 바에 따라 보장된다.

③공무원은 직무를 수행할 때 정치적 중립을 지켜야 한다.

④공무원은 재직 중은 물론 퇴직 후에도 공무원의 직무상 공정성과 청렴성을 훼손해서는 안 된다.

제8조 ①정당은 자유롭게 설립할 수 있으며, 복수정당제는 보장된다.

②정당은 그 목적·조직과 활동이 민주적이어야 한다.

③정당은 법률로 정하는 바에 따라 국가의 보호를 받으며, 국가는 정당한 목적과 공정한 기준으로 법률로 정하는 바에 따라 정당운영에 필요한 자금을 보조할 수 있다.

④정부는 정당의 목적이나 활동이 민주적 기본질서에 위반될 때에는 헌법재판소에 정당의 해산을 제소할 수 있고, 제소된 정당은 헌법재판소의 심판에 따라 해산된다.

제9조   국가는 문화의 자율성과 다양성을 증진하고, 전통문화를 발전적으로
        계승하기 위하여 노력해야 한다.

제2장 기본적 권리와 의무

제10조   모든 사람은 인간으로서 존엄과 가치를 가지며, 행복을 추구할 권리를
        가진다. 국가는 개인이 가지는 불가침의 기본적 인권을 확인하고 보장할
        의무를 진다.

제11조   ①모든 사람은 법 앞에 평등하다. 누구도 성별·종교·장애·연령·인종·
        지역 또는 사회적 신분을 이유로 정치적·경제적·사회적·문화적 생활의
        모든 영역에서 차별을 받아서는 안 된다.
        ②국가는 성별 또는 장애 등으로 인한 차별상태를 시정하고 실질적
        평등을 실현하기 위하여 노력해야 한다.
        ③사회적 특수계급 제도는 인정되지 않으며, 어떠한 형태로도 창설할 수
        없다.
        ④훈장을 비롯한 영전(榮典)은 받은 자에게만 효력이 있고, 어떠한 특권도
        따르지 않는다.

제12조   모든 사람은 생명권을 가지며, 신체와 정신을 훼손당하지 않을 권리를
        가진다.

제13조   ①모든 사람은 신체의 자유를 가진다. 누구도 법률에 따르지 않고는
        체포·구속·압수·수색 또는 심문을 받지 않으며, 법률과 적법한 절차에
        따르지 않고는 처벌·보안처분 또는 강제노역을 받지 않는다.
        ②누구도 고문당하지 않으며, 형사상 자기에게 불리한 진술을
        강요당하지 않는다.
        ③체포·구속이나 압수·수색을 하려 할 때에는 적법한 절차에 따라
        청구되고 법관이 발부한 영장을 제시해야 한다. 다만, 현행범인인 경우와
        장기 3년 이상의 형에 해당하는 죄를 범하고 도피하거나 증거를 없앨
        염려가 있는 경우 사후에 영장을 청구할 수 있다.
        ④누구나 체포 또는 구속을 당한 경우 즉시 변호인의 도움을 받을 권리를
        가진다. 형사피의자 또는 형사피고인이 스스로 변호인을 구할 수 없을
        때에는 법률로 정하는 바에 따라 국가가 변호인을 선임하여 도움을
        받도록 해야 한다.

⑤체포나 구속의 이유, 변호인의 도움을 받을 권리와 자기에게 불리한
진술을 강요당하지 않을 권리가 있음을 고지받지 않고는 누구도 체포나
구속을 당하지 않는다. 체포나 구속을 당한 사람의 가족 등 법률로 정하는
사람에게는 그 이유와 일시·장소를 지체 없이 통지해야 한다.

⑥체포나 구속을 당한 사람은 법원에 그 적부(適否)의 심사를 청구할
권리를 가진다.

⑦고문·폭행·협박·부당한 장기간의 구속 또는 기망(欺罔), 그 밖의
방법으로 말미암아 자의(自意)로 진술하지 않은 것으로 인정되는 피고인의
자백, 또는 정식재판에서 자기에게 불리한 유일한 증거가 되는 피고인의
자백은 유죄의 증거로 삼을 수 없으며, 그런 자백을 이유로 처벌할 수도
없다.

제14조 ①누구도 행위 시의 법률에 따라 범죄를 구성하지 않는 행위로 소추되지
않으며, 동일한 범죄로 거듭 처벌받지 않는다.

②모든 국민은 소급입법(遡及立法)으로 참정권을 제한받거나 재산권을
박탈당하지 않는다.

③누구도 자기의 행위가 아닌 친족의 행위로 불이익한 처우를 받지
않는다.

제15조 모든 국민은 거주·이전의 자유를 가진다.

제16조 모든 국민은 직업의 자유를 가진다.

제17조 ①모든 사람은 사생활의 비밀과 자유를 침해받지 않는다.

②모든 사람은 주거의 자유를 침해받지 않는다. 주거에 대한 압수나
수색을 하려 할 때에는 적법한 절차에 따라 청구되고 법관이 발부한
영장을 제시해야 한다.

③모든 국민은 통신의 비밀을 침해받지 않는다.

제18조 모든 사람은 양심의 자유를 가진다.

제19조 ①모든 사람은 종교의 자유를 가진다.

②국교는 인정되지 않으며, 종교와 정치는 분리된다.

제20조 ①언론·출판 등 표현의 자유는 보장되며, 이에 대한 허가나 검열은
금지된다.

②통신·방송·신문의 기능을 보장하기 위하여 필요한 사항은 법률로
정한다.

대한민국 헌법개정안

③언론·출판은 타인의 명예나 권리 또는 공중도덕이나 사회윤리를 침해해서는 안 된다. 언론·출판이 타인의 명예나 권리를 침해한 경우 피해자는 이에 대한 배상·정정을 청구할 수 있다.

제21조　집회·결사의 자유는 보장되며, 이에 대한 허가는 금지된다.

제22조　①모든 국민은 알권리를 가진다.

②모든 사람은 자신에 관한 정보를 보호받고 그 처리에 관하여 통제할 권리를 가진다.

③국가는 정보의 독점과 격차로 인한 폐해를 예방하고 시정하기 위하여 노력해야 한다.

제23조　①모든 사람은 학문과 예술의 자유를 가진다.

②대학의 자치는 보장된다.

③저작자, 발명가, 과학기술자와 예술가의 권리는 법률로써 보호한다.

제24조　①모든 국민의 재산권은 보장된다. 그 내용과 한계는 법률로 정한다.

②재산권은 공공복리에 적합하도록 행사해야 한다.

③공공필요에 의한 재산권의 수용·사용 또는 제한 및 그 보상에 관한 사항은 법률로 정하되, 정당한 보상을 해야 한다.

제25조　모든 국민은 선거권을 가진다. 선거권 행사의 요건과 절차 등 구체적인 사항은 법률로 정하고, 18세 이상 국민의 선거권을 보장한다.

제26조　모든 국민은 공무담임권을 가진다. 구체적인 사항은 법률로 정한다.

제27조　①모든 사람은 국가기관에 청원할 권리를 가진다. 구체적인 사항은 법률로 정한다.

②국가는 청원을 심사하여 통지할 의무를 진다.

제28조　①모든 사람은 헌법과 법률에 따라 법원의 재판을 받을 권리를 가진다.

②군인·군무원이 아닌 사람은 군사법원의 재판을 받지 않는다. 다만, 대한민국의 영역 안에서 비상계엄이 선포되어 군사법원을 두는 경우 중대한 군사상 기밀, 초병(哨兵), 초소, 유독음식물 공급, 포로, 군용물(軍用物)에 관한 죄 중 법률로 정한 죄를 범한 사람은 예외로 한다.

③모든 국민은 재판을 공정하고 신속하게 받을 권리를 가진다. 형사피고인은 상당한 이유가 없으면 지체 없이 공개 재판을 받을 권리를 가진다.

④형사피고인은 유죄 판결이 확정될 때까지는 무죄로 추정한다.

⑤형사피해자는 법률로 정하는 바에 따라 해당 사건의 재판절차에서 진술할 수 있다.

제29조　형사피의자 또는 형사피고인으로서 구금되었던 사람이 법률이 정하는 불기소처분이나 무죄판결을 받은 경우 법률로 정하는 바에 따라 국가에 정당한 보상을 청구할 수 있다.

제30조　공무원의 직무상 불법행위로 손해를 입은 국민은 법률로 정하는 바에 따라 국가 또는 공공단체에 정당한 배상을 청구할 수 있다. 이 경우 공무원 자신의 책임은 면제되지 않는다.

제31조　타인의 범죄행위로 생명·신체에 대한 피해를 입은 국민은 법률로 정하는 바에 따라 국가로부터 구조를 받을 수 있다.

제32조　①모든 국민은 능력과 적성에 따라 균등하게 교육을 받을 권리를 가진다.
②모든 국민은 보호하는 자녀 또는 아동에게 적어도 초등교육과 법률로 정하는 교육을 받게 할 의무를 진다.
③의무교육은 무상으로 한다.
④교육의 자주성·전문성 및 정치적 중립성은 법률로 정하는 바에 따라 보장된다.
⑤국가는 평생교육을 진흥해야 한다.
⑥학교교육·평생교육을 포함한 교육 제도와 그 운영, 교육재정, 교원의 지위에 관한 기본 사항은 법률로 정한다.

제33조　①모든 국민은 일할 권리를 가지며, 국가는 고용의 안정과 증진을 위한 정책을 시행해야 한다.
②국가는 적정임금을 보장하기 위하여 노력해야 하며, 법률로 정하는 바에 따라 최저임금제를 시행해야 한다.
③국가는 동일한 가치의 노동에 대해서는 동일한 수준의 임금이 지급되도록 노력해야 한다.
④노동조건은 노동자와 사용자가 동등한 지위에서 자유의사에 따라 결정하되, 그 기준은 인간의 존엄성을 보장하도록 법률로 정한다.
⑤모든 국민은 고용·임금 및 그 밖의 노동조건에서 임신·출산·육아 등으로 부당하게 차별을 받지 않으며, 국가는 이를 위해 여성의 노동을 보호하는 정책을 시행해야 한다.
⑥연소자(年少者)의 노동은 특별한 보호를 받는다.

⑦국가유공자·상이군경 및 전몰군경(戰歿軍警)·의사자(義死者)의 유가족은 법률로 정하는 바에 따라 우선적으로 노동의 기회를 부여받는다.

⑧국가는 모든 국민이 일과 생활을 균형 있게 할 수 있도록 정책을 시행해야 한다.

제34조 ①노동자는 자주적인 단결권과 단체교섭권을 가진다.

②노동자는 노동조건의 개선과 그 권익의 보호를 위하여 단체행동권을 가진다.

③현역 군인 등 법률로 정하는 공무원의 단결권, 단체교섭권과 단체행동권은 법률로 정하는 바에 따라 제한하거나 인정하지 않을 수 있다.

④법률로 정하는 주요 방위산업체에 종사하는 노동자의 단체행동권은 필요한 경우에만 법률로 정하는 바에 따라 제한하거나 인정하지 않을 수 있다.

제35조 ①모든 국민은 인간다운 생활을 할 권리를 가진다.

②모든 국민은 장애·질병·노령·실업·빈곤 등으로 초래되는 사회적 위험으로부터 벗어나 적정한 삶의 질을 유지할 수 있도록 사회보장을 받을 권리를 가진다.

③모든 국민은 임신·출산·양육과 관련하여 국가의 지원을 받을 권리를 가진다.

④모든 국민은 쾌적하고 안정적인 주거생활을 할 권리를 가진다.

⑤모든 국민은 건강하게 살 권리를 가진다. 국가는 질병을 예방하고 보건의료 제도를 개선하기 위하여 노력해야 하며, 이에 필요한 사항은 법률로 정한다.

제36조 ①어린이와 청소년은 독립된 인격주체로서 존중과 보호를 받을 권리를 가진다.

②노인은 존엄한 삶을 누리고 정치적·경제적·사회적·문화적 생활에 참여할 권리를 가진다.

③장애인은 존엄하고 자립적인 삶을 누리며, 모든 영역에서 동등한 기회를 가지고 참여할 권리를 가진다.

제37조 ①모든 국민은 안전하게 살 권리를 가진다.

②국가는 재해를 예방하고 그 위험으로부터 사람을 보호해야 한다.

제38조 ①모든 국민은 건강하고 쾌적한 환경에서 생활할 권리를 가진다.
구체적인 내용은 법률로 정한다.

②국가와 국민은 지속가능한 발전이 가능하도록 환경을 보호해야 한다.

③국가는 동물 보호를 위한 정책을 시행해야 한다.

제39조 혼인과 가족생활은 개인의 존엄과 양성의 평등을 바탕으로 성립되고
유지되어야 하며, 국가는 이를 보장한다.

제40조 ①자유와 권리는 헌법에 열거되지 않았다는 이유로 경시되지 않는다.

②모든 자유와 권리는 국가안전보장·질서유지 또는 공공복리를 위하여
필요한 경우에만 법률로써 제한할 수 있으며, 제한하는 경우에도 자유와
권리의 본질적인 내용을 침해할 수 없다.

제41조 모든 국민은 법률로 정하는 바에 따라 납세의 의무를 진다.

제42조 ①모든 국민은 법률로 정하는 바에 따라 국방의 의무를 진다.

②국가는 국방의 의무를 이행하는 국민의 인권을 보장하기 위한 정책을
시행해야 한다.

③누구도 병역의무의 이행으로 불이익한 처우를 받지 않는다.

제3장 국회

제43조 입법권은 국회에 있다.

제44조 ①국회는 국민이 보통·평등·직접·비밀 선거로 선출한 국회의원으로
구성한다.

②국회의원의 수는 법률로 정하되, 200명 이상으로 한다.

③국회의원의 선거구와 비례대표제, 그 밖에 선거에 관한 사항은 법률로
정하되, 국회의 의석은 투표자의 의사에 비례하여 배분해야 한다.

제45조 ①국회의원의 임기는 4년으로 한다.

②국민은 국회의원을 소환할 수 있다. 소환의 요건과 절차 등 구체적인
사항은 법률로 정한다.

제46조 국회의원은 법률로 정하는 직(職)을 겸할 수 없다.

제47조 ①국회의원은 현행범인인 경우를 제외하고는 회기 동안 국회의 동의 없이
체포되거나 구금되지 않는다.

②국회의원이 회기 전에 체포되거나 구금된 경우 현행범인이 아닌 한

국회의 요구가 있으면 회기 동안 석방된다.

제48조　국회의원은 국회에서 직무상 발언하거나 표결한 것에 관하여 국회
　　　　밖에서 책임을 지지 않는다.

제49조　①국회의원은 청렴해야 할 의무를 진다.

　　　　②국회의원은 국가이익을 우선하여 양심에 따라 직무를 수행한다.

　　　　③국회의원은 그 지위를 남용하여 국가·공공단체 또는 기업체와의
　　　　계약이나 그 처분에 의하여 재산상의 권리·이익 또는 직위를 취득하거나
　　　　타인을 위하여 그 취득을 알선할 수 없다.

제50조　①국회의 정기회는 법률로 정하는 바에 따라 매년 1회 열며, 국회의
　　　　임시회는 대통령 또는 국회 재적의원 4분의 1 이상의 요구로 연다.

　　　　②정기회의 회기는 100일을, 임시회의 회기는 30일을 초과할 수 없다.

　　　　③대통령이 임시회를 요구하는 경우 기간과 이유를 명시해야 한다.

제51조　국회는 의장 1명과 부의장 2명을 선출한다.

제52조　국회는 헌법 또는 법률에 특별한 규정이 없으면 재적의원 과반수의
　　　　출석과 출석의원 과반수의 찬성으로 의결한다. 가부동수일 때에는
　　　　부결된 것으로 본다.

제53조　①국회의 회의는 공개한다. 다만, 출석의원 과반수의 찬성이 있거나
　　　　국회의장이 국가의 안전보장을 위하여 필요하다고 인정할 때에는
　　　　공개하지 않을 수 있다.

　　　　②공개하지 않은 회의 내용의 공표에 관하여는 법률로 정한다.

제54조　국회에 제출된 법률안, 그 밖의 의안은 회기 동안에 의결되지 못한
　　　　이유로 폐기되지 않는다. 다만, 국회의원의 임기가 만료된 경우에는
　　　　폐기된다.

제55조　①국회의원은 법률안을 제출할 수 있다.

　　　　②정부는 국회의원 10명 이상의 동의를 받아 법률안을 제출할 수 있다.

　　　　③법률안이 지방자치와 관련되는 경우 국회의장은 지방정부에 이를
　　　　통보해야 하며, 해당 지방정부는 그 법률안에 대하여 의견을 제시할 수
　　　　있다. 구체적인 사항은 법률로 정한다.

제56조　국민은 법률안을 발의할 수 있다. 발의의 요건과 절차 등 구체적인
　　　　사항은 법률로 정한다.

제57조　①국회에서 의결된 법률안은 정부에 이송된 날부터 15일 이내에

대통령이 공포한다.

②대통령은 법률안에 이의가 있을 때에는 제1항의 기간 안에 이의서를 붙여 국회로 돌려보내고, 재의를 요구할 수 있다. 국회의 폐회 중에도 또한 같다.

③대통령은 법률안의 일부에 대하여 또는 법률안을 수정하여 재의를 요구할 수 없다.

④국회는 대통령의 재의 요구가 있을 때에는 재의에 부치고, 재적의원 과반수의 출석과 출석의원 3분의 2 이상의 찬성으로 전과 같은 의결을 하면 그 법률안은 법률로 확정된다.

⑤대통령이 제1항의 기간 안에 공포나 재의 요구를 하지 않은 경우에도 그 법률안은 법률로 확정된다.

⑥대통령은 제4항에 따라 확정된 법률은 정부에 이송된 지 5일 이내에, 제5항에 따라 확정된 법률은 지체 없이 공포하여야 한다. 다만, 대통령이 공포하지 않으면 국회의장이 공포한다.

⑦법률은 특별한 규정이 없으면 공포한 날부터 20일이 지나면 효력이 생긴다.

제58조 ①국회는 국가의 예산안을 심의하여 예산법률로 확정한다.

②정부는 회계연도마다 예산안을 편성하여 회계연도 개시 120일 전까지 국회에 제출하고, 국회는 회계연도 개시 30일 전까지 예산법률안을 의결해야 한다.

③새로운 회계연도가 개시될 때까지 예산법률이 효력을 발생하지 못한 경우 정부는 예산법률이 효력을 발생할 때까지 다음의 목적을 위한 경비를 전년도 예산법률에 준하여 집행할 수 있다.

1. 헌법이나 법률에 따라 설치한 기관이나 시설의 유지·운영

2. 법률로 정하는 지출 의무의 실행

3. 이미 예산법률로 승인된 사업의 계속

④예산안의 심의와 예산법률안의 의결 등에 필요한 사항은 법률로 정한다.

제59조 ①한 회계연도를 넘어 계속하여 지출할 필요가 있는 경우 정부는 연한(年限)을 정하여 계속비로서 국회의 의결을 거쳐야 한다.

②예비비는 총액으로 국회의 의결을 거쳐야 한다. 예비비의 지출은 차기

국회의 승인을 받아야 한다.

제60조   정부는 예산법률을 개정할 필요가 있는 경우 추가경정예산안을 편성하여 국회에 제출할 수 있다.

제61조   국회는 정부의 동의 없이 정부가 제출한 지출예산 각항의 금액을 늘리거나 새 비목(費目)을 설치할 수 없다.

제62조   국채를 모집하거나 예산법률 외에 국가의 부담이 될 계약을 맺으려면 정부는 미리 국회의 의결을 거쳐야 한다.

제63조   조세의 종목과 세율은 법률로 정한다.

제64조   ①국회는 다음 조약의 체결·비준에 대한 동의권을 가진다.

1. 상호원조나 안전보장에 관한 조약

2. 중요한 국제조직에 관한 조약

3. 우호통상항해조약

4. 주권의 제약에 관한 조약

5. 강화조약(講和條約)

6. 국가나 국민에게 중대한 재정 부담을 지우는 조약

7. 입법사항에 관한 조약

8. 그 밖에 법률로 정하는 조약

②국회는 선전포고, 국군의 외국 파견 또는 외국 군대의 대한민국 영역 내 주류(駐留)에 대한 동의권을 가진다.

제65조   ①국회는 국정을 감사하거나 특정한 국정사안에 대하여 조사할 수 있으며, 이에 필요한 서류의 제출, 증인의 출석, 증언, 의견의 진술을 요구할 수 있다.

②국정감사와 국정조사의 절차, 그 밖에 필요한 사항은 법률로 정한다.

제66조   ①국무총리·국무위원 또는 정부위원은 국회나 그 위원회에 출석하여 국정 처리 상황을 보고하거나 의견을 진술하고 질문에 응답할 수 있다.

②국회나 그 위원회에서 요구하면 국무총리·국무위원 또는 정부위원은 출석하여 답변해야 한다. 다만, 국무총리나 국무위원이 출석 요구를 받은 경우 국무위원이나 정부위원으로 하여금 출석·답변하게 할 수 있다.

제67조   ①국회는 국무총리나 국무위원의 해임을 대통령에게 건의할 수 있다.

②제1항의 해임건의를 하려면 국회 재적의원 3분의 1 이상이 발의하고 국회 재적의원 과반수가 찬성해야 한다.

제68조　①국회는 법률에 위반되지 않는 범위에서 의사와 내부 규율에 관한 규칙을 제정할 수 있다.

②국회는 국회의원의 자격을 심사하며, 국회의원을 징계할 수 있다.

③국회의원을 제명하려면 국회 재적의원 3분의 2 이상이 찬성해야 한다.

④제2항과 제3항의 처분에 대해서는 법원에 제소할 수 없다.

제69조　①대통령, 국무총리, 국무위원, 행정각부의 장, 헌법재판소 재판관, 법관, 중앙선거관리위원회 위원, 감사원장, 감사위원, 그 밖에 법률로 정하는 공무원이 직무를 집행하면서 헌법이나 법률을 위반한 경우 국회는 탄핵의 소추를 의결할 수 있다.

②제1항의 탄핵소추를 하려면 국회 재적의원 3분의 1 이상이 발의하고 국회 재적의원 과반수가 찬성해야 한다. 다만, 대통령에 대한 탄핵소추는 국회 재적의원 과반수가 발의하고 국회 재적의원 3분의 2 이상이 찬성해야 한다.

③탄핵소추의 의결을 받은 사람은 탄핵심판이 있을 때까지 권한을 행사하지 못한다.

④탄핵결정은 공직에서 파면하는 데 그친다. 그러나 파면되더라도 민사상 또는 형사상 책임이 면제되지는 않는다.

제4장 정부

제1절 대통령

제70조　①대통령은 국가를 대표한다.

②대통령은 국가의 독립과 계속성을 유지하고, 영토를 보전하며, 헌법을 수호할 책임과 의무를 진다.

③대통령은 조국의 평화 통일을 위하여 성실히 노력할 의무를 진다.

④행정권은 대통령을 수반으로 하는 행정부에 있다.

제71조　①대통령은 국민의 보통·평등·직접·비밀 선거로 선출한다.

②제1항의 선거에서 유효투표 총수의 과반수를 얻은 사람을 당선자로 한다.

③제2항의 당선자가 없을 때에는 최고득표자가 1명이면 최고득표자와 그 다음 순위 득표자에 대하여, 최고득표자가 2명 이상이면 최고득표자 전원에 대하여 결선투표를 실시하고, 그 결과 다수득표자를 당선자로

한다. 결선투표에서 최고득표자가 2명 이상일 때에는 국회 재적의원 과반수가 출석한 공개회의에서 다수표를 얻은 사람을 당선자로 한다.

④제3항에 따른 결선투표 실시 전에 결선투표의 당사자가 사퇴·사망하여 최고득표자가 없게 된 경우 재선거를 실시하고, 최고득표자 1명만 남게 된 경우 최고득표자가 당선자가 된다.

⑤대통령 후보자가 1명인 경우 선거권자 총수의 3분의 1 이상을 득표하지 않으면 대통령으로 당선될 수 없다.

⑥대통령으로 선거될 수 있는 사람은 국회의원의 피선거권이 있어야 한다.

⑦대통령 선거에 관한 사항은 법률로 정한다.

제72조 ①대통령의 임기가 만료되는 경우 임기만료 70일 전부터 40일 전 사이에 후임자를 선거한다.

②대통령이 궐위(闕位)된 경우 또는 대통령 당선자가 사망하거나 판결, 그 밖의 사유로 그 자격을 상실한 경우 60일 이내에 후임자를 선거한다.

③결선투표는 제1항 및 제2항에 따른 첫 선거일부터 14일 이내에 실시한다.

제73조 대통령은 취임에 즈음하여 다음의 선서를 한다.

"나는 헌법을 준수하고 국가를 지키며 조국의 평화 통일과 국민의 자유와 복리의 증진 및 문화의 창달에 노력하여 대통령으로서 맡은 직책을 성실히 수행할 것을 국민 앞에 엄숙히 선서합니다."

제74조 대통령의 임기는 4년으로 하되, 연이어 선출되는 경우에만 한 번 중임할 수 있다.

제75조 ①대통령이 궐위되거나 질병·사고 등으로 직무를 수행할 수 없는 경우 국무총리, 법률로 정한 국무위원의 순서로 그 권한을 대행한다.

②대통령이 사임하려고 하거나 질병·사고 등으로 직무를 수행할 수 없는 경우 대통령은 그 사정을 국회의장과 제1항에 따라 권한대행을 할 사람에게 서면으로 미리 통보해야 한다.

③제2항의 서면 통보가 없는 경우 권한대행의 개시 여부에 대한 최종적인 판단은 국무총리가 국무회의 심의를 거쳐 헌법재판소에 신청하여 그 결정에 따른다.

④권한대행의 지위는 대통령이 복귀 의사를 서면으로 통보한 때에

종료된다. 다만, 복귀한 대통령의 직무 수행 가능 여부에 대한 다툼이
있을 때에는 대통령, 재적 국무위원 3분의 2 이상 또는 국회의장이
헌법재판소에 신청하여 그 결정에 따른다.

⑤제1항에 따라 대통령의 권한을 대행하는 사람은 그 직을 유지하는 한
대통령 선거에 입후보할 수 없다.

⑥대통령의 권한대행에 관하여 필요한 사항은 법률로 정한다.

제76조 대통령은 필요하다고 인정할 경우 외교·국방·통일, 그 밖에 국가안위에
관한 중요 정책을 국민투표에 부칠 수 있다.

제77조 대통령은 조약을 체결·비준하고, 외교사절을 신임·접수 또는 파견하며,
선전포고와 강화를 한다.

제78조 ①대통령은 헌법과 법률로 정하는 바에 따라 국군을 통수한다.
②국군의 조직과 편성은 법률로 정한다.

제79조 대통령은 법률에서 구체적으로 범위를 정하여 위임받은 사항과 법률을
집행하는 데 필요한 사항에 관하여 대통령령을 발(發)할 수 있다.

제80조 ①대통령은 내우외환, 천재지변 또는 중대한 재정·경제상의 위기에
국가의 안전보장이나 공공의 안녕질서를 유지하기 위하여 긴급한 조치가
필요하고 국회의 집회를 기다릴 여유가 없을 때에만 최소한으로 필요한
재정·경제상의 처분을 하거나 이에 관하여 법률의 효력을 가지는 명령을
발할 수 있다.

②대통령은 국가의 안위에 관계되는 중대한 교전 상태에서 국가를
보위하기 위하여 긴급한 조치가 필요함에도 국회의 집회가 불가능한
경우에만 법률의 효력을 가지는 명령을 발할 수 있다.

③대통령은 제1항과 제2항의 처분이나 명령을 한 경우 지체 없이 국회에
보고하여 승인을 받아야 한다.

④제3항의 승인을 받지 못한 때에는 그 처분이나 명령은 그 때부터 효력을
상실한다. 이 경우 그 명령에 따라 개정되었거나 폐지되었던 법률은 그
명령이 승인을 받지 못한 때부터 당연히 효력을 회복한다.

⑤대통령은 제3항과 제4항의 사유를 지체 없이 공포해야 한다.

제81조 ①대통령은 전시·사변 또는 이에 준하는 국가비상사태에 병력으로써
군사상의 필요에 응하거나 공공의 안녕질서를 유지할 필요가 있을 때에는
법률로 정하는 바에 따라 계엄을 선포할 수 있다.

대한민국 헌법개정안

②계엄은 비상계엄과 경비계엄으로 구분한다.

③비상계엄이 선포된 경우 법률로 정하는 바에 따라 영장제도, 언론·출판·집회·결사의 자유, 정부나 법원의 권한에 관하여 특별한 조치를 할 수 있다.

④계엄을 선포한 경우 대통령은 지체 없이 국회에 통고해야 한다.

⑤국회가 재적의원 과반수의 찬성으로 계엄의 해제를 요구하면 대통령은 계엄을 해제해야 한다.

제82조 대통령은 헌법과 법률로 정하는 바에 따라 공무원을 임면(任免)한다.

제83조 ①대통령은 법률로 정하는 바에 따라 사면·감형 또는 복권을 명할 수 있다.

②일반사면을 명하려면 국회의 동의를 받아야 하고, 특별사면을 명하려면 사면위원회의 심사를 거쳐야 한다.

③사면·감형과 복권에 관한 사항은 법률로 정한다.

제84조 대통령은 법률로 정하는 바에 따라 훈장을 비롯한 영전을 수여한다.

제85조 대통령은 국회에 출석하여 발언하거나 문서로 의견을 표시할 수 있다.

제86조 대통령의 국법상 행위는 문서로써 하며, 이 문서에는 국무총리와 관계 국무위원이 부서(副署)한다. 군사에 관한 것도 또한 같다.

제87조 대통령은 국무총리, 국무위원, 행정각부의 장, 그 밖에 법률로 정하는 공사(公私)의 직을 겸할 수 없다.

제88조 대통령은 내란 또는 외환의 죄를 범한 경우를 제외하고는 재직 중 형사상의 소추를 받지 않는다.

제89조 전직 대통령의 신분과 예우에 관한 사항은 법률로 정한다.

제90조 ①국가안전보장에 관련되는 대외정책·군사정책과 국내정책의 수립에 관하여 국무회의의 심의에 앞서 대통령의 자문에 응하게 하기 위하여 국가안전보장회의를 둔다.

②국가안전보장회의는 대통령이 주재한다.

③국가안전보장회의의 조직, 직무 범위, 그 밖에 필요한 사항은 법률로 정한다.

제91조 ①평화 통일 정책의 수립에 관한 대통령의 자문에 응하게 하기 위하여 민주평화통일자문회의를 둘 수 있다.

②민주평화통일자문회의의 조직, 직무 범위, 그 밖에 필요한 사항은

법률로 정한다.

제92조 ①국민경제의 발전을 위한 중요정책의 수립에 관하여 대통령의 자문에 응하게 하기 위하여 국민경제자문회의를 둘 수 있다.

②국민경제자문회의의 조직, 직무 범위, 그 밖에 필요한 사항은 법률로 정한다.

제2절 국무총리와 국무위원

제93조 ①국무총리는 국회의 동의를 받아 대통령이 임명한다.

②국무총리는 대통령을 보좌하며, 행정각부를 통할한다.

③현역 군인은 국무총리로 임명될 수 없다.

제94조 ①국무위원은 국무총리의 제청으로 대통령이 임명한다.

②국무위원은 국정에 관하여 대통령을 보좌하며, 국무회의의 구성원으로서 국정을 심의한다.

③국무총리는 국무위원의 해임을 대통령에게 건의할 수 있다.

④현역 군인은 국무위원으로 임명될 수 없다.

제3절 국무회의와 국가자치분권회의

제95조 ①국무회의는 정부의 권한에 속하는 중요한 정책을 심의한다.

②국무회의는 대통령·국무총리와 15명 이상 30명 이하의 국무위원으로 구성한다.

③대통령은 국무회의의 의장이 되고, 국무총리는 부의장이 된다.

제96조 다음 사항은 국무회의의 심의를 거쳐야 한다.

1. 국정의 기본계획과 정부의 일반 정책

2. 선전(宣戰), 강화, 그 밖에 중요한 대외 정책

3. 헌법 개정안, 국민투표안, 조약안, 법률안 및 대통령령안

4. 대통령 권한대행의 개시 여부에 대한 판단의 신청

5. 예산안, 결산, 국유재산 처분의 기본계획, 국가에 부담이 될 계약, 그 밖에 재정에 관한 중요 사항

6. 대통령의 긴급명령, 긴급재정경제처분 및 명령, 계엄의 선포와 해제

7. 군사에 관한 중요 사항

8. 국회의 임시회 요구

대한민국 헌법개정안

9. 영전 수여

10. 사면·감형과 복권

11. 행정각부 간의 권한 획정

12. 정부 안의 권한 위임 또는 배정에 관한 기본계획

13. 국정 처리 상황의 평가·분석

14. 행정각부의 중요 정책 수립과 조정

15. 정당 해산의 제소

16. 정부에 제출되거나 회부된 정부 정책에 관계되는 청원의 심사

17. 검찰총장, 합동참모의장, 각군참모총장, 국립대학교 총장, 대사, 그 밖에 법률로 정한 공무원과 국영기업체 관리자의 임명

18. 그 밖에 대통령·국무총리나 국무위원이 제출한 사항

제97조 ①정부와 지방정부 간 협력을 추진하고 지방자치와 지역 간 균형 발전에 관련되는 중요 정책을 심의하기 위하여 국가자치분권회의를 둔다.

②국가자치분권회의는 대통령, 국무총리, 법률로 정하는 국무위원과 지방행정부의 장으로 구성한다.

③대통령은 국가자치분권회의의 의장이 되고, 국무총리는 부의장이 된다.

④국가자치분권회의의 조직과 운영 등 구체적인 사항은 법률로 정한다.

제4절 행정각부

제98조 행정각부의 장은 국무위원 중에서 국무총리의 제청으로 대통령이 임명한다.

제99조 국무총리 또는 행정각부의 장은 소관 사무에 관하여 법률이나 대통령령의 위임 또는 직권으로 총리령 또는 부령을 발할 수 있다.

제100조 행정각부의 설치·조직과 직무 범위는 법률로 정한다.

제5장 법원

제101조 ①사법권은 법관으로 구성된 법원에 있다. 국민은 법률로 정하는 바에 따라 배심 또는 그 밖의 방법으로 재판에 참여할 수 있다.

②법원은 최고법원인 대법원과 각급 법원으로 조직한다.

③법관의 자격은 법률로 정한다.

제102조 ①대법원에 일반재판부와 전문재판부를 둘 수 있다.

②대법원에 대법관을 둔다. 다만, 법률로 정하는 바에 따라 대법관이 아닌 법관을 둘 수 있다.

③대법원과 각급 법원의 조직은 법률로 정한다.

제103조 법관은 헌법과 법률에 의하여 그 양심에 따라 독립하여 심판한다.

제104조 ①대법원장은 국회의 동의를 받아 대통령이 임명한다.

②대법관은 대법관추천위원회의 추천을 거쳐 대법원장 제청으로 국회의 동의를 받아 대통령이 임명한다.

③대법관추천위원회는 대통령이 지명하는 3명, 대법원장이 지명하는 3명, 법률로 정하는 법관회의에서 선출하는 3명의 위원으로 구성한다.

④대법원장·대법관이 아닌 법관은 법관인사위원회의 제청으로 대법관회의의 동의를 받아 대법원장이 임명한다.

⑤대법관추천위원회 및 법관인사위원회의 조직과 운영 등 구체적인 사항은 법률로 정한다.

제105조 ①대법원장의 임기는 6년으로 하며, 중임할 수 없다.

②대법관의 임기는 6년으로 하며, 법률로 정하는 바에 따라 연임할 수 있다.

③법관의 정년은 법률로 정한다.

제106조 ①법관은 탄핵되거나 금고 이상의 형을 선고받지 않고는 파면되지 않으며, 징계처분에 의하지 않고는 해임, 정직, 감봉, 그 밖의 불리한 처분을 받지 않는다.

②법관이 중대한 심신상의 장해로 직무를 수행할 수 없을 때에는 법률로 정하는 바에 따라 퇴직하게 할 수 있다.

제107조 ①법률이 헌법에 위반되는지가 재판의 전제가 된 경우 법원은 헌법재판소에 제청하여 그 심판에 따라 재판한다.

②명령·규칙·조례 또는 자치규칙이 헌법이나 법률에 위반되는지가 재판의 전제가 된 경우 대법원은 이를 최종적으로 심사할 권한을 가진다.

③재판의 전심절차로서 행정심판을 할 수 있다. 행정심판의 절차는 법률로 정하되, 사법절차가 준용되어야 한다.

제108조 대법원은 법률에 위반되지 않는 범위에서 소송에 관한 절차, 법원의 내부 규율과 사무 처리에 관한 규칙을 제정할 수 있다.

제109조　재판의 심리와 판결은 공개한다. 다만, 심리는 국가의 안전보장 또는
　　　　안녕질서를 방해하거나 선량한 풍속을 해칠 염려가 있을 때에는 법원의
　　　　결정으로 공개하지 않을 수 있다.

제110조　①비상계엄 선포 시 또는 국외파병 시의 군사재판을 관할하기 위하여
　　　　특별법원으로서 군사법원을 둘 수 있다.
　　　　②군사법원의 상고심은 대법원에서 관할한다.
　　　　③군사법원의 조직·권한 및 재판관의 자격은 법률로 정한다.

제6장 헌법재판소

제111조　①헌법재판소는 다음 사항을 관장한다.
　　　　1. 법원의 제청에 의한 법률의 위헌 여부 심판
　　　　2. 탄핵의 심판
　　　　3. 정당의 해산 심판
　　　　4. 국가기관 상호 간, 국가기관과 지방정부 간, 지방정부 상호 간의
　　　　권한쟁의에 관한 심판
　　　　5. 법률로 정하는 헌법소원에 관한 심판
　　　　6. 대통령 권한대행의 개시 또는 대통령의 직무 수행 가능 여부에 관한
　　　　심판
　　　　7. 그 밖에 법률로 정하는 사항에 관한 심판
　　　　②헌법재판소는 9명의 재판관으로 구성하며, 재판관은 대통령이
　　　　임명한다.
　　　　③제2항의 재판관 중 3명은 국회에서 선출하는 사람을, 3명은
　　　　대법관회의에서 선출하는 사람을 임명한다.
　　　　④헌법재판소의 장은 재판관 중에서 호선한다.

제112조　①헌법재판소 재판관의 임기는 6년으로 하며, 법률로 정하는 바에 따라
　　　　연임할 수 있다.
　　　　②헌법재판소 재판관은 정당에 가입하거나 정치에 관여할 수 없다.
　　　　③헌법재판소 재판관은 탄핵되거나 금고 이상의 형을 선고받지 않고는
　　　　파면되지 않는다.

제113조　①헌법재판소에서 법률의 위헌결정, 탄핵의 결정, 정당해산의 결정 또는
　　　　헌법소원에 관한 인용결정을 할 때에는 재판관 6명 이상이 찬성해야

한다.

②헌법재판소는 법률에 위반되지 않는 범위에서 심판에 관한 절차, 내부 규율과 사무 처리에 관한 규칙을 제정할 수 있다.

③헌법재판소의 조직과 운영, 그 밖에 필요한 사항은 법률로 정한다.

제7장 감사원

제114조 ①국가의 세입·세출의 결산, 국가·지방정부 및 법률로 정하는 단체의 회계검사, 법률로 정하는 국가·지방정부의 기관 및 공무원의 직무에 관한 감찰을 하기 위하여 감사원을 둔다.

②감사원은 독립하여 직무를 수행한다.

제115조 ①감사원은 원장을 포함한 9명의 감사위원으로 구성하며, 감사위원은 대통령이 임명한다.

②제1항의 감사위원 중 3명은 국회에서 선출하는 사람을, 3명은 대법관회의에서 선출하는 사람을 임명한다.

③감사원장은 감사위원 중에서 국회의 동의를 받아 대통령이 임명한다.

④감사원장과 감사위원의 임기는 6년으로 한다. 다만, 감사위원으로 재직 중인 사람이 감사원장으로 임명되는 경우 그 임기는 감사위원 임기의 남은 기간으로 한다.

⑤감사위원은 정당에 가입하거나 정치에 관여할 수 없다.

⑥감사위원은 탄핵되거나 금고 이상의 형을 선고받지 않고는 파면되지 않는다.

제116조 감사원은 세입·세출의 결산을 매년 검사하여 대통령과 다음 연도 국회에 그 결과를 보고해야 한다.

제117조 ①감사원은 법률에 위반되지 않는 범위에서 감사에 관한 절차, 감사원의 내부 규율과 감사사무 처리에 관한 규칙을 제정할 수 있다.

②감사원의 조직, 직무 범위, 감사위원의 자격, 감사 대상 공무원의 범위, 그 밖에 필요한 사항은 법률로 정한다.

제8장 선거관리위원회

제118조 ①선거관리위원회는 다음 사무를 관장한다.

1. 국가와 지방정부의 선거에 관한 사무

2. 국민발안, 국민투표, 국민소환의 관리에 관한 사무

3. 정당과 정치자금에 관한 사무

4. 주민발안, 주민투표, 주민소환의 관리에 관한 사무

5. 그 밖에 법률로 정하는 사무

②중앙선거관리위원회는 대통령이 임명하는 3명, 국회에서 선출하는 3명, 대법관회의에서 선출하는 3명의 위원으로 구성한다. 위원장은 위원 중에서 호선한다.

③위원의 임기는 6년으로 한다.

④위원은 정당에 가입하거나 정치에 관여할 수 없다.

⑤위원은 탄핵되거나 금고 이상의 형을 선고받지 않고는 파면되지 않는다.

⑥중앙선거관리위원회는 법률에 위반되지 않는 범위에서 소관 사무의 처리와 내부 규율에 관한 규칙을 제정할 수 있다.

⑦각급 선거관리위원회의 조직, 직무 범위, 그 밖에 필요한 사항은 법률로 정한다.

제119조 ①각급 선거관리위원회는 선거인 명부의 작성 등 선거사무와 국민투표 사무에 관하여 관계 행정기관에 필요한 지시를 할 수 있다.

②제1항의 지시를 받은 행정기관은 지시에 따라야 한다.

제120조 ①누구나 자유롭게 선거운동을 할 수 있다. 다만, 후보자 간 공정한 기회를 보장하기 위하여 필요한 경우에만 법률로써 제한할 수 있다.

②선거에 관한 경비는 법률로 정하는 경우를 제외하고는 정당이나 후보자에게 부담시킬 수 없다.

제9장 지방자치

제121조 ①지방정부의 자치권은 주민으로부터 나온다. 주민은 지방정부를 조직하고 운영하는 데 참여할 권리를 가진다.

②지방정부의 종류와 구역 등 지방정부에 관한 주요 사항은 법률로 정한다.

③주민발안, 주민투표 및 주민소환에 관하여 그 대상, 요건 등 기본적인 사항은 법률로 정하고, 구체적인 내용은 조례로 정한다.

④국가와 지방정부 간, 지방정부 상호 간 사무의 배분은 주민에게 가까운

지방정부가 우선한다는 원칙에 따라 법률로 정한다.

제122조 ①지방정부에 주민이 보통·평등·직접·비밀 선거로 구성하는
지방의회를 둔다.

②지방의회의 구성 방법, 지방행정부의 유형, 지방행정부의 장의 선임
방법 등 지방정부의 조직과 운영에 관한 기본적인 사항은 법률로 정하고,
구체적인 내용은 조례로 정한다.

제123조 ①지방의회는 법률에 위반되지 않는 범위에서 주민의 자치와 복리에
필요한 사항에 관하여 조례를 제정할 수 있다. 다만, 권리를 제한하거나
의무를 부과하는 경우 법률의 위임이 있어야 한다.

②지방행정부의 장은 법률 또는 조례를 집행하기 위하여 필요한 사항과
법률 또는 조례에서 구체적으로 범위를 정하여 위임받은 사항에 관하여
자치규칙을 정할 수 있다.

제124조 ①지방정부는 자치사무의 수행에 필요한 경비를 스스로 부담한다. 국가
또는 다른 지방정부가 위임한 사무를 집행하는 경우 그 비용은 위임하는
국가 또는 다른 지방정부가 부담한다.

②지방의회는 법률에 위반되지 않는 범위에서 자치세의 종목과 세율,
징수 방법 등에 관한 조례를 제정할 수 있다.

③조세로 조성된 재원은 국가와 지방정부의 사무 부담 범위에 부합하게
배분해야 한다.

④국가와 지방정부 간, 지방정부 상호 간에 법률로 정하는 바에 따라
적정한 재정조정을 시행한다.

제10장 경제

제125조 ①대한민국의 경제 질서는 개인과 기업의 경제상의 자유와 창의를
존중함을 기본으로 한다.

②국가는 균형 있는 국민경제의 성장 및 안정과 적정한 소득의 분배를
유지하고, 시장의 지배와 경제력의 남용을 방지하며, 경제 주체 간의
상생과 조화를 통한 경제의 민주화를 실현하기 위하여 경제에 관한
규제와 조정을 할 수 있다.

③국가는 지역 간의 균형 있는 발전을 위하여 지역경제를 육성할 의무를
진다.

제126조 ①국가는 국토와 자원을 보호해야 하며, 지속가능하고 균형 있는
이용·개발과 보전을 위하여 필요한 계획을 수립·시행한다.
②광물을 비롯한 중요한 지하자원, 해양수산자원, 산림자원, 수력과 풍력
등 경제적으로 이용할 수 있는 자연력은 법률로 정하는 바에 따라 국가가
일정 기간 채취·개발 또는 이용을 특허할 수 있다.

제127조 ①국가는 농지에 관하여 경자유전(耕者有田)의 원칙이 달성될 수 있도록
노력해야 하며, 농지의 소작제도는 금지된다.
②농업생산성의 제고와 농지의 합리적인 이용을 위하거나 불가피한
사정으로 발생하는 농지의 임대차와 위탁경영은 법률로 정하는 바에
따라 인정된다.

제128조 ①국가는 국민 모두의 생산과 생활의 바탕이 되는 국토의 효율적이고
균형 있는 이용·개발과 보전을 위하여 법률로 정하는 바에 따라 필요한
제한을 하거나 의무를 부과할 수 있다.
②국가는 토지의 공공성과 합리적 사용을 위하여 필요한 경우에만
법률로써 특별한 제한을 하거나 의무를 부과할 수 있다.

제129조 ①국가는 식량의 안정적 공급과 생태 보전 등 농어업의 공익적 기능을
바탕으로 농어촌의 지속가능한 발전과 농어민의 삶의 질 향상을 위한
지원 등 필요한 계획을 수립·시행해야 한다.
②국가는 농수산물의 수급균형과 유통구조의 개선에 노력하여
가격안정을 도모함으로써 농어민의 이익을 보호한다.
③국가는 농어민의 자조조직을 육성해야 하며, 그 조직의 자율적 활동과
발전을 보장한다.

제130조 ①국가는 중소기업과 소상공인을 보호·육성하고, 협동조합의 육성 등
사회적 경제의 진흥을 위하여 노력해야 한다.
②국가는 중소기업과 소상공인의 자조조직을 육성해야 하며, 그 조직의
자율적 활동과 발전을 보장한다.

제131조 ①국가는 안전하고 우수한 품질의 생산품과 용역을 제공받을 수 있도록
소비자의 권리를 보장해야 하며, 이를 위하여 필요한 정책을 시행해야
한다.
②국가는 법률로 정하는 바에 따라 소비자운동을 보장한다.

제132조 국가는 대외무역을 육성하며, 이를 규제·조정할 수 있다.

제133조 국방이나 국민경제에 절실히 필요하여 법률로 정하는 경우를 제외하고는, 사영기업을 국유 또는 공유로 이전하거나 그 경영을 통제 또는 관리할 수 없다.

제134조 ①국가는 국민경제의 발전과 국민의 삶의 질 향상을 위하여 기초 학문을 장려하고 과학기술을 혁신하며 정보와 인력을 개발하는 데 노력해야 한다.

②국가는 국가표준제도를 확립한다.

③대통령은 제1항의 목적을 달성하기 위하여 필요한 자문기구를 둘 수 있다.

제11장 헌법 개정

제135조 ①헌법 개정은 국회 재적의원 과반수 또는 대통령의 발의로 제안된다.

②대통령의 임기 연장 또는 중임 변경을 위한 헌법 개정은 그 헌법 개정 제안 당시의 대통령에 대해서는 효력이 없다.

제136조 대통령은 제안된 헌법 개정안을 20일 이상 공고해야 한다.

제137조 ①제안된 헌법 개정안은 공고된 날부터 60일 이내에 국회에서 표결해야 하며, 국회 재적의원 3분의 2 이상의 찬성으로 의결한다.

②헌법 개정안은 국회에서 의결한 날부터 30일 이내에 국민투표에 부쳐 국회의원 선거권자 과반수의 투표와 투표자 과반수의 찬성을 얻어야 한다.

③헌법 개정안이 제2항의 찬성을 얻은 경우 헌법 개정은 확정되며, 대통령은 즉시 이를 공포해야 한다.

부칙

제1조 ①이 헌법은 공포한 날부터 시행한다. 다만, 법률의 제정 또는 개정 없이 실현될 수 없는 규정은 그 법률이 시행되는 때부터 시행하되, 늦어도 2020년 5월 30일에는 시행한다.

②제1항에도 불구하고 이 헌법을 시행하기 위하여 필요한 법률의 제정, 개정, 그 밖에 이 헌법의 시행에 필요한 준비는 이 헌법 시행 전에 할 수 있다.

제2조   ①이 헌법이 시행되기 전까지는 그에 해당하는 종전의 규정을 적용한다.

②종전의 헌법에 따라 구성된 지방자치단체, 지방의회, 지방자치단체의
장은 이 헌법 제9장에 따른 지방의회와 지방행정부의 장이 선출되어
지방정부가 구성될 때까지 이 헌법에서 정하는 지방정부, 지방의회,
지방행정부의 장으로 본다.

제3조   이 헌법 개정 제안 당시 대통령의 임기는 2022년 5월 9일까지로 하며,
중임할 수 없다.

제4조   ①2018년 6월 13일에 실시하는 선거와 그 보궐선거 등으로 선출된
지방의회 의원 및 지방자치단체의 장의 임기는 2022년 3월 31일까지로
한다.

②제1항에 따른 지방의회 의원 및 지방자치단체의 장의 후임자에 관한
선거는 부칙 제3조에 따른 임기만료로 실시하는 대통령 선거와 동시에
실시한다.

제5조   ①이 헌법 시행 당시의 공무원은 이 헌법에 따라 임명 또는 선출된 것으로
본다.

②이 헌법 시행 당시 대법원장의 지명으로 임명된 헌법재판소 재판관은
대법관회의에서 선출되어 임명된 것으로 본다.

③이 헌법 시행 당시의 감사원장, 감사위원은 이 헌법에 따라 감사원장,
감사위원이 임명될 때까지 그 직무를 수행하며, 임기는 이 헌법에 따라
감사원장, 감사위원이 임명된 날의 전날까지로 한다.

④이 헌법 시행 당시 대법원장이 지명한 중앙선거관리위원회의 위원은
대법관회의에서 선출한 것으로 본다.

제6조   이 헌법 시행 당시 군사법원에 계속 중인 사건으로서 이 헌법에 따라
군사법원의 관할에서 제외되는 사건은 법원으로 이관된 것으로 본다. 이
경우 이미 행해진 소송행위의 효력은 영향을 받지 않는다.

제7조   ①이 헌법 시행 당시의 법령과 조약은 이 헌법에 위반되지 않는 한 그
효력을 지속한다.

②종전의 헌법에 따라 유효하게 행해진 처분, 행위 등은 이 헌법에 따른
처분, 행위 등으로 본다.

제8조   이 헌법 시행 당시 이 헌법에 따라 새로 설치되는 기관의 권한에 속하는
직무를 수행하고 있는 기관은 이 헌법에 따라 새로운 기관이 설치될

때까지 존속하며 그 직무를 수행한다.

제9조   이 헌법 시행 당시의 지방자치에 관한 규정은 이 헌법에 따른
조례·자치규칙으로 본다.

프롤로그. 헌법이란 무엇인가

1 헌재 1995.12.21. 94헌마246.

2 루이 16세 재판에 관한 서술은 다음을 참조. Henry C. Lockwood, *Constitutional History of France*, Rand, McNally & Co., 1889(Classic Reprint Series, Forgotten Books, 2015), 30 이하.

3 앞의 책, 37.

4 Karl Loewenstein, *Political Power and the Governmental Process*, The University of Chicago Press, 1957, 1965, 136 이하; *Verfassungslehre*, J.C.B. Mohr Tübingen, 1969, 140 이하.

5 Tom Ginsburg, *Judicial Review in New Democracies—Constitutional Courts in Asian Cases*, Cambridge Univ. Press, 2003.

6 Ronald Dworkin, *Taking Rights Seriously*, Harvard Univ. Press, 1977, 14-39, 81-149.

7 O.W. Holmes, *The Path of the Law*, 1897. Max Lerner ed., *The Mind and Faith of Justice Holmes*, Modern Library, 1943, 79-80.

8 Morton Horwitz, *The Transformation of American Law, 1870-1960*, Oxford Univ. Press, 1992, 109-143.

9 尾高朝雄, 『法の窮極に在るもの』, 新版, 有斐閣, 1965(초판 1946), 125-133.

10 주로 다음 문헌을 참조. 정종섭, 『헌법연구4』, 박영사, 2003, 17-61; 김효전, 『헌법』, 소화, 2009, 81 이하.

1장. 시민혁명이 있었는가, 없었는가?

1 樋口陽一,『自由と國家―いま「憲法」のもつ意味』, 岩波新書, 1989, 18.

2 高橋幸八郎,『市民革命の構造』, 1950

3 지즈카 다다미, 남지연 옮김,『프랑스혁명』, AK, 2017, 30-31, 200-201.

4 정종휴,『日本法』, 신조사, 2011, 205 이하.

5 丸山眞男,『日本の思想』(역서. 김석근 옮김,『일본의 사상』, 한길사, 2012), 岩波新書, 1961, 26.

6 가루베 다다시, 박홍규 옮김,『마루야마 마사오』, 논형, 2011, 130.

7 주로 다음 문헌을 참조. Henry C. Lockwood, 프롤로그 주2); 長谷川正安, 『フランス革命と憲法』, 三省堂, 1984; 長谷川正安·渡邊洋三·藤田 勇 編, 『市民革命と法』, 1989; 樋口陽一,『比較憲法』, 青林書院新社, 1977; 노명식, 『프랑스혁명에서 빠리꼼뮨까지: 1789-1871』, 까치, 1980; 알베르 소불, 양영란 옮김,『프랑스대혁명』, 두레, 2016; 알렉시스 토크빌, 이용재 옮김,『앙시앵레짐과 프랑스혁명』, 박영률출판사, 2006; 막스 갈로, 박상준 옮김,『프랑스대혁명』, 민음사, 2013; 장 마생, 양희영 옮김,『로베스피에르, 혁명의 탄생』, 교양인, 2005.

8 長谷川正安, 앞의 주7), 95.

9 Jean Morange, 변해철 옮김,『1789년 인간과 시민의 권리선언』, 탐구당, 1999.

10 Henry C. Lockwood, 프롤로그 주2), 36.

11 앞의 책, 34-35.

12 알베르 소불, 앞의 주7), 183 이하.

13 樋口陽一, 앞의 주7), 67 이하.

14 에릭 홉스봄, 정도영·차명수 옮김,『혁명의 시대』, 한길사, 1998, 169.

15 아래 인권선언 조문은 다음을 참조. 장 마생, 앞의 주7), 399-403.

16 위의 인용과 서술은 주로 다음을 참조. 장 마생, 앞의 주7).

17 막스 갈로, 앞의 주7), 256.

18 Henry C. Lockwood, 프롤로그 주2), 48-49.

19 에릭 홉스봄, 앞의 주14), 167.

20 樋口陽一 교수의 관점을 참조.

21 주로 다음 문헌을 참조. H.W. Koch, *A Constitutional History of Germany*, Longman, 1984; Reinhold Zippelius, *Kleine deutsche Verfassungsgeschichte. Vom frühen Mittelalter bis zur Gegenwart*, Zweite Auflage, VERLAG C.H.BECK, 1995; Frotscher/Pieroth, *Verfassungsgeschichte*, 10. Auflage, Verlag C.H.BECK, 2011; 小林孝輔,『ドイツ憲法史』, 學陽社, 1980; 樋口陽一, 앞의 주7); 크리스티안-프리드리히 멩거, 김효전·김태홍 옮김,『근대 독일 헌법사』, 교육과학사, 1992.

22 Philip Bobbitt, *The Shield of Achilles-War, Peace and the Course of History*, Anchor Books, 2002.

23 주로 다음 문헌을 참조. 井ケ田良治 外 共著,『日本近代法史』, 法律文化史, 1982;
    石井紫郎 編,『日本近代法史講義』, 靑林書院新社, 1972; 丸山眞男, 앞의 주5);
    田上穰治 編,『體系 憲法事典』, 靑林書院新社, 1968; 스기하라 야스오, 이경주 옮김,
    『헌법의 역사』, 이론과 실천, 1996; 정종휴, 앞의 주4); 마리우스 B. 젠슨, 김우영 외
    옮김,『현대일본을 찾아서』1 · 2, 이산, 2006; 김용덕 엮음,『일본사의 변혁기를 본다』,
    지식산업사, 2011; 김항,『제국일본의 사상』, 창비, 2015.

24 淸水 伸,『帝國憲法制定會議』, 88. 丸山眞男, 앞의 주5), 29에서 재인용.

25 마리우스 B. 젠슨, 앞의 주23), 621-622.

2장. 사회경제적 갈등에 어떻게 대응했는가?

1   1장의 주21)에 게시된 문헌 외에 다음 문헌을 참조. 林健太郎,『ワイマル共和國』,
    中公新書, 1963; R. H. 텐부록, 김상태 · 임채원 옮김,『獨逸史 下』, 서문문고, 1973.

2   H. W. Koch, 1장의 주21), 309.

3   林健太郎, 1장의 주21), 206.

4   H. W. Koch, 앞의 주2), 298.

5   주로 다음을 참조. 丸山眞男, 1장의 주5); 김창록,「日本에서의 西洋 憲法思想의 受容에
    관한 硏究—「大日本帝國憲法」의 제정에서「日本國憲法」의 '出現'까지」, 서울대
    박사학위논문, 1994; 1장의 주23)에 게시된 문헌.

6   김창록, 앞의 주5).

7   丸山眞男, 1장의 주5), 62-66.

8   주로 다음을 참조. 김창록, 앞의 주5); 스기하라 야스오, 1장의 주23).

9   丸山眞男,『現代政治の思想と行動』(역서. 김석근 옮김,『현대정치의 사상과 행동』,
    한길사, 1997), 未來社, 1964, 31 이하.

10 위의 책, 11 이하.

11 丸山眞男, 앞의 주9), 29이하.

12 가루베 다다시, 1장의 주6) 참조.

13 주로 다음 문헌을 참조. 코세키 쇼오이찌, 김창록 옮김,『일본국헌법의 탄생』,
    뿌리와이파리, 2010; 김창록, 앞의 주5); 정종휴, 1장의 주4).

14 일본헌법사 연구자 김창록 교수의 해석.

15 코세키 쇼오이찌, 앞의 주13), 272.

16 김창록, 앞의 주5), 248.

17 John Owen Haley, *Authrity without Power: Law and the Japanese Paradox*,
    Oxford Univ. Press, 1991.

18 양건,『法社會學』제2판, 아르케, 2000, 463-465.

19 에릭 홉스봄, 1장의 주14), 5.

20 양건,『법 앞에 불평등한가? 왜?: 법철학 · 법사회학 산책』, 법문사, 2015, 10 이하에서

발췌.

21 Charles A. Beard, *An Economic Interpretation of the Constitution of the United States*, 1913. With a new Introduction By Forrest McDonald, The Free Press, 1986, 324-325.

22 양건, 앞의 주20), 39 이하에서 발췌, 요약.

23 주로 다음 문헌을 참조. 정상우, 「미군정기 중간파의 헌정구상에 관한 연구」, 서울대 박사학위논문, 2007; 홍기태, 「해방 후의 헌법구상과 1948년 헌법 성립에 관한 연구」, 『법과 사회』 창간호, 1989, 창작과비평사, 171 이하; 김영수, 『韓國憲法史』, 학문사, 2000.

24 유진오, 『憲法起草回顧錄』, 일조각, 1980.

25 「제1회 국회속기록」, 김홍우, 「제헌국회에서의 정부형태론 논의 연구」, 한국정치외교사학회 엮음, 『한국정치와 헌정사』, 2001, 한울, 195.

26 유진오, 앞의 주24), 60-61.

27 위의 책, 101.

28 김홍우, 앞의 주25), 242.

29 「1948.6.29. 제20차 회의 및 1948.6.30. 제21차 회의 속기록」, 위의 책, 229-230.

30 Chaihark Hahm and Sung Ho Kim, *MAKING WE THE PEOPLE, Democratic Constitutional Founding in Postwar Japan and South Korea*, Cambridge Univ. Press, 2015,

31 「제1회 국회 속기록」, 김홍우, 앞의 주25), 531-532.

32 유진오, 『新稿 憲法解義』, 일조각, 1952, 254-255.

33 이영록, 「제헌헌법상 경제 조항의 이념과 그 역사적 기능」, 『헌법학연구』 19권2호, 2013.6. 참조.

34 김효전, 「韓國憲法과 바이마르 憲法」, 『公法研究』 14집, 1986. 참조.

35 송석윤, 「바이마르 헌법과 경제민주화」, 『헌법학연구』 19권2호, 2013.6. 참조.

36 이영록, 앞의 주33), 72.

37 다음 문헌을 참조. 황승흠, 「근로자 이익균점권의 탄생배경과 법적 성격 논쟁」, 『노동법연구』 2014 상반기 36호; 황승흠, 「제헌헌법상의 근로자의 이익균점권의 헌법화 과정에 관한 연구」, 『公法研究』 31집2호, 2002.

38 유진오, 앞의 주32), 84.

39 위의 책, 85.

40 크리스챤아카데미, 『바람직한 헌법개정의 내용』, 1980.1.

3장. 시장국가란 무엇인가?

1 Philip Bobbitt, 1장의 주22), 816.

4장. 87년 헌법의 탄생

1   6월혁명의 역사적 사실에 관하여 다음 문헌을 참조. 정해구 · 김혜진 · 정상호,
    『6월항쟁과 한국의 민주주의』, 민주화운동기념사업회, 225; 서중석, 『6월항쟁』, 돌베개,
    2011; 민주화운동기념사업회 한국민주주의연구소 엮음, 『6월 민주항쟁』, 한울, 2017.

2   David L. Sills ed., *International Encyclopedia of the Social Sciences*, Macmillan
    and Free Press, 1968.

3   이영록, 「헌법에서 본 3.1운동과 임시정부 법통」, 조선대 『법학논총』 24권 1호, 2017, 4
    이하 참조.

4   시바 료타로, 이길진 옮김, 『료마가 간다』 10, 창해, 2005, 249, 319.

5장. 제왕적 대통령제의 실패인가?

1   Bruce Cummings, *Korea's Place in the Sun: A Modern History*, Norton, 1997, 353.

2   Arend Lijphart, *Patterns of Democracy*, Yale Univ. Press, 1999, 127-128.

3   2016.4.26. 언론사 편집 · 보도국장 간담회.

4   함성득, 『제왕적 대통령의 종언』, 섬앤섬, 2017, 57-58.

5   Samuel P. Huntington, *The Third Wave*, Oklahoma Univ. Press, 1991, 266.

6   이명박, 『대통령의 시간, 2008-2013』, 알에이치코리아, 2015, 584-585.

7   연합통신, 2017.12.2.

8   헌재 1997.7.16. 96헌라2.

9   헌재 2016. 5. 26. 2015헌라1.

10 함성득, 앞의 주4).

11 토마 피케티 · 강병구 · 김낙년 등, 『왜 자본은 일하는 자보다 더 많이 버는가』, 시대의창,
    2014, 251.

6장. 헌법재판, 비민주적 사법통치인가?

1   Guarneri & Pederzoli, *From Democracy to Juristocracy? The Power of Judges:
    A Comparative Study of Courts and Democracy*, Oxford Univ. Press, 2002;
    Ran Hirschl, *Towards Juristocracy: The Origin and Consequences of the New
    Constitutionalism*, Harvard Univ. Press, 2004; Donald Black, "Jurocracy in
    America", *The Tocqueville Review -La Revue Tocqueville*, 1984.

2   Ran Hirschl, 앞의 주1).

3   헌법재판소, 『헌법재판소 10년사』, 1998; 헌법재판소, 『헌법재판소 20년사』, 2008.

4   조지형, 「87년 헌법의 역사화와 시대적 소명」, 『법과 사회』 38호, 2010.

5   위의 논문, 174.

6   Tom Ginsburg, 프롤로그 주5).

7   Marbury v. Madison, 1803. 다음 서술은 양건, 2장의 주20), 203 이하에서 발췌, 요약.

8   Sarat, Garth, and Kagan eds., *Looking Back at Law's Century*, Cornell Univ. Press, 2002, 4, 9; Ginsburg, 프롤로그의 주5), 243.

9   M. Cappelletti, *Judicial Review in the Contemporary World*, The Bobbs Merril, 1971, 62-63; J.H. Merryman, *The Civil Law Tradition*, 2nd ed. Stanford Univ. Press, 1985, 139.

10   Lawrence M. Friedman, *Law and Society*, Prentice-Hall, 1977, 167.

11   양건,「헌법재판소의 정치적 역할: '제한적 적극주의'를 넘어서」, 헌법재판소, 『헌법실무연구』제6권, 2005, 147 이하.

12   헌재 1997.7.16. 96헌라2; 헌재 2000.2.24. 99헌라1.

13   헌재 2004.8.26. 2002헌가1.

14   헌재 2004.4.29. 2003헌마814.

15   헌재 1997.7.16. 96헌라2.

16   헌재 2008.11.13. 2006헌바112 등.

17   헌재의 전략적 접근에 관한 분석으로 다음 문헌을 참조. 박종현,「헌법재판소의 전략적 헌법담론」, 『법과 사회』제39호, 2010.

18   최장집 지음, 박상훈 개정, 『민주화 이후의 민주주의』, 개정2판, 후마니타스, 2010, 272-275.

19   A. Tocqueville, *Democracy in America*, Vintage, 1990, 272-279.

20   Ginsburg, 프롤로그의 주6), 31.

21   사법적극주의와 사법소극주의 전반에 관하여 다음을 참조. 양건, 『헌법강의』제7판, 법문사, 2018, 54-56.

22   헌재 2015.2.26. 2009헌바17 등.

23   이 결정의 분석으로, 다음을 참조. 김종현,「간통죄 위헌결정에 대한 연구」, 『법과 사회』제50호, 2015, 123쪽 이하.

24   D. Kairys, *Politics of Law*, rev. ed., Pantheon, 1990, 1010, 237-272; D. Kairys, *With Liberty and Justice for Some*, The New Press, 1993, 13-37.

25   Brown v. Board of Education(1954).

26   A. Cox, *The Role of the Supreme Court in American Government*, Oxford Univ. Press, 1976, 117-118.

7장. '촛불항쟁', 헌법적으로 어떻게 볼 것인가?

1   이현우 · 서복경 · 이지호, 『탄핵 광장의 안과 밖: 촛불민심 경험분석』, 책담, 2017.

2   동아일보, 김훈 인터뷰, 2017.2.7.

3   양건, 6장의 주21), 1060 이하 발췌, 요약.

4   헌재 1997.9.25. 97헌가4.

5   양건, 6장의 주21), 126 이하 참조.

6 조선일보, 2016.11.14.

7 조선일보, 마이클 브린 전 외신기자클럽 회장의 인터뷰, 2017.1.16.

9 조선일보. 2016.12.22.

8장. 한국 헌법 최고의 원리는 무엇인가?

1 헌재 1990.4.2. 89헌가113.

2 헌재 2014.12.19. 2013헌다1.

3 2017년 1월 17일 사건번호 2 BvB 1/13. 헌법재판연구원, 『세계헌법재판동향』 제23호, 2017.2.

4 양건, 6장의 주21), 24 이하 및 67 이하 참조.

5 이른바 '강신옥 변호사 긴급조치위반 사건'. 대판 1985.1.29. 74도3501.

6 국가배상법 위헌소원 사건. 헌재 2001.2.22. 2000헌바38, 재판관 하경철의 반대의견.

9장. 8 · 15는 '건국절'인가?

1 제성호, 「건국절 제정의 타당성과 추진방안」, 『중앙대 법학논문집』, 2005; 김창록, 「'법적 관점에서 본 대한민국 정체성'에 관한 메모」, 대한민국 임시정부수립 98주년 기념 국제학술회의, 『대한민국은 언제 세워졌는가?』, 2017.4.10. 참조.

2 김창록, 앞의 발표문.

3 헌재 2001.3.21. 99헌마139등

4 헌재 2006.6.30. 2004헌마859.

5 헌재 2011.8.30. 2006헌마788.

6 이영록, 「헌법에서 본 3.1운동과 임시정부 법통」, 조선대 『법학논총』 24권1호, 2017, 19.

7 헌재 2011.3.31. 2008헌바141등.

8 헌재 2011.8.30. 2006헌마788.

9 헌재 2011.8.30. 2008헌마648.

10 예컨대 다음을 참조. 헌재 2011. 3. 31. 2008헌바141 등, 판례집 23-1상, 276, 317,321,324; 헌재 2001.4.26. 98헌바79 등, 판례집 13-1, 799, 821, 826; 헌재 2001.11.29. 99헌마494, 판례집 13-2, 714, 733.

11 김창록, 앞의 주1) 참조.

10장. 남북분단, 헌법적으로 어떻게 볼 것인가?

1 번역문은 9장 주1)의 김창록 발표문을 옮긴 것이다.

2 이근관, 「1948년 이후 남북한 국가승계의 법적 검토」, 『서울국제법연구』 16-1, 2009, 146.

3 Chaihark Hahm and Sung Ho Kim, 2장의 주30), 270.

4   유진오, 2장의 주32), 50.

5   1961.9.28. 선고 4292형상48.

6   대판 1996.11.12. 96누1221.

7   대판 1999.7.23. 98두14525.

8   헌재 1997.1.16. 92헌바6 등.

9   헌재 1997.1.16. 92헌바6 등.

11장. 집회시위 허가제, 모두 위헌인가?

1   헌재 1990.4.2. 89헌가113.

2   대판 1992.3.31. 90도2033.

3   양건, 6장의 주21), 722 이하 참조.

4   Cox v. New Hampshire, 1941; Poulos v. New Hampshire, 1953; Shuttleworth v. City of Birmingham, 1969.

5   헌재 2009.9.24. 2008헌가25.

6   헌재 2014.4.24. 2011헌가29.

7   헌재 2003.10.30. 2000헌바67등.

8   헌재 2005.11.24. 2004헌가17.

12장. 대통령의 통치행위, 초법적인가?

1   한겨레신문. 1993.9.1.

2   양건, 6장의 주21), 1355 이하 참조.

3   헌재 2004.4.29. 2003헌마814.

4   대판 2004.3.26. 2003도7878.

5   大裁 1964.7.21. 64초3.

6   大裁 1979.12.7. 79초70.

7   대판 1997.4.17. 96도3376.

8   헌재 1996.2.29. 93헌마186.

9   헌재 2004.10.21. 2004헌마554.

13장. 감사원, 대통령 소속 바람직한가?

1   양건, 6장의 주21), 1308 이하; 감사원 연구보고서, 「국가감사제도 현황」, 2017.2. 등 참조.

14장. 헌법재판, 정답은 있는가?

1   양건, 2장의 주20), 176 이하를 발췌, 인용하고 부분적으로 보완한 것임.

2   조선일보, 2013.11.21.

3   Oliver Wendell Holmes Jr., *The Common Law*, 1881, Mark DeWolfe Howe ed., Little, Brown, 1963, 5, 32.

4   Oliver Wendell Holmes Jr., 프롤로그의 주7), 74-75, 79-80.

5   Andrew Altman, *Critical Legal Studies*, Princeton Univ. Press, 1990, 91.

6   H.L.A. Hart, *The Concept of Law*, Oxford Univ. Press, 1961, 120 이하.

7   D. Kennedy, "The Structure of Blackstone's Commentaries", *Buffalo Law Review*, v.28(1979), 209 이하.

8   Ronald Dworkin, *Taking Rights Seriously*, Harvard Univ. Press, 1977, 14-39, 81-149, 184-205.

9   Ronald Dworkin, *Law's Empire*(역서. 장영민 옮김, 『법의 제국』, 아카넷, 2004), Harvard Univ. Press, 1986.

10   위의 책, 271-275.

11   헌재 2004.8.26. 2002헌가1.

12   이익형량의 문제에 관하여 양건, 2장의 주20), 248 이하 참조.

13   이 장의 내용은 위의 책 205 이하 및 341 이하에 의거하되 일부 수정을 가하였다.

15장. 이원정부제란 무엇인가?

1   주로 다음 문헌을 참조. 양건, 6장의 주21); 전진영, 「핀란드 이원정부제 권력 구조의 특징과 한국에 대한 시사점」, 『이슈와 논점』, 국회 입법조사처, 2017.2.16.; 전진영, 「이원정부제 권력 구조의 특징: 프랑스 · 오스트리아 · 핀란드의 비교」, 『이슈와 논점』, 2017.2.24.; 김종갑 · 이정진, 「오스트리아 모델로 본 분권형 대통령제의 도입방향」, 『이슈와 논점』, 2017.3.7.; 김선화, 「분권형 대통령제(이원정부제) 국가의 갈등사례」, 『이슈와 논점』, 2017.3.7..

2   M. Duverger, "A New Political System Model: Semi-Presidential Government", *European Journal of Political Research* 8, no.2, 1980, 165 이하.

에필로그. 개헌에 대한 다른 생각

1   2014년, 국회의장 자문기구인 '헌법개정 자문위원회'가 작성한 헌법개정안에는 대통령의 특별사면에 대법원장의 동의를 받도록 규정하고 있다(안 제101조 제2항).

2   감사원, 지방행정 감사백서 『감사원이 바라본 지방자치』, 2012; 감사원, 『지방행정 감사사례집』, 2017.5.

2   양건, 「87년 헌법의 현실과 개헌의 필요성 및 방향」, 『새로운 헌법 필요한가』, 대화문화아카데미, 2008.

찾아보기

헌법의 이름으로

2018년 5월 14일 1판 1쇄

지은이   양건

편집   이진·이창연
디자인   홍경민
제작   박흥기
마케팅   이병규·양현범·이장열

출력   블루엔
인쇄   한승문화사
제책   책다움

펴낸이   강맑실
펴낸곳   (주)사계절출판사
등록   제406-2003-034호
주소   (우)10881 경기도 파주시 회동길 252
전화   031-955-8588, 8558
전송   마케팅부 031-955-8595 편집부 031-955-8596
홈페이지   www.sakyejul.net
전자우편   skj@sakyejul.co.kr
블로그   skjmail.blog.me
페이스북   facebook.com/sakyejul
트위터   twitter.com/sakyejul

ISBN 979-11-6094-365-8 93360

이 도서의 국립중앙도서관 출판예정도서목록(CIP)은 서지정보유통지원시스템
홈페이지(http://seoji.nl.go.kr)와 국가자료공동목록시스템(http://www.nl.go.kr/kolisnet)에서
이용하실 수 있습니다. (CIP제어번호: CIP2018012906)